Christian Kell, Rainer Kirchhefer, Rita Voß

Neurologie Psychiatrie

Speziell für die Ausbildung sind in der Gelben Reihe bisher erschienen:

F.-P. Bossert, K. Vogedes:
Elektrotherapie, Licht- und Strahlentherapie.
Grundlagen für Physiotherapeuten und Masseure

M. Földi, R. Strößenreuther:
Grundlagen der manuellen Lymphdrainage, 3.A.

C. Kell, R. Kirchhefer, R. Voß:
Neurologie/Psychiatrie.
Krankheitslehre für Physiotherapeuten und Masseure, 2.A.

S. Reimann:
Befunderhebung.
Grundlagenwissen für Physiotherapeuten und Masseure, 2.A.

B. Rüppel, S. Waldmann, Ch. Reuss:
Gynäkologie und Geburtshilfe.
Krankheitslehre für Physiotherapeuten und Masseure

S. Schellhammer:
Bewegungslehre.
Motorisches Lernen aus Sicht der Physiotherapie

M.-A. Schoppmeyer, M. Polte:
Innere Medizin/Dermatologie.
Krankheitslehre für Physiotherapeuten und Masseure, 2.A.

G. Steffers:
Pädiatrie.
Krankheitslehre für Physiotherapeuten und Masseure

Christian Kell, Rainer Kirchhefer, Rita Voß

Neurologie Psychiatrie

Krankheitslehre für
Physiotherapeuten und Masseure

2. Auflage

ELSEVIER
URBAN & FISCHER

URBAN & FISCHER
München · Jena

Vorwort

Die Neurologie und die Psychiatrie sind faszinierende Fächer, die dem Lernenden und aufmerksam Arbeitenden tiefe Einblicke in das Menschsein ermöglichen. Während ihrer Therapie bedienen sich Physiotherapeuten und Masseure in besonderem Maße neurologischer Schaltkreise. Selbst wenn Sie nicht in einer neurologischen oder psychiatrischen Klinik arbeiten werden, im Laufe Ihrer Arbeit werden Sie immer wieder Patienten mit neurologischen und psychiatrischen Krankheiten begegnen. Die Grundlage für den Erfolg Ihrer Arbeit am Patienten ist das Verständnis seiner Erkrankung. Der Patient merkt, wenn Sie ihn und seine Krankheit verstehen und ernst nehmen. Dadurch gewinnen Sie sein Vertrauen und seine Kooperation.

Dieses Buch soll Ihnen dabei helfen, die Grundlagen der Neurologie und der Psychiatrie zu erlernen und den Reiz dieser beiden Fächer zu verspüren. Es ist uns ein wichtiges Anliegen, Ihnen ein Lehrbuch an die Hand zu geben, welches Ihnen nicht nur ein erfolgreiches Bestehen Ihrer Examina ermöglicht, sondern Sie auch auf Ihre berufliche Zukunft als Therapeut bestmöglich vorbereitet. Daher haben wir in dieser zweiten, komplett überarbeiteten Auflage noch mehr Wert auf das Verständnis gelegt: Im ersten Kapitel finden Sie eine Wiederholung der neuroanatomischen und neurophysiologischen Grundlagen. Das zweite Kapitel beschreibt klinische Syndrome und stellt dadurch die Verbindung zwischen dem Basiswissen und den Krankheiten her. Nach Studium dieser beiden Kapitel werden Sie das Rüstzeug haben, neurologische und psychiatrische Krankheitsbilder und deren Entstehung zu verstehen.

Unser spezieller Dank gilt unseren hervorragenden Lektorinnen Frau Ines Mergenhagen und Frau Diana Martens sowie unserer neurochirurgischen Kollegin Frau Agi Oszwald, die das Buch mit ihrem Wissen bereichert haben.

Wir wünschen Ihnen viel Freude beim Lernen!

Frankfurt am Main, Sommer 2004 — Christian Kell und Rita Voß
Kropp, Sommer 2004 — Rainer Kirchhefer

Christian Kell, Rainer Kirchhefer, Rita Voß

Neurologie
Psychiatrie

Krankheitslehre für
Physiotherapeuten und Masseure

2. Auflage

ELSEVIER
URBAN & FISCHER

URBAN & FISCHER
München · Jena

Zuschriften und Kritik an:
Elsevier GmbH, Urban & Fischer Verlag, Lektorat Fachberufe, Karlstraße 45, 80333 München

Wichtiger Hinweis für den Benutzer
Die Erkenntnisse in der Medizin unterliegen laufendem Wandel durch Forschung und klinische Erfahrungen. Die Autoren dieses Werkes haben große Sorgfalt darauf verwendet, dass die in diesem Werk gemachten therapeutischen Angaben (insbesondere hinsichtlich Indikation, Dosierung und unerwünschten Wirkungen) dem derzeitigen Wissensstand entsprechen. Das entbindet die Nutzer dieses Werkes aber nicht von der Verpflichtung, ihre therapeutischen Entscheidungen in eigener Verantwortung zu treffen.

Wie allgemein üblich wurden Warenzeichen bzw. Namen (z.B. bei Pharmapräparaten) nicht besonders gekennzeichnet.

Bibliografische Information Der Deutschen Bibliothek
Die Deutsche Bibliothek verzeichnet diese Publikation in der Deutschen Nationalbibliografie; detaillierte bibliografische Daten sind im Internet unter http://dnb.ddb.de abrufbar.

2. Auflage 2005

Der Urban & Fischer Verlag ist ein Imprint der Elsevier GmbH.

05 06 07 08 09 5 4 3 2 1

Um den Textfluss nicht zu stören, wurde bei Patienten und Berufsbezeichnungen die grammatikalisch maskuline Form gewählt. Selbstverständlich sind in diesen Fällen immer Frauen und Männer gemeint.

Lektorat: Ines Mergenhagen
Herstellung: Hildegard Graf
Satz: abc.Mediaservice GmbH, Buchloe
Druck und Bindung: Lego Print, Lavis/Italien
Umschlaggestaltung: SpieszDesign, Neu-Ulm
Umschlagfoto: Corbis

ISBN 3-437-45821-3

Aktuelle Informationen finden Sie im Internet unter
http://www.elsevier.com und http://www.elsevier.de

Autoren

Christian Kell, Jg. 1977, hat sein Medizinstudium 1995 begonnen und 2002 in Frankfurt/M. abgeschlossen. Die klinische Ausbildung führte ihn u.a. nach Nepal, New York und London. Parallel zu Forschungsarbeiten in der Neuroendokrinologie und kognitiven Neurologie betreute er vier Jahre den Anatomiekurs für Medizinstudenten.
Derzeit ist er als Assistenzarzt an der Neurologischen Universitätsklinik in Frankfurt/M. tätig und unterrichtet die Fächer Neuroanatomie und Neurophysiologie an der Schule für Physiotherapie der Stiftung Friedrichsheim in Frankfurt/M.

Dr. med. Rainer Kirchhefer, Jg. 1965, hat seinen Zivildienst in der ambulanten Betreuung geistig behinderter Jugendlicher geleistet und studierte anschließend von 1986–1993 Medizin an der Universität Kiel. Die Ausbildung zum Facharzt für Psychiatrie und Psychotherapie absolvierte er in verschiedenen norddeutschen Kliniken. Während dieser Zeit war er als Dozent für Psychiatrie und Neurologie tätig.
Seit 2003 arbeitet er als Chefarzt in der Stiftung Diakoniewerk Kropp und ist seit 2004 Mitglied im Beirat des Studiengangs Physiotherapie der Fachhochschule Kiel.

Dr. med. Dipl.-Soz. Rita Voß, Jg. 1959, hat zunächst an der Fachhochschule Frankfurt/M. Sozialarbeit studiert und danach im Krankenhaus-Sozialdienst gearbeitet. Parallel zu dieser Tätigkeit studierte sie 1983–1989 Medizin an der Universität Frankfurt/M. Anschließend war sie 7 Jahre als Assistenzärztin in der Psychiatrischen Universitätsklinik Frankfurt beschäftigt und promovierte dort. Bis 2002 arbeitete sie in einer psychiatrischen Ambulanz und ist seit 1996 freiberuflich als psychiatrische Sachverständige für verschiedene Gerichte tätig.
An der Schule für Physiotherapie der Stiftung Friedrichsheim in Frankfurt/M. unterrichtet sie seit 1994 das Fach Krankheitslehre Psychiatrie.

Vorwort

Die Neurologie und die Psychiatrie sind faszinierende Fächer, die dem Lernenden und aufmerksam Arbeitenden tiefe Einblicke in das Menschsein ermöglichen. Während ihrer Therapie bedienen sich Physiotherapeuten und Masseure in besonderem Maße neurologischer Schaltkreise. Selbst wenn Sie nicht in einer neurologischen oder psychiatrischen Klinik arbeiten werden, im Laufe Ihrer Arbeit werden Sie immer wieder Patienten mit neurologischen und psychiatrischen Krankheiten begegnen. Die Grundlage für den Erfolg Ihrer Arbeit am Patienten ist das Verständnis seiner Erkrankung. Der Patient merkt, wenn Sie ihn und seine Krankheit verstehen und ernst nehmen. Dadurch gewinnen Sie sein Vertrauen und seine Kooperation.

Dieses Buch soll Ihnen dabei helfen, die Grundlagen der Neurologie und der Psychiatrie zu erlernen und den Reiz dieser beiden Fächer zu verspüren. Es ist uns ein wichtiges Anliegen, Ihnen ein Lehrbuch an die Hand zu geben, welches Ihnen nicht nur ein erfolgreiches Bestehen Ihrer Examina ermöglicht, sondern Sie auch auf Ihre berufliche Zukunft als Therapeut bestmöglich vorbereitet. Daher haben wir in dieser zweiten, komplett überarbeiteten Auflage noch mehr Wert auf das Verständnis gelegt: Im ersten Kapitel finden Sie eine Wiederholung der neuroanatomischen und neurophysiologischen Grundlagen. Das zweite Kapitel beschreibt klinische Syndrome und stellt dadurch die Verbindung zwischen dem Basiswissen und den Krankheiten her. Nach Studium dieser beiden Kapitel werden Sie das Rüstzeug haben, neurologische und psychiatrische Krankheitsbilder und deren Entstehung zu verstehen.

Unser spezieller Dank gilt unseren hervorragenden Lektorinnen Frau Ines Mergenhagen und Frau Diana Martens sowie unserer neurochirurgischen Kollegin Frau Agi Oszwald, die das Buch mit ihrem Wissen bereichert haben.

Wir wünschen Ihnen viel Freude beim Lernen!

Frankfurt am Main, Sommer 2004 — Christian Kell und Rita Voß
Kropp, Sommer 2004 — Rainer Kirchhefer

Abkürzungsverzeichnis

®	Warenzeichen
☞	siehe (Verweis)
↑	hoch, erhöht
↓	tief, erniedrigt
→	daraus folgt
A.	Arteria
Aa.	Arteriae
ADR	Adduktorenreflex
AEP	akustisch evozierte Potentiale
AIDS	acquired immunodeficiency syndrome
ALS	amyotrophe Lateralsklerose
ARAS	aufsteigendes retikuläres aktivierendes System
ASR	Achillessehnenreflex
ASS	Acetylsaliylsäure
BGB	bürgerliches Gesetzbuch
BSE	bovine spongiforme Enzephalopathie
BSG	Blutsenkungsgeschwindigkeit
BSR	Bizepssehnenreflex
BtG	Betreuungsgesetz
BWK	Brustwirbelkörper
BWS	Brustwirbelsäule
C	Zervikal
CCT	cranielle Computertomographie
CJD	Creutzfeld-Jakob-disease
CK	Creatinkinase
CT	Computertomographie
cMRT	kranielle Magnetresonanztomographie
EEG	Elektroenzephalogramm
EKG	Elektrokardiogramm
EKT	Elektrokrampftherapie
EMG	Elektromyographie
ENG	Elektroneurographie
engl.	englisch
EP	evozierte Potentiale
FSME	Frühsommer-Meningoenzephalitis
FTA-Abs-Test	Fluoreszens-Treponema-Antikörper-Absorptionstest
gr.	griechisch
HIV	human-immunodeficiency-Virus
HOPS	hirnorganisches Psychosyndrom
HSV	Herpes-simplex-Virus
HWK	Halswirbelkörper
HWS	Halswirbelsäule

IPS	idiopathisches Parkinson-Syndrom
IQ	Intelligenzquotient
i.v.	intravenös
JC	Jakob-Creutzfeldt
KG	Kraftgrad
l	lumbal
lat.	lateinisch
LP	Lumbalpunktion
LSD	Lysergsäurediethylamid
LWK	Lendenwirbelkörper
LWS	Lendenwirbelsäule
M.	Musculus
Mm.	Musculi
MEP	magnetisch evozierte Potentiale
MER	Muskeleigenreflex
MRT	Magnetresonanztomographie
MS	Multiple Sklerose
N.	Nervus
Nn.	Nervi
NLG	Nervenleitgeschwindigkeit
OP	Operation
PCR	Polymerase-Ketten-Reaktion
PET	Positronen-Emissions-Tomographie
PML	progressive multifokale Leukencephalopathie
PS	Parkinson-Syndrom
PSR	Patellarsehnenreflex
PsychKG	Gesetz für psychisch Kranke
RPR	Radiusperiostreflex
RR	Riva Rocci (Blutdruck)
s	sakral
SAB	Subarachnoidalblutung
SAE	subkortikale arteriosklerotische Enzephalopathie
SEP	sensibel evozierte Potentiale
SHT	Schädel-Hirn-Trauma
SLE	systemischer Lupus erythematodes
StGB	Strafgesetzbuch
SWK	Sakralwirbelkörper
th	thorakal
TIA	transitorisch ischämische Attacke
TPHA-Test	Treponema-pallidum-Hämagglutinations-Test
TPR	Tibialisposteriorreflex
TSR	Trizepssehnenreflex
V.a.	Verdacht auf
VDRL	veneral disease research laboratory
VEP	visuell evozierte Potentiale
ZNS	Zentralnervensystem

Bildnachweis

Die eckigen Klammern am Ende des Legendentextes verweisen auf die verwendete Abbildungsquelle und die dazugehörigen Urheber.

A300-190	G. Raichle, Ulm, in Verbindung mit der Reihe Klinik- und Praxisleitfaden, Urban & Fischer Verlag, München
A400-157	S. Adler, Lübeck, in Verbindung mit U. Bazlen, T. Kommerell, N. Menche und der Reihe Pflege konkret, Urban & Fischer Verlag, München
A400-190	G. Raichle, Ulm, in Verbindung mit U. Bazlen, T. Kommerell, N. Menche und der Reihe Pflege konkret, Urban & Fischer Verlag, München
B117	L. Blohm: Klinische Radiologie, Jungjohann Verlagsgesellschaft, 1992
E255	Rohkamm: Taschenatlas Neurologie, 2. Aufl., Georg Thieme Verlag, Stuttgart 2003
E258	R.I. Grossman, D.M. Yousem: Neuroradiology, 2nd edition. Elsevier/Mosby, 2002
L157	S. Adler, Lübeck
L190	G. Raichle, Ulm
M139	J. Klingelhöfer, München
O141	T. Lange, Lübeck
R120	J. Sobotta: Atlas Histologie, 6. Aufl., Hrsg. und neu bearbeitet von U. Welsch. Urban & Fischer Verlag, München–Jena 2002
R140	M. Trepel: Neuroanatomie, 3. Aufl., Elsevier/Urban & Fischer Verlag, München–Jena 2004
R141	A.R. Crossman, D. Neary: Neuroanatomy, 2. Aufl., Elsevier/Churchill Livingstone, 2002
S008-2	G.W. Kauffmann, E. Moser, R. Sauer: Radiologie, 2. Aufl. Urban & Fischer Verlag, München 2001
S133	P. Wheater, H. Burkitt, V. Daniels: Funktionelle Histologie. Urban & Schwarzenberg, München–Wien–Baltimore 1987
S139	mod. nach C. Toldt, F. Hochstetter: Anatomischer Atlas, Urban & Schwarzenberg, München–Wien–Baltimore 1979
S140	Landois-Rosemann: Lehrbuch der Physiologie des Menschen, 28. Aufl., Bd. 1, 1960, Bd. 2 1962
T170	E.M. Walthers, Marburg
X113	M. Tauschel, Ulm

Wegweiser

Alle Bände aus der Gelben Reihe werden speziell für die Vorbereitung auf das Physiotherapie- bzw. Massage-Examen erstellt. Die Auswahl der Themen richtet sich nach der Curriculum-Empfehlung des ZVK e.V. und der Ausbildungs- und Prüfungsverordnung für Physiotherapeuten und Masseure. Neben der kurzen und übersichtlichen Darstellung des jeweiligen Fachgebietes haben wir gezielte Hilfen für das Lernen und Wiederholen erarbeitet:

- Die Sprache des Textes ist klar und leicht verständlich.
- Kurze Sätze und Stichworte in der Randleiste wiederholen wichtige Fakten aus dem Text.
- Zahlreiche Abbildungen erhöhen die Anschaulichkeit und erleichtern das Verständnis von schwierigen Zusammenhängen.
- Übungsfragen am Ende der Abschnitte helfen, das Verständnis des Gelesenen zu überprüfen. Die Antworten auf die Fragen sind im Text durch Ziffern (z.B. ❷) gekennzeichnet.
- Für die Physiotherapie besonders wichtige oder interessante Aspekte sind eigens durch das 🦘 hervorgehoben.

Das Lektorat Physiotherapie wünscht allen zukünftigen PhysiotherapeutInnen und MasseurInnen viel Spaß und Erfolg beim Lernen mit der Gelben Reihe!

Inhaltsverzeichnis Neurologie

1	**Anatomische und physiologische Grundlagen der Neurologie**	3
1.1	Einteilung und „Bauelemente" des Nervensystems	3
1.2	Peripheres Nervensystem	9
1.3	Zentrales Nervensystem	21
1.4	Vegetatives Nervensystem	39
1.5	Hirnhäute	43
1.6	Ventrikelsystem	44
1.7	Blutversorgung des ZNS	48
2	**Klinische Syndrome und Diagnostik**	50
2.1	Lähmungen	50
2.2	Bewegungsstörungen	53
2.3	Zerebelläre Funktionsstörung	57
2.4	Schwindel	58
2.5	Neuropsychologische Syndrome	59
2.6	Bewusstseinsstörungen	62
2.7	Klinisch neurologische Untersuchung	69
2.8	Zusatzdiagnostik	76
3	**Tumorerkrankungen**	83
3.1	Medulloblastom	85
3.2	Astrozytom	85
3.3	Meningeom	87
3.4	Neurinom	87
3.5	Hypophysenadenom	89
3.6	Hirnmetastasen	90
3.7	Lymphom	91
4	**Anfallsleiden**	92
4.1	Epileptische Anfälle	92
4.2	Generalisierte Krampfanfälle	96
4.3	Fokale Anfälle	99
4.4	Status epilepticus	101
4.5	Epilepsie	102
4.6	Andere anfallsartige Erkrankungen des Nervensystems	103
5	**Gefäßbedingte Erkrankungen**	107
5.1	Zerebrale Ischämien	107
5.2	Intrazerebrale Blutung	119
5.3	Sinusvenenthrombose	121
5.4	Aneurysma und Subarachnoidalblutung (SAB)	122
5.5	Gefäßmissbildungen	124

6	**Entzündliche Erkrankungen des zentralen Nervensystems**	126
6.1	Meningitis	126
6.2	Hirnabszess	129
6.3	Enzephalitis	130
6.4	Myelitis und Poliomyelitis	131
6.5	Spezielle Virusinfektionen des ZNS	133
6.6	Spezielle bakterielle Infektionen des ZNS	138
6.7	Prionenerkrankungen	142
7	**Autoimmunerkrankungen des ZNS**	145
7.1	Multiple Sklerose	146
7.2	Parainfektiöse Enzephalomyelitis	150
7.3	Vaskulitis	151
8	**Kopfschmerzerkrankungen**	152
8.1	Migräne	153
8.2	Spannungskopfschmerz	154
8.3	Cluster-Kopfschmerz	155
8.4	Trigeminusneuralgie	156
8.5	Arteriitis temporalis	157
9	**Extrapyramidale Erkrankungen**	158
9.1	Idiopathisches Parkinson-Syndrom	158
9.2	Symptomatisches Parkinson-Syndrom	162
9.3	Atypische Parkinson-Syndrome	163
9.4	Choreatische Syndrome	164
9.5	Dystone Krankheitsbilder	166
10	**Motoneuronerkrankungen**	167
10.1	Spastische Spinalparalyse	167
10.2	Spinale Muskelatrophien	167
10.3	Amyotrophe Lateralsklerose	168
11	**Schädigungen des Kleinhirns**	171
11.1	Angeborene zerebelläre Störungen	171
11.2	Erworbene Kleinhirnstörungen	172
12	**Verletzungen des Gehirns**	175
12.1	Schädelverletzung und Hirntrauma	175
12.2	Traumatische Hirnblutungen	178
13	**Schädigungen des Rückenmarks**	183
13.1	Querschnittssyndrom	183
13.2	Wirbelsäulentrauma	187
13.3	Bandscheibenvorfall	188

14	**Erkrankungen des peripheren Nervensystems**	193
14.1	Mononeuropathien der Hirnnerven	193
14.2	Polyneuropathie	197
14.3	Polyneuritis	199
15	**Muskelerkrankungen**	201
15.1	Myasthenie	201
15.2	Progressive Muskeldystrophien	202
15.3	Myotonie	205
15.4	Endokrinologische und toxische Myopathien	205
15.5	Polymyositis	206
16	**Entwicklungs- und Stoffwechselstörungen**	208
16.1	Frühkindliche Hirnschädigung	208
16.2	Syringomyelie	209
16.3	Spina bifida	211
16.4	Neurofibromatose von Recklinghausen	211
16.5	Angeborene und erworbene Stoffwechselstörungen mit neurologischer Symptomatik	212

Inhaltsverzeichnis Psychiatrie

1	**Befunderhebung**	**220**
1.1	Anamnese	220
1.2	Diagnostik	221
2	**Symptome psychischer Erkrankungen**	**222**
2.1	Bewusstsein	222
2.2	Orientierung	223
2.3	Kontakt- und Kommunikationsfähigkeit	224
2.4	Stimmung und Affektivität	224
2.5	Denken	225
2.6	Wahrnehmung	228
2.7	Ich-Erleben	230
2.8	Aufmerksamkeit und Gedächtnis	231
2.9	Intelligenz	232
2.10	Antrieb und Psychomotorik	233
2.11	Suizidalität	234
3	**Therapie psychiatrischer Erkrankungen**	**236**
3.1	Psychotherapie	236
3.2	Physiotherapie	238
3.3	Ergotherapie	239
3.4	Soziotherapie	239
3.5	Pflege	239
3.6	Medikamentöse Therapie	240
3.7	Weitere Therapieformen	242
3.8	Rehabilitation	243
4	**Organische Psychosen**	**244**
4.1	Akute organische Psychosen	244
4.2	Chronische organische Psychosen	246
5	**Endogene Psychosen**	**253**
5.1	Schizophrene Psychosen	253
5.2	Affektive Psychosen	260
6	**Erlebnisreaktive psychische Erkrankungen**	**267**
6.1	Reaktionen auf schwere Belastungen	267
6.2	Neurosen	269
6.3	Persönlichkeitsstörungen	275
6.4	Psychische Erkrankungen mit körperlichen Symptomen	278

7	**Suchtkrankheiten**	283
7.1	Alkoholabhängigkeit	285
7.2	Medikamentenabhängigkeit	290
7.3	Drogenabhängigkeit	292
8	**Oligophrenien**	296
9	**Krisenintervention**	299
10	**Gesetzliche Grundlagen**	301
	Index	303

Krankheitslehre Neurologie

1 Anatomische und physiologische Grundlagen der Neurologie

Wie alle anderen Fächer auch, lässt sich die Neurologie leichter erlernen, wenn sie verstanden wird. Viele Schüler empfinden die abstrakten Grundlagen der neurologischen Fächer als abschreckend, die Krankheitsbilder gewinnen jedoch an Leben, wenn man den Patienten und seine Krankheit versteht. Die Herangehensweise ist dabei immer dieselbe: Die Anamnese und klinische Untersuchung liefern meist ohne jede Zusatzdiagnostik bereits den Ort der Schädigung. Der zeitliche Verlauf einer Krankheit lässt häufig schon auf die Art der Schädigung schließen. Weitere Untersuchungen bestätigen daher nur die klinisch gestellte Verdachtsdiagnose. Der Physiotherapeut bedient sich neurologischer Schaltkreise, er sollte deshalb sein therapeutisches Instrumentarium kennen, um verantwortlich handeln zu können. In diesem Kapitel soll das relevante Basiswissen der Neurologie kurz aufgefrischt werden. Im zweiten Kapitel wird dann näher auf die klinischen Symptome und die neurologische Untersuchung eingegangen werden.

1.1 Einteilung und „Bauelemente" des Nervensystems

Das Nervensystem ist ein hochspezialisiertes Gewebe, welches Sinnesreize aufnehmen, wahrnehmen, verarbeiten und darauf spezifisch reagieren kann. Durch die Evolution des Nervensystems ist es Organismen möglich, sich auf die Umwelt einzustellen und damit die Überlebenschancen zu verbessern. Man kann das Nervensystem aufgrund dieser Funktion auch mit einem Computer vergleichen: Es benötigt Input, einen Prozessor und Output. Die „Hardware dieses Rechners" soll im Folgenden kurz skizziert werden.

Übersicht über das Nervensystem

1 Die gängigste Unterteilung des Nervensystems ist die in ein peripheres und ein zentrales Nervensystem.

Gliederung des Nervensystems
- peripheres Nervensystem: Input, Output
- zentrales Nervensystem: Prozessor
- somatisches Nervensystem: Kontakt zu Umwelt und Bewegungsapparat
- vegetatives Nervensystem: Innerviert innere Organe

- Das **periphere Nervensystem** stellt in diesem Modell die „Hardware" sowohl für den Input als auch den Output dar. Es bildet Rezeptoren, die jeweils als Reaktion auf spezifische Reize dem Prozessor Signale über so genannte afferente Fasern zusenden. **Afferente Fasern** sind Fasern, welche Signale zum zentralen Nervensystem vermitteln. Auf der anderen Seite erlauben **efferente**, d.h. vom zentralen Nervensystem wegführende Fasern, die Kommunikation des Prozessors mit den Erfolgsorganen.
- Das **zentrale Nervensystem** (ZNS) bildet in diesem Modell den Prozessor. Es besteht aus dem Rückenmark und Gehirn. Über das periphere Nervensystem werden die Reize an das ZNS übermittelt, dort werden sie analysiert und eine entsprechende Reaktion initiiert.

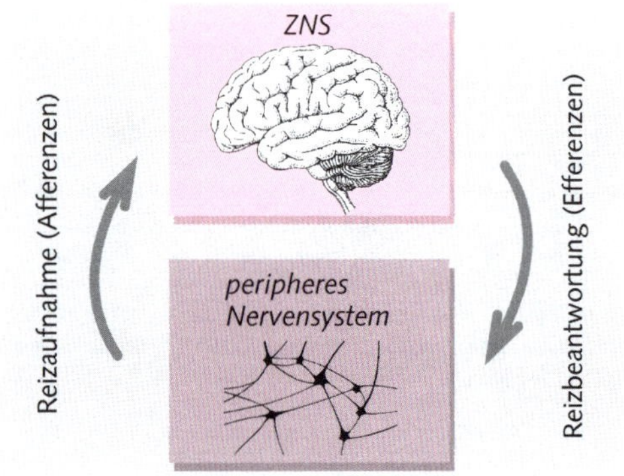

Abb. 1.1: Afferente Nervenfasern leiten Informationen zum ZNS, Efferenzen vom ZNS zu den Erfolgsorganen. [L190]

Eine andere wichtige Einteilung ist die in ein somatisches und ein vegetatives oder autonomes Nervensystem. Beide Nervensysteme haben Neurone sowohl im peripheren als auch im zentralen Nervensystem.

- Das **somatische Nervensystem** dient sensibel der Wahrnehmung von äußeren Sinnesreizen und des Bewegungsapparates und motorisch der Innervation der quer gestreiften Skelettmuskulatur.
- Im Gegensatz dazu innerviert das **vegetative Nervensystem** die inneren Organe sensibel und motorisch.

Bauelemente

Die Nervenzelle

Aufbau des Neurons
- Dendriten: Input
- Zellkörper: Prozessor
- Axon: Output

❷ Moleküle besitzen die Fähigkeit, sich zusammenzulagern und gegenüber der Umwelt abzugrenzen. Auf diese Weise entstehen Zellen. Zu Beginn der Evolution sind die ersten Einzeller im Wasser entstanden. Eine wasserundurchlässige Zellmembran aus Fetten musste die Zelle gegenüber dem Meerwasser abgrenzen. Dieses Organisationsprinzip hat sich bis zu unseren heutigen hoch entwickelten Nervenzellen nicht verändert. Die Nervenzelle wird als **Neuron** bezeichnet. Es besteht aus:

- einem **Zellkörper**, in dem der Zellkern und die Zellorganellen (Mitochondrien, endoplasmatisches Retikulum) liegen

- meist unzähligen **Dendriten**, den verzweigten Fortsätzen einer Nervenzelle, die dem Zellkörper Informationen von anderen Nervenzellen zuführen
- einem **Axon**, dem vom Zellkörper wegführenden Fortsatz, der Informationen über die Synapsen an andere Zellen weiterleitet.

Auch das Neuron weist damit das Organisationsprinzip von Input, Prozessor und Output im kleinen Maßstab auf.

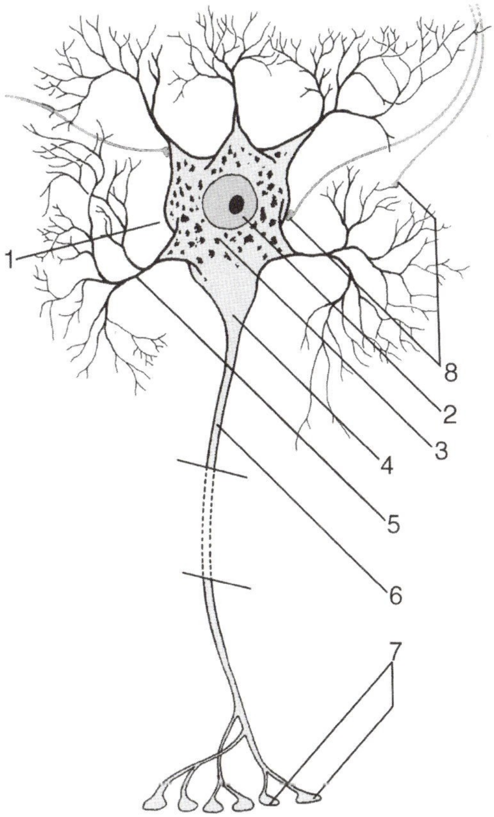

Abb. 1.2: Neuron (Nervenzelle). 1 Zellkörper, 2 Zellkern, 3 Zellorganellen, 4 Axonhügel, 5 Dendrit, 6 Axon, 7 Synapsen, 8 Synapsen anderer Neurone [L140]

Wie werden Informationen weitergeleitet? Schauplatz ist die Zellmembran. Durch Einlagerung von speziellen Ionenkanälen und -pumpen in die Zellmembran ist es der Zelle möglich, eine elektrische Ladungsdifferenz zwischen Zelläußerem und Zellinnerem herzustellen. Bei unerregten Neuronen nennt man diese Ladungsdifferenz Ruhemembranpotential. Dieses **Ruhemembranpotential** lässt sich durch Ladungsänderungen, die stets auf Ionenverschiebungen durch die Membrankanäle beruhen, aus dem Gleichgewicht bringen. Es entsteht ein Aktionspotential. Dieses Aktionspotential wiederum verursacht an einer ihm benachbarten Stelle in der Zellmembran eine Ladungsänderung und führt dort zur Ausbildung eines weiteren Aktionspotentials.

Wird also am Ursprung des Axons, dem so genannten Axonhügel, ein Aktionspotential ausgelöst, so wandert es am Axon entlang, bis es am Ende des Axons an eine Synapse gelangt. Diese Fortleitung der Information erfolgt also elektrisch.

Synapse

Synapse:
- Kommunikation von Axon mit Zielzelle
- präsynaptische Membran setzt Transmitter frei
- postsynaptische Membran besitzt spezifische Rezeptoren für Transmitter

Die Synapse ist der Ort, an dem das Neuron mit einer anderen Zelle Informationen austauscht, sei es ein weiteres Neuron oder z.B. eine Muskelzelle. Die Informationsübertragung zwischen zwei Zellen erfolgt nicht mehr elektrisch (diese Form der Informationsübertragung erfolgt nur an der Zellmembran), sondern beruht auf chemischer Kommunikation. Gelangt ein Aktionspotential an die Synapse, so setzt diese Botenstoffe, so genannte **Transmitter** *(lat. transmittere = übertragen)* frei, die an **Rezeptoren** *(lat. recipere = annehmen)* in der postsynaptischen Membran der Zielzelle binden. Die Transmitter aktivieren die Rezeptoren, wodurch sich an die Rezeptoren gekoppelte Ionenkanäle öffnen. Es kommt zu einer elektrischen Ladungsänderung in der Zielzelle.

❸ In einem Muskel bezeichnet man die Synapse als **muskuläre Endplatte.** Dort führt die Ladungsänderung zu einer Kontraktion der Muskelzelle. Ist die Zielzelle ein Neuron, so ist die postsynaptische Membran häufig die Zellmembran im Bereich eines Dendriten. Dendriten besitzen nicht die Fähigkeit, Aktionspotentiale auszulösen. Sie können nur das so genannte postsynaptische Potential mittels Ausgleichsströmen weiterleiten. Das Potential summiert sich dabei mit den teils erregenden, teils hemmenden Potentialen von tausenden anderen dendritischen Synapsen. Reicht die Summe dieser postsynaptischen Potentiale am Axonhügel dieses Neurons aus, die dort befindlichen spannungsabhängigen Natriumkanäle zu öffnen, wird ein Aktionspotential ausgelöst. Dieses wiederum wird entlang des Axons fortgeleitet und erreicht mittels Synapsen weitere Neurone. Dabei kann sich das Axon verzweigen, Kollateralen an mehrere Zellen abgeben und dadurch die Information verbreiten.

Dieses Organisationsprinzip macht den Unterschied zwischen einer neuro-muskulären und einer neuro-neuronalen Synapse deutlich: Nur Neurone können eingehende Informationen verarbeiten und darauf unterschiedlich reagieren. So kann ein eingehender Impuls entweder unterdrückt oder an die Information anderer Schaltkreise angepasst werden. Andere Zielzellen wie Muskelzellen reagieren auf neuronalen Input immer gleich. Erst diese Eigenschaft von Neuronen macht die Entstehung eines Nervensystems möglich.

Transmitter

Neurone werden durch den hauptsächlich produzierten Transmitter charakterisiert, d.h. setzt ein Neuron an seinen Synapsen vor allem Acetylcholin frei, so ist es ein cholinerges Neuron, setzt es überwiegend Noradrenalin frei, nennt man es noradrenerg. Weitere wichtige Neurotransmitter sind z.B. Glutamat, welches in der Nahrungsmittelindustrie als Geschmacksverstärker benutzt wird, Dopamin und GABA (Gamma-Amino-Buttersäure). Neurone produzieren neben dem jeweiligen Hauptbotenstoff noch Kotransmitter, jedoch nie einen weiteren

Haupttransmitter. Ein Transmitter kann sowohl erregend als auch hemmend auf die Funktion der Zielzelle wirken. Es ist die Eigenschaft der spezifischen Rezeptoren an der postsynaptischen Membran, die bestimmt, ob der Transmitter **exzitatorisch**, d.h. erregend, oder **inhibitorisch**, d.h. hemmend, auf die Zielzelle wirkt. So kann je nach Rezeptortyp Noradrenalin die Zielzelle entweder hemmen oder erregen. Dagegen sind z.B. Acetylcholin und Glutamat in der Regel exzitatorische Neurotransmitter, da bislang keine Rezeptoren mit inhibitorischer Wirkung gefunden worden sind. Acetylcholin ist insbesondere ein Transmitter an der muskulären Endplatte.

Gliazellen

Gliazellen:
- peripheres NS
  - Schwann-Zellen
- zentrales NS
  - Oligodendrozyten
  - Astrozyten
  - Ependymozyten
  - Mikroglia

4 Neben den Neuronen sind Gliazellen die zweite große Gruppe von Zellen des Nervensystems. Sie dienen, im Gegensatz zu den Neuronen, nicht direkt der Informationsverarbeitung und -übertragung.

5 Im Bereich des peripheren Nervensystems findet man hauptsächlich **Schwann-Zellen** (☞ Abb. 1.3). Diese Zellen bilden Fortsätze aus, in denen sich fetthaltiges Material, so genanntes **Myelin** (*gr. Myelon = Fett*) anreichert. Diese Fortsätze können die peripheren Nervenfortsätze der Neurone umschlingen und dadurch die Zellmembran isolieren. Zwischen den Fortsätzen der Schwann-Zellen bleiben Teile der neuronalen Zellmembran frei, man nennt sie **Ranvier-Schnürringe**. Nur an diesen Stellen können Aktionspotentiale ausgelöst werden, denn nur hier hat die Zellmembran direkten Kontakt zur extrazellulären Flüssigkeit. Das entlang des Fortsatzes laufende Aktionspotential überspringt den durch das Myelin isolierten Bereich und führt erst wieder am nächsten Ranvier-Schnürring zur Ausbildung eines neuen Aktionspotentiales. Durch diesen Mechanismus, den man **saltatorische Erregungsleitung** (*lat. saltus = Sprung*) nennt, kann die Geschwindigkeit der Informationsübermittlung deutlich gesteigert werden.

Im zentralen Nervensystem bilden die **Oligodendrozyten** die Myelinscheide.

Neben den myelinisierten, schnellen Fasern, gibt es auch langsamer leitende, unmyelinisierte Nervenfasern. Seine klinischen Bedeutung erlangt das Myelin bei der Multiplen Sklerose (☞ 7.1) und den Polyneuropathien (☞ 14.2).

Weitere zentralnervöse Gliazellen sind:

- Astrozyten: Sie haben vielfältige Funktionen, so bilden sie unter anderem das Stützgewebe des ZNS, entsorgen Transmitter und sind an der Blut-Hirn-Schranke beteiligt.
- Ependymozyten: Sie kleiden das Liquorsystem aus und bilden damit die Hirn-Liquor-Schranke.
- Mikroglia: Diese Zellen sind Makrophagen und bilden das Immunsystem des ZNS.

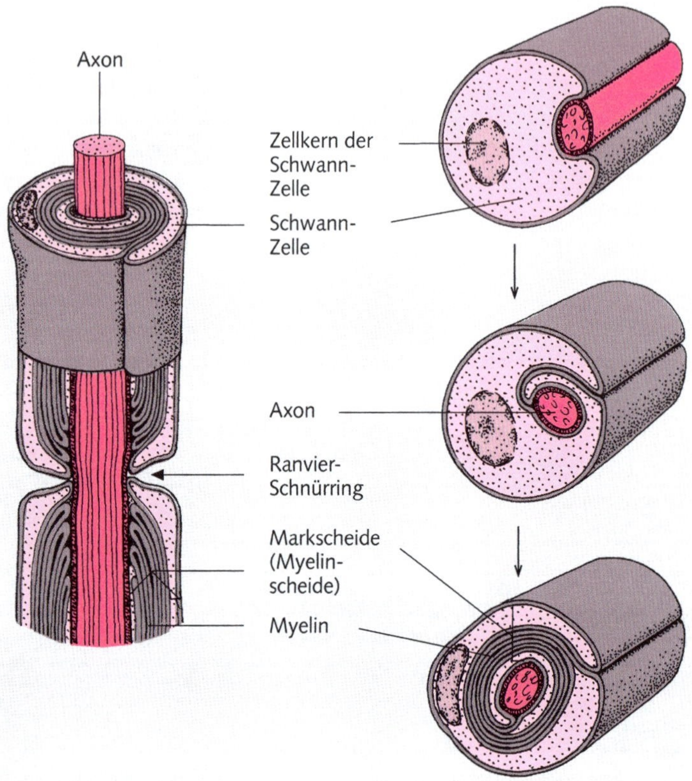

Abb. 1.3: Myelinisiertes Axon. Rechts Bildung der Myelinscheide durch eine Schwann-Zelle. [L190]

? Übungsfragen

1. Aus welchen Teilen besteht das ZNS?
2. Aus welchen Teilen besteht ein Neuron?
3. Was unterscheidet eine neuro-neuronale Synapse von einer muskulären Endplatte?
4. Welche Zellen gibt es im Nervensystem?
5. Was ist eine saltatorische Erregungsleitung?

1.2 Peripheres Nervensystem

Fasertypen:
- somatosensibel
- viszerosensibel
- sensorisch
- viszeromotorisch
- somatomotorisch

Wie unter Kapitel 1.1 bereits beschrieben, stellt das periphere Nervensystem die „Hardware" sowohl für die Aufnahme von Sinnesreizen (Input) als auch für die Kommunikation mit den Erfolgsorganen (Output) dar. Dabei unterscheidet man verschiedene **Faserqualitäten**:
Afferente Fasern führen Informationen von den peripheren Rezeptoren zum ZNS. Man unterscheidet:
- somatosensible Fasern: Sie leiten Informationen aus der Haut, den Muskelspindeln, Sehnenkörpern und Gelenken an das ZNS. Diese Informationen können, müssen aber nicht bewusst werden.
- viszerosensible Fasern: Sie führen dem ZNS die sensiblen Informationen von den inneren Organen und Gefäßen zu, sind Teil des vegetativen Nervensystems. Diese Informationen gelangen daher nur in Ausnahmefällen ins Bewusstsein. Außerdem zählen Geschmacksfasern zu den viszerosensiblen Fasern.
- sensorische Fasern: Sie leiten dem ZNS die Informationen aller Sinnesorgane zu, ausgenommen die der Haut und die der Zunge. Dazu gehören der Riech-, Seh-, Hör- und Gleichgewichtssinn. Auch von diesen Informationen gelangen nur Bruchteile zu Bewusstsein, die meisten bleiben unterbewusst.

Efferente Fasern leiten Informationen vom ZNS zu den Erfolgsorganen. Man unterscheidet:
- somatomotorische Fasern: Sie versorgen ausschließlich die quer gestreifte Skelettmuskulatur, nehmen ihren Ursprung am alpha-Motoneuron (☞ 1.3.1) im ZNS und enden an der cholinergen muskulären Endplatte (☞ 1.1). Sie sind willkürlich und unwillkürlich, z.B. im Rahmen eines Reflexes (☞ 1.3.1), ansteuerbar.
- viszeromotorische Fasern: Sie versorgen ausschließlich die glatte Muskulatur der Gefäße, des Gastrointestinaltraktes, des Auges sowie das Herz und die Drüsen. Sie sind Teil des vegetativen Nervensystems (☞ 1.4) und damit nur unwillkürlich aktivierbar.

1.2.1 Segmentale Innervation des Rumpfes

Die Innervation des Körpers richtet sich nach dessen Gliederung. Die Natur hat als einfachste Bauweise des Körpers eine segmentale gewählt. Dabei werden, vergleichbar einem Modulsystem, baugleiche **Segmente**, welche sich einzeln steuern lassen, aneinandergereiht. In der Natur findet sich dieses Bauprinzip bei Würmern anschaulich wieder. Die einzelnen Segmenteinheiten bestehen aus dem betreffenden Stützapparat, den Muskeln zur Bewegung dieses Apparates, den Blutgefäßen zur Versorgung und aus einem Nerv, der die Muskeln und die Haut in diesem Segment innerviert. Jedes dieser Segmente könnte selbständig funktionieren. Damit aber der Organismus als Ganzes sinnvoll arbeitet, müssen die einzelnen Einheiten in einem zentralen Nervensystem koordiniert werden. Dieses Bauprinzip hat sich bis zum Menschen erhalten. Die Wirbelsäule gibt einen exzellenten optischen Eindruck von der segmentalen Gliederung des menschlichen Körpers wieder. Parallel zum Stützapparat Wirbelsäule ist auch das ZNS in diesem Bereich, das Rückenmark (☞ 1.3.1), segmental gegliedert.

❶ Zwischen zwei Wirbelkörpern tritt zu beiden Seiten der Wirbelsäule ein so genannter **Spinalnerv** aus, der die Muskeln motorisch und die Haut des entsprechenden Segmentes sensibel innerviert. Ein Spinalnerv führt Fasern eines Rückenmarksegments. Der Spinalnerv entsteht aus einer Vorderwurzel, die alle efferenten Fasern führt, und einer Hinterwurzel, die alle Afferenzen enthält. Im Bereich der Hinterwurzel befindet sich das **Spinalganglion**. In ihm liegen die Zellkörper der sensiblen Neurone, deren periphere Fortsätze im Spinalnerven verlaufen und die Rezeptoren in der Haut und im Muskel bilden. Die zentralen Fortsätze dieser Neurone treten durch die Hinterwurzel in das Rückenmark ein und leiten die Informationen an das ZNS weiter. Das Areal der Haut, das von Fasern eines Rückenmarksegments sensibel innerviert wird, nennt man **Dermatom**. Die thorakalen Spinalnerven innervieren als so genannte Interkostalnerven den Rumpf, bestehend aus Thorax und Abdomen.

Im Bereich der Extremitäten, die im Vergleich zum Rumpf eine deutlich komplexere Anatomie aufweisen, ist auch die Innervation komplexer: Man findet hier logischerweise keine Interkostalnerven. Stattdessen bilden die Nervenwurzeln komplizierte Nervengeflechte, so genannte **Plexus**. Aus diesen gehen dann die peripheren Nerven zur Versorgung der Extremitäten hervor. Im Gegensatz zum Interkostalnerv führen die Extremitätennerven Fasern mehrerer Rückenmarksegmente.

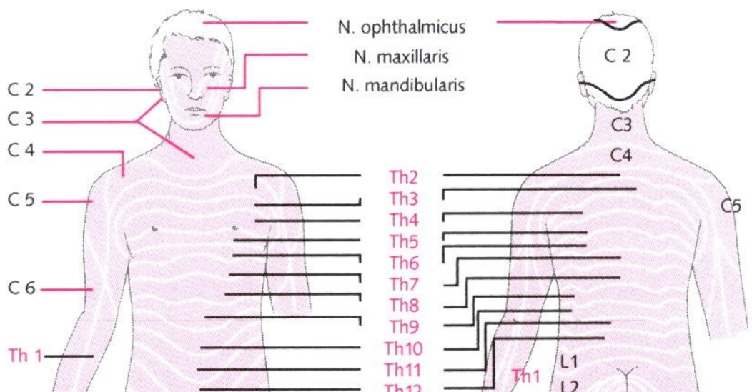

Abb. 1.4: Sensible Innervation der Haut. Die Beschriftung der Dermatome zeigt das zugehörige Rückenmarksegment an. Im Bereich des Rumpfes entspricht es dem Spinalnerven. Im Gesicht innerviert der N. trigeminus (☞ 1.3.2). [A400-157]

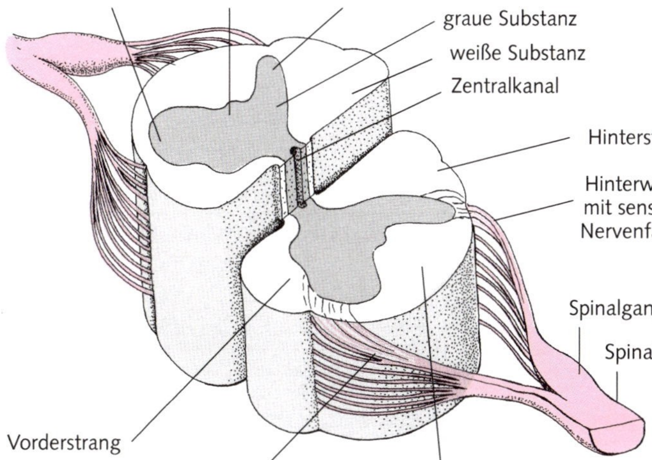

Abb. 1.5: Schema von Rückenmarksegmenten mit zugehörigen Spinalnerven auf zwei Etagen im Bereich des Thorakalmarkes. Die graue Substanz bildet eine Schmetterlingsform. Efferente Fasern bilden die Vorderwurzel, afferente die Hinterwurzel, in der das Spinalganglion liegt.

1.2.2 Plexus cervicalis

Nervus phrenicus innerviert das Zwerchfell

❷ Der Plexus cervicalis bildet sich aus Fasern der Rückenmarksegmente C1–C4. Er versorgt motorisch die Halsmuskeln und sensibel große Teile des Hinterkopfes und Halses. Der lebenswichtigste Nerv des Plexus cervicalis ist der **Nervus phrenicus**, der neben der sensiblen Innervation des Perikards und der Pleura das Zwerchfell sensibel und vor allem motorisch innerviert. Das Zwerchfell entsteht in der Embryonalentwicklung im Bereich des Halses, wandert dann erst mit der Lunge nach kaudal und zieht dabei den N. phrenicus mit sich.

Klinik

Bei einer einseitigen Schädigung des N. phrenicus in seinem Verlauf, am Hals z.B. durch Operationen oder im Mediastinum durch Tumore oder Entzündungen, kommt es zu einer einseitigen Zwerchfellparese. Diese macht sich durch angestrengtes Atmen, einer Neigung zu Lungenentzündungen und radiologisch durch einen Zwerchfellhochstand bemerkbar. Eine beidseitige Phrenicusparese ist mit dem Leben nicht vereinbar, da die Atemhilfsmuskulatur den Ausfall des wichtigsten Atemmuskels nicht kompensieren kann. Hier kann nur künstliche Beatmung das Überleben des Patienten ermöglichen.

1.2.3 Plexus brachialis

Plexus brachialis:
- supraclaviculär → innerviert Schultergürtel
- infraclaviculär → innerviert Arm

Der Plexus brachialis setzt sich aus Fasern der Segmente C5–Th1 zusammen. Er versorgt motorisch und sensibel den Schultergürtel und die obere Extremität. Je nach Austrittshöhe der Nerven – Bezugspunkt ist die Clavicula – lässt sich der Plexus in einen supra- und einen infraclaviculären Teil unterteilen. Der supraclaviculäre Teil versorgt vor allem den Schultergürtel (☞ Tab. 1.1), der infraclaviculäre hauptsächlich den Arm (☞ Tab. 1.2).

Tab. 1.1: Die wichtigsten den Schultergürtel versorgende Nerven und ihre Versorgungsgebiete

Nerv	Versorgung
N. dorsalis scapulae	M. levator scapulae, Mm. rhomboidei
N. thoracicus longus	M. serratus anterior
N. suprascapularis	M. supraspinatus, M. infraspinatus
N. thoracodorsalis	M. latissimus dorsi
N. subscapularis	M. subscapularis, M. teres major
Nn. pectorales	Mm. pectorales major et minor

Klinik obere Plexusläsion

Häufig kommt es z.B. durch geburtstraumatische Schädigungen oder im Erwachsenenalter im Rahmen von Motorradunfällen zur **oberen Plexuslähmung**, der so genannten Erb-Lähmung. Hierbei wird vor allem der supraclaviculäre Teil des Plexus geschädigt. Es kommt zu Paresen der Schultergürtelmuskulatur, der Arm hängt schlaff herab. Die Prognose ist schlecht.

Eine nichttraumatische, wahrscheinlich entzündliche Erkrankung des oberen Armplexus liegt bei der **neuralgischen Schulteramyotrophie** vor. Ohne Traumaanamnese treten hierbei heftigste Schulterschmerzen mit proximalen Schulter- und Armparesen auf. Im Gegensatz zur traumatischen Schädigung ist die Prognose besser: Die meisten Patienten können ihren Arm nach Rehabilitation wieder einsetzen.

Die Physiotherapie nimmt bei der oberen Plexusläsion einen besonders wichtigen Stellenwert ein. Bei Schultergürtel- und Armparesen kommt es häufig sehr früh im Krankheitsverlauf zu einer Schrumpfung der Gelenkkapsel. Dies wird mittels Abduktionsschiene und passiven oder falls möglich aktiven Bewegungen verhindert.

Klinik untere Plexusläsion

Zu einer **unteren Plexuslähmung**, der so genannten Klumpke-Lähmung, kann es z.B. durch an der Lungenspitze gelegene Tumore oder Lymphknotenmetastasen, durch Bestrahlung derselben oder durch traumatische Schädigungen kommen. Es resultiert entsprechend der Anatomie eine schlaffe Parese der Unterarmextensoren und der kleinen Handmuskeln mit Reflexausfällen.

Die Prognose ist ungünstig. Nur selten gelingt es, den Arm wieder normal einzusetzen. Die Therapie besteht meist aus Lagerung in einer Abduktionsschiene und passiven Bewegungen der betroffenen Extremität.

Eine Operation ist nur in Ausnahmefällen erfolgreich. Bei der unteren Plexuslähmung sind infraclaviculäre Nervenfasern betroffen. Sie bilden die Nerven, die den Arm versorgen und in Tab. 1.2 zusammengefasst sind.

Tab. 1.2: Nerven der oberen Extremität mit ihren Versorgungsgebieten

Nerv	Versorgung
N. axillaris	▪ M. deltoideus, M. teres minor ▪ sensibel: lateraler Oberarm
N. musculocutaneus	▪ Oberarmbeuger ▪ sensibel: lateraler Unterarm
N. medianus	▪ Unterarmbeuger, außer M. flexor carpi ulnaris und ulnarer Teil des M. flexor digitorum profundus ▪ Großteil der Thenarmuskulatur ▪ sensibel: radiale Hohlhand, palmar Finger I-IV und dorsal Finger II-IV
N. ulnaris	▪ M. flexor carpi ulnaris und ulnarer Teil des M. flexor digitorum profundus ▪ Hypothenarmuskulatur, Mm. interossei und lumbricales, M. adductor pollicis ▪ sensibel: ulnare Hohlhand, palmar und dorsal Finger IV und V
N. radialis	▪ alle Extensoren und M. brachioradialis ▪ sensibel: dorsaler Ober- und Unterarm, dorsal radiale Hand und Daumen
N. cutaneus brachii medialis	▪ sensibel: medialer Oberarm
N. cutaneus antebrachii medialis	▪ sensibel: medialer Unterarm

Im Gegensatz zur Plexuslähmung können die Nervenfasern auch in ihrem weiteren Verlauf isoliert geschädigt werden, so dass es zu Ausfällen mit typischen Erscheinungsbildern kommt. Schädigungen einzelner Nerven werden Mononeuropathien genannt. Zu den Mononeuropathien der oberen Extremität gehören:

Medianusparesen

Der N. medianus zieht vom Oberarm kommend auf der ventralen Seite durch die Mitte der Ellenbeuge auf die Flexorenseite des Unterarms und schließlich durch den Karpaltunnel auf die Handinnenseite.

Ursachen

Ursachen der Medianusparese:
- Humerusfraktur
- Druckschädigung
- Karpaltunnel-Syndrom

- Am Oberarm durch Druck des auf dem Arm liegenden (schlafenden) Partners, so genannte Schlaflähmung.
- In der Ellenbeuge durch einen fehlgeschlagenen Versuch einer intravenösen Injektion.
- Im Handgelenk selten durch (Schnitt-)Verletzungen.
- Häufige Ursache ist das **Karpaltunnel-Syndrom**. Im ohnehin engen Karpaltunnel führt eine Entzündung des Handgelenkes oder der Sehnen der Fingerbeuger zu einem Ödem, das den N. medianus quetscht. Das Karpaltunnel-Syndrom kann außerdem metabolisch bedingt sein, z.B. durch Diabetes mellitus oder Hypothyreose, toxisch bedingt, z.B. durch Alkohol, oder vaskulär bedingt sein, z.B. durch Thrombose oder Hämatom.

Klinik

Schädigungsmuster entsprechend dem Ort der Läsion:
- Schwurhand
- Thenaratrophie
- sensible Ausfälle

Leitsymptom der kompletten (oberen) Medianusparese ist die **Schwurhand:** Daumen, Zeige- und Mittelfinger können nicht gebeugt werden. ❸ Wird der Nerv weiter distal, z.B. unterhalb des Retinaculum musculorum flexorum manus, also an der Beugeseite des Handgelenkes im **Karpaltunnel**, beschädigt, atrophiert der Daumenballen. Der Daumen kann nicht mehr opponiert oder abduziert werden, Gegenstände können daher nicht mehr umgriffen werden. Eine Schwurhand besteht nicht. Das Karpaltunnelsyndrom betrifft vor allem Frauen in der zweiten Lebenshälfte. Sie klagen über nächtliche Missempfindungen der radialen Hohlhand, der palmaren Finger I–IV und dorsal II–IV. Linderung erreichen die Patienten durch Schütteln der Hände.
Die elektrophysiologische Zusatzdiagnostik, insbesondere die Elektroneurographie und die Elektromyographie (☞ 2.8.1) bestätigt die klinische Verdachtsdiagnose.

Therapie

Karpaltunnel-Syndrom → Retinakulumspaltung

Beim Karpaltunnel-Syndrom wird das Retinaculum flexorum gespalten, um den Druck vom N. medianus zu nehmen. Innerhalb der physikalischen Therapie wird versucht, die ausgefallenen Muskeln zu reaktivieren (mittels Elektrotherapie, Wärme-, Kältetherapie, Bewegungstherapie). Rechtzeitig behandelt, kann die Funktion der Hand wieder komplett hergestellt werden.

Ulnarisparesen

Der Nervus ulnaris verläuft, vom Oberarm kommend, im Sulcus nervi ulnaris (am „Musikantenknochen") am Ellenbogen vorbei und zieht schließlich auf der ulnaren Seite zwischen den Flexoren über das Handgelenk zur Handinnenfläche. Der N. ulnaris zieht nicht durch den Karpaltunnel. Der Ausdruck „Musikantenknochen" beschreibt eigentlich eine akute Druckschädigung des Nerven. Der mutige Leser kann die sensible Innervation des N. ulnaris anschaulich selbst erfahren, wenn er den Nerv (vorsichtig) gegen den Knochen drückt.

Ursachen

Ursachen der Ulnarisparese:
- Schädigung des Ellenbogengelenkes
- Druck- und Zugschädigung

Zu Schädigungen des N. ulnaris kommt es vor allem im Bereich des Ellenbogengelenkes, da der Nerv hier dicht unter der Haut verläuft. Ursachen sind degenerative Veränderungen, Verletzungen und Druck durch falsche Lagerung oder zu enge Verbände.
Eine Überstreckung der Hand, z.B. beim Radfahren, kann zu einer Überdehnung des Nerven und so zu einer Ulnarisparese führen.

Klinik und Diagnostik

- Krallenhand
- sensible Ausfälle auf ulnarer Seite von Hand und Fingern

Leitsymptom der Ulnarisparese ist die **Krallenhand:** Im Grundgelenk können die Finger aufgrund einer Lähmung der Mm. interossei und Mm. lumbricales nicht gebeugt werden, sind somit überstreckt, während im Mittel- und Endgelenk die Streckung ausfällt. Da die durch den N. medianus innervierten Fingerflexoren nun dominieren, kommt es zu einer Beugung in den Endgelenken.

Die Innervation des M. adductor des Daumens und der Hypothenarmuskulatur (Kleinfingerballen) fällt aus: Ein Blatt Papier kann nur mit Mühe festgehalten werden.
Die **sensible Innervation** der ulnaren Seite der Hand und der Finger IV und V ist gestört.

Therapie

Eine Schädigung im Bereich des Sulcus ulnaris kann durch eine Operation behoben werden. Wie bei allen anderen Nervenschädigungen wird durch Physiotherapie versucht, die Funktion der Muskeln wiederherzustellen.

Radialisparesen

Ursachen der Radialisparese:
- Humerusfraktur
- falsche Lagerung
- Unterarmfraktur

Der N. radialis zieht durch die Achselhöhle, verläuft weiter an der Rückseite des Oberarms, direkt am Humerusschaft entlang und wechselt am Unterarm auf die Extensorenseite.

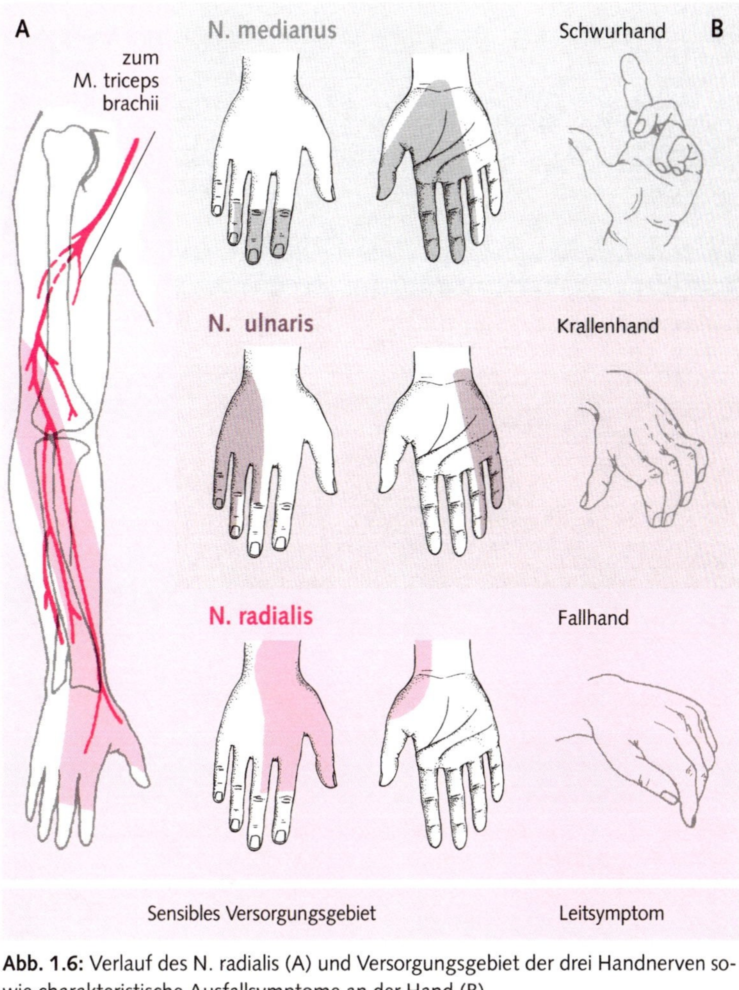

Abb. 1.6: Verlauf des N. radialis (A) und Versorgungsgebiet der drei Handnerven sowie charakteristische Ausfallsymptome an der Hand (B).

- Fallhand
- evtl. Trizepsparese
- sensible Ausfälle → Armrückseite, Handrücken, Daumen

Klinik und Diagnostik

Der N. radialis wird häufig bei einer Humerusschaftfraktur geschädigt. Leitsymptom dieser nervalen Schädigung ist die **Fallhand** mit Störungen der Dorsalextension der Hand und der Extension der Finger. Bei einer weiter proximalen Schädigung, z.B. durch Schulterluxationen, ist zusätzlich der M. triceps brachii paretisch. Der Trizepssehnenreflex ist ausgefallen. Außerdem kann der Nerv auch durch Druck gegen den Humerus, z.B. bei falscher Lagerung während einer OP oder beim legeren Auflegen des Armes auf der Rückenlehne einer Parkbank, geschädigt werden.

Störung der sensiblen Innervation auf der Dorsalseite des Arms, dem Handrücken und Daumen.

Gesichert wird die Diagnose über elektrophysiologische Zusatzdiagnostik (☞ 2.8.1).

Therapie

Bei einer Humerusschaftfraktur mit Schädigung des N. radialis muss der Nerv gegebenenfalls mikrochirurgisch wieder freigelegt werden. Eine physiotherapeutische Behandlung schließt sich an.

1.2.4 Plexus lumbosacralis

Der lumbosakrale Plexus erhält Nervenfasern aus den Segmenten Th12 bis S3 und versorgt den Beckengürtel und die untere Extremität motorisch und sensibel (☞ Tab. 1.3, 1.4). Er unterteilt sich in einen Plexus lumbalis und Plexus sacralis.

Tab. 1.3: Nerven, die aus dem Plexus lumbalis hervorgehen, und ihre Versorgungsgebiete

Nerv	Versorgung
N. iliohypogastricus und N. ilioinguinalis	▪ kaudale Bauchwand motorisch und sensibel
N. genitofemoralis	▪ M. cremaster ▪ sensibel: medialer Oberschenkel und Scrotum bzw. Labia majora. Dieser Nerv zieht durch den Leistenkanal und kann vor allem bei Leistenhernien-OPs verletzt werden.
N. cutaneus femoris lateralis	▪ sensibel: lateraler Oberschenkel
N. obturatorius	▪ motorisch: alle Adduktoren des Oberschenkels ▪ sensibel: medialer Oberschenkel
N. femoralis	▪ motorisch: alle Beuger im Hüft- und alle Strecker im Kniegelenk ▪ sensibel: anteriorer Oberschenkel; als N. saphenus medialer Unterschenkel sensibel

Tab. 1.4: Nerven, die aus dem Plexus sacralis hervorgehen, und ihre Versorgungsgebiete

Nerv	Versorgung
N. gluteus superior	▪ rein motorisch: M. gluteus medius und minimus. Diese Muskeln sind Hüftabduktoren, bei einem Ausfall resultiert das **Trendelenburg-Zeichen**: das Becken kippt im Stehen auf die gesunde Spielbeinseite (☞ Abb. 1.7).
N. gluteus inferior	▪ rein motorisch: M. gluteus maximus
N. cutaneus femoris posterior	▪ rein sensibel: dorsale Oberschenkelseite
N. ischiadicus, besteht aus N. peroneus communis und N. tibialis	
▪ N. peroneus communis, teilt sich in	
– N. peroneus superficialis	▪ motorisch: Mm. peronei ▪ sensibel: lateraler Fußrand
– N. peroneus profundus	▪ motorisch: alle Unterschenkelextensoren ▪ sensibel: erster Zehenzwischenraum
▪ N. tibialis	▪ motorisch: die ischiokrurale Muskulatur, alle Unterschenkelflexoren und plantare Fußmuskeln ▪ sensibel: als N. suralis die Unterschenkelrückseite und Fußsohle
N. pudendus	▪ motorisch: Beckenbodenmuskulatur ▪ sensibel: Beckenboden, Penis und Scrotumhinterwand bzw. Clitoris und Labia majora. Dieser Nerv ist damit wichtig für die Kontinenz und Sexualfunktion.

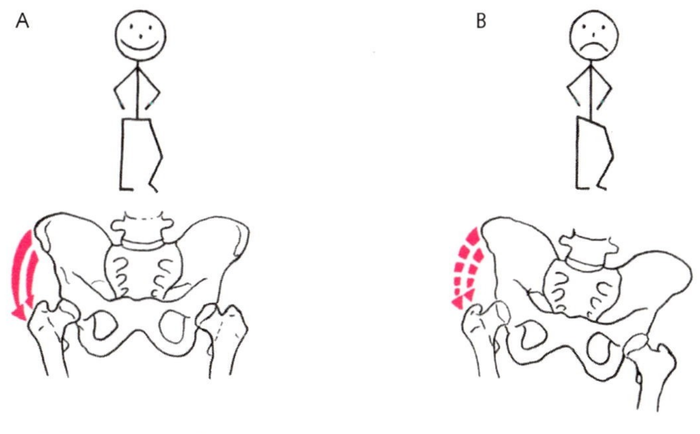

Abb. 1.7: Trendelenburg-Zeichen bei Schädigung des N. gluteus superior. A) Normalzustand: Die Kontraktion der Mm. glutei medius et minimus (rote Pfeile) verhindert das Abkippen der Hüfte zur Spielbeinseite. B) Parese der Mm. glutei medius et minimus: Die denervierten Muskeln (unterbrochene Pfeile) können den Winkel zwischen Standbein und Becken nicht halten, es kippt Richtung Spielbein ab. [R140]

Läsion des Plexus lumbosacralis

Klinik, Diagnostik und Therapie

Der Plexus lumbosacralis kann aufgrund seiner Lage im hinteren Becken meist durch gynäkologische Tumore oder deren Therapie, z.B. OP oder Bestrahlung, geschädigt werden. Das klinische Bild lässt sich in solch einem Fall keinem einzelnen peripheren Nerven des Plexus lumbosacralis zuordnen. Die Diagnose basiert dann häufig auf elektrophysiologischer und radiologischer Zusatzdiagnostik. Die Prognose ist schlecht, nur selten kann eine ausreichende Wiederherstellung der Funktion erreicht werden.

Die konservative Therapie bei Nervenschädigungen der unteren Extremität unterscheidet sich in bedeutenden Punkten von Neuropathien der Arme. Da eine Beinlähmung zwangsläufig eine Immobilisierung mit sich bringt, besteht die Gefahr einer venösen Thrombose. Die physikalische Therapie soll, genauso wie die Heparinisierung, die Entstehung einer solchen verhindern. Das Bein tendiert bei Lähmungen zu einer Außenrotation, es sollte daher möglichst nicht außenrotiert gelagert werden. Die passive Bewegung beugt, wie an der oberen Extremität, sekundären Gelenkversteifungen vor.

Femoralisparese

Ursachen der Femoralisparese:
- Tumore
- Schnittverletzungen bei Operationen

Der N. femoralis kann in seinem Verlauf unter dem Leistenband zur Vorderseite des Oberschenkels durch Tumore im kleinen Becken und bei Schnittverletzungen im Rahmen von Hernien- und Blinddarmoperationen geschädigt werden.

Klinik und Diagnostik

Im Vordergrund steht eine Einschränkung der Hüftbeugung und Kniestreckung: Aufgrund des Ausfalls des M. iliopsoas, dem wichtigsten Beuger des Hüftgelenkes, kann der Patient aus dem Liegen nur noch mit Hilfe aufstehen. Durch Ausfall des M. quadrizeps kann der Unterschenkel beim Gehen nicht nach vorne bewegt werden, die Patienten versuchen, dies durch Schwung zu kompensieren.

Sensibilitätsausfall an der Vorderseite des Oberschenkels und der Innenseite des Unterschenkels.

Peroneusparese

Ursachen der Peroneusparese:
- Druckschädigung durch Verbände oder falsche Lagerung

Der N. peroneus zieht oberflächlich am Wadenbeinköpfchen (Caput fibulae) vorbei zum Unterschenkel. Am Wadenbeinköpfchen ist der Nerv extrem gefährdet, z.B. durch Druck eines Gipsverbandes oder falsche Lagerung. Zur Reizung des Nervens kommt es z.B. bei starker muskulärer Anstrengung und beim Sitzen mit übereinander geschlagenen Beinen.

- Steppergang
- Atrophie der Mm. peronei longus et brevis
- Sensibilitätsstörungen → erster Zehenzwischenraum

Klinik und Diagnostik

④ Bei Ausfall des N. peroneus superficialis atrophieren die Mm. peronei longus et brevis. Bei Läsion des N. peroneus profundus kann der Fuß durch Ausfall der Extensoren beim Gehen nicht angehoben werden, es kommt zum so genannten **Steppergang.** Bei diesem wird aufgrund der Fußheberschwäche das Bein übertrieben angehoben und der Unterschenkel schwungvoll nach vorne geführt, um nicht mit den Zehen hängen zu bleiben. Der Fuß klatscht dann ungebremst auf den Boden und verursacht ein charakteristisches Geräusch, welches dem von Steppschuhen ähnelt.
Sensibilitätsausfall zwischen der ersten und zweiten Zehe.

Therapie

Neben physiotherapeutischen Übungen kann das Tragen einer Peroneusschiene die Lebensqualität der Patienten verbessern. Die Schiene verhindert ein Fallen des Fußes in der Schwungphase und führt dadurch zu einem besseren Gangbild.

Tibialisparese

Ursachen der Tibialisparese:
- Knieverletzung
- Tibiafraktur
- Tarsaltunnel-Syndrom

Der N. tibialis verläuft durch Kniekehle und Wadenmuskulatur. Er zieht weiter durch den Tarsaltunnel, der vom Innenknöchel und dem Ligamentum lanciniatum gebildet wird, zur Fußsohle. Durch Knieverletzungen und Tibiafrakturen kann der Nerv geschädigt werden. Bei Frakturen und Verstauchungen des Fußgelenks führen Schwellungen zum so genannten **Tarsaltunnel-Syndrom**.

- Atrophie des M. tibialis posterior
- Zehengang unmöglich
- brennende Fußsohlenschmerzen

Klinik und Diagnostik

Bei proximalen Schädigungen tritt eine Atrophie der Waden- und der Fußgewölbemuskulatur auf. Der Patient kann nicht auf Zehen gehen und hat Sensibilitätsstörungen an Wade und Fußsohle.
Charakteristisch für das Tarsaltunnel-Syndrom sind neben einer Lähmung der kurzen Fußmuskeln brennende Schmerzen an der Fußsohle, vor allem beim Gehen.

Tarsaltunnel-Syndrom → Spaltung des Lig. lanciniatum

Therapie

Das Tarsaltunnel-Syndrom wird durch operative Spaltung des Ligamentum laciniatum behoben.

1.2.5 Ursachen, Symptome, Therapie häufiger peripherer Lähmungen

Tab. 1.5:

Nerv	Ursache	Leitsymptom	Klinik/Diagnostik	Therapie
N. radialis	Lagerungsschaden, Druck („Parkbank-Lähmung"), proximale Radiusfraktur	Fallhand	Ausfall M. triceps brachii, sensible Störung am Handrücken und den radialen Fingern	op. Revision, Unterarmschiene
N. medianus	Druck auf Oberarm, Karpaltunnelsyndrom	Schwurhand, beim Karpaltunnelsyndrom nur Thenaratrophie	Thenaratrophie, sensible Störung an der radialen Handinnenseite	OP
N. ulnaris	Arthrose des Ellenbogengelenkes, Druck, Überstreckung der Hand	Krallenhand	Ausfall der Hypothenarmuskulatur, sensible Störung der ulnaren Handseite	OP
N. femoralis	Tumore im kleinen Becken, Schnittverletzungen	eingeschränkte Hüftbeugung und Kniestreckung	Ausfall des M. iliopsoas und des M. quadriceps femoris	OP
N. ischiadicus	Fraktur, Hüftluxation, fehlerhafte Injektion in den M. gluteus	kompletter Ausfall der dorsalen Muskelgruppen	vgl. N. tibialis und peroneus (Äste des N. ischiadicus)	OP
N. peroneus	Druck, Lagerungsschaden, schlecht sitzender Gips	Steppergang	Fußheberschwäche, Sensibilitätsstörung im Bereich erster Zehenzwischenraum	Peroneusschiene
N. tibialis	Trauma, Tarsaltunnel-Syndrom	bei hoher Läsion kein Zehenstand möglich	Atrophie der Wade und des Fußgewölbes	OP

? Übungsfragen

1. Beschreiben Sie einen Spinalnerv!
2. Welcher Nerv ist wichtig für die Atmung?
3. Über welche Symptome klagt ein Patient mit Karpaltunnel-Syndrom?
4. Was ist der Steppergang?

1.3 Zentrales Nervensystem

ZNS:
- graue vs. weiße Substanz
- Rückenmark
- Hirnstamm
- Cerebellum
- Diencephalon
- Telencephalon

Das zentrale Nervensystem (ZNS) ist eine einzigartige Schaltzentrale, die die komplexesten Verarbeitungen vornimmt. Die bemerkenswerteste Leistung des ZNS ist das menschliche Bewusstsein.

1 Prinzipiell unterscheidet man im ZNS eine **graue** und eine **weiße Substanz.** Diese Unterscheidung beruht auf dem Aussehen des Gewebes im anatomischen Schnitt. In der grauen Substanz befinden sich die Zellkörper der Neurone (☞ 1.1). In der weißen Substanz liegen ausschließlich die Zellfortsätze, d.h. Axone und Dendriten. Die Farbe der weißen Substanz beruht auf dem Fettgehalt des Myelin (☞ 1.1), welches die Axone umhüllt.

Die Zellkörper der Neurone lagern sich in Gruppen zusammen und bilden so zum einen die Hirnrinde, den so genannten **Kortex**, der die Oberfläche des Gehirns bildet. Zum anderen zählen zur grauen Substanz Kerngebiete, so genannte **Nuclei**, welche wie Inseln in der weißen Substanz liegen. Die Kerngebiete und die Rinde sind untereinander durch Faserzüge, so genannte **Tractus** verbunden. Der Name des Tractus setzt sich zusammen aus dem Ursprungsort und dem Zielort der jeweiligen Bahn, so zieht z.B. der Tractus cerebellothalamicus vom Kleinhirn zum Thalamus.

Das ZNS lässt sich in grobe Einheiten gliedern, die immer komplexer werden. Das Rückenmark bildet die einfachste Organisationsform. Weiter nach kranial gehend folgt der Hirnstamm, bestehend aus der Medulla oblongata, dem Pons und dem Mesencephalon. Das Cerebellum (Kleinhirn) lagert sich dorsal dem Hirnstamm an. Dem Hirnstamm übergeordnet ist das Diencephalon (Zwischenhirn). Als komplexestes Element des Gehirns schließt sich das Telencephalon (Großhirn) an. Im Folgenden werden die Teile des ZNS von kaudal nach kranial besprochen.

1.3.1 Rückenmark

Rückenmark:
- segmentale Gliederung
- endet auf Höhe LWK 1

Das Rückenmark liegt im Wirbelkanal der Wirbelsäule und ist der Teil des ZNS, der das Gehirn mit dem peripheren Nervensystem der Extremitäten verbindet. Es ist jedoch nicht nur ein reines Bindeglied, sondern stellt ein selbständig funktionierendes Nervensystem dar. Das Rückenmark beginnt kranial am Foramen magnum an der Schädelbasis und reicht ungefähr bis in Höhe des Wirbelkörpers LWK 1. Es ist in einzelne Segmente gliedert, so genannte **Rückenmarksegmente.** Jeweils ein Segment bildet auf jeder Seite der Wirbelsäule einen Spinalnerv (☞ 1.2.1). Mehrere Segmente des Rückenmarks bilden Einheiten, die den Abschnitten der Wirbelsäule entsprechen, d.h. es gibt 8 zervikale, 12 thorakale, 5 lumbale, 5 sakrale und 1 kokzygeales Rückenmarksegment. Die zugehörigen Spinalnerven verlassen die Wirbelsäule durch das Foramen intervertebrale zwischen zwei Wirbelkörpern. Die Rückenmarksegmente sind jeweils nach dem Wirbelkörper benannt, unter dem die zugehörigen Spinalnerven austreten. So heißt z.B. das Rückenmarksegment, dessen Spinalnerv zwischen BWK 11 und 12 austritt, Th 11.

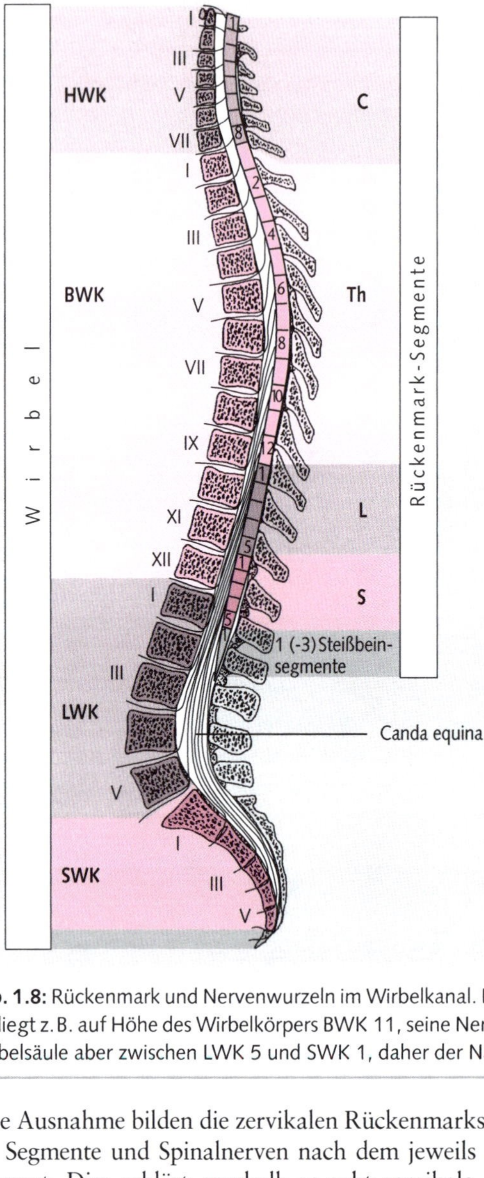

Abb. 1.8: Rückenmark und Nervenwurzeln im Wirbelkanal. Das Rückenmarksegment L 5 liegt z. B. auf Höhe des Wirbelkörpers BWK 11, seine Nervenwurzeln verlassen die Wirbelsäule aber zwischen LWK 5 und SWK 1, daher der Name [L 190].

Eine Ausnahme bilden die zervikalen Rückenmarksegmente. Hier werden die Segmente und Spinalnerven nach dem jeweils unteren Wirbelkörper benannt. Dies erklärt, weshalb es acht zervikale Rückenmarksegmente gibt, obwohl es nur sieben Halswirbelkörper gibt. Der erste Spinalnerv verlässt die Wirbelsäule zwischen dem Os occipitale und HWK 1, der letzte zervikale Spinalnerv (C 8) zwischen HWK 7 und BWK 1.
Da das Rückenmark deutlich kürzer als die Wirbelsäule ist, müssen die Nervenwurzeln, nachdem sie das Rückenmark verlassen haben, erst noch eine Strecke im Wirbelkanal verlaufen. Besonders deutlich wird dies im lumbalen Wirbelsäulenbereich. Hier finden sich ausschließlich Nervenwurzeln, aber kein Rückenmark mehr, man nennt dieses Nervenfaserbündel dem Aussehen nach Cauda equina (Pferdeschwanz ☞ Abb. 1.8). In diesem Bereich lässt sich gefahrlos Liquor punktieren (☞ 2.8.3).

Graue Substanz des Rückenmarks:
- Schmetterlingsform
- Vorderhorn, Seitenhorn und Hinterhorn

❷ Die Gliederung des ZNS in graue und weiße Substanz lässt sich im Bereich des Rückenmarks besonders gut beobachten. Die graue Substanz liegt rund um den Zentralkanal, dem zentralen Ventrikelsystem des Rückenmarks (☞ 1.6), und bildet im Querschnitt eine Schmetterlingsform (☞ Abb. 1.5). Die ventralen Anteile des Schmetterlings bilden das so genannte Vorderhorn, es beinhaltet somatomotorische Zellen. Besonders hervorzuheben sind dabei die **alpha-Motoneurone**. Diese Nervenzellen bilden Axone, die über die Vorderwurzel und den peripheren Nerven zur quergestreiften Skelettmuskulatur ziehen und dort muskuläre Endplatten bilden (☞ 1.1).
Afferenzen erhält das Rückenmark, im Gegensatz zu diesen Efferenzen, über die Hinterwurzel. Somatosensible Neurone liegen dorsal des Zentralkanals im Hinterhorn. Mit Ausnahme des Zervikalmarkes liegt zwischen dem Vorder- und Hinterhorn ein Seitenhorn, welches Teil des autonomen Nervensystems ist und viszeromotorische und viszerosensible Neurone beinhaltet.
In der weißen Substanz liegen Faserbündel, welche Informationen vom Gehirn und zum Gehirn leiten sowie die einzelnen Rückenmarksegmente miteinander verbinden. Die weiße Substanz wird in so genannte Stränge gegliedert: Zwischen den beiden Vorderhörnern liegt dabei der Vorderstrang, zwischen Vorder- und Hinterhorn der Seitenstrang und zwischen den Hinterhörnern der Hinterstrang (☞ Abb. 1.5).

Reflexe

Reflexe:
- Muskeleigenreflex monosynaptisch
- Fremdreflex polysynaptisch

Die einfachste Antwort auf einen Reiz ist eine immer gleiche, unwillkürliche, nicht unterdrückbare Reaktion. Dieses Verhalten nennt man einen Reflex. Beruht das Verhalten von einfachen Lebewesen fast ausschließlich auf Reflexen, so dienen beim Menschen Reflexe vor allem zur unbewussten Regulierung von Motorik und zur extrem schnellen Anpassung auf Reize. Der einfachste Reflex ist der Muskeleigenreflex (z.B. Patellarsehnenreflex).

Muskeleigenreflex

❸ Dieser Reflex beruht auf einer einzigen synaptischen Umschaltung und wird deswegen auch monosynaptischer Reflex genannt. Reizort und Erfolgsorgan sind identisch. Der Rezeptor für den adäquaten Reiz liegt in der Muskelspindel. Wird diese durch ansteigende Muskeldehnung aktiviert, werden Aktionspotentiale über die Hinterwurzel direkt durch das Hinterhorn an das alpha-Motoneuron im Vorderhorn gesendet. Dadurch wird das alpha-Motoneuron aktiviert, Aktionspotentiale gelangen über die Vorderwurzel und den peripheren Nerv an die muskuläre Endplatte. Eine Muskelkontraktion, die der ursprünglichen Dehnung entgegen wirkt, wird ausgelöst (☞ Abb. 1.9).
Der Muskeleigenreflex ist physiologisch und spielt daher nicht nur im Rahmen der neurologischen Untersuchung eine Rolle (☞ 2.7), sondern er ist stets aktiv und kontrolliert den Tonus der Muskulatur. Muskeleigenreflexe funktionieren auf Segmentebene, stehen aber unter Kontrolle von absteigenden Bahnen, z.B. der Pyramidenbahn, die den Reflex hemmt und dadurch den Tonus der Muskulatur senkt. Daneben gibt auch die Muskelspindelafferenz Kollateralen an andere

Rückenmarksegmente ab. Diese Kollateralen dienen zur Hemmung der muskulären Antagonisten, deren alpha-Motoneurone in anderen Segmenten liegen.

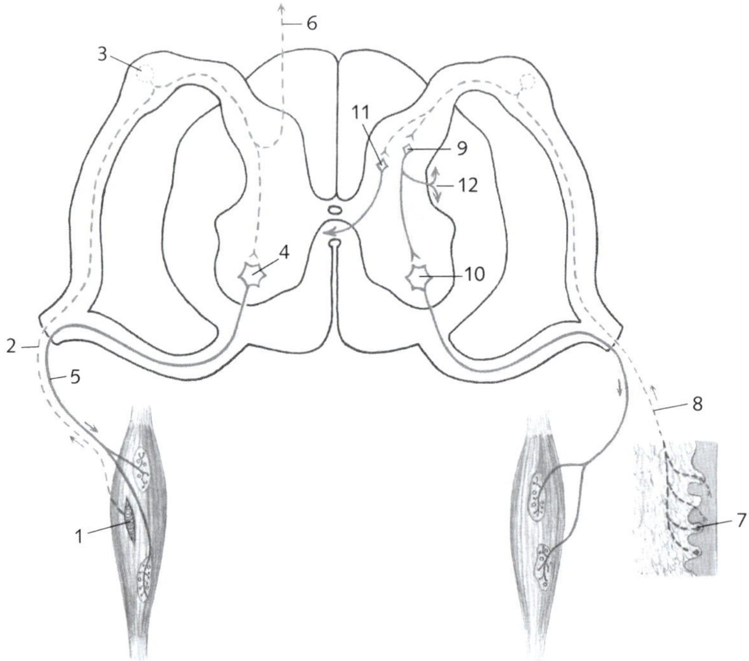

Abb. 1.9: Muskeleigen- und Fremdreflex. 1 Muskelspindel, 2 Afferenz, 3 Spinalganglienzelle, 4 alpha-Motoneuron, 5 Efferenz, 6 Kollaterale, 7 Rezeptoren in der Haut, 8 Afferenz, 9 Interneuron, erregt 10 alpha-Motoneuron, 11 Interneuron, projiziert zur kontralateralen Seite, 12 Kollaterale [R120]

Fremdreflex

3 Im Gegensatz zum Muskeleigenreflex liegen Rezeptor und Effektor bei einem Fremdreflex in unterschiedlichen Organen. Diese Reflexe sind meistens Schutzreflexe. Erregung von z.B. Schmerzafferenzen in der Haut des Fußes (Rezeptor) führt zur Aktivierung der Hüft- und Kniebeuger (Effektor) ipsilateral, d.h. auf der Seite des Reizes, sowie zu einer Aktivierung der Hüft- und Kniestrecker (Effektor) kontralateral. Es liegt auf der Hand, dass dieser Reflexbogen viel komplexer ist als der monosynaptische Reflexbogen. Er wird deswegen polysynaptischer Reflex genannt. Im Gegensatz zu Muskeleigenreflexen werden Fremdreflexe durch die Pyramidenbahn gebahnt.

Weitere funktionelle Einheiten im Rückenmark

Wenn man die Funktion des Rückenmarks auf Reflexe reduziert, ist man weit von der Wirklichkeit entfernt. Als nächst höheres hierarchisches Modul zu den Reflexen findet man **Automatismen**. Darunter versteht man Bewegungen, die automatisch, d.h. ohne Zutun des Gehirns ablaufen können, aber deutlich komplexer als Reflexbewegungen sind. Ein sehr anschauliches Beispiel dafür sind die Flugbewegungen von Hühnern, welche zwecks gastronomischer Zubereitung von ihrem Kopf getrennt werden und noch für wenige Minuten – kopflos – umherfliegen können. Beim Menschen gibt es ähnliche Automatismen, die jedoch im Vergleich zum Tierreich nicht so stark ausgebildet sind. Automatismen sind eine Form der funktionellen Organisation des Rückenmarks. Eine weitere wichtige funktionelle Organisationsform ist die der **Funktionszentren.** Diese Zentren verarbeiten komplexe Funktionen des Körpers auf Rückenmarksebene. Ein Beispiel dafür ist das sakrale Blasenzentrum, welches zwar unter Kontrolle des Gehirns steht, aber auch autark eine – wenn auch eingeschränkte – Blasenfunktion gewährleistet.

Bahnsysteme des Rückenmarks

Faserbahnen:
- somatotopisch organisiert
- Pyramidenbahn und extrapyramidale Bahnen
- protopathische Sensibilität im Tractus spinothalamicus
- epikritische Sensibilität im Hinterstrang

Die Faserbahnen des Rückenmarks unterteilen sich in absteigende, d.h. nach kaudal verlaufende, und aufsteigende Bahnen. Die absteigenden Bahnen stehen zum Großteil im Dienste der Motorik, während die aufsteigenden Bahnen v.a. die sensiblen Afferenzen dem Gehirn zuleiten. Viele dieser Faserbahnen weisen eine anatomische Ordnung auf, so dass Fasern aus benachbarten Segmenten gemeinsam verlaufen. Dieses Prinzip, dass entweder Fasern oder Neurone aus angrenzenden Regionen des Körpers nebeneinander liegen, nennt man **Somatotopik** (☞ Abb. 1.12 und Abb. 1.18).

Absteigende Bahnen

Die wichtigste absteigende Bahn ist die **Pyramidenbahn,** der Tractus corticospinalis. Sie hat ihren Ursprung im primär motorischen Kortex (☞ 1.3.6) am ersten motorischen Neuron im Bereich des Gyrus praecentralis, durchläuft die Capsula interna und die Großhirnschenkel, um an der Vorderseite der Medulla oblongata in Form von Pyramiden aufzutauchen. Im unteren Bereich der Medulla kreuzen die meisten Fasern des Tractus auf die Gegenseite und ziehen als Tractus corticospinalis lateralis nach kaudal. Die Fasern, die nicht im Hirnstamm kreuzen, laufen im Tractus corticospinalis anterior und kreuzen erst später, auf der Segmentebene (☞ Abb. 1.10). Im Bereich des Rückenmarks läuft die Pyramidenbahn im Vorderseitenstrang und ist dabei somatotopisch gegliedert (☞ Abb. 1.12). Zielort der Pyramidenbahn sind die alpha-Motoneurone vor allem der distalen Extremitätenmuskulatur, weshalb die Pyramidenbahn eine zentrale Rolle bei der Feinmotorik spielt. Man nennt das alpha-Motoneuron auch zweites motorisches Neuron, um zu verdeutlichen, dass es vom Gyrus praecentralis bis auf Segmentebene keine Verschaltung gibt.

Neben dem Tractus corticospinalis gibt es noch andere absteigende Bahnen im Dienste der Motorik, welche als **extrapyramidale Bahnen** bezeichnet werden. Sie ziehen vor allem zu den alpha-Motoneuronen der Rumpf- und proximalen Extremitätenmuskulatur. Zu diesen Bahnen zählen:
- Tractus rubrospinalis, vom Nucleus ruber ausgehend
- Tractus vestibulospinalis, von den Vestibulariskernen ausgehend
- Tractus reticulospinalis, aus der Formatio reticularis stammend.

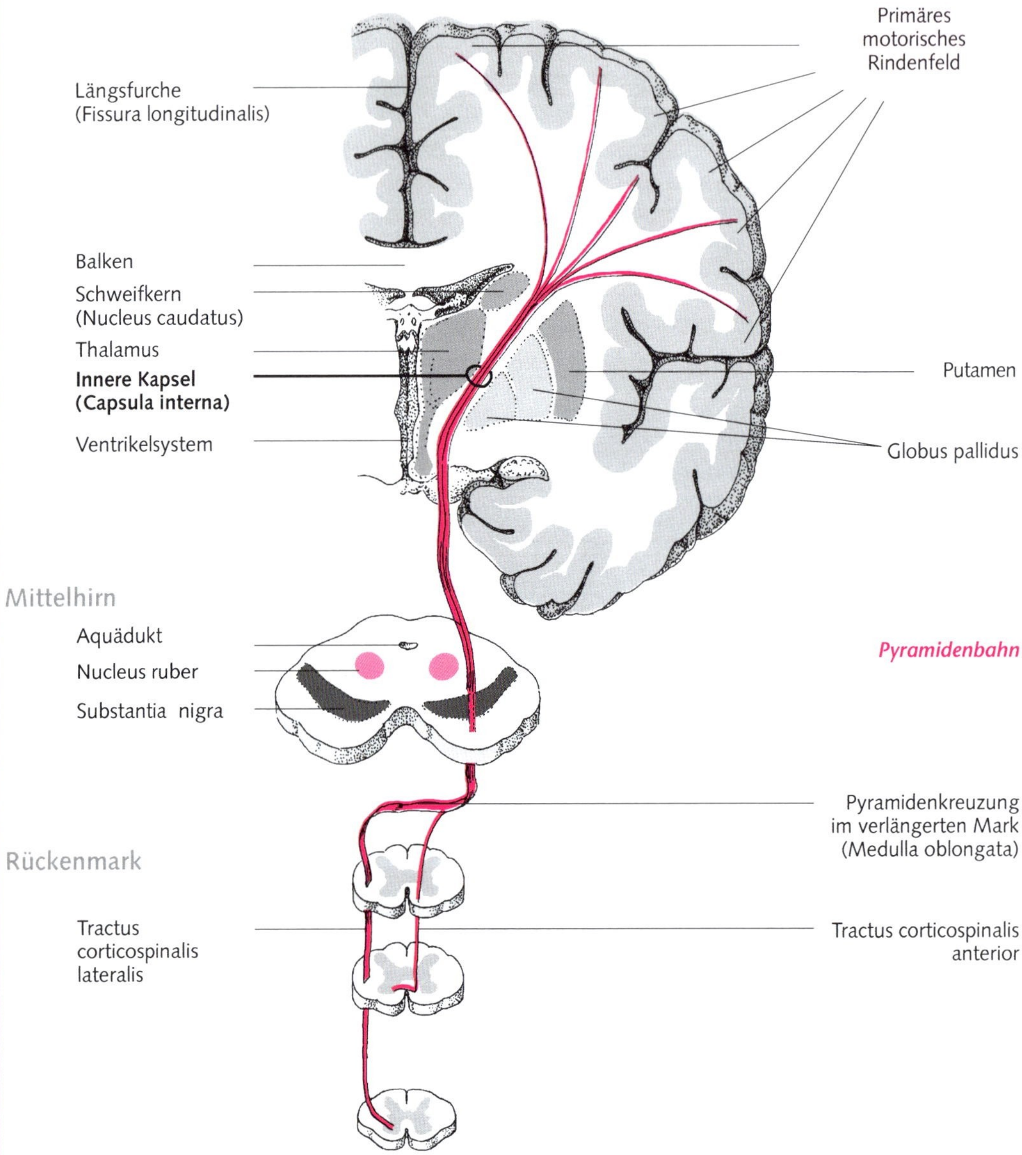

Abb. 1.10: Verlauf der Pyramidenbahn. Frontalschnitt durch das Telencephalon und Transversalschnitte durch das Mesencephalon und Rückenmark. [A400-190]

Aufsteigende Bahnen

Aufsteigende Bahnen leiten dem Gehirn Informationen über die Sensibilität zu. Zum Grundverständnis ist es wichtig, kurz die verschiedenen Einteilungen der Sensibilität vorzustellen. Man kann die **Sensibilität** nach Ursprungsort des Reizes sowie nach der Qualität des Reizes einteilen. Die örtliche Einteilung unterscheidet **Exterozeption** und **Propriozeption.** Exterozeptive Sensibilität vermittelt dabei Informationen von Reizen, welche von außen auf den Körper einwirken, während propriozeptive Sensibilität körpereigene Reize vermittelt. Die Einteilung nach der Qualität der Empfindungen liefert die Unterscheidung zwischen **epikritischer** und **protopathischer** Sensibilität. Zur epikritischen Sensibilität werden feine Druck- und Tastempfindungen, Vibrationen (exterozeptiv) und die Lage des Bewegungsapparates im Raum (propriozeptiv) gerechnet. Als protopathische Sensibilität bezeichnet man Schmerz-, Temperatur- und grobes Druck- und Tastempfinden (proprio- oder exterozeptiv).

So versteht man z.B. unter

- exterozeptiver Protopathik: das Empfinden beim Griff auf die heiße Herdplatte
- exterozeptiver Epikritik: das Empfinden beim Betasten eines Stoffes
- propriozeptiver Epikritik: das Empfinden und das Wissen um das angewinkelte Bein
- propriozeptiver Protopathik: das Empfinden von Bauchschmerzen.

Es ist wichtig zu wissen, dass die verschiedenen Qualitäten in unterschiedlichen Bahnen verlaufen, d.h. auch unabhängig voneinander geschädigt werden können.

So verlaufen im Vorderseitenstrang, im so genannten **Tractus spinothalamicus**, die protopathischen und in den **Hintersträngen**, dem so genannten Fasciculus gracilis und Fasciculus cuneatus, die epikritischen Informationen. Der Tractus spinothalamicus kreuzt auf die Gegenseite, während der Hinterstrang mit Informationen zur epikritischen Sensibilität ipsilateral, d.h. ohne zu kreuzen, Richtung Hirnstamm zieht und erst hier – im Hirnstamm – auf die Gegenseite kreuzt (☞ Abb. 1.11). Beide sensible Qualitäten laufen im Hirnstamm wieder zusammen und ziehen gemeinsam zum Thalamus (☞ 1.3.4), von wo sie auf die primär sensible Hirnrinde im Gyrus postcentralis (☞ 1.3.6) projizieren. Neben dem Tractus spinothalamicus und dem Hinterstrang gibt es aufsteigende Bahnen, die zum Kleinhirn ziehen und die epikritische propriozeptive Information (Gelenkstellung) transportieren und damit einen wichtigen Beitrag zur Koordination der Motorik liefern. Dies sind der **Tractus spinocerebellaris anterior et posterior.** Alle diese Tractus sind somatotopisch organisiert (☞ Abb. 1.12).

Es ist auch wichtig zu wissen, dass es absteigende Bahnen gibt, die über Interneurone die Schmerzweiterleitung im Hinterhorn hemmen können. Neurotransmitter, die für eine solche **Schmerzhemmung** verantwortlich sind, sind Endorphine, die an Opiatrezeptoren auf den Ursprungszellen des Tractus spinothalamicus binden. Schmerz kann also bereits auf Rückenmarksebene pharmakologisch aber auch durch Aktivierung dieser absteigenden Bahn gehemmt werden.

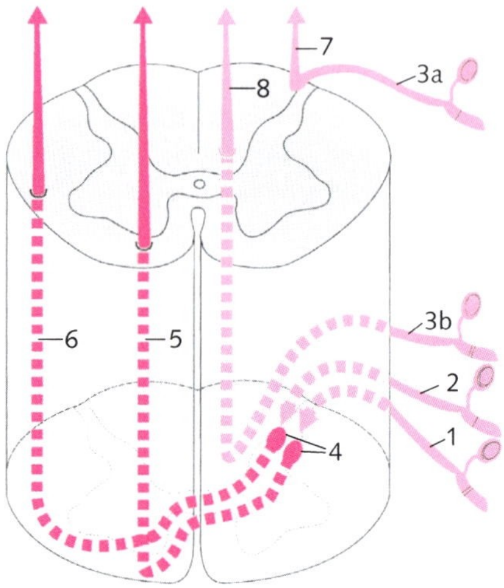

Abb. 1.11: Schema der protopathischen und epikritischen Bahnen. 1 und 2 sind zentrale Fortsätze zweier prototopathischer Neurone, die sensible Neurone im Hinterhorn (4) aktivieren. Die Fasern kreuzen auf die Gegenseite und verlaufen im Tractus spinothalamicus (5 und 6) Richtung Gehirn. Die Information der epikritischen Sensibilität läuft unverschaltet ipsilateral im Hinterstrang. Die Fasern der oberen Extremität (3a) laufen im Fasciculus cuneatus (7), die der unteren Extremität (3b) im Fasciculus gracilis (8). [R140]

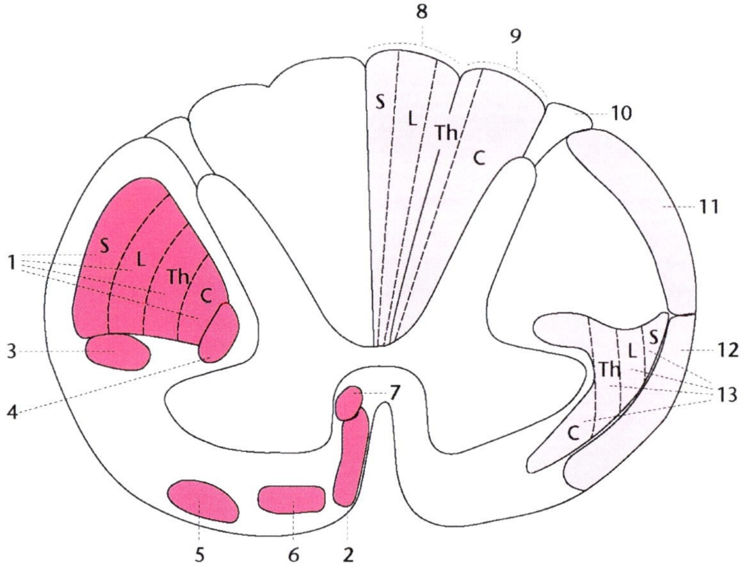

Abb. 1.12: Lokalisation der ab- (links) und aufsteigenden (rechts) Bahnen im Rückenmark. 1 Tractus corticospinalis lateralis, 2 Tractus corticospinalis anterior, 3–7 extrapyramidale Bahnen, 8 Fasciculus gracilis, 9 Fasciculus cuneatus, 10 Hinterwurzel, 11 und 12 Tractus spinocerebellaris, 13 Tractus spinothalamicus; S sakral, L lumbal, Th thorakal, C cervikal [R140]

Klinik

Bei einer halbseitigen Läsion eines Rückenmarksegmentes sind ipsilateral, d.h. auf der Seite der Schädigung, sowohl Vorder- als auch Hinterhorn zerstört. Daraus folgt, dass die von diesem Segment versorgten Muskeln schlaff paretisch und das betreffende Dermatom hypästhetisch ist. Unterhalb des betroffenen Segmentes sind ipsilateral alle Muskeln spastisch paretisch, da die Pyramidenbahn, die schon zuvor gekreuzt hat, zerstört ist. Ebenfalls ipsilateral kommt es unterhalb der Schädigung zu einer Reduktion der epikritischen Sensibilität, da der Hinterstrang erst im Hirnstamm kreuzt. Hingegen kommt es unterhalb der Läsion auf der Gegenseite zu einer Gefühlsstörung für Temperatur, Schmerz und groben Druck, da die protopathischen Fasern ja bereits gekreuzt haben. Diese Sensibilitätsstörung nennt man dissoziierte Empfindungsstörung. Das gesamte Syndrom nennt man **Brown-Séquard-Syndrom** (☞ 13.1).

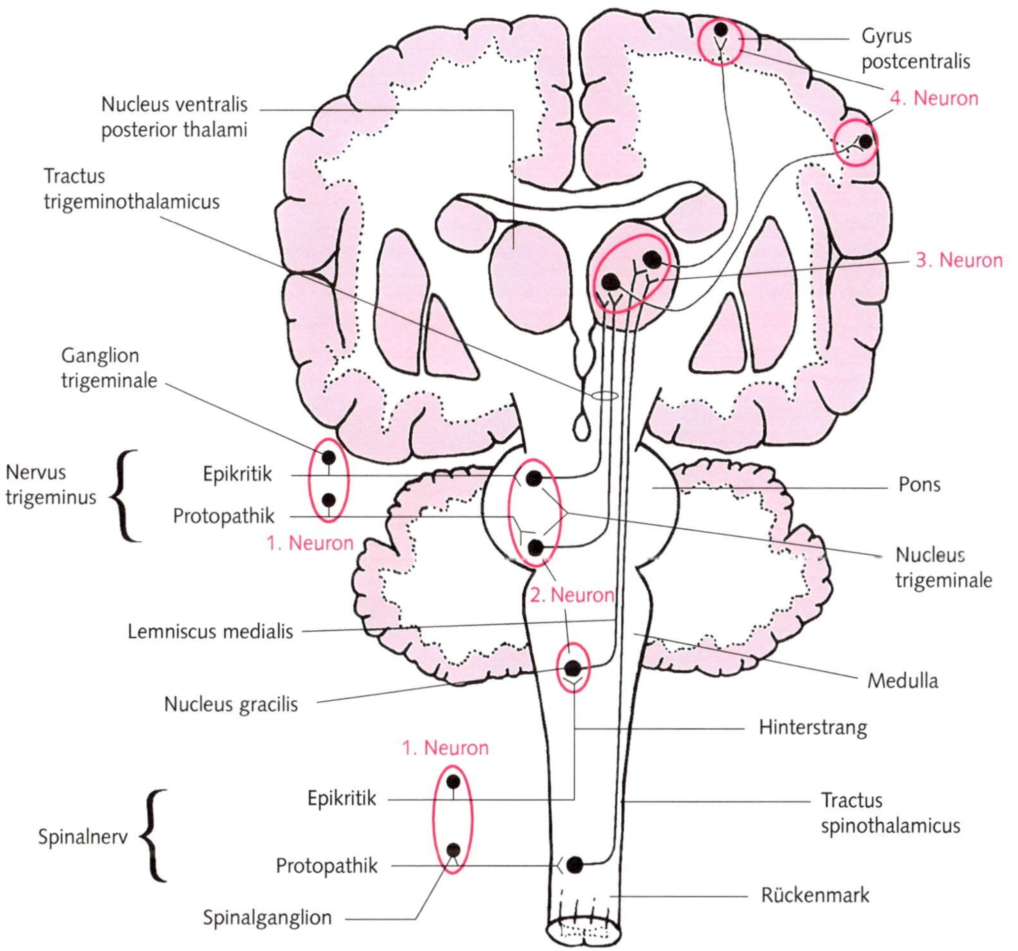

Abb. 1.13: Schema der sensiblen Bahnen. Primäres Neuron ist stets die pseudounipolare Ganglienzelle, das zweite liegt im Rückenmark oder Hirnstamm, das dritte Neuron liegt immer im Thalamus und das vierte stets im Gyrus postcentralis. [R141]

1.3.2 Hirnstamm

Der Hirnstamm gliedert sich in die Medulla oblongata, den Pons und das Mesencephalon. Neben Fasersystemen liegen im Bereich des Hirnstammes wichtige Kerngebiete, zu denen die Hirnnervenkerne zählen.

Hirnnerven

Hirnnerven:
- elf periphere Nerven
- N. opticus: vorgeschobener Teil des Diencephalon
- Hirnnervenkerne im Hirnstamm

Hirnnerven sind mit Ausnahme des zweiten Hirnnerven periphere Nerven, da sie die Dura des Gehirns durchstoßen und somit zum peripheren Nervensystem gehören. Im Gegensatz zu den Spinal- und Extremitätennerven verlassen sie das ZNS nicht aus dem Rückenmark, sondern treten direkt aus dem Gehirn aus. Sie können alle motorischen und sensiblen (oder sensorischen) Qualitäten besitzen und damit vielfältige Funktionen ausüben. Die Hirnnervenkerne sind komplex organisiert und sind qualitätsspezifisch und nicht hirnnervenspezifisch. Es gibt somatomotorische, somatosensible, viszeromotorische und viszerosensible sowie sensorische Hirnnervenkerne, die ihre Fasern an unterschiedliche, gemischte Hirnnerven abgeben. Die somatomotorischen Hirnnervenkerne erhalten ihre Afferenzen vom Gyrus praecentralis über den so genannten **Tractus corticonuclearis**, einem Pendant der Pyramidenbahn (☞ Abb. 1.14).
Die zwölf Hirnnerven werden nach ihrem Austritt aus dem Gehirn von kranial nach kaudal nummeriert (☞ Tab. 1.6).

Tab. 1.6: Die zwölf Hirnnerven

Hirnnerv	Verlauf, Qualität und Besonderheiten
I N. olfactorius	▪ von den Riechzellen in der Nase zum primär olfaktorischen Kortex ▪ sensorisch
II N. opticus	▪ von der Retina des Auges zum Thalamus und weiter zum Sehzentrum ▪ sensorisch ▪ eigentlich kein peripherer Nerv, sondern vorgeschobener Teil des Diencephalon
III N. oculomotorius	▪ vom Mesencephalon zu den inneren und äußeren Augenmuskeln ▪ somatomotorisch und viszeromotorisch
IV N. trochlearis	▪ vom pontomesencephalen Übergang zum M. obliquus superior des Auges ▪ somatomotorisch
V N. trigeminus	▪ vom Gesicht und vordere ⅔ der Zunge (sensibel) in den Hirnstamm, vom Pons ausgehend zu den Kaumuskeln ▪ somatosensibel und somatomotorisch
VI N. abducens	▪ vom Pons zum M. rectus lateralis des Auges ▪ somatomotorisch
VII N. facialis	▪ vom Pons zur mimischen Gesichtsmuskulatur, zur Tränendrüse und zur Glandula sublingualis und submandibularis, von den vorderen ⅔ der Zunge zum Pons (Geschmack) ▪ somatomotorisch, viszeromotorisch und viszerosensibel
VIII N. vestibulocochlearis	▪ vom Innenohr mit Hör- und Gleichgewichtsorgan zur Medulla oblongata ▪ sensorisch

Tab. 1.6: Die zwölf Hirnnerven (Fortsetzung)

Hirnnerv	Verlauf, Qualität und Besonderheiten
IX N. glossopharyngeus	▪ von der Medulla oblongata zum Pharynx und zur Glandula parotidea, vom Pharynx, hinteren Drittel der Zunge und vom Glomus caroticum zur Medulla ▪ somatomotorisch und -sensibel, viszeromotorisch und -sensibel
X N. vagus	▪ von der Medulla oblongata zum Larynx mitsamt Stimmbändern und zu den inneren Organen (parasympathisch), von dort jeweils zurück zur Medulla oblongata ▪ somatomotorisch und –sensibel, viszeromotorisch und -sensibel
XI N. accessorius	▪ von der Medulla oblongata und oberem Zervikalmark zum M. sternocleidomastoideus und M. trapezius ▪ somatomotorisch
XII N. hypoglossus	▪ von der Medulla zur Zungenmuskulatur ▪ somatomotorisch

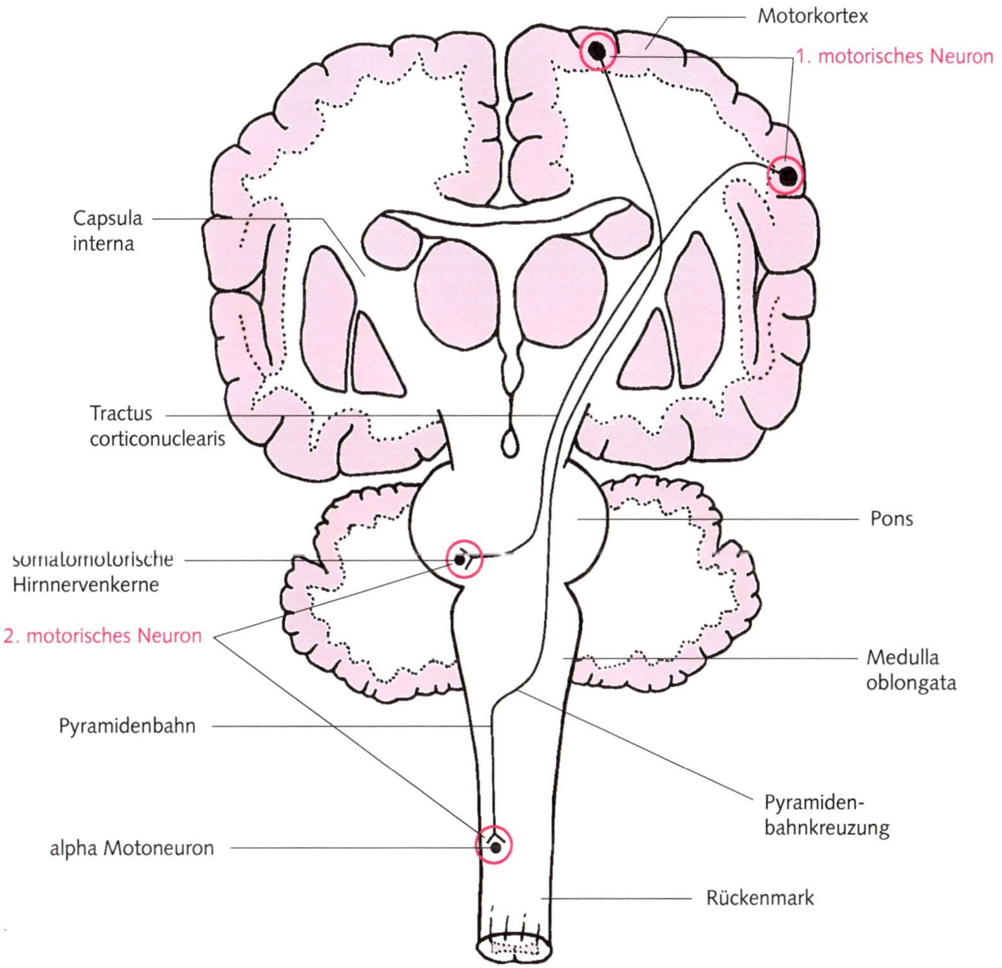

Abb. 1.14: Verlauf des Tractus corticonuclearis und Tractus corticospinalis (Pyramidenbahn). [R141]

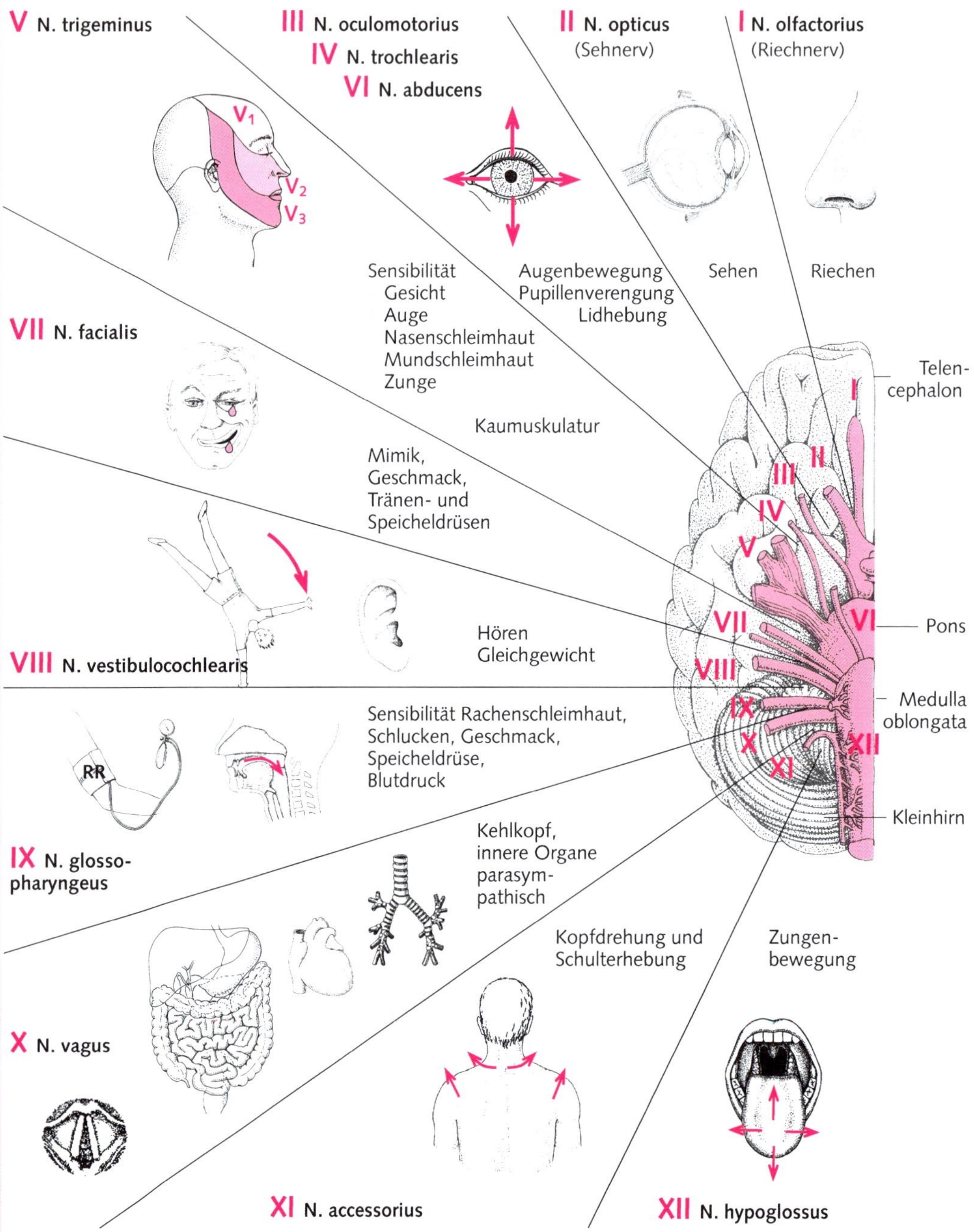

Abb. 1.15: Übersicht über die Hirnnerven und ihre Funktion. [A400-190]

Neben den Hirnnervenkernen und Kerngebieten, die intensive Verbindungen zum Kleinhirn und den Basalganglien aufweisen, liegen im Hirnstamm relativ diffus verstreute Neurone, die man als **Formatio reticularis** bezeichnet.

Formatio reticularis

Formatio reticularis beinhaltet Zentren für:
- Kreislauf
- Atmung
- Erbrechen
- Blasenkontrolle
- Bewusstsein

4 Dieses Netzwerk reicht von der Medulla oblongata bis ins Mesencephalon und lässt sich weniger anatomisch als funktionell unterteilen. Neben Zentren, die im Rahmen der Extrapyramidalmotorik und Augenbewegungen wichtig sind, beherbergt die Formatio reticularis lebenswichtige Zentren wie das **Atem- und Kreislaufzentrum**. Die Zentren erhalten Informationen von peripheren und zentralen Rezeptoren, welche den Sauerstoffgehalt des Blutes und den Blutdruck messen. Die Efferenzen ziehen zum einen an die alpha-Motoneurone des N. phrenicus (☞ 1.2.2) im Zervikalmark, zum anderen an den viszeromotorischen Hirnnervenkern des N. vagus und das sympathische Seitenhorn (☞ 1.4) im Rückenmark. Hier werden die Atemfrequenz und die Pumpleistung des Herzens sowie die Engstellung der Gefäße angepasst. Eine Schädigung der Formatio reticularis ist daher mit dem Leben nicht vereinbar. Neben diesen Zentren beherbergt die Formatio reticularis auch noch das **pontine Blasenzentrum**, das Brechzentrum und das aufsteigende retikuläre aktivierende System, kurz **ARAS**. Das ARAS erhält Afferenzen von vielen Sinnesorganen und projiziert über den unspezifischen Thalamus zum gesamten Kortex. Damit sorgt das ARAS für Wachheit und Bewusstsein, eine Läsion dieses Systems führt zu Bewusstseinsstörungen bis hin zum Koma (☞ 2.6).

1.3.3 Cerebellum

- koordiniert Motorik
- ist ipsilateral organisiert
- bündelt Informationen aus Gleichgewichtsorgan, Bewegungsapparat und motorischen Hirnzentren

5 Das Kleinhirn liegt in der hinteren Schädelgrube, dorsal des Hirnstammes und durch den vierten Ventrikel (☞ 1.6) von ihm getrennt. Das Cerebellum spielt für die Koordination von Bewegungen eine zentrale Rolle. Im Gegensatz zum Rest des Gehirns ist der Körper hier nicht kontralateral, sondern ipsilateral repräsentiert. Es besteht aus drei Teilen, dem

- Vestibulocerebellum: Dieser Teil erhält Informationen von den Hirnnervenkernen des achten Hirnnerven, der wiederum Afferenzen vom Gleichgewichtsorgan erhält. Das Kleinhirn passt somit Bewegungen an die aktuelle Kopfposition an.
- Spinocerebellum: Dieser Teil des Cerebellums erhält Afferenzen vom Tractus spinocerebellaris (☞ 1.3.1) und damit Informationen über die Gelenkstellungen und Muskelspannungen des Körpers. Damit erst wird eine an den momentanen Zustand des Bewegungsapparates angepasste Motorik möglich.
- Pontocerebellum: Dieser größte Teil des Kleinhirns erhält Afferenzen vom Pons, welcher wiederum seine Informationen vom sekundär motorischen Kortex (☞ 1.3.6) bezieht. Damit erhält das Kleinhirn eine Kopie der geplanten Bewegungsentwürfe und kann diese an die aktuelle Situation anpassen. Dies geschieht über die wichtigste Efferenz des Kleinhirns, die Bahn über den Thalamus zum Gyrus praecentralis, dem Ursprung der Pyramidenbahn.

1.3.4 Diencephalon

Besteht u.a aus
- Thalamus
- Corpus pineale
- Hypothalamus
- Retina und Sehnerv

Der wesentliche Teil des Zwischenhirns ist der **Thalamus**. Er ist die zentrale Filter- und Verteilstation von Informationen, die die Großhirnrinde erreichen sollen, d.h. sämtliche Informationen, die zur Großhirnrinde ziehen, passieren den Thalamus. Neben dem Thalamus gehören u.a. noch das Pinealorgan, das so genannte dritte Auge, welches das Nachthormon Melatonin produziert, und der Hypothalamus zum Diencephalon. Der **Hypothalamus** ist das oberste Kontrollzentrum des vegetativen Nervensystems und steuert nebenbei über die benachbarte Hypophyse die wichtigsten Hormone des Körpers. Die Netzhaut des Auges mitsamt dem Sehnerv stellt eine Ausstülpung des Diencephalons dar, deshalb ist der Nervus opticus streng genommen kein peripherer Nerv, sondern vielmehr ein zentraler Tractus (☞ 1.3.2).

1.3.5 Basalganglien

Basalganglien
- liegen im Tel-, Di- und Mesencephalon
- Striatum
- Globus pallidus
- Substantia nigra
- Motorik hemmend/ fördernd

Die Basalganglien sind Kerngebiete grauer Substanz und liegen inmitten der weißen Substanz des Telencephalon, Diencephalon und Mesencephalon. Zu den Basalganglien zählen:
- Nucleus caudatus
- Putamen
- Globus pallidus
- Nucleus subthalamicus
- Substantia nigra

Nucleus caudatus und Putamen werden durch die so genannte Capsula interna (s.u.) voneinander getrennt. Da die beiden Kerngebiete aber wiederum über Streifen grauer Substanz miteinander verbunden sind, fasst man sie als Striatum *(lat. Stria = Streifen)* zusammen. Ihre Hauptafferenz erhalten die Basalganglien von den sekundär motorischen Rindenfeldern des Frontalhirns, in denen komplexe Bewegungsabläufe gespeichert sind. Die Basalganglien projizieren auf den Thalamus, wo diese Informationen mit Afferenzen aus dem Kleinhirn (☞ 1.3.3) verrechnet und zum Gyrus praecentralis weitergeleitet werden.

6 Die Basalganglien spielen eine zentrale Rolle bei der **Initiierung und Kontrolle von Motorik**. Sie können Motorik entweder fördern oder hemmen, bevor es zur Ausführung derselben kommt. Das Striatum hat eine hemmende Wirkung auf die Motorik, während die Substantia nigra die Initiierung von Motorik fördert. Dies geschieht über dopaminerge Neurone der Substantia nigra, die das Striatum hemmen. Der Ausfall der Substantia nigra führt zu einer Enthemmung des Striatums und damit zu einem Überwiegen der hemmenden Einflüsse des Striatums auf die Motorik. Dies geschieht beim idiopathischen Parkinson-Syndrom (☞ 9.1). Ein Ausfall des Striatums hingegen führt zu einer allgemeinen Enthemmung der Motorik, es kommt zu unwillkürlichen überschießenden Bewegungen, wie z.B. bei der Chorea Huntington (☞ 9.4.1).

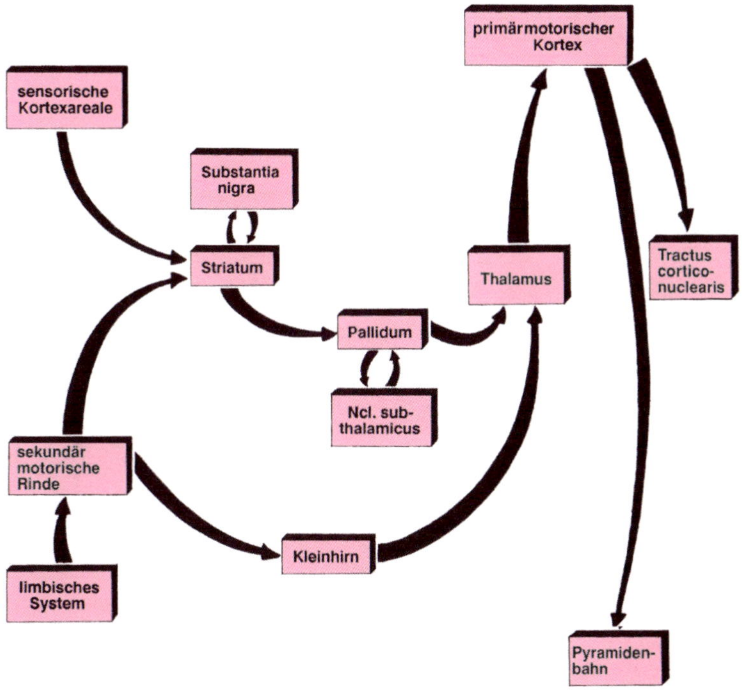

Abb. 1.16: Verschaltung der Basalganglien und Kontrolle der Motorik. Im limbischen System (☞ 1.3.6) entsteht der Bewegungswunsch, die sekundär motorischen Rindenfelder senden daraufhin Bewegungsentwürfe zum Kleinhirn und an das Striatum. Dieses steht unter der Kontrolle sensibler Kortexareale und der Substantia nigra und gibt die verarbeitete Information an das Globus pallidus weiter, welches unter der Kontrolle des Nucleus subthalamicus steht. Die Basalganglien und die Kleinhirnschleife treffen sich im Thalamus, von wo aus sie zum primär motorischen Kortex, Ursprung der Pyramidenbahn, ziehen. [R140]

Capsula interna

Capsula interna
- enggebündelte Fasersysteme zwischen Basalganglien
- besondere Blutversorgung

Die Capsula interna ist ein schmaler Streifen weißer Substanz, welcher zwischen den Basalganglien liegt und Nucleus caudatus, Putamen, Globus pallidus und Thalamus voneinander trennt (☞ Abb. 1.10 und Abb. 1.14). Durch die Capsula interna ziehen eng gebündelt wichtige Fasersysteme vom und zum Kortex. Dazu gehören:

- Pyramidenbahn (☞ 1.3.1)
- Tractus corticonuclearis (☞ 1.3.2)
- sensible Fasern vom Thalamus zum Kortex.

Klinik

Das Marklager des Großhirns mit der Capsula interna wird, im Gegensatz zu den Großhirnlappen, durch kleine Gefäße versorgt, welche jeweils auch nur ein kleines Areal durchbluten. Diese Gefäße gehen rechtwinklig aus der A. cerebri media ab und sind damit prädisponiert für arteriosklerotische Wandveränderungen und Gefäßverschlüsse. Es resultiert ein Schlaganfall, bei dem aufgrund der engen Anordnung der Fasern der Capsula interna nahezu alle motorischen und/oder sensiblen

Fasern, die die kontralaterale Körperhälfte versorgen, betroffen sein können. Die Folge ist ein **lakunäres Syndrom** (☞ 5.1.1).

1.3.6 Telencephalon

Das Großhirn stellt den komplexesten Teil des menschlichen Gehirns dar. In dieser Form und vor allem in dieser relativen Größe ist das menschliche Großhirn einmalig unter den Säugern. Dieses wesentliche Merkmal weist darauf hin, dass in diesem Hirnabschnitt die biologischen Funktionen repräsentiert sind, die den Menschen vom Tier unterscheiden. Damit ist das Großhirn biologische Grundlage für die menschliche Kultur und deren kulturelle Evolution.

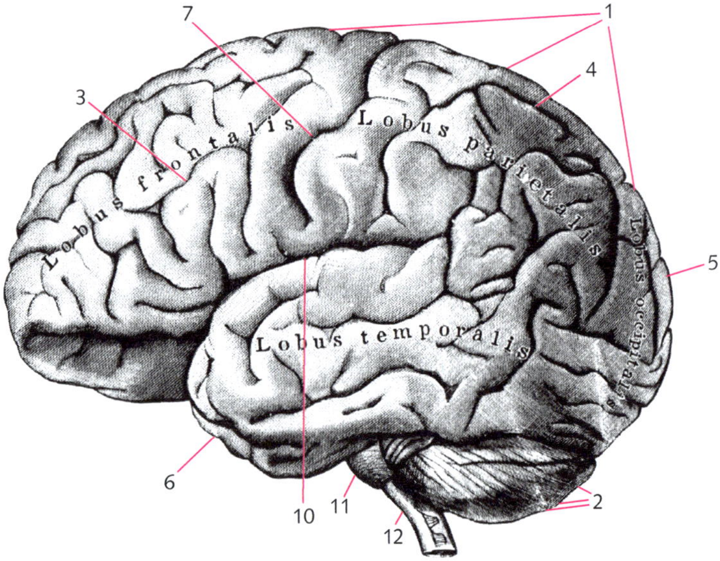

Abb. 1.17: Seitenansicht des Gehirns. 1 Telencephalon, 2 Cerebellum, 3 Frontallappen, 4 Parietallappen, 5 Okziptallappen, 6 Temporallappen, 7 Sulcus centralis, 8 Gyrus praecentralis, 9 Gyrus postcentralis, 10 Sulcus lateralis, 11 Pons, 12 Medulla oblongata [S139]

Großhirn:
- Hemisphären
- Lappen
- funktionelle Gliederung in Rindenfelder:
  - primär
  - sekundär
  - tertiär

Das Telencephalon gliedert sich in zwei **Hemisphären**, die über den **Balken** sowie kleinere Bahnsysteme miteinander verbunden sind. Die Hemisphären wiederum teilen sich in Lappen auf, einen vorderen, Frontallappen genannt, einen oberen, Parietal-, einen seitlichen, Temporal- und einen hinteren, Okzipitallappen genannt. Die graue Substanz des Telencephalon liegt vor allem an der Hirnoberfläche und bildet dadurch den so genannten **Kortex**. Durch eine Fältelung der Oberfläche in Hirnwindungen, so genannte **Gyri,** zwischen denen die Hirnfurchen, die Sulci, liegen, wird eine massive Vergrößerung der Oberfläche und damit des Raumes für Neurone erreicht.
Funktionell unterscheidet man primäre **Rindenfelder** von sekundären und tertiären. Primäre Rindenfelder sind Kortexareale, die eingehende Informationen als Erste (z.B. Gyrus postcentralis) oder abgehende Informationen als Letzte (z.B. Gyrus praecentralis) verarbeiten und damit

am einfachsten konstruiert sind. Sekundäre sensible oder sensorische Rindenfelder interpretieren die in den primären Rindenfeldern wahrgenommenen Informationen und dienen so z.B. der Mustererkennung. Als Beispiel sei hier das visuelle System genannt: Im primär visuellen Kortex entsteht ein neuronales Abbild der optisch wahrgenommenen Umwelt. Im sekundär visuellen Kortex wird dieses Abbild auf Muster hin untersucht, und so werden z.B. Gesichter oder Stühle als Formen erkannt. Tertiäre Rindenzentren verbinden die Informationen mehrerer sekundärer Rindenzentren, so können dann visuelle und auditorische Inhalte miteinander verknüpft werden, z.B. Gesichter benannt werden.

Frontallappen

- Motorik
- Homunculus im Gyrus praecentralis
- motorisches Sprachzentrum (Broca)

Hinterster Gyrus des Frontallappens ist der **Gyrus praecentralis,** der vor dem Sulcus centralis liegt (dieser wiederum trennt den Frontallappen vom Parietallappen). Der Gyrus praecentralis bildet den **primär motorischen Kortex.** Von hier aus nehmen die Pyramidenbahn und der Tractus corticonuclearis ihren Lauf, welche zu den alpha-Motoneuronen des Rückenmarks und Hirnstamms ziehen. Afferenzen erhält der Gyrus praecentralis von den weiter frontal liegenden sekundär motorischen Rindenfeldern über die bereits vorgestellten Schleifen, nämlich über die Basalganglien- und die Kleinhirnschleife. Der Gyrus praecentralis ist somatotopisch gegliedert, die anschauliche Darstellung dieser funktionellen Anordnung der Nervenzellen nennt man den motorischen **Homunculus.**

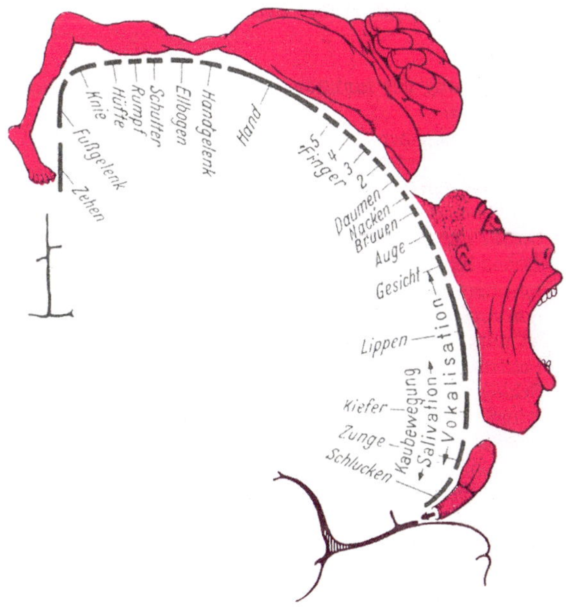

Abb. 1.18: Motorischer Homunculus im Gyrus praecentralis. Modifiziert nach Penfield und Rasmussen, 1950.

Vor dem Gyrus praecentralis liegen die **sekundär motorischen Rindenfelder**, in denen komplexe Bewegungsabläufe gespeichert sind und die Afferenzen an die Basalganglien und das Kleinhirn abgeben. Die sekundär motorischen Rindenfelder spielen eine wichtige Rolle bei der **Initiierung von Motorik**. Direkt hinter dem Stirnknochen liegt der präfrontale Kortex. Dieser spielt eine zentrale Rolle beim Kurzzeitgedächtnis, Planen, Sozialverhalten und Antrieb.

7 Speziell auf der linken Hemisphäre liegt das **motorische Sprachzentrum**, es wird auch Broca-Zentrum genannt. Es ist verantwortlich für die Bildung von Sprache und damit für den Satzbau und Grammatik. Ein Ausfall dieses Zentrums führt zur motorischen Aphasie (☞ 2.5), welche sich durch eine fehlende Sprachproduktion bei weitgehend erhaltenem Sprachverständnis auszeichnet.

Parietallappen

- Sensibilität
- Homunculus im Gyrus postcentralis

Der Parietallappen steht größtenteils im Dienste der Verarbeitung von Sensibilität. Im **Gyrus postcentralis**, der eine dem Gyrus praecentralis vergleichbare Somatotopik mit Homunculus aufweist, enden die vom Thalamus kommenden epikritischen und protopathischen Fasern. Dem Gyrus postcentralis, der **primär sensiblen Hirnrinde**, sind die sekundär sensiblen Rindenfelder dorsal angelagert.

Okzipitallappen

- visuelle Rinde

Der Okzipitallappen beherbergt die Sehzentren. Die primäre **Sehrinde** erhält ihre Informationen über die Sehbahn, welche von der Netzhaut des Auges ausgeht. Die Fasern ordnen sich im Bereich des Chiasma opticum derart an, dass die linke Gesichtsfeldhälfte nach rechtshemisphärisch projiziert und die rechte nach links. Über das Corpus geniculatum laterale des Thalamus erreichen die Fasern die primäre Sehrinde am Okzipitalpol. Die sekundäre Sehrinde liegt weiter lateral.

Temporallappen

- auditorische Rinde
- sensorisches Sprachzentrum (Wernicke)

Dieser Großhirnlappen steht vor allem im Dienste der Verarbeitung der auditorischen Informationen. In ihm liegt die **primäre Hörrinde**, die Endstation der Hörbahn. Diese Bahn geht aus von den Nuclei cochleares in der Medulla oblongata und verläuft über mehrere Stationen im Hirnstamm und das Corpus geniculatum mediale des Thalamus, um im Temporallappen zu enden. Die sekundäre Hörrinde, die die in der primären Hörrinde wahrgenommenen auditorischen Informationen weiter verarbeitet, ist gleichzeitig das **sensorische Sprachzentrum**, auch Wernicke-Zentrum genannt. Dieses Zentrum ist essentiell für das Sprachverständnis und liegt wie das motorische Sprachzentrum auf der linken Hemisphäre. Patienten mit Schädigung des sensorischen Sprachzentrums haben deshalb ein fehlendes Sprachverständnis mit gut erhaltener spontaner Sprachproduktion (sensorische Aphasie ☞ 2.5). Zahlreiche Wortneuschöpfungen verhindern, dass man den Patienten gut versteht.

Limbisches System

- Emotionen
- Antrieb
- Hippocampus: Lernen

In der Tiefe des Großhirns liegen neben den Basalganglien Kerngebiete und Kortexareale, die zum so genannten limbischen System zusammengefasst werden. Dazu zählen insbesondere der Hippocampus, die Amygdala und die Corpora mamillaria. Das limbische System spielt eine herausragende Rolle bei der zentralen Verarbeitung von Emotionen, Trieb- und Affektverhalten.
Der **Hippocampus** ist unter anderem verantwortlich für das Erlernen von Informationen und das Übertragen von Inhalt aus dem Kurz- in das Langzeitgedächtnis.

? Übungsfragen

1. Was unterscheidet graue von weißer Substanz?
2. Wie strukturiert sich im Rückenmark die graue Substanz?
3. Wie unterscheidet sich ein Muskeleigenreflex von einem Fremdreflex?
4. Welche lebenswichtigen Zentren beherbergt der Hirnstamm?
5. Welche Funktion ordnen Sie dem Kleinhirn zu?
6. Welche Rolle spielen die Basalganglien bei der Motorik?
7. Auf welcher Seite des Gehirns liegt normalerweise das Sprachzentrum?

1.4 Vegetatives Nervensystem

Das vegetative Nervensystem dient der (unbewussten) Steuerung von Funktionen innerer Organe und Drüsen. Die Aufrechterhaltung eines inneren Gleichgewichtes, der **Homöostase**, und Anpassung an schädigende Faktoren ist Hauptaufgabe dieses Systems. Damit ist das vegetative Nervensystem unerlässlich für die biologische Funktion des Körpers. Historisch gewachsen ist eine Unterteilung in ein sympathisches und ein parasympathisches System. Mittlerweile ist die Forschung bedeutend weiter und hat die strikte Trennung aufgehoben. In Grundzügen jedoch hat sich die Vorstellung dieser beiden Systeme bewährt und deshalb sollen sie hier kurz vorgestellt werden.

Vegetative Zentren:
- Hypothalamus
- Parasympathikus: kraniosakral
- Sympathikus: thorakolumbal

Der **Sympathikus** wird häufig als Stresssystem beschrieben und der **Parasympathikus** als dessen Äquivalent in Ruhe. Dies ist aber eine unzulässige Vereinfachung der Tatsachen, denn beide Systeme sind stets aktiv. Nur das Verhältnis der Aktivität bestimmt die Wirkung am Erfolgsorgan. So kann man sich zwar merken, dass der Sympathikus insgesamt Organe aktiviert, welche man im Rahmen einer Fluchtreaktion braucht, und die Organe inhibiert, welche vorübergehend nicht notwendig sind. Der Sympathikus sorgt so z.B. für eine Blutumverteilung aus dem Gastrointestinaltrakt in die Muskulatur. Der Parasympathikus dagegen initiiert z.B. die Miktions- und Defäkationsvorgänge und fördert die Verdauung an sich. Die inneren Organe werden über unterschiedliche Wege vom Sympathikus und Parasympathikus erreicht (☞ Abb. 1.19 und Abb. 1.20).

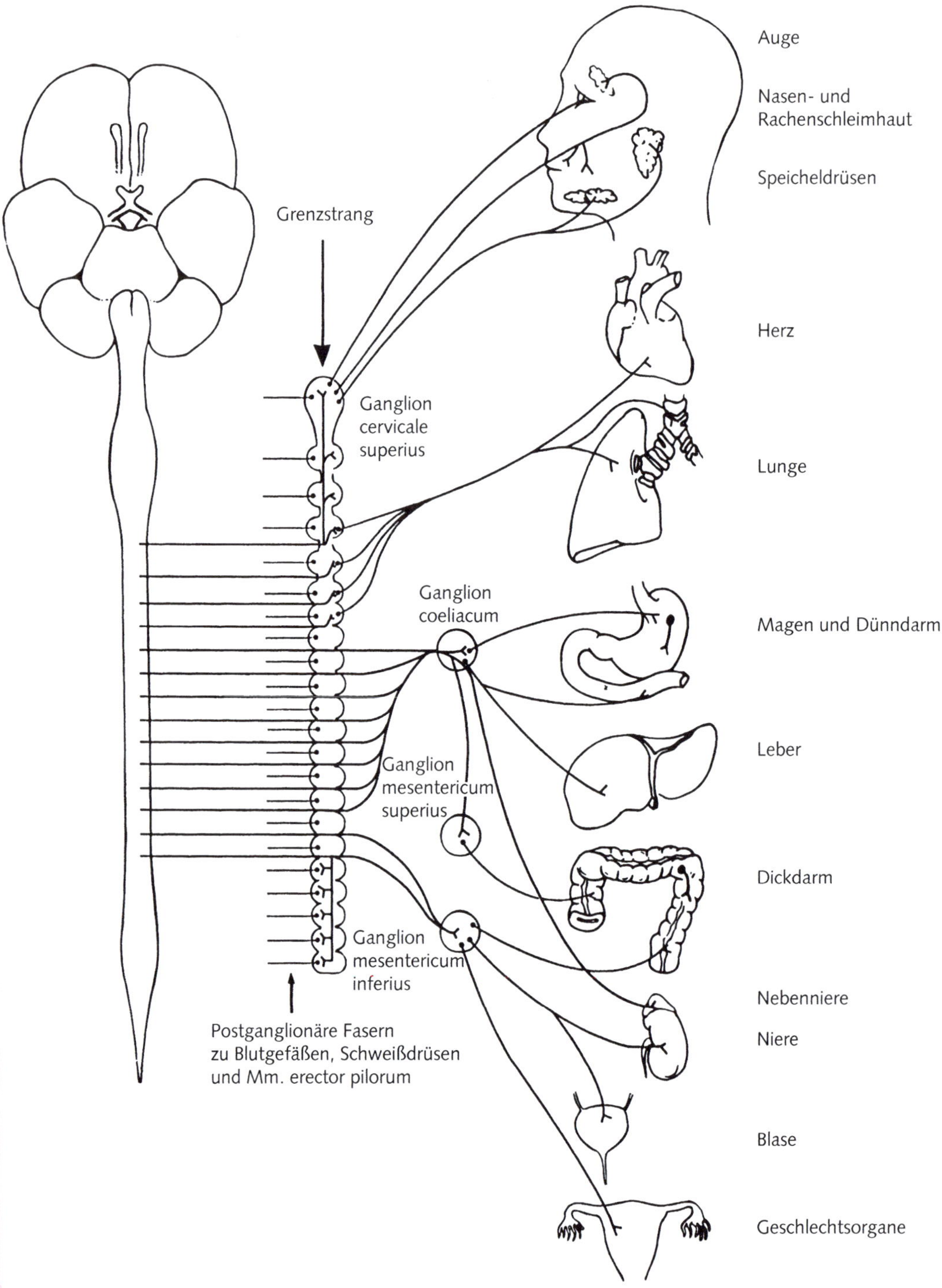

Abb. 1.19: Organisation der sympathischen Innervation des Körpers [R141]

❶ Die obersten Kontrollzentren des vegetativen Nervensystems befinden sich im Hypothalamus des Diencephalons (☞ 1.3.4). Von dort aus ziehen **parasympathische Fasern** zu den parasympathischen Hirnnervenkernen und in das sakrale parasympathische Zentrum. **Sympathische Fasern** ziehen vom Hypothalamus zu den viszeromotorischen Neuronen des thorakolumbalen Seitenhorns. Diese anatomische Unterteilung in ein parasympathisches **kraniosakrales** und ein sympathisches **thorakolumbales** System ist grundlegend für das Verständnis der vegetativen Innervation. Daraus folgt, dass alle viszeromotorischen Neurone des Hirnstamms parasympathisch sind, alle thorakolumbalen vegetativen Seitenhornneurone ausschließlich sympathisch sind, während sie im sakralen Rückenmark wieder dem Parasympathikus zugerechnet werden.

Vegetative Fasern werden auf ihrem Weg zum Erfolgsorgan mindestens einmal umgeschaltet. Parasympathische Fasern haben vom Ursprung einen langen Verlauf, die **Umschaltung** erfolgt entweder organnah oder in der Wand des Organs selbst.

❷ Sympathische Fasern jedoch werden häufig sofort nach Austritt aus dem ZNS in so genannten prä- oder paravertebralen **Ganglien** umgeschaltet. Das postganglionäre Neuron hat dann einen langen Fortsatz, der zum Erfolgsorgan zieht.

Sympathikus:
- organferne Umschaltung
- Grenzstrang (paravertebral)
- prävertebrale Ganglien
- erstes Neuron cholinerg
- zweites Neuron noradrenerg

❸ Sympathikus und Parasympathikus unterscheiden sich neben den bisher genannten Eigenschaften v.a. in den **Neurotransmittern**, welche sie freisetzen. Sowohl die sympathischen als auch die parasympathischen präganglionären Fasern nutzen an ihrer Synapse Acetylcholin als Neurotransmitter. Während der Parasympathikus postganglionär, d.h. am Erfolgsorgan, ebenfalls Acetylcholin freisetzt, ist der Transmitter des Sympathikus Noradrenalin.

Die sympathischen paravertebralen Ganglien liegen in einer Säule neben der Wirbelsäule. Die Säule wird **Grenzstrang** genannt und bildet im Bereich des Halses Ganglien, welche Nervenfasern zur sympathischen Innervation des Kopfes, des Herzens und der Lunge entsenden. Die sympathische Innervation der abdominellen Organe wird durch die **prävertebralen Ganglien** gewährleistet.

Parasympathikus:
- organnahe Umschaltung
- Organplexus in der Organwand
- erstes und zweites Neuron cholinerg

Die parasympathische Innervation der inneren Organe erfolgt vor allem durch den N. vagus, dem zehnten Hirnnerv (☞ 1.3.2). Ab der linken Colonflexur innerviert der sakrale Teil des Parasympathikus alle Beckenorgane parasympathisch.

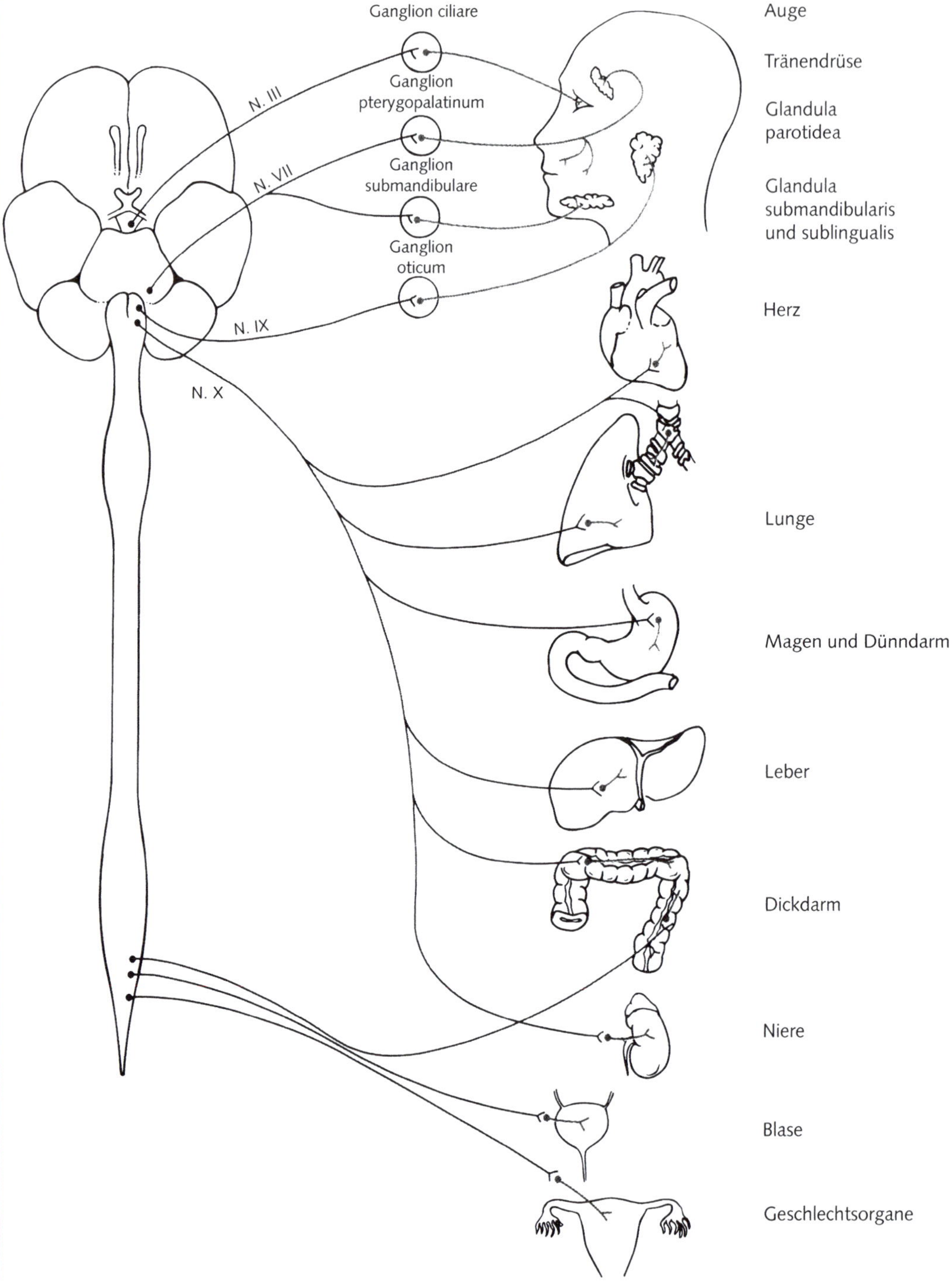

Abb. 1.20: Organisation der parasympathischen Innervation des Körpers. [R141]

? Übungsfragen

1	Wo befinden sich im ZNS sympathische, wo parasympathische Neurone?
2	Wie nennen sich die Nervenzellhaufen im peripheren Nervensystem?
3	Welche Neurotransmitter nutzt der Sympathikus, welche der Parasympathikus?

1.5 Hirnhäute

- Epiduralraum
- Dura mater mit venösen Sinus
- Subduralraum
- Arachnoidea
- Subarachnoidalraum
- Pia mater
- ZNS

1 Das ZNS wird umgeben von Hirnhäuten, so genannten **Meningen**, welche zum einen das Gehirn schützen und zum anderen Räume voneinander trennen. Von außen nach innen findet man zunächst die **Dura mater**, die harte Hirnhaut. Sie überträgt in der kindlichen Entwicklung den Druck des wachsenden Gehirns auf das umgebende Bindegewebe und sorgt somit für die Knochenbildung des Schädels. Im Bereich des Gehirnes ist sie mit dem Periost des Schädelknochens fest verwachsen, weshalb man dazwischen keinen eigentlichen Raum definieren kann. Nur im Falle einer Blutung der duralen Arterien, die zwischen Periost und Dura mater laufen, kommt es zur Abhebung der Dura. Man nennt dies **Epiduralblutung** (☞ 12.2.1). In die Dura eingelagert finden sich im Bereich des Schädels die großen venösen Blutleiter, so genannte Sinus, die das Blut aus den oberflächlichen Teilen des Gehirns ableiten (☞ 1.7).

2 Im Bereich der Wirbelsäule liegt zwischen Dura mater und Periost des Wirbelsäulenknochens eine fettige Bindegewebsschicht, der so genannte **Epiduralraum**. Durch diesen Raum ziehen die Nervenwurzeln zum Foramen intervertebrale. Hier eingebrachtes Lokalanästhetikum kann folglich mehrere benachbarte Nervenwurzeln erreichen und eine Schmerzweiterleitung hemmen (Epiduralanästhesie).

3 Die Dura mater ist sowohl im Schädel als auch im Wirbelkanal fest verwachsen mit der **Arachnoidea**, der äußeren weichen Hirnhaut. Folglich gibt es beim Gesunden keinen anatomischen Raum zwischen Dura mater und Arachnoidea. Da jedoch Venen zwischen diesen beiden Hirnhäuten verlaufen, kann es zu Blutungen in diesen Bereich kommen, so genannten **Subduralblutungen** (☞ 12.2.2).

Direkt dem ZNS aufliegend findet man die innere weiche Hirnhaut, die **Pia mater**.

4 Zwischen der Arachnoidea und der Pia mater liegt ein großer Raum, der **Subarachnoidalraum**. Er ist mit **Liquor cerebrospinalis** gefüllt, umgibt Gehirn und Rückenmark und wird äußerer Liquorraum genannt. Aus diesem Raum kann man Liquor zur Laboranalyse gewinnen. In ihn eingebrachtes Lokalanästhetikum kann die Schmerzen während einer Operation der unteren Körperhälfte so gut dämmen, dass häufig auf eine Vollnarkose verzichtet werden kann (Spinalanästhesie). Bei der Spinalanästhesie wird die Reizweiterleitung in den Nervenwurzeln gehemmt. Im Subarachnoidalraum liegen die Hirn versorgenden Arterien, eine Blutung aus diesen Arterien führt zur **Subarachnoidalblutung** (☞ 5.4 und ☞ 12.2.3).

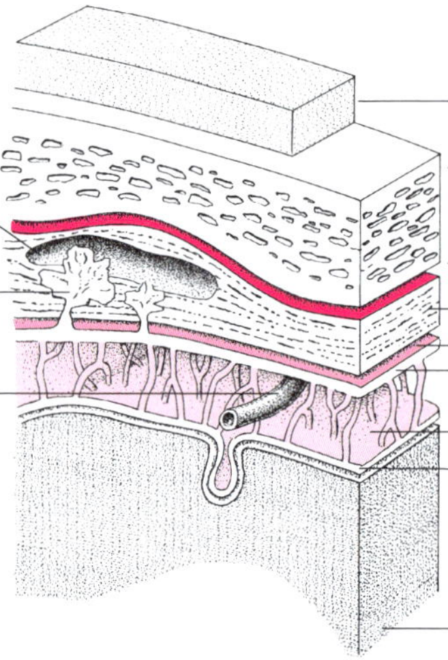

Abb. 1.21: Hirnhäute und Räume. [A300-190]

? **Übungsfragen**

1. Welche Funktion hat die Dura mater in der kindlichen Entwicklung?
2. Welchen anatomischen Raum gibt es zwischen den Hirnhäuten nur im Bereich der Wirbelsäule?
3. Welche weichen Hirnhäute kennen Sie?
4. In welchem Raum findet sich Liquor?

1.6 Ventrikelsystem

Liquor:
- durch Plexus choroideus gebildet
- Drainage in venöse Sinus
- schützt Gehirn
- transportiert Botenstoffe
- innerer und äußerer Liquorraum

❶ Das ZNS entsteht aus dem embryologischen Neuralrohr, in dessen Mitte ein flüssigkeitsgefüllter Hohlraum liegt. Im Bereich des Rückenmarkes ist dies anschaulich, hier bildet der Zentralkanal den inneren Liquorraum. Im Gehirn findet sich ebenso ein **innerer Liquorraum**, der umgeben wird vom Gehirn. Dieser Liquorraum gliedert sich in so genannte **Ventrikel** (Hirnkammern). Da das Gehirn in der Entwicklung enorme Wachstumsschübe durchmacht, wird auch der innere Liquorraum in die Länge gezogen.

❷ Besonders deutlich wird dies bei den **Seitenventrikeln**, dem ersten und zweiten Ventrikel, im Telencephalon. Sie bestehen aus einem Vorder-, Hinter-, und Seitenhorn, welche jeweils im Frontal-, Okzipital- und Temporallappen liegen. Aus den Seitenventrikeln des Großhirns fließt der Liquor über zwei kleine Fenster in den **dritten Ventrikel** ab. Dieser Liquorraum liegt mittig im Diencephalon und gibt den Liquor über den sehr schmalen **Aquaeductus mesencephali** an den **vierten Ventrikel** zwischen Hirnstamm und Kleinhirn ab. Von hier aus gelangt der Liquor zum einen in den **Zentralkanal** des Rückenmarks und über Fenster in den **äußeren Liquorraum**, dem Subarachoidalraum. Hier wird Liquor, der übrigens in jedem der vier Ventrikel durch den so genanntes Plexus choroideus gebildet wird, durch Ausstülpungen des Subarachnoidalraums – Arachnoidalzotten – in die venösen Sinus der Dura drainiert.

3 Die Funktionen des Liquors sind noch nicht vollständig geklärt. Er dient zum einen zum Schutz des Gehirns, zum anderen enthält der Liquor aber auch Transmitter, welche mit diesem Transportsystem das gesamte Gehirn erreichen können. Bei einer Liquorabflussstörung kommt es zu einem Stau des Liquors, man nennt dies Hydrocephalus.

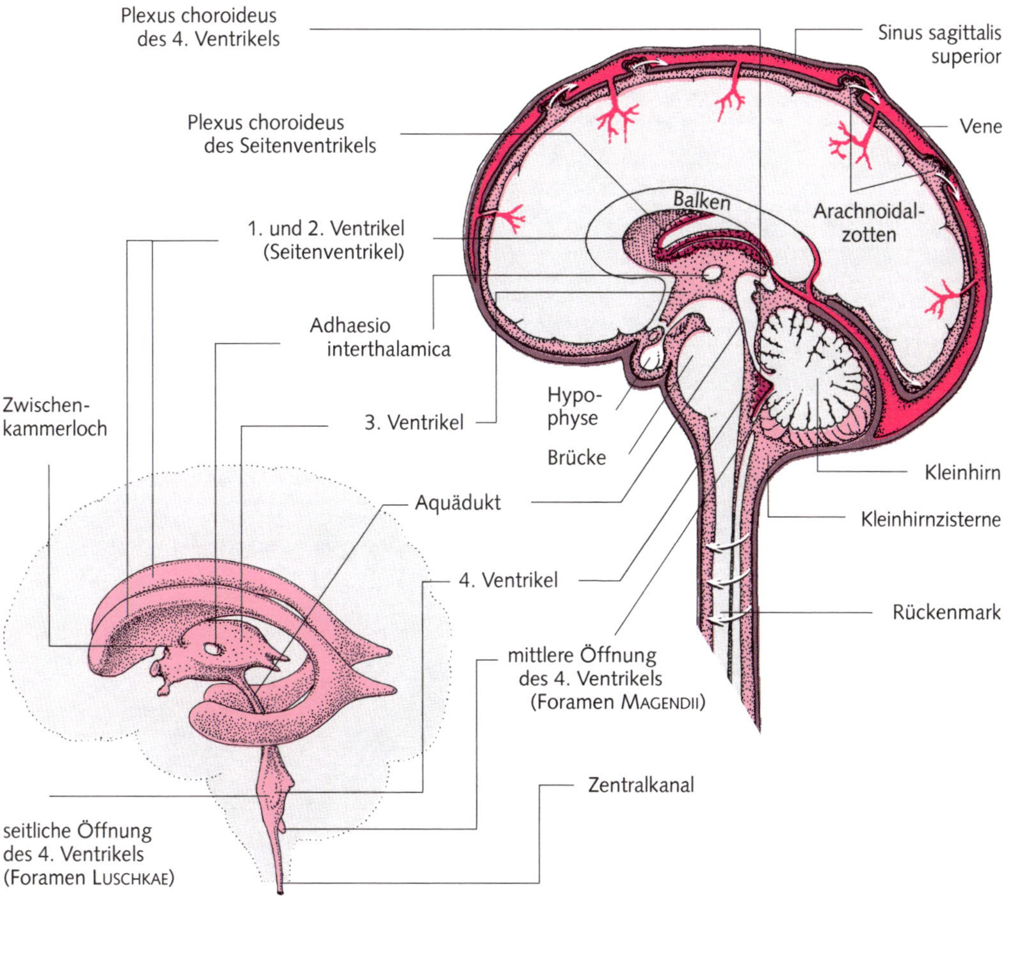

Abb. 1.22: Das Ventrikelsystem des Gehirns. Die beiden Seitenventrikel sind über Löcher mit dem dritten Ventrikel verbunden. Der dünne Aquädukt verbindet den dritten mit dem vierten Ventrikel. Von dort aus bestehen zwei seitliche und eine mittlere Öffnung zum Subarachnoidalraum. [A400-190]

Hydrocephalus

4 Beim Hydrocephalus („Wasserkopf") sind die Liquorräume vergrößert, wodurch Hirngewebe verdrängt und geschädigt wird.

Ursache

Ungleichgewicht zwischen Liquorproduktion und -abfluss

Zum Hydrocephalus führt ein Ungleichgewicht zwischen Sekretion und Resorption des Liquors. Resorptionsflächen und Abflusswege können durch Blut, Tumore, Verwachsungen oder Entzündungen blockiert sein. Dadurch kommt es zu einem Überschuss von Liquor, der als Flüssigkeit nicht kompressibel ist. Durch den erhöhten Hirndruck wird Druck auf das Gehirn ausgeübt, es kommt dann zu Hirndruckzeichen (☞ 2.6.1). Wenn die Liquorresorption im äußeren Liquorraum gestört ist, so spricht man von einem **Hydrocephalus malresorptivus**. In der Bildgebung fällt eine Erweiterung sowohl der inneren als auch der äußeren Liquorräume auf. Ein **Hydrocephalus occlusus** tritt bei Verschluss der inneren Liquorräume auf, z.B. im Bereich des Aquädukts. Im Bild findet man eine isolierte Erweiterung der inneren Liquorräume (☞ Abb. 11.1).

Klinik

- Säuglinge → erweiterte Fontanellen
- Kinder und Erwachsene → psychoorganische Symptome, Bewusstseinsstörung

Die Symptome sind vom Lebensalter abhängig.
Bei Säuglingen sind die Schädelnähte noch nicht geschlossen, so dass sich durch den Druck des gestauten Liquors die Fontanellen erweitern können und zur Druckentlastung beitragen. Daher sind die neurologischen Symptome nicht so dramatisch wie bei Erwachsenen. Dafür jedoch findet sich ein deutlich übergroßer Kopf der Säuglinge.
Nach dem Schluss der Schädelnähte (ca. ab dem dritten Lebensjahr) kann der Druck nicht mehr durch eine Größenzunahme des Schädels entlastet werden, es treten durch den erhöhten Hirndruck psychoorganische Symptome auf:

- Verlangsamung
- Störung von Merkfähigkeit und Konzentration
- Gangunsicherheit
- Kopfschmerzen
- Harninkontinenz
- weitere Hirndruckzeichen (☞ 2.6.1).

Eine Sonderform des Hydrocephalus ist der **Normaldruckhydrocephalus**. Bei dieser Erkrankung im höheren Lebensalter kommt es durch Störungen des Gleichgewichtes zwischen Liquorbildung und -resorption zu einer intrakraniellen Druckerhöhung, welche sich allerdings der Messung entzieht. Folge ist eine Erweiterung der inneren Liquorräume bei normalen äußeren Liquorräumen. Der Normaldruckhydrocephalus zeichnet sich aus durch eine Demenz, Blasenstörungen und Gangstörungen, welche nach Lumbalpunktionen besser werden. Ein Pseudo-Parkinson-Syndrom (☞ 9.2) kann entstehen. Die Therapie besteht in der Anlage eines Ventrikel-Shunts.

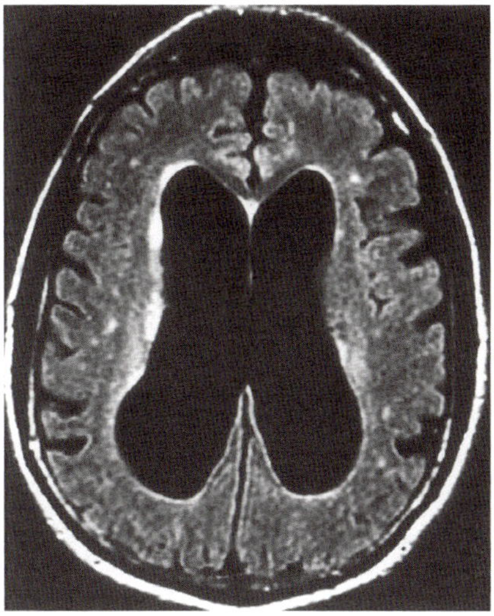

Abb. 1.23: CCT eines Patienten mit Normaldruckhydrocephalus. Man erkennt die Erweiterung der Seitenventrikel bei normalen äußeren Liquorräumen. [E258]

Therapie und Prognose

Ventrikelshunt

Innerhalb einer Operation wird über ein Bohrloch im Schädelknochen ein so genannter Ventrikelkatheter in die erweiterten Seitenventrikel vorgeschoben und eine künstliche Verbindung zwischen Liquorraum und Herzvorhof oder Bauchhöhle gelegt. Durch diesen **Shunt** fließt der überschüssige Liquor in den rechten Vorhof oder in die Bauchhöhle ab und wird dort resorbiert. Wenn die Shunt-Operation rechtzeitig erfolgt, bleiben keine oder nur geringe Schäden zurück.
Wenn der Liquorstau durch Verwachsungen oder einen Tumor verursacht wird, werden diese nach Möglichkeit entfernt.

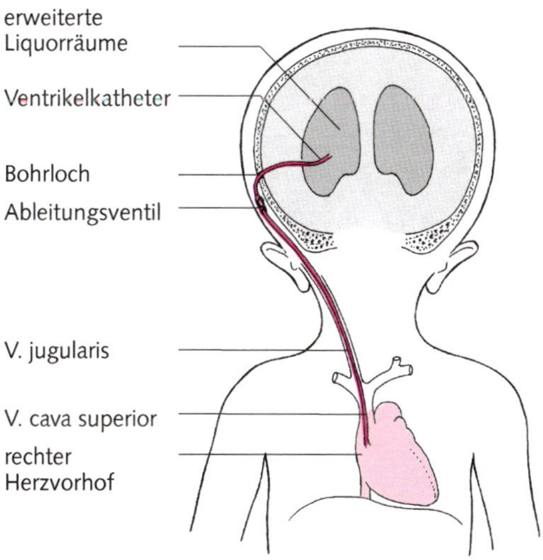

Abb. 1.24: Liquorableitung in den rechten Vorhof. [A400-190]

? Übungsfragen

1. Wie nennt man die Hohlräume, die den inneren Liquorraum bilden?
2. Wo wird Liquor gebildet und wo resorbiert?
3. Welche Funktionen hat Liquor?
4. Welches Krankheitsbild resultiert bei einer Abflussstörung des Liquor?

1.7 Blutversorgung des ZNS

Vorderer Kreislauf:
- A. carotis interna
  - A. cerebri anterior
  - A. cerebri media

❶ Das Gehirn wird von zwei paarigen **Arterien** mit Blut versorgt, der A. carotis interna und der A. vertebralis. Die A. carotis interna, welche aus der A. carotis communis stammt, gibt als ersten intrakraniellen Ast die A. ophthalmica ab, welche das Auge versorgt, und teilt sich dann in die A. cerebri anterior und A. cerebri media auf. Das Versorgungsgebiet der A. cerebri anterior ist hauptsächlich das mediale Drittel der Großhirnhemisphären. Die A. cerebri media versorgt die lateralen Teile des Telencephalon.

❷ Aus der A. cerebri media gehen kleine perforierende Arterien senkrecht in das Marklager ab und versorgen dort das Marklager mit der Capsula interna (☞ 1.3.5). Die Aa. cerebri anterior und media und deren Versorgungsgebiet nennt man vorderen Kreislauf.

Hinterer Kreislauf:
- A. vertebralis
- A. basilaris
- Kleinhirnarterien
- A. cerebri posterior

❸ Die zweite Hirn versorgende Arterie ist die A. vertebralis, die aus der A. subclavia abgeht, im lateralen Fortsatz der Halswirbelkörper verläuft und durch das Foramen magnum das Schädelinnere erreicht. Hier vereinigen sich die rechte und linke A. vertebralis zu einer A. basilaris. Die A. basilaris versorgt den Hirnstamm mit kleinen perforierenden Ästen und teilt sich letztendlich in zwei Aa. cerebri posteriores auf. Diese wiederum versorgen den Okzipital- und die hinteren Anteile des Temporallappens mit Blut. Im Verlauf geben die A. vertebralis und die A. basilaris die Kleinhirnarterien ab:
- A. cerebellaris posterior inferior
- A. cerebellaris anterior inferior mit der A. labyrinthii, welche das Innenohr versorgt
- A. cerebellaris anterior superior

Die Aa. vertebrales und die A. basilaris mit ihrem Versorgungsgebiet nennt man den hinteren Kreislauf.

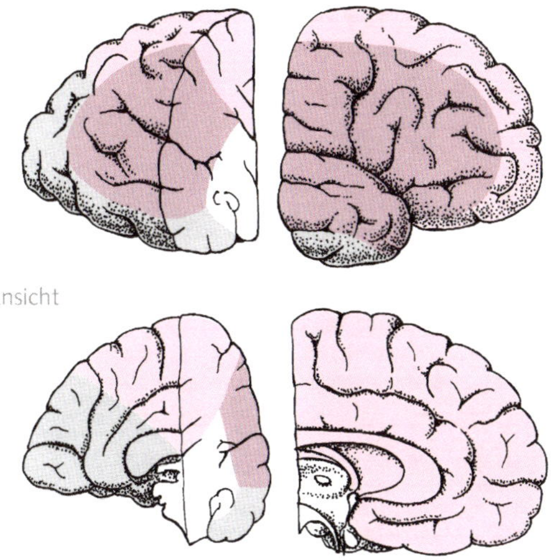

Abb. 1.25: Arterielle Versorgung des Großhirns. Die weiß dargestellten Areale werden von kleinen, aus der A. cerebri media abgehenden Arterien versorgt. [A300-190]

Circulus arteriosus wilisii

Der vordere und hintere Kreislauf sowie die Kreisläufe beider Seiten sind durch **Kommunikansarterien** miteinander verbunden. Diese Verbindungen können bei langjähriger schlechter Durchblutung für einen Umgehungskreislauf und damit für eine verbesserte Blutversorgung von Teilen des Gehirns sorgen. Ein Schlaganfall könnte so verhindert werden. Dieses Arteriengeflecht an der Hirnbasis nennt man **Circulus arteriosus wilisii.** Er liegt komplett im Subarachnoidalraum. Dies ist wichtig zu wissen, da es bei Blutungen aus diesen Arterien zu so genannten Subarachnoidalblutungen kommt (☞ 5.4).

Das Rückenmark wird über eine A. spinalis anterior und zwei Aa. spinales posteriores versorgt, welche aus den Aa. vertebrales entspringen und auch segmentale Zuflüsse von mediastinalen und retroperitonealen Gefäßen erhalten.

Der venöse Abfluss des Gehirns erfolgt über **Venen,** welche das Blut durch die Hirnhäute hindurch zu den venösen Sinus leiten. Diese sind Blutleiter, die zwischen zwei Durablättern liegen (☞ 1.5). Die Sinus sammeln das venöse Blut und führen es der Vena jugularis interna zu. Ein Verstopfen dieser ableitenden Wege nennt man Sinusvenenthrombose (☞ 5.3).

? Übungsfragen

1. Welche Arterien versorgen das Gehirn?
2. Wie wird die Capsula interna mit Blut versorgt?
3. Welche Arterie versorgt den Hirnstamm mit seinen lebenswichtigen Zentren?

2 Klinische Syndrome und Diagnostik

Neurologische Krankheitsbilder präsentieren sich meist durch ein Leitsymptom, welches mit anderen Symptomen zu einem Syndrom zusammengefasst werden kann. Im Folgenden werden häufige neurologische Syndrome und deren Ursachen dargestellt.

2.1 Lähmungen

Lähmungen – Parese oder Plegie:
- zentral
- peripher
- myogen

Eine Lähmung eines Muskels ist die Unfähigkeit, diesen willkürlich zur vollen Kontraktion zu bringen. Da es verschiedene Abstufungen von Lähmungen gibt, kann auch die Fähigkeit zu jeglicher Kontraktion fehlen. Eine solche komplette Lähmung erklärt sich dadurch, dass kein Aktionspotential den Muskel erreicht, oder dass dieser selbst nicht zur Kontraktion fähig ist. Damit kann man bereits die möglichen Orte der Schädigung eingrenzen: Entweder ist das erste motorische Neuron im Gyrus praecentralis (oder sein Axon in der Pyramidenbahn) oder das zweite motorische Neuron (alpha-Motoneuron) mit seinem Axon im peripheren Nerv geschädigt. Auch eine Schädigung der muskulären Endplatte oder des Muskels selbst können eine Lähmung erklären. Ist das erste motorische Neuron betroffen, spricht man von einer **zentralen Lähmung.** Ein Schaden am zweiten motorischen Neuron führt zur **peripheren Lähmung**. Störungen im Muskel führen zur **myogenen Lähmung.**

Nach dem Grad der Lähmung teilt man ein in:
- **Parese** (inkomplette Lähmung): Kraftminderung, sie wird in Kraftgraden (KG) gemessen, dabei bedeutet KG 5 die volle Kraft, KG 4 die Bewegung gegen einen Widerstand, KG 3 die Bewegung gegen Schwerkraft, KG 2 die Bewegung unter Ausschaltung der Schwerkraft und KG 1 eine Muskelkontraktion ohne sichtbare Bewegung, KG 0 entspricht der Plegie.
- latente Parese: Von dieser Lähmung spricht man, wenn in der formalen Kraftprüfung keine Lähmung festzustellen ist, beim Vorhalten der jeweiligen Extremität (Arm oder Bein) aber ein Absinken derselben zu beobachten ist (☞ 2.7.2).
- **Plegie** (komplette Lähmung): Ihr entspricht der KG 0.

Je nach Verteilungsmuster unterscheidet man charakteristische Lähmungsformen:
- Tetraplegie: Komplette Lähmung aller vier Extremitäten bei Läsion des zervikalen Rückenmarks.
- Paraplegie: Komplette Lähmung von rechter und linker Extremität, z.B. beider Beine, bei Läsion des Rückenmarks unterhalb der zervikalen Segmente.

- Hemiplegie: Durchgehende komplette Lähmung der mimischen Gesichtsmuskulatur und des Armes und Beines einer Seite, z.B. bei Läsion der Capsula interna.

Um den Ort der Schädigung genauer zu lokalisieren, betrachtet man andere Symptome, die mit der Lähmung einhergehen, z.B. den Reflexstatus und den Muskeltonus. Danach unterscheidet man:
- **spastische Lähmung:** erhöhter Muskeltonus
- **schlaffe Lähmung:** schlaffer oder reduzierter Muskeltonus.

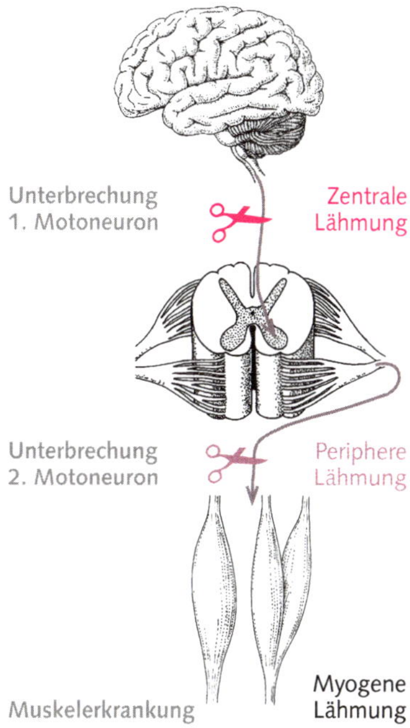

Abb. 2.1: Zentrale, periphere und myogene Lähmungen [A400-190]

2.1.1 Zentrale Lähmung

Schädigung des ersten motorischen Neurons

❶ Zentrale Lähmungen sind Folge einer Schädigung des **ersten motorischen Neurons.** Dabei sind alle Ursachen denkbar: entzündlich, ischämisch, traumatisch, neoplastisch, postiktal etc. Die mögliche Schädigung kann im gesamten Verlauf des ersten motorischen Neurons, d.h. zwischen der primär motorischen Rinde und dem alpha-Motoneuron im Hirnstamm oder Rückenmark liegen (☞ Abb. 2.1).

Klinik

- Feinmotorikstörung
- Spastik
- Eigenreflexe ↑
- Pathologische Reflexe
- Massen- und Spiegelbewegungen

❷ Da das erste motorische Neuron geschädigt ist, ist eine willkürliche Innervation des Muskels nicht mehr möglich. Insbesondere die **Feinmotorik** ist durch den Ausfall v.a. der distalen Extremitätenmuskeln betroffen. Der Reflexbogen (☞ 1.3.1) ist intakt, daher kommt es zu keinem Tonusverlust. Im Gegenteil, da die Pyramidenbahn beim Gesunden den Reflexbogen hemmt und den Tonus der Muskulatur senkt, kommt es bei einer zentralen Lähmung zu einer Tonuserhöhung im Sinne einer

Spastik. Diese Tonuserhöhung lässt sich in Ruhe nicht nachweisen, da der Reflexbogen in Ruhe nicht aktiviert wird. Eine Spastik ist vielmehr dadurch charakterisiert, dass es bei aktiver und passiver Bewegung zu einem einschießenden Tonus kommt. Dies kann man gut testen, wenn man die betroffene Extremität rasch bewegt. Es kommt dann schnell zu einer krampfartigen Muskeltonuserhöhung (Spastik), die sich bei langsamem Weiterbewegen löst. Die Extremität lässt sich dann wieder normal bewegen. Diese Eigenschaft einer Spastik nennt man **Taschenmesserphänomen.**

Die fehlende Hemmung des Reflexbogens durch die Pyramidenbahn erklärt neben der spastischen Tonuserhöhung auch die **Steigerung der Muskeleigenreflexe.** Die Reflexe sind dann gesteigert, wenn sie sich an Stellen auslösen lassen, von wo normalerweise der Reflex nicht ausgelöst werden kann, z.B. Auslösen des Patellarsehnenreflexes an der Schienbeinkante. Reflexe sind auch gesteigert, wenn diese auf andere Muskeln überspringen. Die Fremdreflexe hingegen sind bei der zentralen Lähmung abgeschwächt oder fehlen. Stattdessen treten die normalerweise vom ersten Motoneuron unterdrückten **primitiven Reflexe (pathologische Reflexe)**, z.B. der Babinski-Reflex (☞ 2.7.2) auf. Weitere Phänomene der zentralen Lähmung sind Massen- und Spiegelbewegungen. Beim Versuch, eine einfache Bewegung auszuführen, wird die Muskulatur der gesamten Extremität aktiviert (Massenbewegungen) oder die Gegenseite mitbewegt (Spiegelbewegungen).

Physiotherapie

Eine Spastik kann zur Ausbildung einer Kontraktur führen. Daher muss insbesondere in der Phase der Frührehabilitation der Patient umgelagert werden. Später muss versucht werden, die Spastik durch vorsichtige Bewegungsübungen soweit zu reduzieren, dass die Extremität ausreichend bewegt werden kann. Eine Spastik der Beine kann aber auch beim Gangtraining helfen. Man sollte den Patienten ermutigen, dieses Phänomen nicht nur als behinderndes Übel zu begreifen, sondern es als Symptom zu akzeptieren, welches er sich teilweise zu Nutze machen kann.

2.1.2 Periphere Lähmung

Schädigung des zweiten motorischen Neurons

Ursache peripherer Lähmungen ist eine Schädigung des **zweiten motorischen Neurons** (alpha-Motoneuron). Die Symptome sind dabei abhängig vom Ort der Schädigung.

Klinik

Leitsymptome:
- schlaffe Lähmung
- Muskeltonus ↓
- Eigenreflexe erloschen
- keine pathologischen Reflexe
- Muskelatrophie

3 Leitsymptom der peripheren Lähmung ist die **schlaffe Lähmung:**
- **Parese** (bei komplettem Funktionsverlust Plegie) der betroffenen Muskeln
- **hypotone Muskulatur**, d.h. Herabsetzung der Grundspannung des Muskels
- 4 **Atrophie** der Muskulatur, da diese keine Nervenimpulse erhält
- Eigenreflexe sind aufgehoben, da der Reflexbogen unterbrochen ist
- Fremdreflexe sind ebenso erloschen, da die Endstrecke betroffen ist
- pathologische Reflexe kommen nicht vor.

Bei einer isolierten Schädigung der alpha-Motoneurone eines Segments oder der Vorderwurzel sind alle Muskeln, die von dem Rückenmarksegment auf dieser Seite innerviert werden, paretisch. Sensibilitätsstörungen kommen nicht vor. Wird der Plexus oder der periphere Nerv geschädigt, kommt es neben motorischen Ausfällen auch zu Sensibilitätsstörungen.
Die Symptome von Schädigungen einzelner Nerven sind in Kapitel 1.2 beschrieben.

Physiotherapie

Wichtig sind passive Gelenkmobilisation zur Kontrakturprophylaxe, der Anreiz zur aktiven Bewegung, um die Muskelkraft so weit wie möglich zu erhalten und zu verbessern und die Schulung von Kompensationsbewegungen. Ggf. kommt eine Stimulation durch Strom (Reizstrom) oder durch Kältereize (Eisbehandlung) zum Einsatz.

? Übungsfragen

1. Wo liegt die Schädigung bei einer zentralen Lähmung?
2. Was charakterisiert eine spastische Lähmung?
3. Welches ist das Leitsymptom einer peripheren Lähmung?
4. Bei welcher Lähmung kommt es zu einer Muskelatrophie?

2.2 Bewegungsstörungen

❶ Zu den Bewegungsstörungen werden Krankheiten gezählt, die entweder ein Zuviel an unwillkürlichen Bewegungen mit sich bringen oder ein Zuwenig an normaler Motorik herbeiführen. Die klinischen Symptome dieser Erkrankungen werden im Folgenden besprochen.

2.2.1 Hyperkinetische Bewegungsstörungen

- Myoklonien
- Tremor
- Chorea
- Dystonien
- Tics

❷ Zu den unwillkürlichen Bewegungsstörungen zählen Myoklonien, Tremor, Chorea, Dystonien und Tics.

Myoklonie

Myoklonien sind unwillkürliche, sehr schnelle Muskelzuckungen, die von einander benachbarten alpha-Motoneuronen ausgehen. Dadurch kontrahieren sich kleine Teile eines Muskels sicht- und fühlbar. Myoklonien können beim Gesunden vorkommen. Man kennt sie dann als Zuckungen beim Einschlafen oder als Zuckungen des Augenlides bei Müdigkeit. Es ist wichtig zu erwähnen, dass diese Myoklonien physiologisch sind, da oft in den verschiedenen Medizinbereichen tätige Menschen voller Angst den Neurologen aufsuchen und beruhigt werden müssen. Es gibt allerdings auch pathologische Myoklonien. Diese sind häufig generalisiert, d.h. die komplette Skelettmuskulatur ist betroffen.

Myoklonien treten bei Enzephalopathien, insbesondere beim hypoxischen Hirnschaden (☞ 16.5.8), auf. Daneben gibt es noch epileptische Syndrome, welche mit Myoklonien einhergehen (☞ 4.2.1). Auch die Creutzfeld-Jakob-Erkrankung (☞ 6.7.1) ruft Myoklonien hervor.

Tremor

Formen:
- physiologisch
- essentiell
- zerebellär
- Parkinson-Tremor

Tremor ist gekennzeichnet durch eine unwillkürliche, rhythmisch abwechselnde Kontraktion von agonistischen und antagonistischen Muskelgruppen, die zu einer rhythmischen Bewegung eines Körperteils führt. Tremores haben verschiedene Ursachen, Erscheinungsformen und Therapieoptionen. Man unterscheidet:

- physiologischer Tremor: Dieser Tremor ist der häufigste, da er den „normalen" Tremor meint. Er entsteht vor allem bei muskulärer Anstrengung und emotionaler Erregung. Sie werden ihm z.B. in der Prüfung begegnen.
- essentieller Tremor: Er ist der häufigste pathologische Tremor, ein **Aktionstremor**, d.h. er tritt bei Bewegung und nicht in Ruhe auf. Häufig findet sich eine positive Familienanamnese. Alkohol in geringen Mengen reduziert den Tremor.
- zerebellärer Tremor: Der Tremor, welcher bei Kleinhirnschädigungen (☞ 2.3) auftritt, ist ein klassischer Aktionstremor, der sich während einer Bewegung verstärkt. Man nennt diese Tremorform **Intentionstremor**. Meistens sind die Patienten durch diese Bewegungsstörung erheblich behindert. Die Therapieoptionen sind sehr begrenzt.
- Parkinson-Tremor: Der klassische Tremor beim Parkinson-Syndrom ist ein Ruhetremor. Er findet sich demnach in ruhenden Extremitäten und verschwindet meist bei Bewegung. Wie die anderen Symptome des Parkinson-Syndroms auch, beginnt er häufig einseitig. Der typische Parkinson-Tremor der Hand ist der so genannte **Pillendrehertremor**. Er verstärkt sich bei psychischer Erregung.

Chorea

Das altgriechische Wort *choreia* bedeutet Tanz. Das klinische Bild einer Chorea sieht eher dem ungeschickten Tänzer ähnlich: Es treten unwillkürliche Muskelkontraktionen ohne starren Rhythmus oder Regel auf (☞ Abb. 2.2). Ursache ist eine Schädigung des Striatums (☞ 1.3.5). Diese Schädigung kann entweder auf einem genetischen Defekt (Chorea major Huntington ☞ 9.4.1) oder auf einer Autoimmunreaktion (Chorea minor Sydenham ☞ 9.4.2) beruhen. Therapeutische Ansätze gehen leider nicht über eine symptomatische Therapie hinaus.
Zur Chorea wird auch der **Hemiballismus** gezählt, der gekennzeichnet ist durch einseitige ausfahrende, heftige Bewegungen (☞ Abb. 2.2), die auch zu Unfällen führen können. Diese Bewegungsstörung beruht auf einer Läsion des Nucleus subthalamicus (☞ 1.3.5).

Dystonien

Diese hyperkinetische Bewegungsstörung kommt wie der Tremor bei vielen verschiedenen Erkrankungen vor. Es handelt sich dabei stets um ein Erscheinungsbild, bestehend aus anhaltenden, **unwillkürlichen tonischen Muskelkontraktionen**, die zu unnatürlichen Haltungen führen. Die Ursachen dieser Bewegungsstörung sind noch nicht befriedigend geklärt. Ein Teil der Dystonien spricht auf Parkinsonmedikamente an, was eine Beteiligung des dopaminergen Systems nahe legt. Patienten lindern ihre Symptome häufig durch eine so genannte „Geste antagonistique“: Taktile Stimulation der Haut führt zu einer Reduktion der Dys-

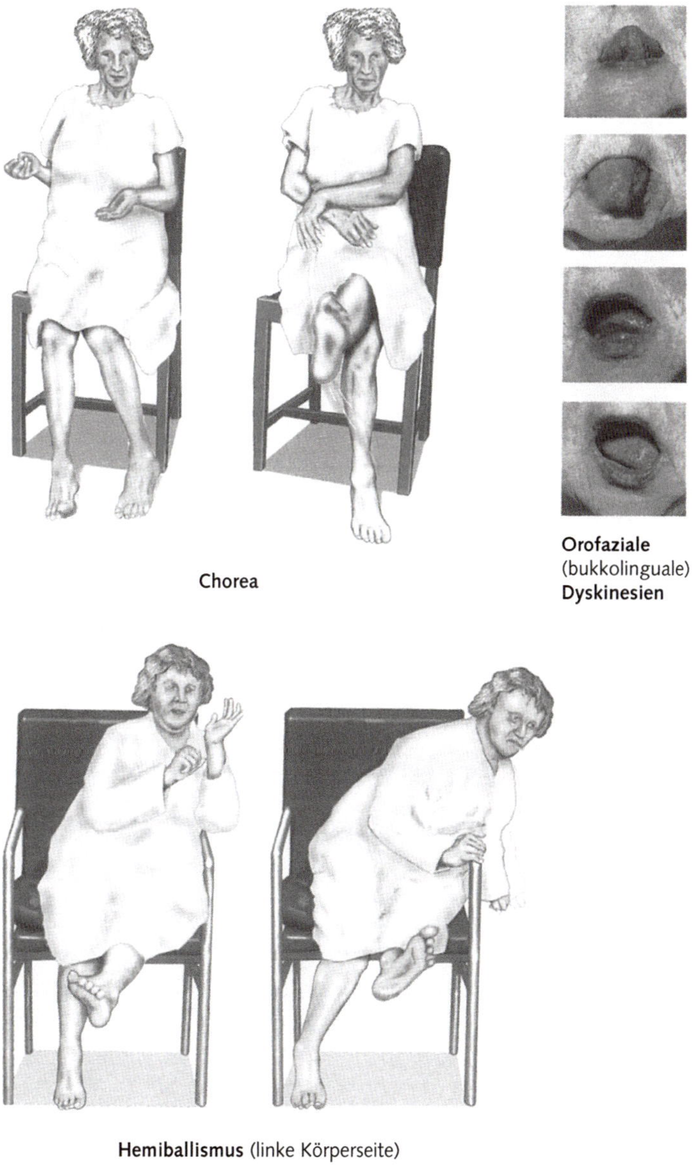

Abb. 2.2: Hyperkinetische Bewegungsstörungen: Chorea, orofaziale Dyskinesien und Hemiballismus. [E255]

tonie. Zur Therapie spritzt man Botolinum-Toxin in die dystone Muskulatur und lähmt sie dadurch partiell. Klassische Dystonien sind:

- Schreibkrampf: Dieser tritt bei Menschen auf, die viel schreiben oder Musikinstrumente spielen. Er äußert sich in einer tonischen Kontraktion der Finger und ist häufig nicht als pathologisch zu werten. Es kann aber auch zu einer relevanten Behinderung kommen, so dass das Schreiben mit der nicht dominanten Hand erlernt werden muss.
- Schiefhals (Torticollis spasmodicus): Es handelt sich um eine tonische Kontraktion des M. sternocleidomastoideus. Die Patienten laufen aufgrund der Kopfschiefhaltung häufig schräg und leiden unter der desozialisierenden Komponente der Erkrankung.
- Blepharospasmus: Unwillkürlicher tonischer Lidschluss.
- Dysphonie: Tonische Kontraktion der Stimmmuskulatur.
- Symptomatische Dystonie: Es handelt sich um stereotype Dystonien, häufig des Mundes und der Zunge, als mögliche Nebenwirkung einer jahrelangen psychiatrischen Therapie einer Schizophrenie mit Neuroleptika. Man nennt diese Bewegungsstörung auch allgemeine Spätdyskinesie (☞ Abb. 2.2, Psychiatrie ☞ 3.6).

Tics

Tics haben häufig keine pathologische Bedeutung. Es handelt sich um nicht zweckgebundene Bewegungen funktionell zusammengehöriger Muskeln. Einfache Tics sind z.B. Blinzeln, Schnalzen, Zuckungen der mimischen Gesichtsmuskulatur oder Räuspern und Hüsteln. Komplexere Tics sind Nesteln, Kauen oder vokaler Natur wie Koprolalie (Aussprechen zotiger Worte) und Echolalie (Wiederholen von Worten). Komplexe Tics kommen beim seltenen, dafür aber umso bekannteren **Gilles de la Tourette-Syndrom** vor, einer Erkrankung, die im Jugendalter beginnt und mit häufigen Tics einhergeht. Hier wird Clonidin zur medikamentösen Therapie eingesetzt.

2.2.2 Hypokinetische Bewegungsstörungen

Parkinson-Syndrom:
- Tremor
- Rigor
- Hypokinese

Die klassische hypokinetische Bewegungsstörung findet sich beim **Parkinson-Syndrom**. Dieses Krankheitsbild weist neben einem Tremor (☞ 2.2.1) und Rigor (☞ 2.7.2) eine Hypokinese auf. Diese beruht auf dem Untergang dopaminerger Neurone in der Substantia nigra, was ein Übergewicht des Striatums und damit eine überwiegende Hemmung der Motorik durch die Basalganglien bewirkt (☞ 1.3.5). Das Parkinson-Syndrom findet sich bei diversen Erkrankungen wieder:

- ❸ Idiopathisches Parkinson-Syndrom (Morbus Parkinson): häufigste Form des Parkinson-Syndroms (☞ 9.1)
- Symptomatisches Parkinson-Syndrom (☞ 9.2)
- Multisystematrophie: frühzeitiger Beginn, Parkinson-Syndrom plus vegetative Dysfunktion (☞ 9.3.1)
- Progressive supranukleäre Paralyse: beginnt frühzeitiger als Morbus Parkinson; Parkinson-Syndrom plus Augenbewegungsstörung (☞ 9.3.2)
- Kortikobasale Degeneration: Parkinson-Syndrom plus neuropsychologische Symptome (☞ 2.5)
- Lewy-Körper-Demenz (☞ Psychiatrie 4.2.2).

? **Übungsfragen**

1. Was ist eine Bewegungsstörung?
2. Welche hyperkinetischen Bewegungsstörungen kennen Sie?
3. Welches ist die häufigste hypokinetische Bewegungsstörung?

2.3 Zerebelläre Funktionsstörung

Das Kleinhirn spielt eine wesentliche Rolle bei der Stütz- und Haltemotorik (Vestibulo- und Spinocerebellum ☞ 1.3.3) und bei der Koordination von Bewegungen (Pontocerebellum ☞ 1.3.3). Dementsprechend ist das klinische Bild einer Kleinhirnschädigung gekennzeichnet durch beeinträchtigte Haltungsreflexe und eine mangelhafte Koordination von Bewegungen. Das Kleinhirn kann auf vielfältige Weise geschädigt werden (☞ 11):

- bei jungen Patienten häufig im Rahmen einer Multiplen Sklerose (☞ 7.1) durch Läsion der Kleinhirnfasern
- Tumore
- entzündlich, z.B. Kleinhirnabszesse bei durchgebrochener Mittelohrentzündung
- ischämisch beim Kleinhirninfarkt
- toxisch, insbesondere durch Alkohol und Antiepileptika
- erblich bedingt und durch viele andere Faktoren z.B. traumatisch.

Kleinhirnsymptome:
- Ataxie
- Nystagmus
- skandierende Sprache im Rahmen der Dysarthrie
- Dysdiadochokinese

❶ Das klassische Leitsymptom einer Kleinhirnläsion ist die **Ataxie**, die Koordinationsstörung. Sie äußert sich in ungeschickten, unsicheren, über das Ziel hinaus schießenden (hypermetrischen) Bewegungen. Bei der zerebellären Ataxie sind sämtliche Bewegungsabläufe betroffen. Jedoch wird der Begriff häufig für den Gang und Stand, d.h. für die Haltemotorik benutzt. Das klassische zerebelläre ataktische Gangbild lässt sich auch durch Sichtkontrolle des Betroffenen nicht korrigieren, es ist mit offenen Augen ebenso stark verändert wie mit geschlossenen Augen.
❷ Die zerebelläre Ataxie beschränkt sich allerdings nicht nur auf die Stand- und Gangmotorik, sondern sie betrifft alle Bewegungen, die fein koordiniert werden müssen. Als Ausdruck der Störung entsteht ein **zerebellärer Tremor**, der sich im Bereich der oberen Extremitäten als Intentionstremor bemerkbar macht (☞ 2.2.1). Aber auch an anderen Muskeln finden sich tremorartige Bewegungsstörungen, insbesondere bei:

- Augenbewegungen: Beide Augäpfel werden durch das Kleinhirn parallel gehalten und dadurch wird der Blick stabilisiert. Gelingt dies nicht, so tritt ein **Nystagmus** auf, d.h. schnelle, unwillkürliche und ruckartige Bewegungen der Augen.
- Sprechbewegungen: Die Sprech- und Atemmuskeln müssen sehr fein koordiniert werden, damit der Lufthauch konstant abgegeben und ein normaler Sprachfluss möglich wird. Eine Kleinhirnschädigung resultiert dann in einer dysarthrischen, abgehackten Sprache, der so genannten **skandierenden Sprache**.

Gut lässt sich eine Störung der Koordination auch bei schnellen abwechselnden Bewegungen zeigen, man nennt diese Störung **Dysdiadochokinese.**

Ataxie
- zerebellär
- spinal
- peripher

Neben der o.g. zerebellären Ataxie gibt es noch zwei andere Ataxieformen, die von der zerebellären Ataxie abgegrenzt werden müssen:
❸ Die **spinale Ataxie** beruht auf einer Läsion der epikritischen Bahnen des Rückenmarks, z.B. im Rahmen eines Vitamin-B12-Mangels (☞ 16.5.3) oder einer Syphilis (☞ 6.6.2). Sie ähnelt in ihrem Bild sehr der peripheren Ataxie, da beide auf einer Läsion der epikritischen Bahnen beruhen.
Die **periphere Ataxie** ist häufig das Symptom, weshalb Patienten, z.B. mit einer Polyneuropathie (☞ 14.2), den Arzt aufsuchen. Sie klagen über eine Gangunsicherheit, sie haben das Gefühl, den Boden nicht richtig einschätzen zu können und schauen deshalb beim Laufen häufig nach unten, um visuell die Gangunsicherheit zu kompensieren. Diese Form der Ataxie verschlimmert sich folglich im Dunkeln.

? **Übungsfragen**

❶ Welches ist das Leitsymptom einer zerebellären Schädigung?
❷ Welche anderen zerebellären Symptome kennen Sie?
❸ Welche nicht zerebellären Ursachen einer Ataxie kennen Sie?

2.4 Schwindel

- subjektive Störung des Gleichgewichtssinns
- Wahrnehmung von Scheinbewegungen
- Nystagmus
- Fallneigung
- Übelkeit, Erbrechen

❶ Der Gleichgewichtssinn basiert auf drei Säulen:
- visuelle Kontrolle: Die Augen liefern einen Eindruck der Umwelt und eine Vorstellung von dem Verhältnis des Körpers zum Raum.
- vestibuläre Kontrolle: Das Gleichgewichtsorgan steuert Informationen zur Position des Kopfes im Raum und zu Beschleunigungsbewegungen bei.
- epikritische Kontrolle: Die Kleinhirn- und Hinterstrangbahnen liefern Informationen bezüglich der Körperhaltung und Gelenkstellung und damit der Position des Körpers im Raum.

Ein Ungleichgewicht unter diesen drei Systemen führt zu einem subjektiven Unsicherheitsgefühl, dem Schwindel. Der Patient meint, Bewegungen wahrzunehmen, wo es keine Bewegung gibt. Diese häufig angstbesetzte Reaktion kann bei starkem Schwindel mit Übelkeit und Erbrechen einhergehen. Ursachen für Schwindel liegen in Störungen dieser drei Säulen begründet:
- Visuelle Kontrolle: Nystagmus oder Doppelbilder können Schwindel verursachen.
- Vestibuläre Kontrolle: Eine Störung des Gleichgewichtsorgans im Rahmen einer Entzündung (Neuropathia vestibularis), eines Morbus Menière (Kurzschlussbildung im Vestibularorgan) oder eines Lagerungsschwindels (☞ 4.6.2) kann Schwindel hervorrufen.

- Epikritische Kontrolle: Eine Erkrankung der Hinterstränge führt neben einer Ataxie (☞ 2.3) ebenso zu Schwindel. Ebenso kann eine Erkrankung der peripheren Nerven (Polyneuropathie ☞ 14.2) einen Schwindel auslösen.
- Kommt es bei zentralnervösen Erkrankungen – häufig im Bereich des Hirnstamms – zu einer Läsion der Fasern, die den Gleichgewichtssinn vermitteln, kann Schwindel auftreten. Er tritt dann aber häufig hinter die im Vordergrund stehenden fokalneurologischen Ausfälle zurück.
- Letztlich ist eine häufige Ursache von Schwindel eine Angstneurose (☞ 4.6, Psychiatrie 6.2.2).

Physiotherapie

❷ Nicht selten werden Schwindelpatienten an Physiotherapeuten zum Gleichgewichtstraining überwiesen. In der Initialphase sollte der Therapeut Bewegung tunlichst meiden, da der Patient dies ohnehin nicht tolerieren würde. Aber spätestens zwei Wochen nach Beginn einer akuten Erkrankung ist der Patient in der Lage, sich wieder aktiv zu rehabilitieren. Dann sollten mit dem Patienten aktive Bewegungsübungen durchgeführt werden, alle drei Säulen des Gleichgewichts sollten trainiert werden. Beim mechanisch verursachten Lagerungsschwindel ist die physikalische Therapie die Therapie erster Wahl und kann den Patienten heilen (☞ 4.6.2). Seien Sie sich also Ihrer Möglichkeiten durchaus bewusst!

? Übungsfragen

❶ Wann entsteht Schwindel?

❷ Welche Schwindelform ist durch Physiotherapie heilbar?

2.5 Neuropsychologische Syndrome

- Amnesie
- Aphasie
- Apraxie
- Agnosie

❶ Die Überschrift deutet bereits an, dass es sich bei den folgenden Syndromen um Störungen der psychologischen Leistungsfähigkeit des Gehirns handelt. Die Läsion ist damit im Großhirn lokalisiert.

Amnesie

Unter Amnesie versteht man einen akut auftretenden Gedächtnisverlust. Folglich unterscheidet der zeitliche Verlauf die Amnesie von den langsam auftretenden Merkfähigkeitsstörungen bei den Demenzerkrankungen (Psychiatrie ☞ 4.2.1). Wenn der Patient eine akute Hirnschädigung, meistens traumatischer Natur, erleidet und sich infolgedessen nicht an die Zeit davor (Sekunden bis Wochen) erinnern kann, so nennt man dies **retrograde Amnesie**. Die amnestische Lücke kann sich wieder zurückbilden, muss aber nicht. Von einer **anterograden Amnesie** spricht man, wenn der Patient unfähig ist, neue Gedächtnisinhalte zu behalten. Meist tritt die anterograde Amnesie zusammen mit der retrograden als so genannte **globale Amnesie** auf. Häufige Ursachen für eine globale Amnesie sind eine Alkoholerkrankung (Korsakow-Syndrom, Psychiatrie ☞ 7.1) und Enzephalitiden (☞ 6.3). Kurze, bis zu einem Tag dauernde, Phasen der globalen Amnesie nennt man **transitorische globale Amnesie**. Diese Erkrankung tritt vor allem in der zweiten Lebenshälfte rezidivierend auf und beunruhigt die Patienten sehr, ist aber harmlos. Sehr wahrscheinlich ist sie ein Symptom einer atypischen Migräne und daher der Migräne (☞ 8.1) zuzuordnen.

Aphasie

❷ Als Aphasie bezeichnet man Sprachstörungen. Man darf Aphasien nicht mit Sprechstörungen, so genannten Dysarthrien, verwechseln. Bei Dysarthrien handelt es sich um Störungen der Sprechmotorik. Im Rahmen einer Aphasie können alle Teilbereiche der Sprache betroffen sein: Sprachfluss, -melodie, Wortschatz und -bildung, Syntax und Sprachverständnis. Patienten werden häufig schon während des therapeutischen Gespräches auffällig. Ein ausführlicher neuropsychologischer Test sollte sich dann allerdings anschließen.
Man unterscheidet verschiedene Formen der Aphasie:

Motorische Aphasie (Broca)

Symptome sind Agrammatismus (Störung der Grammatik) oder Telegrammstil. Spontan sprechen die Kranken fast gar nicht. Das Sprachverständnis ist intakt. Die Läsion liegt im motorischen Sprachzentrum (☞ 1.3.6).

Sensorische Aphasie (Wernicke)

Die Spontansprache der Kranken ist gut artikuliert, von normaler Sprachmelodie und korrekter Sprachrhythmik, geprägt jedoch durch Neologismen (Wortneubildungen) und Paraphasien (Wortumstellungen) bis hin zur Jargon-Aphasie, bei der der Patient überhaupt nicht mehr verständlich ist. Das Sprachverständnis ist beeinträchtigt. Das sensorische Sprachzentrum ist gestört (☞ 1.3.6).

Amnestische Aphasie

Es liegt eine Wortfindungsstörung vor. Die gesuchten Wörter werden entweder gar nicht gefunden oder durch ein Füllwort oder charakteristische Umschreibungen ersetzt. Diese Form der Aphasie tritt häufig bei Demenzerkrankungen auf (Psychiatrie ☞ 4.2.1).

Globale Aphasie

Hier sind alle Facetten der Sprache betroffen. Entweder besteht überhaupt keine Sprachproduktion und -verständnis, oder die Sprache ist auf Lautautomatismen beschränkt. Meist liegen dieser Form ausgedehnte Läsionen zugrunde.

Apraxie

Man unterscheidet zwei wichtige Formen der Apraxie, die ideomotorische und die konstruktive Apraxie. Ihnen gemein ist die Unfähigkeit zur sinnvollen Ordnung von Teilelementen.
Bei einer **ideomotorischen Apraxie** können bei intakter elementarer Beweglichkeit Einzelbewegungen nicht zu sinnvollen Handlungsfolgen zusammengefügt werden. Das heißt, bei dieser Form handelt es sich um eine Störung von motorischen Bewegungsabläufen. Patienten können z.B. nicht Zähneputzen, sich nicht kämmen oder Knöpfe schließen. Die Schädigung liegt meist auf der sprachdominanten Hemisphäre.
Bei der **konstruktiven Apraxie** können Elemente nicht mehr in einen sinnvollen räumlichen Zusammenhang gebracht werden. Patienten können z.B. kein Haus mehr zeichnen, können räumliche Beziehungen nicht mehr beschreiben oder den Inhalt eines Überraschungseies zusammenbauen. (Wenn auch der Leser selbst bei letzterem auf die Bauanleitung angewiesen ist, ist das nicht unbedingt pathologisch.) Die Läsion liegt meist auf der nichtdominanten Hemisphäre.

Agnosie

3 Auch die Agnosie – optisches, akustisches oder taktiles Nichterkennen – stellt einen pathologischen Befund dar, der durch genaue Prüfung diagnostiziert werden muss. Sonderformen sind die **Anosognosie**, bei der der deutlich erkrankte Patient seine Erkrankung verneint, und die **Prosopagnosie**, bei der der Patient Gesichter nicht mehr einer bekannten Person zuordnen kann.

Abb. 2.3: Hemineglect links. Der Patient malt nur die rechte Hälfte einer Uhr, vernachlässigt die linke Körperhälfte und Umwelt. [L157]

Hervorzuheben ist auch der **Neglect**. Er äußert sich in einer Vernachlässigung der linken Seite. Handelt es sich um einen visuellen Neglect, nimmt der Patient sein linkes Gesichtsfeld nicht wahr. Handelt es sich um einen sensiblen Neglect, so fehlt ihm die Wahrnehmung von sensiblen Reizen der linken Körperhälfte. Beim motorischen Neglect bewegt der Patient die linke Körperhälfte nicht, obwohl sie nicht paretisch ist. Im supramodalen Neglect sind alle diese Formen vereint. Die Läsion liegt auf der nichtdominanten Großhirnhemisphäre. Weshalb eine Läsion der sprachdominanten Hemisphäre in der Regel keinen Neglect auslöst, ist nicht bekannt.

? Übungsfragen

1. Bei Schädigung welches Teiles des ZNS erwarten Sie neuropsychologische Störungen?
2. Welche Formen der Aphasie gibt es?
3. Kann ein Patient gleichzeitig eine Aphasie und einen Neglect haben?

2.6 Bewusstseinsstörungen

Grade des Bewusstseins:
- Wachheit
- Somnolenz
- Sopor
- Koma

❶ Im Folgenden sollen quantitative Bewusstseinsstörungen besprochen werden. Sie zeichnen sich aus durch eine Einschränkung der Wachheit (Vigilanz) und der Reaktionsfähigkeit. In Ergänzung dazu werden qualitative Bewusstseinsstörungen, d.h. Bewusstseinsklarheit, im Psychiatrieteil vorgestellt. Die quantitative Bewusstseinsstörung wird allen voran anhand des Grades der Vigilanz beschrieben.

Wachheit

Ein Patient ist wach, wenn er adäquat auf Ansprache oder Berührung reagiert. Selbst wenn er schläft, ist der Patient sofort erweckbar und bleibt dann auch wach.

Somnolenz

Ein somnolenter Patient hingegen ist schläfrig, nur durch laute Ansprache oder kräftige Berührungsreize erweckbar und kann dann kurzzeitig mit dem Untersucher in Kontakt treten und Aufforderungen befolgen, bevor er wieder wegdämmert.

Sopor

Die nächst tiefere Stufe der Bewusstseinstrübung ist der Sopor. In diesem Zustand reagiert der Patient zwar noch kurzzeitig auf stärkere Reize von außen, kann aber kaum noch eine Aufforderung befolgen, bevor er wieder in einen nicht kontaktfähigen Zustand verfällt. Aus diesem ist er dann nur noch mit stärksten Reizen oder gar nicht mehr zu erwecken.

Koma

In diesem Zustand ist der Patient nicht mehr erweckbar. Es gibt verschiedene Grade des Komas. Beim leichten Koma reagiert der Patient noch auf Schmerzreize mit Bewegung, während im tiefen Koma keinerlei Reaktionen auf Reize von außen zu beobachten sind.
Eine alternative, besser objektivierbare Einteilung der Bewusstseinsstörungen, bietet die **Glasgow-Koma-Skala** (☞ Tab. 2.1). Der Untersucher vergibt Punkte anhand der Untersuchungsbefunde. Die Summe der Punkte lässt eine Bewertung des Verlaufes und einen Vergleich mit anderen Patienten zu. Die Mindestpunktzahl beträgt 3. Ein wacher, normaler Patient hat eine Punktzahl von 15.

Tab. 2.1: Glasgow-Koma-Skala

Aktion	Reaktion	Bewertung
Augenöffnen	spontan	4
	auf Ansprache	3
	auf Schmerzreiz	2
	keine Reaktion	1
Verbale Reaktion	orientiert	5
	desorientiert	4
	inadäquate Antwort	3
	unverständliche Laute	2
	keine Reaktion	1
Motorische Reaktion, Reaktion auf Schmerzreize	befolgt Aufforderungen	6
	gezielte Schmerzabwehr	5
	ungezielte Schmerzabwehr	4
	Beugesynergismen	3
	Strecksynergismen	2
	keine Reaktion	1

Ursachen

Das Bewusstsein beruht auf einem funktionierenden ARAS (aufsteigendes retikuläres aktivierendes System) im Hirnstamm, welches über den unspezifischen Thalamus die Großhirnrinde im Allgemeinen aktiviert (☞ 1.3.2).
Das System kann folglich an mehreren Stellen geschädigt werden:
Der Kortex insgesamt kann geschädigt sein:
- durch metabolische Entgleisungen (Hypoglykämie, Hypothyreose ☞ 16.5.7)
- durch Toxine (Ethanol, Kohlenmonoxid, Medikamenten-Überdosierung)
- durch Entzündung (Enzephalitis ☞ 6.3)
- durch Ischämie (hypoxischer Hirnschaden z.B. nach Reanimation ☞ 16.5.8)
- durch elektrische Dysfunktion (Status epilepticus ☞ 4.4)
- durch Druck (Hydrocephalus, Hirndruck ☞ 2.6.1).

Der Thalamus kann betroffen sein:
- durch Ischämie oder Blutung
- durch Tumore.

Der Hirnstamm kann betroffen sein:
- durch Ischämie oder Blutung
- durch Tumore
- durch Traumen
- durch Entzündung (Hirnstammenzephalitis)
- durch Hirndruck.

2.6.1 Intrakranielle Druckerhöhung

Ursachen

Ursachen von erhöhtem Hirndruck:
- Raumforderungen
- erhöhte Liquormenge

Verschiedene Prozesse im Gehirn führen zu einer Steigerung des intrakraniellen *(lat. intra = innen; cranium = knöcherner Schädel)* Druckes, also einer Erhöhung des Druckes innerhalb des Schädels. Da der knöcherne Schädel keine Volumenzunahme des Gehirns zulässt, führt automatisch jegliche Raumforderung zu einem Anstieg des Hirndruckes, z.B. durch Tumore (☞ 3), Hydrocephalus (☞ 1.6), Hirnabszess (☞ 6.2), Hirnblutung und schwellender Infarkt (☞ 5), Sinusvenenthrombose (☞ 5.3) oder ein generalisiertes Hirnödem.

Klinik

Allgemeine Zeichen bei erhöhtem Hirndruck

Allgemeine Zeichen eines erhöhten Hirndruckes sind:
- Kopfschmerzen
- Übelkeit und Erbrechen
- Schluckauf (Singultus kann aber auch völlig harmlos sein)
- Bewusstseinsminderung
- Stauungspapille: Der erhöhte Liquordruck markiert ein Ödem um die Sehnervenpapille, welches bei der Spiegelung des Augenhintergrundes sichtbar ist.
- weite, lichtstarre Pupille
- Druckpuls: harter, verlangsamter, gut tastbarer Puls der Arterien
- Fokalneurologie entsprechend der Raumforderung.

Unterscheidung zwischen akut und chronisch erhöhtem Hirndruck

Es wird zwischen akut und chronisch erhöhtem Hirndruck unterschieden. Leitsymptom eines **akut** auftretenden Anstieges des Hirndruckes sind dumpfe Kopfschmerzen. Hinzu kommen Übelkeit, Erbrechen, Singultus (Schluckauf) und zunehmende Eintrübung des Bewusstseins bis hin zum Koma.

Leitsymptom des **chronisch** erhöhten Hirndruckes sind zunächst psychische Auffälligkeiten wie Antriebsminderung, Verhaltensauffälligkeit, Apathie, Störung von Orientierung, Merkfähigkeit und Aufmerksamkeit (Psychiatrie ☞ 2.8). Dieser Zustand kann monatelang andauern, bei subakuten Hirndrucksteigerungen können dann Zeichen des akuten Hirndrucks auftreten.

Diagnostik

Ständige Überprüfung von:
- Vitalwerten
- Bewusstsein
- Hirnstammreflexen

- Häufige neurologische Verlaufsuntersuchungen inklusive Überprüfung der Vitalwerte, des Bewusstseins und der Hirnstammreflexe.
- Spiegelung des Augenhintergrundes.
- CCT und MRT stellen das Hirnödem und Raumforderungen dar und zeigen die Verdrängung der umliegenden Hirnstrukturen.
- Im EEG zeigen sich Allgemeinveränderungen und Herdbefunde.

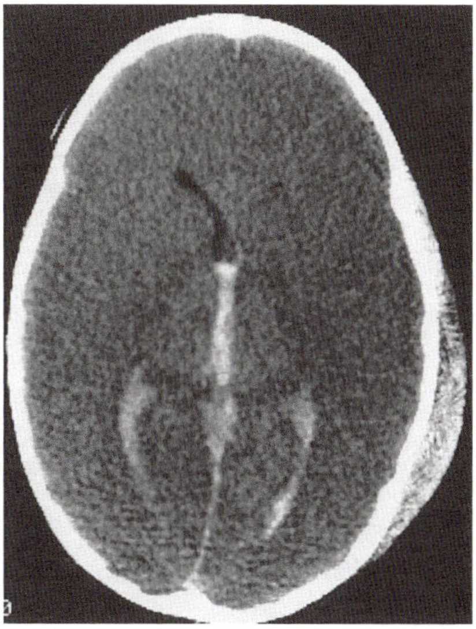

Abb. 2.4: Generalisiertes Hirnödem und Hirntod bei Z.n. Schädel-Hirn-Trauma. Man erkennt nahezu keine äußeren Liquorräume mehr, es findet sich Blut in den Hirnventrikeln und in der Kopfschwarte. [E258]

Therapie

- Oberkörperhochlagerung
- Mannit
- Glukokortikoide
- forcierte Diurese
- Hyperventilation
- Therapie der Ursache

Allgemeine Therapie bei erhöhtem Hirndruck und Hirnödem:

- Hochlagerung des Oberkörpers auf 30° verbessert den venösen Abfluss.
- Osmotherapie: Das osmotisch wirksame Mannit erhöht die Osmolalität des Blutes und entzieht dadurch dem Hirngewebe Wasser. Über einen anderen Wirkmechanismus erzielen dies auch Glukokortikoide.
- Forcierte Diurese (künstlich erhöhte Urinausscheidung) senkt das Blutvolumen und damit die Liquorproduktion.
- Hyperventilation: Ist der Patient beatmet, kann man ihn hyperventilieren lassen, dies senkt den Hirndruck.

Die weitergehende Therapie richtet sich nach der jeweiligen Ursache und ist unter den entsprechenden Krankheitsbildern nachzuschlagen. Patienten mit erhöhtem Hirndruck müssen genau beobachtet werden, um einen weiteren Anstieg des Hirndruckes rechtzeitig zu erkennen. Dazu müssen die Vitalwerte, die Vigilanz und die Pupillen regelmäßig überprüft werden.

Komplikationen

2 Die Gefahr des erhöhten Hirndruckes besteht zum einen in einer Drosselung der arteriellen Blutzufuhr zum Gehirn. Wenn der intrakranielle Druck den arteriellen Mitteldruck übersteigt, kann kein Blut mehr in den Schädel gepumpt werden, das Gehirn wird nicht mehr mit Blut versorgt und stirbt ab (Hirntod). Zuvor kommt es zu einer **Minderperfusion** des Gehirns. Es reichern sich toxische Stoffwechselprodukte an, die die Gehirnzellen schädigen und zum Ungleichgewicht zwischen intrazellulärem und intravasalem Volumen führen: es entsteht ein **Hirnödem**, welches den Hirndruck weiter erhöht. Zum anderen führt

der erhöhte intrakranielle Druck dazu, dass sich das Hirngewebe Raum sucht, um dem Druck auszuweichen. Der Schädel hat nur wenige Öffnungen, durch welche sich das Gehirn vorwölben kann. Eine ist das Fenster, durch welches der Sehnerv in die Orbita tritt. Der Arzt kann dann beim Augenspiegel eine **Stauungspapille** sehen, ein wichtiger Hinweis auf erhöhten Hirndruck. Sitzt die Raumforderung im Bereich einer Hemisphäre, so drückt die schwellende Hemisphäre auf die Gegenseite und verlagert dadurch die Mittellinie. In diesem Stadium kann es auch zu einer Schädigung der anderen Hemisphäre kommen. Prinzipiell ist dieser Zustand aber noch reversibel. Dramatisch wird die Situation, wenn Hirngewebe versucht, nach kaudal auszuweichen. Dabei kommt es zu **Herniationen**, so genannten Einklemmungen.

Einklemmungssyndrom

Folgen der Hirneinklemmung sind Schädigungen von:
- Hirnstamm mit Ausfall von Hirnstammreflexen
- Atem- und Kreislaufzentrum

Wenn trotz Therapie der Hirndruck weiter ansteigt, verschiebt sich die Hirnmasse (so genannte Massenverschiebung) in Richtung Foramen magnum. Bei Läsionen oberhalb des Kleinhirndaches führt dies zur so genannten **oberen Einklemmung**, Gewebe der Großhirnhemisphären drücken auf den oberen Hirnstamm. Wenn der Druck weiter zunimmt, oder die Raumforderung selbst in der hinteren Schädelgrube liegt, dann kann es zur **unteren Einklemmung** kommen. Die Kleinhirntonsillen werden dann in das Foramen magnum gepresst und drücken von hinten auf den unteren Hirnstamm. Infolge der Einklemmung werden die lebenswichtigen Zentren des Hirnstammes (☞ 1.3.2) geschädigt, der Patient stirbt.

Klinik

Je nach Grad, Ort und Schwere der Einklemmung sind die Symptome unterschiedlich stark ausgeprägt.

- Bewusstseinsstörung: Patienten, die „einklemmen“, sind komatös.
- Veränderte Pupillenreaktion durch den Druck auf den N. oculomotorius: Die Pupillen werden zunehmend weit und lichtstarr, zunächst auf der Seite der Raumforderung, dann auch auf der kontralateralen Seite.
- Beuge-Streck-Synergismen: Beugung der Arme und Streckung der Beine, zunächst durch Schmerzreize ausgelöst.
- Streckkrämpfe: Streckung von Rumpf und Extremitäten mit Innenrotation der Arme und Beugung der Finger im weiteren Verlauf, wird auch als Dezerebrationshaltung bezeichnet.
- Hirnstammreflexe erlöschen (z.B. Kornealreflex, Lichtreflex, Würgereflex).
- Auftreten von Automatismen.
- Die Atmung ist bei einer beginnenden Einklemmung unregelmäßig mit periodischer Schwankung der Atemtiefe. Später stellt sich eine Tachypnoe, anschließend eine Schnappatmung ein, letztendlich folgt der Atemstillstand.

Therapie

Wenn man die Einklemmung in ihrem Frühstadium bemerkt, kann rechtzeitig therapiert werden. Zum einen wird die Ursache therapiert, z.B. bei Raumforderungen neurochirurgische OP, beim toxischen Hirnödem Entgiftung. Die symptomatische Therapie beinhaltet neben den o.g. Therapieformen bei erhöhtem Hirndruck die umstrittene Gabe von Steroiden sowie die neurochirurgische Entlastungsoperation. Dabei wird der Großteil der über der schwellenden Hemisphäre liegenden Schädelkalotte entfernt und nur die Kopfschwarte wieder angenäht. Das Gewebe hat dann Platz zum Schwellen. Der Knochendeckel kann nach einem halben Jahr wieder implantiert werden.

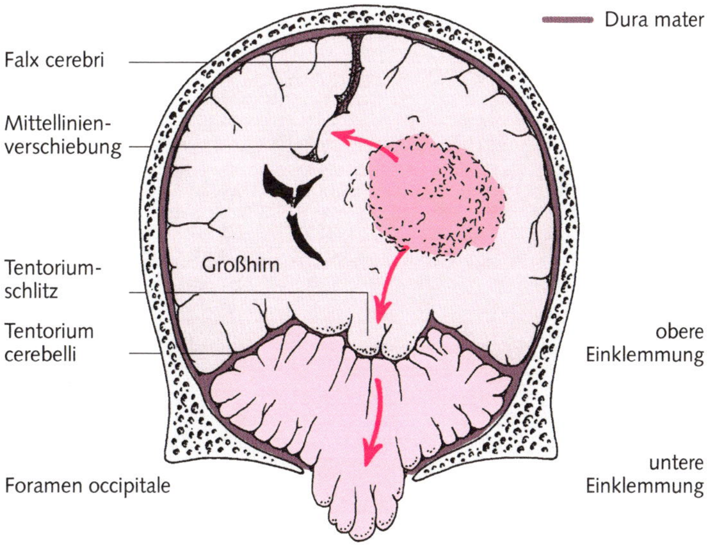

Abb. 2.5: Obere und untere Einklemmung bei Raumforderung einer Großhirnhemisphäre mit Mittellinienverlagerung. [A400-190]

Hirntod

- fehlende zerebrale Perfusion: Hirntod
- Voraussetzung zur Organtransplantation

❸ Bei Fortschreiten der Einklemmung oder stark erhöhtem Hirndruck tritt der Hirntod ein. Er ist definiert als Tod des Menschen und tritt zu dem Zeitpunkt ein, wenn das Gehirn aufgrund des schlechten Verhältnisses von intrakraniellem und arteriellem Mitteldruck nicht mehr mit Blut versorgt wird. Klinisch findet man einen vollständigen Funktionsausfall des Gehirns, der durch folgende Symptome gekennzeichnet ist:

- tiefes Koma
- Ausfall aller Hirnstammreflexe (der Patient hat lichtstarre, weite entrundete Pupillen)
- Ausfall der Atmung, Abfall von Körpertemperatur, Blutdruck und Puls
- Nulllinie im EEG als Ausdruck für fehlende kortikale Aktivität
- Doppler-Sonographie oder Angiographie zeigen, dass das Gehirn nicht mehr durchblutet wird.

Dem Hirntod folgt im Normalfall unmittelbar der klinische Tod (Herz-Kreislaufstillstand). In Zeiten der Intensivmedizin ist es aber möglich, die Organe eines Hirntoten mittels Kreislauf stabilisierender Medikamente und Beatmungsmaschine mit Sauerstoff zu versorgen. Dies erfolgt nur im Einvernehmen mit den Angehörigen oder aufgrund einer

zu Lebzeiten vom Patienten getroffenen Verfügung, Organe zu entnehmen und sie Empfängern zu transplantieren.
Von ethischer Seite wird der Hirntod z.T. kontrovers diskutiert. Fakt ist jedoch, dass der Patient bereits verstorben ist, man hält also niemanden künstlich am Leben. Da verständlicherweise Angst vor unprofessioneller Hirntoddiagnostik besteht, ist diese Diagnostik streng reglementiert. Sie muss von zwei unabhängigen, in der Hirntoddiagnostik erfahrenen Ärzten vorgenommen werden.
Zwei besondere Syndrome, die mit einer Bewusstseinsstörung einhergehen, sollen im Folgenden kurz vorgestellt werden.

Apallisches Syndrom

- Großhirnfunktion ausgefallen
- vegetative Funktionen intakt

❸ Bei einem apallischen Syndrom liegt eine Entkopplung des Kortex vom Hirnstamm vor. Dies kann auf Schädigungen des Kortex selbst, des Thalamus oder des Hirnstamms beruhen. Alle afferenten und efferenten Bahnen zwischen Körper und Kortex sind unterbrochen. Somit ist die Großhirnfunktion ausgefallen (Dezerebration), die Hirnstamm- und damit vegetativen Funktionen sind jedoch weitgehend intakt.

Ursache

Funktionsausfall des Großhirnkortex z.B. infolge eines hypoxischen (durch Sauerstoffmangel bedingten) Hirnschadens bei Zustand nach Reanimation, durch SHT mit Hirnödem oder nach einer Enzephalitis.

Klinik

- aufgehobene Willkürmotorik
- unauffällige Hirnstammreflexe
- keinerlei Kontaktaufnahme trotz offener Augen möglich

Der Patient hat die Augen geöffnet, der Blick ist starr oder schweift ziellos umher. Aufgrund der Läsion der Pyramidenbahn ist der Muskeltonus erhöht, eine Willkürmotorik ist nicht möglich. Häufig lassen sich pathologische Reflexe (z.B. Babinski) auslösen. In einigen Fällen bilden sich die Symptome langsam innerhalb von Wochen bis Monaten zurück. Häufig jedoch verbleiben Patienten im „Wachkoma". Dieser, von der Öffentlichkeit geprägte Begriff ist aber per definitionem nicht korrekt, da der Patient zwar wach erscheint, aber sicher nicht kontaktfähig ist.

Locked-in-Syndrom

- Bewegungs- und Sprechunfähigkeit
- völlige Bewusstseinsklarheit

Ganz im Gegensatz zum apallischen Syndrom ist der Patient mit einem Locked-in-Syndrom bei vollem Bewusstsein. Er kann aber aufgrund einer Schädigung der Tractus corticonucleares und corticospinales (☞ 1.3.1 und ☞ 1.3.2) keinerlei motorische Antwort mehr zeigen. Nach obiger Definition des Komas zeigt er in der klinischen Untersuchung keinerlei Bewegungen oder Reaktionen, muss folglich komatös sein. Er hat die Augen geschlossen. Die Hirnstammreflexe sind erhalten. Es ist daher sehr wichtig, einem komatösen Patienten nicht von vornherein zu unterstellen, er bekomme von der Umwelt nichts mehr mit. Ein Hinweis können vegetative Reaktionen auf die Umwelt sein. So kann der Puls und der Blutdruck z.B. bei Eintreffen der Angehörigen beachtlich ansteigen. Elektrophysiologische Zusatzdiagnostik (☞ 2.8.1) kann den Verdacht auf das Locked-in-Syndrom erhärten. Da dieser Zustand (volles Bewusstsein ohne Möglichkeit der Kontaktaufnahme) für den Patienten sicherlich quälend ist, werden die Patienten, die außerdem eine sehr schlechte Prognose haben, in ein künstliches Koma gelegt.

? Übungsfragen

1. Welche Grade der Bewusstseinsstörung gibt es?
2. Was sind die Folgen eines steigenden Hirndruckes?
3. Welche Funktionen sind beim apallischen Syndrom ausgefallen? Worin besteht der Unterschied zum Hirntod?

2.7 Klinisch neurologische Untersuchung

Das bisher Gelernte befähigt Sie, die Symptome eines Patienten zu analysieren, den Ort der Schädigung zu definieren und diese in ein Krankheitsbild einzuordnen. Nach einer ausführlichen Anamnese überprüft die klinische Untersuchung die Bahnen, Systeme und Nerven auf pathologische Muster. Da sich neurologische Ausfälle meistens auf einen Bereich des Körpers beschränken und meistens durch eine einzige Läsion hervorgerufen werden, nennt man sie **fokalneurologische Ausfälle**. Auf der Grundlage der in der Untersuchung erhobenen Befunde wird zum einen die Syndromdiagnose, zum anderen die anatomische Diagnose gestellt. Auf der Suche nach dem Grund der Erkrankung führt die Kombination aus Anamnese, neurologischer und allgemein internistischer Untersuchung und Zusatzdiagnostik meistens zum Ziel.

2.7.1 Anamnese

Die ausführliche Erhebung der Krankengeschichte ist gerade in der Neurologie ein wichtiges Mittel, die richtige Diagnose zu stellen. Der Patient beschreibt zunächst sein Leitsymptom, wegen welchem er den Arzt aufsucht. Weitere Symptome, die der Patient häufig nicht für berichtenswert hält, müssen sorgfältig erfragt werden. Wichtig ist auch die Frage nach internistischen und psychiatrischen Vorerkrankungen, da sich diese häufig neurologisch manifestieren können. Die Familienanamnese liefert Hinweise auf eine erbliche Erkrankung. Die soziale Anamnese kann Anhalt für psychosomatische Erkrankungen geben und hilft, den Patienten als Individuum zu sehen.

(1) Zentrales Element in der Anamnese ist der zeitliche Verlauf einer Erkrankung. Sind die Symptome apoplektiform, d.h. blitzartig aufgetreten, kommen in der Neurologie eigentlich nur zwei Gruppen von Erkrankungen in Betracht: der Schlaganfall und die Epilepsie. Auch das Trauma an sich tritt apoplektiform auf, wird jedoch anamnestisch berichtet. Viele entzündliche Erkrankungen treten subakut auf und verschwinden dann auch wieder wie sie gekommen sind. Chronische Erkrankungen können entweder fortschreitend, also chronisch progredient, oder schubförmig verlaufen. Eine Tumorerkrankung z.B. wird eher chronisch progredient als schubförmig verlaufen, eine Autoimmunkrankheit eher schubförmig.

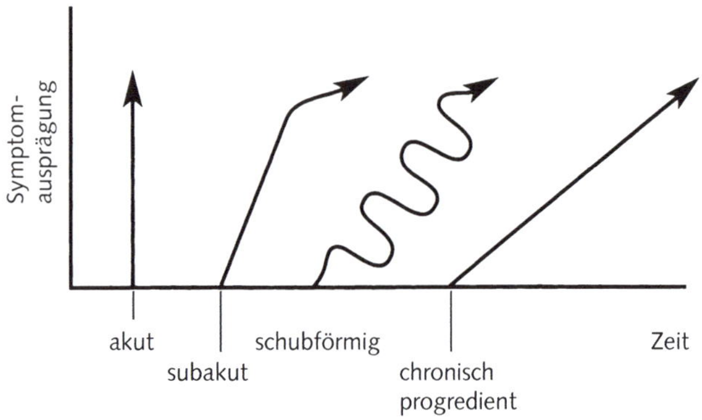

Abb. 2.6: Der zeitliche Verlauf von Symptomen gibt Hinweise auf die Pathogenese der Erkrankung. [R141]

2.7.2 Untersuchung

Klinische Untersuchung:
- Bewusstsein
- Meningismus
- Hirnnervenbefund
- Motorik
- Sensibilität
- Neuropsychologie
- internistische Untersuchung

Bewusstsein

Da komatöse Patienten anders untersucht werden müssen als wache, beginnt die klinisch neurologische Untersuchung mit der Überprüfung des Bewusstseinszustandes des Patienten. Bei offensichtlich wachen Patienten erübrigt sich dieser Teil selbstverständlich. Als nächstes untersucht man den Kopf auf Hinweise auf ein Trauma oder einen Meningismus.

Meningismus

Der Meningismus (Nackensteifigkeit) ist eine reflektorische, unwillkürliche Kontraktion der Nackenmuskulatur als Antwort auf eine Reizung der Meningen, z.B. im Rahmen einer Meningitis (☞ 6.1). Man diagnostiziert ihn, indem man den Kopf des Patienten in die Hand nimmt und das Kinn auf die Brust führt. Beim Meningismus ist dies in unterschiedlicher Ausprägung nicht möglich.
Außerdem gibt es beim Meningismus noch andere Zeichen, die alle auf einer Dehnung der Meningen beruhen: Brudzinski-, Kernig- und Lasègue-Zeichen (☞ Abb. 2.7).

Hirnnerven

Es schließt sich die Untersuchung der zwölf Hirnnerven (☞ 1.3.2) an.
- I: mittels Riechfläschchen, nur bei besonderen Fragestellungen
- II: Visus (Sehen, Sehschärfe), peripheres Gesichtsfeld, Licht- und Konvergenzreaktion
- III/IV und VI: spontane Augenbewegungen, Nystagmus, Blickfolge
- V: Sensibilität im Gesicht, Kaumuskulatur
- VII: mimische Gesichtsmuskulatur, Stirnrunzeln, Backen aufblasen, etc.
- VIII: Hören, Vestibularisprüfung nur bei Beschwerden
- IX und X: Dysarthrie, Schlucken, Geschmack (dieser nur bei anamnestischem Hinweis)
- XI: Seitwärtsdrehen des Kopfes, Schultern heben
- XII: Zunge herausstrecken

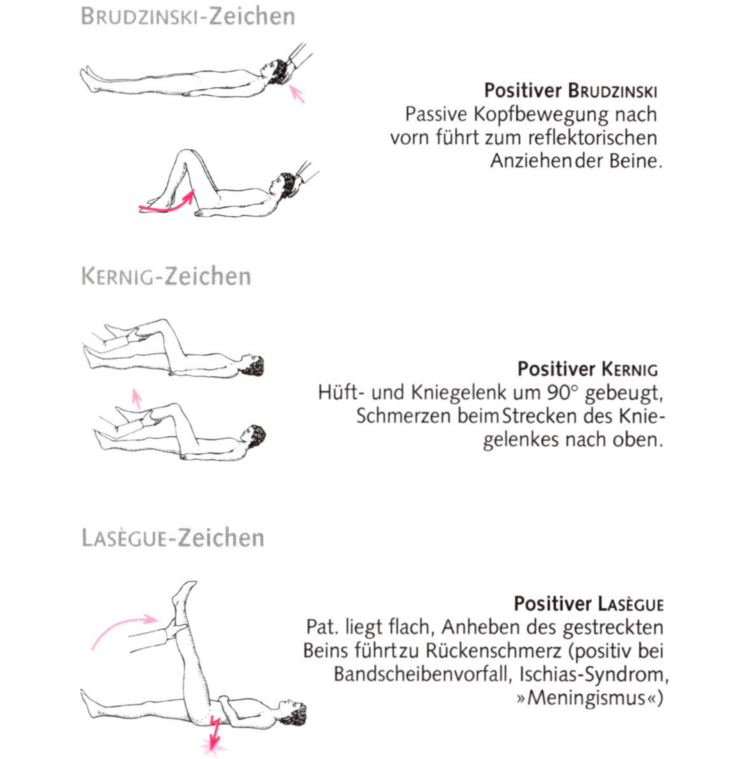

Abb. 2.7: Mechanische Dehnung der Meningen führt bei Meningitis zu klassischen Zeichen. [A300-190]

Motorik

❷ Der nächste Teil der Untersuchung prüft die Motorik des Patienten. Man beginnt mit der Inspektion der Muskulatur und sucht nach **Atrophien** (☞ 2.1.2) oder **unwillkürlichen Bewegungen** (☞ 2.2.1), z.B. **Faszikulationen**. Im Gegensatz zu Myoklonien sind Faszikulationen Kontraktionen von Muskelfasergruppen, die zu keinem relevanten Bewegungseffekt führen. Sie können entweder völlig harmlos sein oder bei Vorliegen weiterer klinischer Zeichen einen Hinweis auf eine Schädigung des zweiten Motoneurons liefern (☞ 10.2). Die Körperhaltung oder die auffällige Haltung einer Extremität können bereits auf eine Bewegungsstörung hindeuten. Zentral ist die Beurteilung des Gangbildes des Patienten: hypokinetische wie hyperkinetische Störungen (☞ 2.2) sind offensichtlich. Ein ataktisches Gangbild (☞ 2.3) äußert sich in einem breitbasigen, vorsichtigen Gang und der Patient schaut häufig zu Boden.

Hypertonus bei:
- Spastik
- Rigor

❸ Der **Muskeltonus** wird durch Tasten (= Palpation) und passives Bewegen der Gelenke geprüft. Er kann herabgesetzt, also hypoton, oder gesteigert, also hyperton, sein. Eine hypertone Muskulatur zeigt sich z.B. in einer **Spastik** (☞ 2.1.1) oder durch einen **Rigor**, der nicht mit einer Spastik verwechselt werden darf. Der Rigor äußert sich durch eine Tonuserhöhung, welche unabhängig von der Geschwindigkeit und Richtung der passiven Bewegung konstant bleibt. Ein Patient mit Rigor

kann im Vergleich zum Spastiker die Extremität nicht bis zur Normotonie entspannen. Rigor ist ein klassisches Symptom bei den hypokinetischen Bewegungsstörungen (☞ 2.2.2) und ist Teil des Parkinson-Syndroms. Besteht im Rahmen dieses Syndroms, wie dies häufig der Fall ist, auch ein Tremor, dann kann man das so genannte **Zahnradphänomen** beobachten: Bei passiver Bewegung nimmt der Widerstand mit der Frequenz des Tremors zu und ab.
Als nächstes untersucht man die Kraft des Patienten. Die formale Kraftprüfung untersucht die Kraft einzelner Muskeln gegen den Widerstand des Untersuchers. **Paresen** werden mit Hilfe von Kraftgraden (☞ 2.1) bewertet. Wenn ein Arm, der im neunzig Grad Winkel vor den Körper gehalten wird, proniert und im Vergleich zur Gegenseite absinkt, so nennt man dies eine latente Parese (☞ 2.1). Die Verteilung von Paresen kann einen Hinweis geben auf die Ursache der Erkrankung. Liegen die paretischen Muskeln im Versorgungsgebiet eines peripheren Nervs, so muss man an eine Mononeuropathie denken, sind sie bilateral symmetrisch angeordnet, kann eine Polyneuropathie oder eine Rückenmarkschädigung vorliegen. Besteht eine komplette Hemiparese, so liegt die Läsion sicher im oberen Verlauf der Pyramidenbahn, wo sie noch mit dem Tractus corticonuclearis (☞ 1.3.2) verläuft, z.B. in der Capsula interna (☞ 1.3.5).

Reflexe

Reflexe:
- Muskeleigenreflexe
- Fremdreflexe
- pathologische Reflexe

Die wichtige Untersuchung der Reflexe zeigt an, ob Paresen peripher oder zentral sind (☞ 2.1). Wichtige **Muskeleigenreflexe** sind:
- Bizepssehnenreflex (BSR)
- Trizepssehnenreflex (TSR)
- Radiusperiostreflex (RPR, Reflex des M. brachioradialis)
- Trömner-Reflex (Reflex der Fingerbeuger)
- Adduktorenreflex (ADR)
- Patellarsehnenreflex (PSR)
- Achillessehnenreflex (ASR).

Man prüft Muskeleigenreflexe, indem man mit einem Reflexhammer auf die Sehnen der jeweiligen Muskeln schlägt (☞ Abb. 2.8). Zum besseren Spüren einer Reaktion (wenn diese nicht sichtbar ist) legt man am besten noch einen eigenen Finger zwischen Hammer und Sehne. Man beachte die Kontraktion des Muskels. Von einem gesteigerten Reflex im Rahmen einer zentralen Lähmung spricht man, wenn der Reflex auf andere Muskeln überspringt, die Zone, in der man den Reflex auslösen kann, verbreitert ist und eine Differenz zur Gegenseite besteht. Fehlt der Reflex oder ist er im Vergleich zur (gesunden) Gegenseite deutlich vermindert, spricht dies für das Vorliegen einer peripheren Lähmung.
Fremdreflexe prüft man durch sensible Reizung und achtet auf motorische Antworten. Zu den physiologischen Fremdreflexen im Bereich der Hirnnerven zählen die Lichtreaktion, der Kornealreflex, der Würge- und Hustenreflex. Ein gut zu untersuchender Fremdreflex am Rumpf ist der Bauchhautreflex: Ein Streichen über die Bauchhaut mit einer Nadel (oder spitzem Gegenstand) von lateral nach medial führt zur Kontraktion der ipsilateralen Bauchmuskeln.

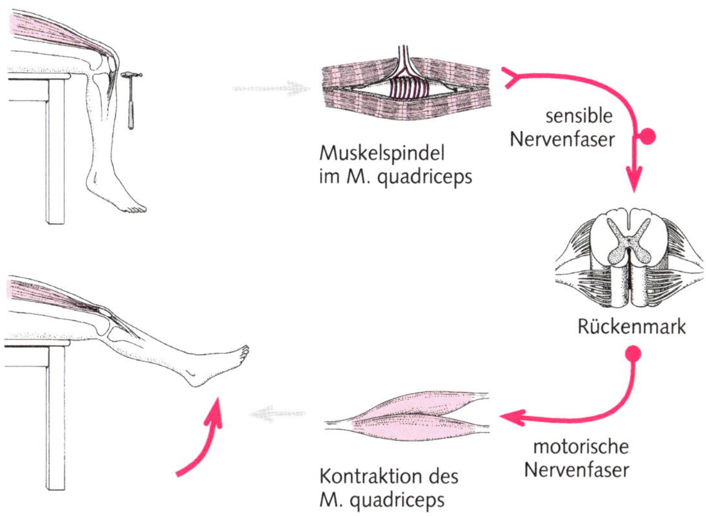

Abb. 2.8: Untersuchung eines Reflexbogens am Beispiel des Eigenreflexes Patellarsehnenreflex [A400-190]

Pathologische Reflexe treten bei zentralen Lähmungen auf. Der Babinski-Reflex ist wohl der bekannteste: Nach Bestreichen des äußeren Randes der Fußsohle mit einem spitzen Gegenstand wird die Bewegung des Fußes beobachtet. Wird hierbei die Großzehe nach oben gebeugt während die übrigen Zehen abgespreizt werden, ist der Babinski-Reflex positiv, d.h. er ist pathologisch.

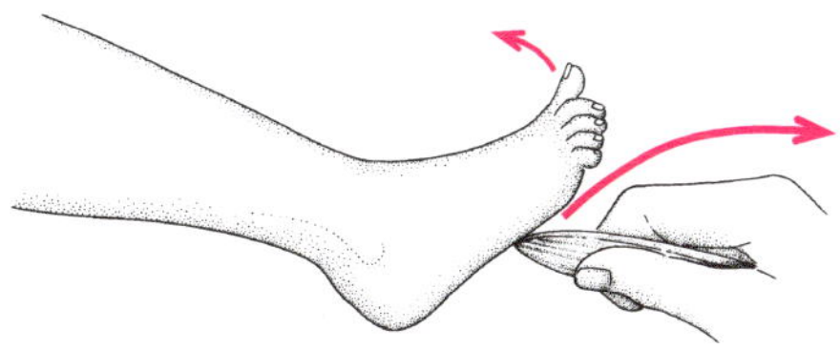

Abb. 2.9: Positiver Babinski-Reflex [A400-190]

Koordinationstestung überprüft:
- Funktion des Bewegungsapparates
- Funktion des Kleinhirns und dessen Faserverbindungen

Koordination

Nach den Reflexen bleibt noch die Untersuchung der Koordination, welche selbstverständlich bei Paresen mit betroffen ist. Liegen aber keine Paresen oder Störungen des Lagesinns vor, sprechen Koordinationsprobleme für das Vorliegen einer Kleinhirnschädigung. Die Extremitätenataxie (☞ 2.3) wird im **Finger-Nase-** oder **Knie-Hacke-Versuch** aufgedeckt: Der Patient beschreibt mit seiner Ferse eine gerade Linie auf dem kontralateralen Schienbein. Beim Finger-Nase-Versuch (☞ Abb. 2.10) geht der Patient mit dem Zeigefinger zwischen dem Finger des Untersuchers und seiner (eigenen) Nase hin und her. Die Dysdiadochokinese wird beim schnellen wechselseitigen Auflegen der Handinnen- und -außenfläche auf z.B. einen Tisch deutlich. Der Intentionstremor (☞ 2.2.1) wird kurz vor Erreichen des Ziels besonders stark.

Weitere Tests zur Koordination sind:
- Standversuch: Stehen mit ausgestreckten Armen bei geschlossenen Augen
- Tretversuch: auf der Stelle treten bei geschlossenen Augen
- Gangprüfung: Blindgang, Seiltänzergang (☞ Abb. 2.11).

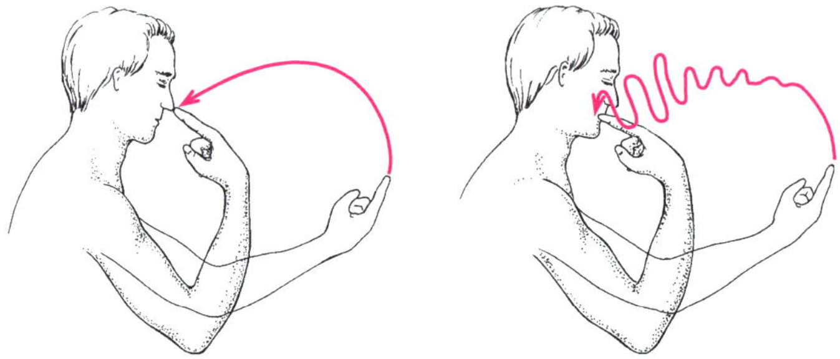

Abb. 2.10: Finger-Nase-Versuch [A400-190]

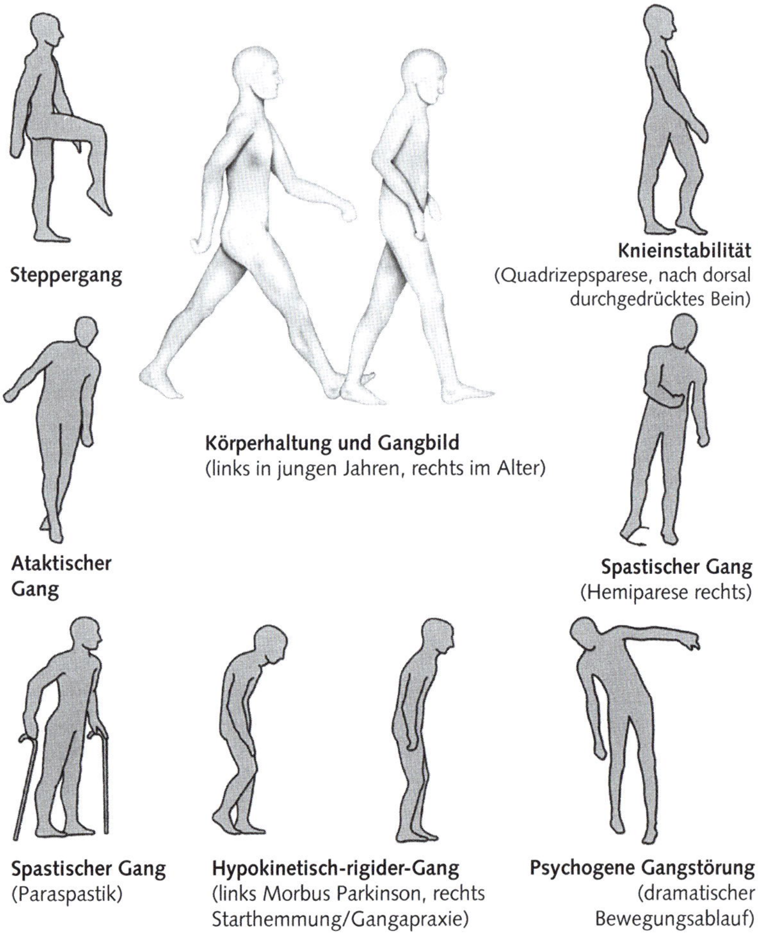

Abb. 2.11: Die Gangprüfung verrät eine Menge über den Zustand Patienten. Beispiel für klassische pathologische Gangbilder. [E255]

Untersuchung der Sensibilität:
- subjektiv
- Ausfallssymptome:
  - Anästhesie
  - Hypästhesie
  - An-/Hypalgesie
  - Pallhypästhesie
- Reizsymptome:
  - Parästhesie
  - Hyperpathie
  - neuropathischer Schmerz

Sensibilität

Als nächstes folgt die Untersuchung der Sensibilität. Dem Patienten werden sowohl epikritische als auch protopathische Reize (☞ 1.3.1) dargeboten und er soll die Intensität und Qualität dieser Reize beurteilen. Hier wird das Dilemma der Untersuchung der Sensibilität deutlich: Die Untersuchung ist rein subjektiv. Dies macht häufig die Suche nach Gefühlsstörungen schwierig. Wirklich objektivierbare Tests der Sensibilität sind ausschließlich die Fremdreflexe. Zu den **sensiblen Ausfallssymptomen** werden gezählt:

- Anästhesie: Keinerlei Wahrnehmung von sensiblen Reizen
- Hypästhesie: Minderung der Wahrnehmung von sensiblen Reizen
- Hypalgesie: Minderung der Wahrnehmung von ausschließlich Schmerzreizen
- Pallhypästhesie: Minderung der Wahrnehmung von Vibration, als Hinweis auf eine Schädigung der epikritischen Bahnen; häufig verbunden mit einer Lagesinnstörung.

Bei einer Schädigung sensibler Fasern können aber neben den Ausfallssymptomen auch **Reizsymptome** auftreten. Dazu zählen:

- Parästhesie: Missempfindung; meist im Sinne von Ameisenlaufen
- Hyperpathie: leichte Reize lösen Schmerzempfinden aus
- neuropathischer Schmerz: Dies ist ein brennender, einschießender Schmerz, der meist nur kurz anhält, aber aufgrund der Intensität nur schwer zu ertragen ist.

Anhand des Verteilungsmusters der sensiblen Ausfälle lässt sich, wie bei der Untersuchung der Motorik auch, der Ort der Schädigung (peripherer Nerv, Rückenmark, Gehirn) bestimmen.
Der körperlichen neurologischen Untersuchung schließt sich eine **neuropsychologische Untersuchung** an, die versucht, neuropsychologische Symptome (☞ 2.5) aufzudecken. Man prüft die Orientierung des Patienten, beurteilt die Sprache und das Gedächtnis und bei spezielleren Fragestellungen werden genauere Funktions- oder psychologische Tests durchgeführt.
(4) Schlussendlich wird noch eine **allgemein internistische Untersuchung** durchgeführt, um Anhalte für Systemerkrankungen zu finden.
Anhand dieser Ausführungen können Sie sehen, welchen Zeitaufwand die neurologische Untersuchung mit sich bringt. Da die körperliche Untersuchung zusammen mit der Anamnese aber meistens die Diagnose der Erkrankung liefert, lohnt sich die Investition. Die Zusatzdiagnostik sollte im Idealfall nur die Verdachtsdiagnose bestätigen.

? Übungsfragen

1. Welche anamnestische Angabe hilft häufig, die Ursache einer Erkrankung einzugrenzen?
2. Welche Hinweise liefert die Inspektion des Bewegungsapparates?
3. Wie unterscheidet sich Rigor von Spastik?
4. Wieso untersucht ein Neurologe auch internistisch?

2.8 Zusatzdiagnostik

Wie bereits mehrfach betont wurde, kann Zusatzdiagnostik die klinische Untersuchung nur ergänzen, nicht ersetzen. Ein restriktiver Einsatz ist in Zeiten knapper Kassen unumgänglich.

2.8.1 Elektrophysiologische Untersuchungen

Elektroenzephalogramm (EEG)

EEG-Veränderungen:
- Allgemeinveränderungen
- Herdbefunde
- Krampfpotentiale

❶ Das Elektroenzephalogramm (EEG) zeichnet Hirnströme auf, die durch die Aktivität der kortikalen Nervenzellen entstehen. Dazu werden kleine Elektroden an der Kopfhaut befestigt. Die Untersuchung dauert etwa 30 Minuten und ist schmerzfrei. Hirnströme zeigen normalerweise über dem gesamten Gehirn ein mehr oder weniger regelmäßiges Wellenmuster. Über einem Tumor oder einer Blutung sind die Wellen häufig langsamer, da die normale Aktivität des Gehirns hier geringer ist. Es findet sich ein so genannter **Herdbefund**. Bei der Epilepsie werden typische Wellenformen, sog. **Krampfpotentiale**, gesehen. Diffuse Hirnerkrankungen ergeben ein unregelmäßiges Muster verlangsamter Wellen über dem gesamten Hirn oder einer Hemisphäre, im Sinne einer **Allgemeinveränderung.** Das EEG wird am häufigsten im Rahmen der Diagnosestellung einer Epilepsie eingesetzt. Das pathologische EEG kann die Diagnose einer Epilepsie stützen, ein negatives EEG schließt eine Epilepsie keineswegs aus. Das EEG wird auch in der Hirntod-Diagnostik eingesetzt, man erwartet ein Nulllinien-EEG.

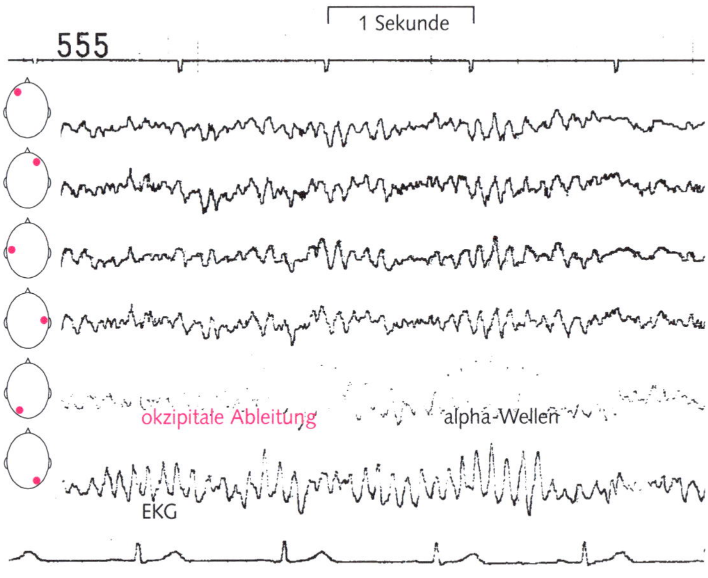

Abb. 2.12: EEG [O141]

Evozierte Potentiale (EP)

EP: Spezielle Prüfung von Faserbahnen

Die evozierten Potentiale (EP) geben Auskunft darüber, ob die Nervenleitung von den Sinnesorganen zum Gehirn gestört ist. Dazu wird durch einen spezifischen Reiz das Sinnesorgan stimuliert, z.B. durch Betrachten eines flackernden Schachbrettmusters (visuell evozierte Potentiale) oder Hören eines kurzen Klick-Tons (akustisch evozierte Potentiale). Gleichzeitig wird im EEG überprüft, ob dieser Reiz auch zu einer typischen Aktivitätssteigerung der Hirnströme führt.
Evozierte Potentiale werden zur Prüfung verschiedener Sinnesqualitäten angewendet:

- visuell evozierte Potentiale (VEP) überprüfen das Sehen
- akustisch evozierte Potentiale (AEP) überprüfen das Hören
- somatosensibel evozierte Potentiale (SEP) überprüfen durch Reizung eines Bein- oder Armnervs die Erregungsleitung der sensiblen Bahnen.

Magnetisch evozierte Potentiale (MEP) überprüfen die motorischen Bahnen.

Elektromyographie (EMG)

EMG: Aktivitätsmessung der Muskelfasern

Die Elektromyographie (EMG) misst die elektrische Aktivität von Muskelzellen. Dazu wird eine dünne Nadelelektrode in den Muskel gestochen. Ein gesunder Muskel zeigt in Ruhe keine Aktivität, während bei verschiedenen Muskel- und Nerven-Erkrankungen auch in Ruhe Aktionspotentiale gemessen werden. Ebenso können pathologische Aktivitätsmuster bei willentlicher Kontraktion auftreten.

Elektroneurographie (ENG)

ENG und NLG: Prüfung von Nervenschädigungen

❷ Nervenschädigungen können mittels einer Elektroneurographie (ENG) genau lokalisiert werden. Dabei wird durch eine Elektrode ein elektrischer Reiz auf den Nerv übertragen und so ein Aktionspotential ausgelöst. Dieses wird fortgeleitet und etwas weiter entfernt von einer anderen Elektrode aufgezeichnet. Schädigungen der Markscheiden führen zu einer Verlangsamung der Nervenleitgeschwindigkeit (NLG), das Aktionspotential kommt verzögert an der Messelektrode an. Eine axonale Schädigung hingegen führt zu einer Reduktion der Amplitude des Potentials, da nur noch die wenigen gesunden Axone das Aktionspotential fortleiten können.

2.8.2 Bildgebung

Radiologische Methoden machen es möglich, strukturelle Läsionen optisch darzustellen. Zu den Bild gebenden Verfahren gehören:

Konventionelle Röntgenaufnahme

Die einfache Röntgenaufnahme zeigt nur knöcherne Strukturen von Schädel und Wirbelsäule und ist somit heutzutage von den Schichtbildaufnahmen weitestgehend abgelöst worden.

Computertomographie (CT)

Darstellung von:
- Knochen
- Hirngewebe
- Liquorräumen
- Gefäßen
- Blutungen
- Tumoren
- Bandscheiben

Bei der Computertomographie (CT), die eine der wichtigsten Untersuchungen bei neurologischen Erkrankungen ist, werden schichtweise Röntgenaufnahmen ausgewählter Körperpartien gemacht. Dies geschieht mit Hilfe von Röntgenstrahlen, die die Dichte der Körpergewebe bestimmen. Ein Computer verarbeitet die Werte dieser Dichtemessung zu den typischen Schichtbildern. Der Vorteil der CT gegenüber anderen Verfahren ist die schnelle Durchführung, ein wichtiger Nachteil ist die Strahlenbelastung des Patienten.
Im **cranialen CT** (**CCT**) werden Knochen, Hirngewebe und Liquorräume „scheibchenweise" dargestellt. Nach Gabe von Kontrastmittel lassen sich auch Gefäße beurteilen. So können im CCT u.a. Tumore, Blutungen, Hirnatrophie oder eine Schädelbasisfraktur erkannt werden.
Ein CT der Wirbelsäule zeigt Tumoren und Veränderungen der Bandscheiben und der Wirbelsäule.

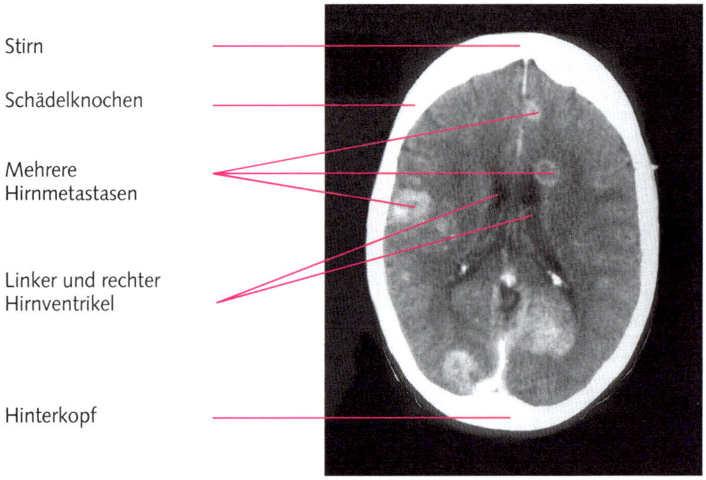

Abb. 2.13: CCT mit Kontrastmittel. Metastasen eines malignen Tumors sind über das gesamte Hirngewebe verteilt. [T170]

Kernspintomographie (MRT)

Die Kernspintomographie stellt ähnlich wie ein CCT das Gehirn in Schichten dar. Sie wird auch als **Magnetresonanztomographie** (MRT) bezeichnet. Beim MRT werden die Bilder nicht durch Röntgenstrahlen, sondern durch ein Magnetfeld erzeugt. Magnetische Impulse versetzen Wasserstoffkerne in Schwingungen. Nach Abschalten des Magnetes kehren die Atome in die Ausgangsposition zurück. Dabei wird Energie frei, die gemessen und von einem Computer in Schichtbilder umgewandelt wird. Abhängig davon, zu welchem Zeitpunkt gemessen wird, lassen sich verschiedene Gewebestrukturen darstellen (T1- und T2-Wichtung). In der T1-Wichtung ist Flüssigkeit und damit Liquor dunkel, in der T2-Wichtung hell.

Vorteile des MRT:
- keine Strahlenbelastung
- dreidimensionale Bilder
- bessere Auflösung

Nachteile:
- Dauer und Kosten der Untersuchung
- klaustrophobe Reaktionen

Das MRT bietet gegenüber dem CT die Vorteile, dass der Patient keiner Strahlenbelastung ausgesetzt ist und die Aufnahmen das Gehirn dreidimensional darstellen. Das MRT stellt das Hirngewebe zudem genauer dar als das CCT und wird diesem bei der Diagnostik von Tumoren, Entzündungsherden, Fehlbildungen und Demyelinisierungsherden vorgezogen. Auch bietet die MRT die Möglichkeit, die Gefäße darzustellen (MR-Angiographie). Nebenwirkungen der Untersuchung sind nicht bekannt. Allerdings dauert die Untersuchung länger als ein CT, ist laut und erfolgt in einer relativ engen Röhre. Aufgrund der magnetischen Felder kann bei Patienten, die eisenhaltige Metalle im Körper tragen, wie Herzschrittmacher oder Granatsplitter, kein MRT durchgeführt werden. Der Nachteil dieses Verfahrens sind die höheren Kosten.

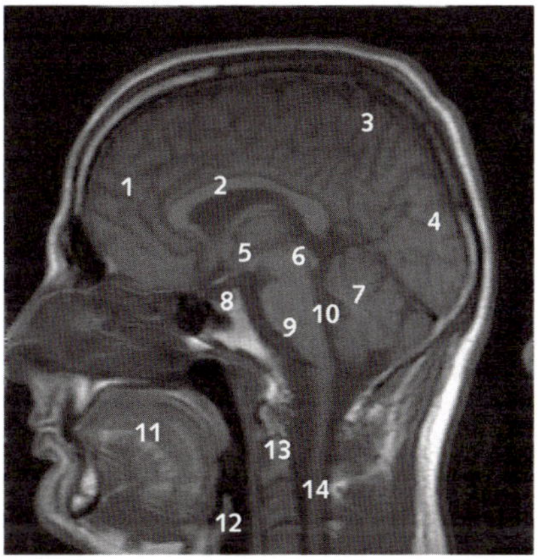

Abb. 2.14: Mediosagittalschnitt durch das Gehirn im MRT (T1-Wichtung).
1 Frontallappen, 2 Balken, 3 Parietallappen, 4 Okzipitallappen, 5 dritter Ventrikel, 6 Mesencephalon mit Aquädukt, 7 Kleinhirn, 8 Hypophyse, 9 Pons, 10 vierter Ventrikel, 11 Zunge, 12 Epiglottis, 13 Dens axis, 14 zervikales Rückenmark
[Mit freundlicher Genehmigung von A. Halbsguth und B. Lochner, Frankfurt]

Nuklearmedizinische Untersuchungen

Darstellung von:
- Durchblutung
- Stoffwechselvorgängen
- Knochenveränderungen

Bestimmte radioaktiv wirksame Stoffe reichern sich bevorzugt in Hirngewebe, Knochen oder Liquorräumen an. Diese Tatsache wird bei den nuklearmedizinischen Untersuchungen wie der Szintigraphie oder der **Positronen-Emissions-Tomographie** (PET) genutzt, bei der radioaktive Stoffe intravenös verabreicht werden. Anschließend wird in einer speziellen Röntgenuntersuchung die Strahlung gemessen und sichtbar gemacht. Auf diese Weise ist es möglich, Durchblutung und bestimmte Stoffwechselvorgänge des Gehirns oder Knochenveränderungen abzubilden.

Angiographie

- genaueste Methode der Gefäßdarstellung
- interventionelle Neuroradiologie

❸ Arterien werden mittels einer Angiographie sichtbar gemacht. Ein Katheter wird in der Leiste in die A. femoralis eingeführt und bis zum Abgang der Hirn versorgenden Arterien A. carotis und A. vertebralis vorgeschoben. Nach Gabe von Kontrastmittel erscheinen die Arterien auf dem Röntgenschirm. Auf diese Art lassen sich Blutungsquellen wie

Aneurysmen, Gefäßverengungen und Gefäßmissbildungen nachweisen (☞ Abb. 5.4). Mögliche Komplikationen durch das jodhaltige Kontrastmittel sind allergische Reaktionen oder eine Perforation der Gefäße durch den Katheter. Im Rahmen der Angiographie lassen sich Aneurysmen (☞ 5.4) mit Platinspiralen, so genannten Coils, thrombosieren, Engstellen in Gefäßen mit Stents aufdilatieren (☞ 5.1.4) oder Gefäßmissbildungen durch Verklebung der zuführenden Gefäße ausschalten (☞ 5.5.3). Diesen relativ neuen Zweig der Neuroradiologie nennt man **interventionelle Neuroradiologie**.

Doppler-/Duplex-Sonographie

Sonographie zur Gefäßdiagnostik

Die Doppler-Sonographie (Ultraschall) wird in der Neurologie meist dann angewandt, wenn eine Aussage über den Blutfluss in Gefäßen benötigt wird. Mit dieser nebenwirkungs- und schmerzfreien Untersuchung lassen sich Verschlüsse und Verengungen (Stenosen) der Hirn versorgenden Arterien feststellen.

2.8.3 Laborchemische Untersuchungen

Liquoruntersuchung

Um Liquor für eine Analyse zu entnehmen, wird eine Lumbalpunktion durchgeführt.

Lumbalpunktion

Liquorentnahme zwischen LWK 3 und LWK 4

❹ Der Liquor wird durch eine Lumbalpunktion (LP) aus dem äußeren Liquorraum des Wirbelkanals entnommen. Dazu sitzen oder liegen die Patienten mit gebeugtem Rücken, damit sich die Dornfortsätze der Wirbel spreizen und die Nadel steril zwischen dem Dornfortsatz des dritten und vierten Lendenwirbels in den Subarachnoidalraum vorgeschoben werden kann.

Mögliche Komplikationen:

- Nervenwurzelreizung
- Entzündung
- Lähmungen durch Blutung

Komplikationen einer LP sind selten. Die Patienten können sich danach frei bewegen. Es können allerdings durch den geschaffenen relativen Unterdruck Kopfschmerzen entstehen, die sich gut mit Bettruhe, Flüssigkeitszufuhr und Analgetika therapieren lassen. Am Ort der LP liegen im Wirbelkanal die Nervenwurzeln der Cauda Equina (☞ 1.3.1). Sie können durch die Punktion gereizt werden. Bei unsterilem Arbeiten kann es zu Entzündungen oder bei falscher Punktionstechnik zu Blutungen mit Lähmungen durch Nervenschädigungen kommen. Bei erhöhtem Hirndruck (☞ 2.6.1) darf keine LP erfolgen. Der Liquordruck im Spinalkanal sinkt durch die Punktion und der Hirnstamm wird aufgrund des fehlenden Gegendruckes nach unten geschoben: Eine Einklemmung des Hirnstammes im Foramen magnum droht (☞ Abb. 2.5).

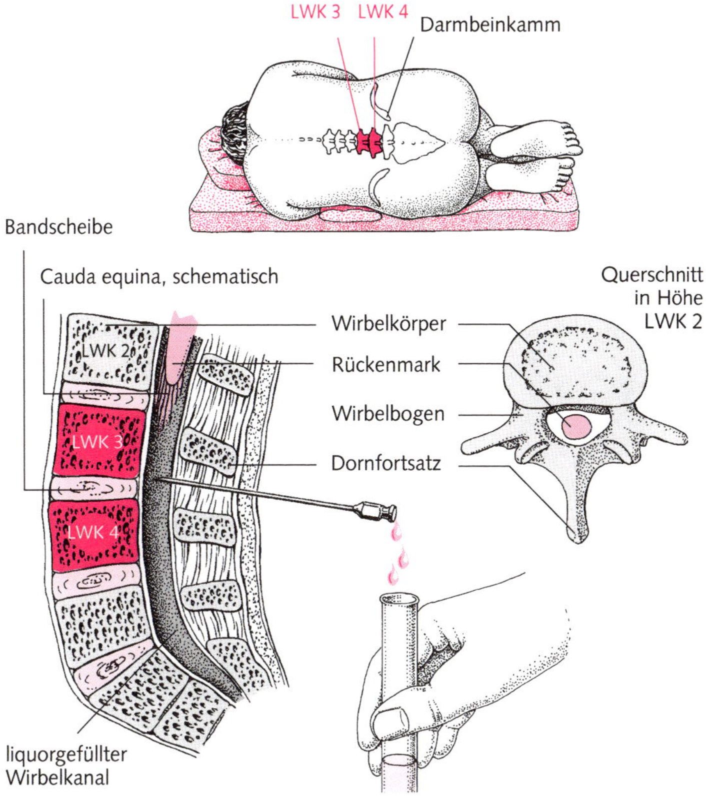

Abb. 2.15: Lumbalpunktion beim liegenden Patienten. Der Einstich auf Höhe LWK 3/LWK 4 ist ungefährlich, weil das Rückenmark bereits auf Höhe von LWK 1, max. LWK 2 endet (☞ 1.3.1). [A400-190]

Normalbefund:
- klar
- farblos
- zellarm

Liquoruntersuchung

Physiologisch ist der Liquor klar und farblos und enthält nur wenige Zellen. Bei einigen neurologischen Erkrankungen, z.B. Meningitis, Enzephalitis, Subarachnoidalblutung oder der Multiplen Sklerose, ändert sich in typischer Weise die Zusammensetzung des Liquors:

- Trübe Farbe, Eiter, erhöhte Zellzahl, Verminderung des Zuckergehaltes und Nachweis von Bakterien, Antikörpern und Granulozyten deuten auf eine bakterielle Entzündung hin.
- Wenn bei der Punktion kein Gefäß getroffen wurde, beweist Blut im Liquor eine Subarachnoidalblutung. Eine Gefäßverletzung während der Punktion lässt sich ausschließen, indem man drei Gläser hintereinander füllt, bleibt der Liquor konstant blutig, so handelt es sich um eine Subarachnoidalblutung. Wird der Liquor klarer, so ist das Blut im Rahmen der Punktion aufgetreten.
- Bei der Multiplen Sklerose findet sich ein unspezifisches Muster von Antikörpern im Liquor.

Blutuntersuchung

Viele laborchemische Parameter lassen sich aus dem Blut bestimmen. Hier finden sich Hinweise auf eine Entzündung, Vitaminmangelerkrankung, Autoimmunerkrankung, eine metabolische oder endokrine Entgleisung. Deshalb helfen gerade die laborchemischen Bestimmungen, neurologische Auswirkungen von internistischen Erkrankungen aufzudecken.

2.8.4 Biopsie

Biopsieentnahme aus:
- Muskeln
- Nerven
- Meningen und Hirngewebe

Veränderungen des Muskel- oder Nervengewebes lassen sich anhand von Gewebeproben genau feststellen. Dazu wird manchmal eine Biopsie, eine Entnahme von Gewebe, notwendig. Ohne weitere Komplikationen kann dies bei Muskelbiopsien erfolgen, hier wird ein kleines Stück Muskel operativ entfernt. Bei der Nervenbiopsie hingegen bleiben aufgrund der Entnahme des Nervs Ausfälle zurück. Deshalb wird diese normalerweise nur bei sensiblen Nerven, die kleine Hautareale versorgen, vorgenommen. Hirngewebe wird nur in Ausnahmefällen mit anhängenden Meningen zur Diagnostik eines Tumors oder einer Gefäßentzündung entnommen.

? Übungsfragen

1. Welche Zusatzdiagnostik würden Sie einsetzen, wenn Sie Ihre Verdachtsdiagnose einer Epilepsie stützen wollten?
2. Welche Untersuchung würde sich zur Diagnostik einer Nervenlähmung anbieten?
3. Was ist interventionelle Neuroradiologie?
4. Wie wird eine Lumbalpunktion durchgeführt?

3 Tumorerkrankungen

Tumore können u.a. ausgehen von:
- Nervenzellen
- Meningen
- Nervenscheiden
- Hypophyse

1 Tumor bezeichnet im weiteren Sinne jede umschriebene Schwellung von Gewebe. Meistens meint man allerdings mit dem Begriff eine Neoplasie (*gr. neo = neu, plasma = Gewebe*), d.h. neu gebildetes Körpergewebe. Diese Neoplasien gehen aus von verschiedenen Zellen bzw. Gewebestrukturen des Körpers. Bei der Bildung von Neoplasien entarten einzelne Zellen (manchmal nur eine einzige). Ihr genetisches Material wird durch Mutation derart verändert, dass die Zellen unkontrolliert wachsen. Gewebe, die von sich aus schon eine hohe Zellteilungsrate aufweisen, entarten häufiger. So bilden z.B. die Schleimhäute häufig Karzinome. Andererseits entarten Nervenzellen so gut wie nie, sie sind ausdifferenziert und unterliegen keiner Zellteilung mehr. Im Nervensystem entarten hauptsächlich die Gliazellen (☞ 1.1), die Meningen (☞ 1.5) oder die nur teilweise zum Nervensystem gehörende Hypophyse.

Auftreten von Tumoren:
- an bevorzugten Lokalisationen
- in bestimmten Altersstufen
- klinische Tumormalignität abhängig von:
  - Histologie des Tumors
  - Lokalisation
  - Wachstumsgeschwindigkeit
  - Metastasierung

Jede Tumorart im Gehirn tritt sowohl an bestimmten Orten als auch während bestimmter Lebensalter bevorzugt auf. Ein typischer Tumor von Kindern und Jugendlichen ist z.B. das Medulloblastom. Alte Menschen hingegen erkranken häufig an einem Meningeom, Glioblastom oder Neurinom.

Einteilung

In der gesamten Medizin wird die Einteilung in maligne (bösartige) und benigne (gutartige) Tumore v.a. an der Wachstums- und Metastasierungstendenz festgemacht. Im Bereich der Neurologie jedoch metastasieren Tumore so gut wie nie. Da es aber auch hier Tumore gibt, die sehr schnell zum Tod führen (z.B. Glioblastom), orientiert man sich bei der Einteilung in maligne und benigne Neoplasien des Nervensystems an der Histologie des Tumors und seiner klinischen Relevanz. Die Malignität hängt von der Art des Tumors (Histologie), der Wachstumsgeschwindigkeit, seinem Wachstumsort und den damit verbundenen Komplikationen ab. Jeder Tumor wirkt Raum fordernd und kann einen Anstieg des Hirndruckes verursachen. Aus diesem Grunde können auch benigne Tumoren einen malignen Verlauf nehmen.

Viele Tumore weisen eine **defekte Blut-Hirn-Schranke** auf, es entsteht ein Ödem: Die Blut-Hirn-Schranke verhindert normalerweise die ungehinderte Diffusion insbesondere größerer Moleküle. Die durch einen Tumor neu gebildeten Blutgefäße weisen jedoch in aller Regel ein defektes Endothel auf, so dass größere Moleküle in das Hirngewebe eindringen können und Wasser osmotisch mit sich ziehen. Das resultierende **Ödem** umgibt den Tumor und verstärkt die Raumforderung.

Klinik

Die Symptome eines Hirntumors sind häufig unspezifisch:

- Bei langsam wachsenden Tumoren dominieren Wesensveränderungen oder Verhaltensauffälligkeiten, z.B. Antriebsminderung oder Interesselosigkeit.
- Epileptische Anfälle (☞ 4.1) sind, sofern bei einem älteren Patienten keine Epilepsie bekannt ist, dringend verdächtig auf einen Tumor der Großhirnhemisphären.
- Neurologische Ausfälle je nach Ort des Tumors, z.B. Parese, Ataxie, Aphasie. Entsprechend der Wachstumsgeschwindigkeit des Tumors treten die Ausfälle häufig schleichend auf.
- Hirndruckzeichen. Durch die Raumforderung des Tumors und seines Begleitödems steigt der Hirndruck. Es kommt zunächst zu einer vermehrten Resorption des Liquors, später zu einer Verlagerung von Hirnsubstanz mit der Gefahr der Einklemmung (☞ 2.6.1).

Diagnostik

- Neurologische Untersuchung, um Ausfälle und erhöhten Hirndruck zu diagnostizieren.
- Das CCT und das MRT zeigen Lage und Größe des Tumors an, aufgrund derer häufig bereits auf die Tumorart geschlossen werden kann. Die Gabe von Kontrastmittel ermöglicht eine Aussage über die Intaktheit der Blut-Hirn-Schranke.
- Das EEG liefert höchstens einen Herdbefund oder epilepsietypische Potentiale und hat deshalb nur einen geringen Stellenwert.
- Die Biopsie liefert das Material für die histologische Untersuchung, die Aussagen zur Prognose zulässt.

Therapie

- Operation
- Chemotherapie
- Bestrahlung
- Palliativtherapie

Eine operative Entfernung sollte stets angestrebt werden, ist aber aufgrund der Größe und der Lage des Tumors nicht immer möglich. Voraussetzung für eine **Operation** ist ein relativ geringes Risiko für bleibende neurologische Ausfälle durch die Operation selbst. Je nach Tumorart sind **Bestrahlung** und **Chemotherapie** als weitere Stützen der Therapie sinnvoll.

Ist eine Heilung des Patienten nicht möglich, nennt man die weitere Therapie **Palliativtherapie**. Ziel dieser Therapie ist es, die Lebensqualität des Patienten für den Rest seines Lebens auf dem bestmöglichen Niveau zu halten. Im Vordergrund steht eine adäquate Schmerztherapie und psychologische Führung des Patienten sowie seines Umfeldes.

Aufgaben für die Physiotherapie in der Palliativmedizin

Aufgrund besserer medizinischer Therapieoptionen gibt es bereits heute deutlich mehr Patienten als früher, die mit einer unheilbaren Erkrankung noch einige Zeit leben können. Daher werden auch Physiotherapeuten solchen Patienten häufig begegnen. Es gibt einige Besonderheiten in der Therapie dieser Schwerstkranken: Patienten können zunächst noch die Einstellung haben, die Krankheit besiegen zu können. Diese Wunschvorstellung sollte den Patienten nicht genommen werden. Sie gelangen selbständig zu dem Punkt, an dem sie ihre Erkrankung akzeptieren können. In dieser Phase ist es besonders wichtig, der Isolierungstendenz dieser Patienten entgegenzuwirken. Physiotherapeuten verbringen viel Zeit direkt am Patienten und sind ihm sehr nahe. Seien Sie sich also ihrer Verantwortung bewusst: Jede Sitzung ist gleichzeitig eine kleine Psychotherapie, jede Berührung eine soziale Integration!

3.1 Medulloblastom

- maligner Tumor
- meist im Kleinhirn
- Kinder und Jugendliche betroffen

Das Medulloblastom ist der häufigste maligne Hirntumor bei Kindern und Jugendlichen und ist meist im Kleinhirn lokalisiert (☞ Abb. 11.1). Er geht aus von embryonalen, wenig differenzierten Zellen.

Klinik

- Schnelles Wachstum

Dieser Tumor zeichnet sich aus durch schnelles Wachstum. Außerdem geht er einher mit:
- Erbrechen, Kopfschmerzen, Stauungspapille
- Kleinhirnsymptome mit Ataxie
- Hypotonie.

Therapie und Prognose

- OP und Strahlentherapie

Das Medulloblastom ist aufgrund seiner hohen Zellteilungsrate sehr strahlenempfindlich. Daher schließt sich an eine Operation eine Strahlentherapie an. Trotzdem treten häufig Rezidive auf, da einzelne Zellen der Therapie entgehen können.

3.2 Astrozytom

- ausgehend von Astrozyten
- hauptsächlich im höheren Lebensalter
- Männer erkranken häufiger als Frauen

❷ Dieser Tumor geht von Astrozyten (☞ 1.1) aus und wächst hauptsächlich im Großhirn. Er tritt in den einzelnen Lebensabschnitten in unterschiedlichen Formen auf. Kinder und Jugendliche entwickeln meist ein Astrozytom mit nur geringen Zeichen der Entartung, welches häufig im Kleinhirn lokalisiert ist. Junge Erwachsene hingegen bilden eher eine semimaligne Form aus, die oft im Frontallappen lokalisiert ist und dementsprechende Symptome verursacht (☞ 1.3.6 und ☞ 2.5). Im höheren

Lebensalter finden sich v.a. das so genannte anaplastische (Anaplasie = Entdifferenzierung von Zellen) Astrozytom, welches maligne ist, und das hochmaligne **Glioblastom**. Letzteres tritt bevorzugt bei Männern auf. Beide wachsen infiltrierend.

Therapie und Prognose

- unterschiedliche Arten mit unterschiedlicher Prognose und Therapie
- Glioblastom: infauste Prognose

Ein Astrozytom des Kleinhirns ist gut operabel und in der Regel nicht rezidivierend. Auch Patienten mit einem semimalignen Astrozytom haben noch eine relativ gute Überlebenschance. Anaplastische Astrozytome und Glioblastome sind aufgrund ihres infiltrierenden Wachstums meist nicht komplett zu entfernen und haben daher eine schlechte Prognose. Die meisten Patienten mit einem Glioblastom leben ein Jahr nach der Diagnosestellung nicht mehr. Strahlentherapie, Zytostatika, operative Teilentfernung des Tumors und Kortikoide zur Reduktion des Ödems können das Leben der Patienten nur um einige Wochen oder Monate verlängern.

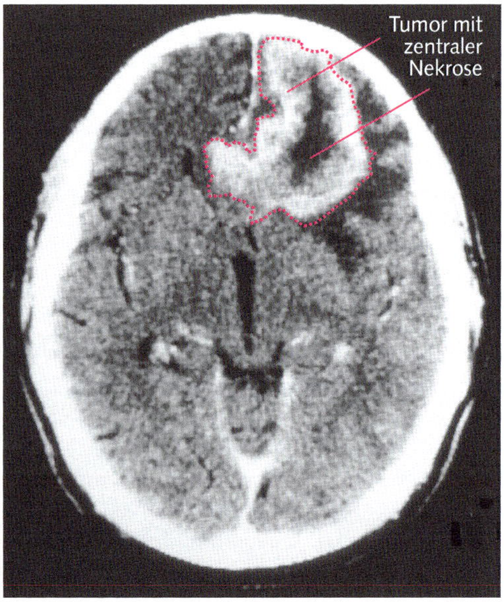

Abb. 3.1: Glioblastom im CCT mit Kontrastmittel. [X113]

3.3 Meningeom

- ausgehend von den Meningen
- Wachstum langsam, das Gehirn verdrängend, Dura und Knochen infiltrierend
- im mittleren Lebensalter

Meningeome gehen aus vom Gewebe der Hirnhäute (☞ 1.5). Diese meist benignen Tumore wachsen sehr langsam, verdrängen das Gehirn und infiltrieren den umgebenden Knochen. Sie können zwar schon in frühen Lebensabschnitten entstehen, treten aufgrund des langsamen Wachstums aber erst im mittleren bis hohen Lebensalter in Erscheinung.

Bevorzugte Lokalisationen für Meningeome:

- häufig am Sinus sagittalis als Konvexitätsmeningeom
- am Os sphenoidale als Keilbeinmeningeom
- im Bereich des Kleinhirndaches als Tentoriummeningeom.

Klinik

- symptomatische Epilepsie
- fokalneurologische Ausfälle
- gute Prognose

- Häufig kommt es zu epileptischen Anfällen (☞ 4.1).
- Neurologische Herdsymptome je nach Lokalisation des Tumors, z.B. Kopfschmerzen in der Augenhöhle sowie Sehstörungen bei einem Keilbeinmeningeom, Kleinhirnsymptome bei einem Tentoriummeningeom und Monoparesen bei einem Konvexitätsmeningeom.
- Hirndruckzeichen treten aufgrund des langsamen Wachstums erst spät auf.

Therapie und Prognose

Ein Meningeom hat eine gute Prognose. Es kann operativ oftmals vollständig entfernt werden, Strahlen- oder Chemotherapie jedoch bringen aufgrund der langsamen Teilungsrate keinen Erfolg. Selten werden jedoch inkurable Meningeome auch strahlentherapiert, diese Therapie ist aber umstritten.

3.4 Neurinom

- ausgehend von Schwann-Zellen
- Befall von N. vestibulocochlearis
- Befall der Hinterwurzeln im Rückenmark
- im mittleren Lebensalter
- Therapie: OP

Dieser benigne Tumor geht aus von den Schwann-Zellen, die die Markscheide eines Nervs bilden (☞ 1.1). Am VIII. Hirnnerv (N. vestibulocochlearis) tritt ein Neurinom als Akustikusneurinom (Kleinhirnbrückenwinkeltumor) auf. Da der Nervus facialis auch im Kleinhirnbrückenwinkel aus dem Gehirn austritt, kann er durch das Neurinom in Mitleidenschaft gezogen werden. Neurinome anderer Hirnnerven sind selten. Häufiger können Neurinome jedoch auch an den Hinterwurzeln des Rückenmarks auftreten. Vorwiegend erkranken Menschen im mittleren Lebensalter. Im Rahmen der erblichen Neurofibromatose von Recklinghausen treten neben Meningeomen (☞ 3.3) auch Neurinome, z.B. bilaterale Akustikusneurinome, gehäuft auf (☞ 16.4).

Klinik

Das Akustikusneurinom kann folgende Symptome verursachen:

- Leitsymptome sind einseitige Hörverschlechterung und Ohrgeräusche.
- Schwindel (☞ 2.4) mit Fallneigung zur der Seite, auf der der Tumor lokalisiert ist.
- Im Verlauf treten Kleinhirnsymptome wie Nystagmus und Ataxie (☞ 2.3) auf.
- Da das Neurinom auch auf andere Hirnnerven drückt, kann es zu peripherer Fazialisparese (☞ 14.1.4) kommen oder zu Ausfällen des N. trigeminus mit Sensibilitätsstörungen und abgeschwächtem Kornealreflex.
- Hirndruckzeichen (☞ 2.6.1).

Ein Neurinom im Wurzelbereich des Rückenmarks (Sanduhrneurinom) kann zu Schmerzen, Hypästhesien, peripheren Paresen und im weiteren Verlauf zu einer Querschnittslähmung führen. Die klinischen Ausfallsymptome lassen dann auf die Höhe der Schädigung schließen.

Diagnostik und Therapie

Zusatzdiagnostisch ist das craniale MRT Mittel der Wahl, da im CCT die hintere Schädelgrube aufgrund von Artefakten nur eingeschränkt beurteilbar ist. Bei rechtzeitiger **OP** kann der Tumor vollständig entfernt werden. In seltenen Fällen wird bestrahlt.

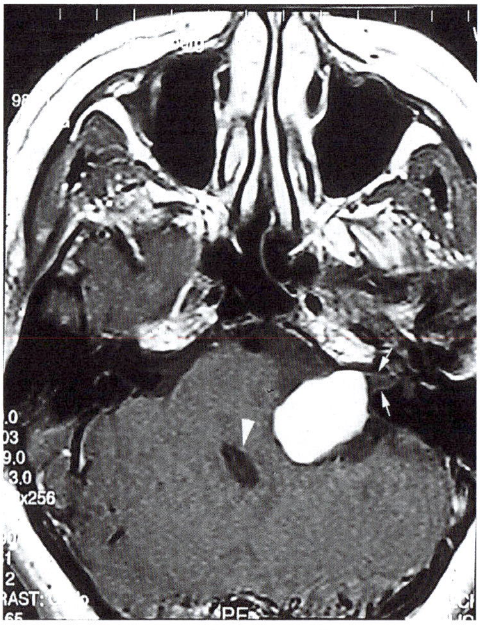

Abb. 3.2: Akustikusneurinom im cranialen MRT nach Kontrastmittelgabe. Man erkennt gut den Ursprung des Tumors im inneren Gehörgang (Pfeile) und die Verdrängung des vierten Ventrikels (Pfeilkopf). [S008-2]

3.5 Hypophysenadenom

- ausgehend von Drüsenzellen der Adenohypophyse
- hormonaktiv oder hormoninaktiv

Adenome sind Tumore, die ihren Ursprung in Drüsen haben. Die Hirnanhangdrüse – Hypophyse – besteht aus einem drüsigen Vorderlappen, der Adenohypophyse, und einem Hinterlappen, der Neurohypophyse, die eigentlich Teil des Diencephalons ist (☞ 1.3.4). Die Hypophyse produziert neben Hormonen, die direkt auf Körpergewebe wirken (z.B. Wachstumshormon und Prolaktin) auch Hormone, die wiederum die Hormon-Produktion anderer Hormondrüsen des Körpers steuern, z.B. Schilddrüse oder Nebenniere. Hypophysenadenome gehen von den Drüsenzellen des Vorderlappens aus und sind entweder hormonaktiv, d.h. sie produzieren selbst Hypophysenhormone, oder hormoninaktiv.

Klinik

Die Hypophyse liegt in der Sella turcica *(lat. = Türkensattel)* des Keilbeins. Ist das Hypophysenadenom groß, komprimiert es die benachbarte Sehnervenkreuzung (Chiasma opticum). Dadurch kommt es zu Symptomen wie:

- Gesichtsfeldeinschränkungen (bitemporale Hemianopsie), so genannte Scheuklappenblindheit. Sie beruht darauf, dass die Fasern der nasalen Netzhaut im Chiasma opticum kreuzen und diese Fasern die Informationen des bitemporalen Gesichtsfeldes leiten. Drückt der Tumor auf die Sehnervenkreuzung, werden diese Fasern geschädigt.
- Kopfschmerzen.

Hormonaktive Tumore können sezernieren:
- Prolaktin
- Wachstumshormon
- ACTH

Hormonaktive Tumore können durch Absonderung von Hormonen folgende Symptome hervorrufen:

- Das häufigste hormonaktive Hypophysenadenom ist das **Prolaktinom.** Es verursacht beim Mann Impotenz und Libidoverlust und bei der Frau Infertilität und gesteigerte Milchproduktion.
- Riesenwuchs bei Jugendlichen und **Akromegalie** bei Erwachsenen mit Vergrößerung der Akren Nase, Kinn, Hände durch die Produktion von Wachstumshormon (GH).
- **Cushing-Syndrom** mit Stammfettsucht, Bluthochdruck, Osteoporose und diabetischer Stoffwechsellage aufgrund erhöhter Kortisol-Spiegel durch vermehrte ACTH-Produktion.

Hormoninaktive Tumoren können zu einem Hormonmangel führen:
- ACTH
- TSH
- Geschlechtshormone

Hormoninaktive Adenome können durch Verdrängung der gesunden Anteile der Hypophyse zu einer Einschränkung der Produktion eines oder mehrerer hypophysärer Hormone führen. Es kommt dann zu:

- **Addison-Syndrom** durch ACTH-Mangel. Das Syndrom äußert sich durch Elektrolytstörungen und Antriebslosigkeit, verstärkter Pigmentierung der Haut sowie anderen Zeichen der Nebennierenrindeninsuffizienz.
- Apathie und anderen psychiatrischen Auffälligkeiten, Verstopfung, Muskelschwäche und andere Symptome einer **Hypothyreose** durch TSH-Mangel.
- Amenorrhoe, Libido- und Potenzverlust durch **Gonadotropin-Mangel.**

- craniales MRT
- internistische Untersuchung und Labordiagnostik
- Hormontherapie
- OP

Diagnostik und Therapie

Zusatzdiagnostisch bietet sich aufgrund der Kleinheit der Hypophyse und der Adenome das craniale MRT an, welches gegenüber dem CCT eine bessere Auflösung bietet. Die endokrinologische und gegebenenfalls gynäkologische Untersuchung sowie Laboranalysen liefern Hinweise auf eine hormonelle Störung.

3 Liegt ein Prolaktinom vor, so wird meist ausschließlich eine Hormontherapie durchgeführt. Da der Neurotransmitter Dopamin die Prolaktinfreisetzung und -produktion hemmt, werden Dopaminagonisten (so genannte Prolaktinhemmer) verabreicht. Der Tumor kann sich so vollständig zurückbilden. Es werden Verlaufsuntersuchungen durchgeführt, um ein etwaiges Rezidiv zu sichten. Spricht der Tumor auf die Hormontherapie nicht an oder ist das Adenom durch seine Raumforderung symptomatisch geworden, wird der Tumor durch die Nase (transnasaler Zugangsweg) oder den Schädel (transkraniell) operativ entfernt. Häufig fällt nach der Operation die Produktion eines oder mehrerer Hormone aus, die dann durch Medikamente ersetzt werden müssen.

3.6 Hirnmetastasen

- häufig bei Bronchial- und Mamma-Ca
- multiples Auftreten
- in der Nähe von Arterien
- infauste Prognose

4 Tochtergeschwulste von nicht-hirneigenen malignen Tumoren sind die häufigsten Hirntumore. Hirnmetastasen gehen von verschiedenen Tumoren aus. Am häufigsten stammen sie von Bronchial- oder Mammakarzinomen. Da die Tumorzellen hämatogen (über das Blut) gestreut werden, finden sich die Metastasen meist in der Nähe von Arterien. In der Regel kommen gleichzeitig mehrere Absiedlungen vor (☞ Abb. 2.13).

Klinik

Die Symptome treten innerhalb weniger Wochen auf:

- Bewusstseinstrübung, Verwirrtheit
- Herdsymptome
- epileptische Anfälle.

Therapie und Prognose

Eine Operation wird meist nur bei einzelnen rindennahen Hirnmetastasen durchgeführt, die früh diagnostiziert werden konnten. Zytostatika, Strahlentherapie und Kortikoide verlängern bei inoperablen Metastasen die sehr kurze Überlebenszeit des Patienten.

3.7 Lymphom

- periventrikulär
- bei immunsupprimierten Patienten häufiger
- Steroide in Kombination mit Strahlen- und Chemotherapie

Lymphome sind maligne Tumore, die von Lymphozyten ausgehen. Sie werden in der Bevölkerung immer häufiger. Im Bereich des Gehirns gibt es sowohl primäre ZNS-Lymphome, welche im ZNS selbst entstehen, als auch Absiedlungen systemischer Lymphome, häufig Non-Hodgkin-Lymphome. Immunsupprimierte Patienten, z.B. Transplantations- oder AIDS-Patienten, weisen ein hohes Risiko auf, ein Lymphom zu entwickeln. Man vermutet, dass lymphoide Tumorzellen durch ein gesundes Abwehrsystem ausgeschaltet werden können. Dieser Mechanismus versagt bei Immunsupprimierten.

Klinik, Therapie und Prognose

Die Klinik entspricht der Lokalisation. Lymphome liegen häufig periventrikulär, d.h. in Nachbarschaft der Hirnventrikel (☞ 1.6). Charakteristisch ist, dass Lymphome sehr gut auf Kortikosteroide ansprechen. Ferner wird strahlen- und chemotherapiert. Eine OP ist aufgrund des meist diffusen Wachstums nicht sinnvoll. Unbehandelt ist die Prognose miserabel, Patienten leben meist nicht länger als ein halbes Jahr. Mit Therapie hingegen kann das Datum der Erstdiagnose um Jahre überlebt werden. Eine Heilung ist möglich.

? Übungsfragen

1. Wieso gehen hirneigene Tumore normalerweise nicht von Nervenzellen aus?
2. Wie werden Astrozytome eingeteilt?
3. Wie wird ein Prolaktinom therapiert?
4. Welches ist der häufigste Hirntumor?

4 Anfallsleiden

Epileptischer Anfall: synchrone Entladung von Nervenzellen

Unter dem Begriff Anfallsleiden werden verschiedene Krankheiten zusammengefasst, die anfallsartig auftreten. Der in der Neurologie wichtigste Anfall ist der epileptische Anfall. Er kann viele verschiedene Formen haben, beruht aber stets auf einer ungehemmten **synchronen Entladung von größeren Nervenzellgruppen des Gehirns**. Grundsätzlich kann jedes Gehirn nach entsprechender Reizung epileptische Anfälle auslösen. Die Schwelle dafür ist jedoch von Person zu Person unterschiedlich und zum Großteil genetisch vorgegeben. Etwa 10 % der Bevölkerung zeigen eine erhöhte Anfallsbereitschaft. Die Hälfte von ihnen hat einmalig im Leben einen Anfall. Wenn epileptische Anfälle wiederholt auftreten, spricht man von einer **Epilepsie**. Dies kommt bei mindestens 1 % aller Menschen vor. Die meisten Erkrankungen beginnen vor dem 25. Lebensjahr oder treten symptomatisch im Rahmen von Hirnerkrankungen bei älteren Patienten auf.

4.1 Epileptische Anfälle

Einteilung

Einteilung der epileptischen Anfälle: generalisiert ↔ fokal

❶ Epileptische Anfälle können mannigfaltig eingeteilt werden. Die wichtigste Einteilung orientiert sich an dem vom Patienten oder Zeugen geschilderten Anfallsmuster.

- Finden sich motorische Entäußerungen (Zuckungen) beidseitig, ist der Patient bewusstlos und für den Anfall retrograd amnestisch (☞ 2.5), so spricht man von einem **generalisierten Anfall**. Diesem Anfallstyp liegt eine Synchronisation beider Großhirnhemisphären zugrunde. Unter Synchronisation versteht man die pathologische, rhythmische und gleichzeitige Aktivierung von Kortexarealen.
- **Fokale Anfälle** gehen von einem Teilbereich einer Hemisphäre aus und verursachen Reizsymptome entsprechend ihres Ursprungsgebietes. So kann es bei einem Herd im Frontalhirn zu kontralateralen motorischen Zuckungen kommen, bei einem Herd im Parietalhirn zu kontralateralen Missempfindungen, vom Temporalhirn aus zu Wahrnehmungsstörungen und vom Okzipitallappen aus zu visuellen Halluzinationen. Die Entladung bleibt oft nicht auf einzelne Regionen begrenzt und kann sich ungehemmt über das gesamte Hirngewebe ausbreiten. Deshalb können fokale Anfälle in einen generalisierten Anfall münden. Symptome und Therapie der einzelnen Anfallsformen werden in den nachfolgenden Abschnitten vorgestellt.

- Erregbarkeit der Hirnzellen ↑
- Krampfschwelle ↓
- Synchronisierung

Ursachen

❷ Ursache von epileptischen Anfällen, egal welcher Form, ist eine erhöhte Erregbarkeit der Hirnzellen. Jede Form der Kortexschädigung (Tumor, Infarkt, Entzündung etc.) kann einen Anfall auslösen. Darüber hinaus setzen folgende Einflüsse die so genannte **Krampfschwelle** der Zellen herab, die Zellen entladen sich dadurch leichter:

- Stoffwechselstörungen
- Medikamente
- Schlafentzug
- Alkoholexzess und -entzug
- Hyperventilation
- Hypoglykämie
- Flackerlicht
- Fieber.

Es gibt Menschen, die erleiden trotz einer Kombination vieler dieser Risikofaktoren keinen epileptischen Anfall, und es gibt Menschen (Epilepsiepatienten), die erleiden Anfälle ohne einen dieser Auslöser. Der Grund dafür liegt in einer genetischen Disposition, manche Gehirne synchronisieren leichter als andere. So ist die Grenze zwischen dem gesunden Gehirn und dem Gehirn eines Epileptikers fließend. Ein einmaliger Gelegenheitsanfall aufgrund eines abendlichen Alkoholexzesses erlaubt folglich nicht die Diagnose einer Epilepsie. Andererseits sollten Epilepsiepatienten Alkohol als Auslöser meiden. Die Ursachen für die unterschiedliche Krampfbereitschaft einzelner Gehirne sind bisher leider nicht gefunden worden, man nimmt unterschiedlich mutierte Zellmembranproteine (☞ 1.1) an.

Symptome

Es gibt mehrere typische Symptome oder Erscheinungen bei epileptischen Anfällen:

- Motorische Symptome unterteilt man in **tonische** und **klonische Entäußerungen.** Die tonische Phase eines Anfalls beruht auf einer dauernden Kontraktion der Muskeln, die klonische Phase auf einer rhythmischen Kontraktion von synergistischen Muskelgruppen.
- ❸ **Aura** *(lat., gr. = Schein, Lufthauch)*: Eine Aura ist ein einfacher fokaler Anfall, welcher einem anderen epileptischen Anfallstyp vorangehen kann. Die Patienten beschreiben entweder ein ungutes aufsteigendes Wärmegefühl in der Magengegend (epigastrische Aura) oder berichten über Geschmacks- (gustatorische), Geruchs- (olfaktorische) oder optische Eindrücke (visuelle Aura). Eine Aura tritt v.a. beim Grand-mal-Anfall (☞ 4.2.2) und beim psychomotorischen Anfall (☞ 4.3.2) auf.
- **Absence** *(frz. = Abwesenheit)*: Plötzliche geistige Abwesenheit über 10–30 Sekunden. Der Patient hält in seiner Tätigkeit inne, hat einen starren Blick, blasse Hautfarbe und zeigt keine Reaktion auf Ansprache. In der Regel stürzt er jedoch nicht.

4.1.1 Diagnostik epileptischer Anfälle

- Anamnese und klinische Untersuchung
- EEG mit typischen Wellenformen
- Provokationsmethoden
- MRT
- Creatinkinase ↑

Ein epileptischer Anfall dauert normalerweise nicht länger als einige Sekunden bis wenige Minuten. Daher ist bei Eintreffen des Notarztes und erst recht bei Eintreffen in der Klinik keine epileptische Entäußerung mehr zu sehen. Grundlage jeder Diagnostik kann also ausschließlich die Anamnese sein.

Anamnese

- Man befragt den Patienten selbst: Bei einem fokalen Anfall wird er von dem Anfall berichten können, er hat ja keinen Bewusstseinsverlust erlitten. Das Anfallsmuster lässt bereits auf den Ort des epileptischen Fokus schließen.
- Ein generalisierter Anfall hinterlässt eine amnestische Lücke. Die Patienten sind postiktal (d.h. nach dem Anfall) umdämmert, schläfrig und brauchen erst einmal einige Stunden, bis sie wieder klar sind. In diesem Fall ist man auf umstehende Zeugen angewiesen.
- Essentiell ist die Frage nach einer bekannten Epilepsie oder nach Anfällen in der Vorgeschichte. Ist keine Epilepsie bekannt und ist der Patient älter als 25 Jahre, so kann man nicht von einer idiopathischen Epilepsie (☞ 4.5) ausgehen, sondern muss eine symptomatische Epilepsie annehmen und den Grund herausfinden.

Klinische Untersuchung

Die klinische Untersuchung liefert meist einen unauffälligen Befund. Es ist allerdings möglich, dass die Neurone, welche in den Anfall mit einbezogen waren, noch nicht richtig funktionieren. Daher kann es bei einem fokalen Anfall zu einer so genannten **Todd-Parese** kommen: Die krampfende Extremität bleibt nach dem Anfall für Stunden paretisch. Derselbe Mechanismus erklärt die postiktale Umdämmerung nach einem generalisierten Anfall.

EEG

Meist sind während und kurz nach einem Anfall im EEG (☞ 2.8.1) typische Wellenformen nachzuweisen. Bei ca. 30 % der Epilepsiepatienten ist das EEG aber normal. Je früher man ein EEG nach einem Anfall durchführt, desto größer ist die Chance, epilepsietypische Potentiale nachzuweisen. Im anfallsfreien Intervall wird durch Provokationsmethoden wie Hyperventilation, Stimulation durch Lichtreize oder durch Schlafentzug versucht, die epilepsietypischen Potentiale auszulösen. Das EEG kann die Diagnose einer Epilepsie nur stützen, aber keinesfalls ausschließen.

Craniales MRT

Durch eine Kernspintomographie lassen sich oft die Ursachen einer symptomatischen Epilepsie nachweisen. Häufige Ursachen sind Hirntumore (☞ 3), Schlaganfälle (☞ 5), Gefäßmissbildungen (☞ 5.5) oder Entzündungen (☞ 6).

Laborchemische Untersuchungen

Nach einem Anfall lässt sich im Labor häufig eine deutliche Erhöhung des Enzyms Creatinkinase (CK) und des Hormons Prolaktin nachweisen. Die Creatinkinase ist ein Enzym aus Muskelzellen, welches bei vermehrter Muskelaktivität wie bei einem Anfall freigesetzt wird. Prolaktin ist ein Hypophysenhormon (☞ 3.5), welches bei einem epileptischen Anfall vermehrt ausgeschüttet wird.

Differentialdiagnose des epileptischen Anfalles

Synkope

Synkope:
- Ohnmacht
- kürzere Dauer
- Amnesie

Eine Synkope ist ein Kollaps aufgrund vorübergehender Mangeldurchblutung des Gehirns. Den Patienten wird schwarz vor Augen, sie sinken mit einem schlaffen Muskeltonus zu Boden und sind kurzzeitig ohnmächtig. Eine Synkope dauert in der Regel kürzer als ein generalisierter epileptischer Anfall. Es kann eine kurzzeitige Amnesie (Erinnerungslücke) bestehen. Ursachen für Synkopen sind Herzrhythmusstörungen und Blutdruckregulationsstörungen, die internistisch abgeklärt werden müssen.

Psychogener Anfall

Psychogener Anfall:
- keine Verletzungen
- zugekniffene Augen
- Muskelzuckungen nicht einheitlich
- Arc de cercle

Diese Anfallsform wird als dissoziative Störung im Rahmen einer hysterischen Neurose gedeutet (Psychiatrie ☞ 6.2.2). Der psychogene Anfall ist recht häufig anzutreffen. Es ist besonders wichtig, diese Form des Anfalles zu erkennen, um einen Patienten nicht jahrelang den Nebenwirkungen einer antiepileptischen Therapie ohne Erfolg auszusetzen. Im Unterschied zu einem epileptischen Anfall gleiten die Patienten zu Boden, ohne sich zu verletzen, die Augen werden zugekniffen. Die motorischen Entäußerungen sind häufig unterschiedlich im Gegensatz zum stereotypen epileptischen Anfall. Häufig bieten die Patienten das Bild eines „Arc de cercle" mit Zurückwerfen des Kopfes und Überstrecken des Rumpfes. Betroffenen von psychogenen Anfällen sind meist Epilepsiepatienten, die zusätzlich zu ihrer somatischen Epilepsie derartige Anfälle entwickeln. Wichtig zu wissen ist, dass es sich um eine psychische Erkrankung handelt, die Patienten spielen diese Anfälle nicht absichtlich vor!

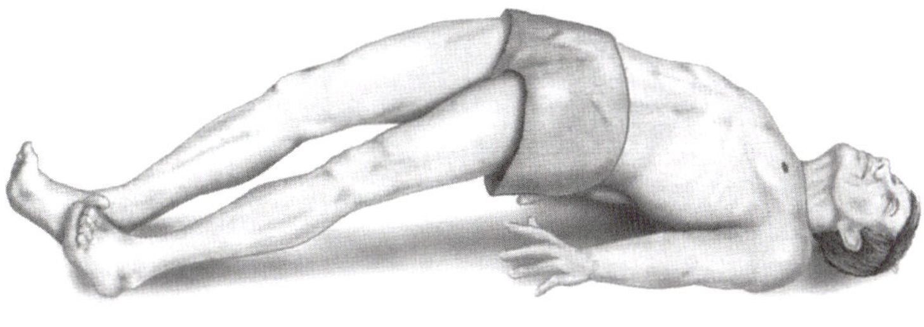

Abb. 4.1: Arc de cercle beim psychogenen Anfall [E255]

4.1.2 Therapie epileptischer Anfälle

- keine Therapie notwendig
- Aspiration und Verletzungen verhindern

Der epileptische Anfall an sich ist meist bei Eintreffen des Notarztes vorbei. Demnach ist auch keine spezifische Therapie mehr notwendig, insbesondere um die weitere Diagnostik nicht zu beeinträchtigen. Während eines Anfalles sollte man den Patienten nicht festhalten, außerdem sollten spitze und harte Gegenstände aus seiner Umgebung entfernt werden, um Verletzungen zu vermeiden. Ist der Patient postiktal umdämmert, sollte man ihn in stabile Seitenlage drehen, um eine Aspiration zu verhindern. Befindet sich der Patient bei Eintreffen des Notarztes ausnahmsweise noch in einem generalisierten Anfall, werden Benzodiazepine gespritzt, z.B. Diazepam. Ein Beißkeil sollte nur benutzt werden, wenn die Gefahr besteht, dass Großteile der Zunge zwischen den Zähnen abgetrennt werden.

Zur Therapie der Epilepsie siehe Kap. 4.5. Man rät Epilepsiepatienten von Situationen ab, in denen ein Krampfanfall fatal enden könnte: So dürfen anfallsgefährdete Patienten nicht selbst Auto fahren, Großmaschinen bedienen oder in der Höhe arbeiten. Sie sollten keine Leitern besteigen, sollten besser duschen als baden und sollten von Extremsportarten Abstand nehmen.

! Merke

Erste Hilfe beim beobachteten epileptischen Anfall
- Ruhe bewahren
- Vitalfunktionen prüfen
- sofort Arzt verständigen
- falls verfügbar Sauerstoffinhalation
- nicht festhalten, kein Beißkeil
- Verletzungen verhindern
- Anfallsmuster beobachten

4.2 Generalisierte Krampfanfälle

- Kinder und Jugendliche → Petit mal
- Grand mal

Bei generalisierten Anfällen wird das gesamte Gehirn von den pathologischen Entladungen erfasst. Zur Gruppe der generalisierten Krampfanfälle zählen die Petit-mal-Anfälle, an denen Kinder erkranken, sowie die klassischen Grand-mal-Anfälle.

4.2.1 Petit-mal-Anfälle

Petit-mal-Anfälle:
- altersgebunden
- Bewusstseinsstörungen
- Myoklonien

Petit-mal-Anfälle *(frz. = kleines Übel)* sind so genannte kleine epileptische Anfälle und treten im Kindes- und Jugendalter auf. Sie zeichnen sich häufig aus durch Bewusstseinsstörungen und Myoklonien (☞ 2.2.1). Jede Anfallsart tritt in einem jeweils typischen Lebensalter erstmals auf.

Fieberkrämpfe

- Gelegenheitsanfälle
- erhöhtes Risiko einer späteren Epilepsie

Diese Anfälle gehören zu den häufigsten aller epileptischen Anfälle. Sie treten meist als tonisch-klonische generalisierte Anfälle während eines Fiebers auf, sind als Gelegenheitsanfälle zu bewerten und bedürfen keiner antiepileptischen Dauermedikation. Da die kleinen Patienten meist in ärztliche Obhut gebracht werden, können die sich wiederholenden Anfälle mit Valiumzäpfchen durchbrochen werden, da man ein 2- bis 5fach erhöhtes Risiko für die Entwicklung einer späteren Epilepsie annimmt. Man glaubt, dass durch die Therapie das Risiko reduziert wird.

Blitz-Nick-Salaam-Anfälle

- im 1. Lebensjahr
- wenige Sekunden andauernd
- Anfallsserien
- bei Hirnschädigung und Stoffwechselstörungen

Blitz-Nick-Salaam-Anfälle treten erstmals im 1. Lebensjahr auf. Die einzelnen Krämpfe dauern zwar nur wenige Sekunden, in einer Serie können aber bis zu 50 Anfälle aufeinander folgen. Ursache sind vor allem Hirnschädigungen und Stoffwechselerkrankungen.

Klinik

Das Erscheinungsbild eines Blitz-Nick-Salaam-Anfalles zeichnet sich aus durch:

- ruckartige (Blitz) Vorwärtsbewegung des Kopfes (Nick)
- Einschlagen der Arme (wie beim *Salaam*-Gruß)
- Anheben von Beinen und Rumpf
- Bewusstseinsverlust.

Prognose

evtl. später Übergang in fokale oder generalisierte Anfälle

Die Prognose ist aufgrund von Hirnschädigungen oder Stoffwechselerkrankungen sehr schlecht: Ein Viertel der Kinder verstirbt, die meisten anderen bleiben körperlich und geistig schwer behindert. Blitz-Nick-Salaam-Anfälle enden mit dem 5. Lebensjahr und können in fokale oder generalisierte Anfälle übergehen.

Myoklonisch-astatische Anfälle

- ähnlich wie Blitz-Nick-Salaam-Anfälle
- im 4. Lebensjahr
- Auftreten nach dem Erwachen

Myoklonisch-astatische Anfälle *(myoklonisch = blitzartige, unregelmäßige Muskelzuckung; astatisch = unfähig zu stehen)* sind in ihrer Erscheinung den Blitz-Nick-Salaam-Anfällen ähnlich. Sie beginnen jedoch erst im 4. Lebensjahr. Auch sie beruhen auf einer schweren Hirnschädigung. Meist kommt es nach dem morgendlichen Erwachen zu diesen Anfällen. Die Prognose dieser kleinen Patienten ist schlecht, die meisten weisen eine psychomotorische Retardierung auf.

Klinik und Therapie

- Plötzlicher Tonusverlust (Kind stürzt wie vom Blitz getroffen zu Boden)
- Beugung der Arme
- Bewegung der Muskeln von Gesicht und Mund.

Diese Epilepsieform lässt sich durch Antiepileptika nur schwer therapieren. Meist braucht man mehrere Medikamente.

Absence

- Anfallsserien
- wenige Sekunden andauernd
- Beginn 4.–14. Lebensjahr
- genetische Ursachen

Absencen sind epileptische Anfälle im Rahmen einer so genannten Absencen-Epilepsie oder Pyknolepsie. Die Absencen-Epilepsie ist gekennzeichnet durch sehr häufig hintereinander auftretende Anfälle, zum Teil mehr als 100 pro Tag, jeder einzelne Anfall dauert nur wenige Sekunden. Die Erkrankung beginnt zwischen dem 4. und 14. Lebensjahr und ist genetisch bedingt.

Klinik

- Plötzliche geistige Abwesenheit über wenige Sekunden inmitten einer Wachheitsphase. Dabei fehlende Kontaktfähigkeit, kein Sturz.
- Myoklonien (☞ 2.2.1) von Augenlidern, Kopf und Armen
- Keine Aura im Unterschied zu psychomotorischen Anfällen.

Prognose

Ausheilung oder Übergang in kleine oder große Anfälle

Bei je einem Drittel der Erkrankten kommt es zu einer Ausheilung, zu weiteren kleinen Anfällen oder zu einem Übergang in große Anfälle. Die jungen Patienten sind selten geistig retardiert, jedoch aufgrund der Art des Erscheinungsbildes der Anfälle häufig sozial isoliert. Die medikamentöse Therapie mit Antiepileptika ist Erfolg versprechend.

Juvenile Myoklonus Epilepsie

- in der Pubertät
- genetische Ursachen
- Auftreten nach dem Erwachen

Epileptische Anfälle der juvenilen Myoklonus-Epilepsie, auch **Impulsiv Petit mal** genannt, treten erstmals in der Pubertät auf. Die Erkrankung ist genetisch bedingt. Zu Anfällen kommt es kurz nach dem Aufwachen.

Klinik

- Zucken von Armen und Schultern (z.B. wird eine Tasse weggeschleudert), der Patient stürzt jedoch nicht
- leichte Bewusstseinsstörung.

Eine geistige Retardierung resultiert nur ausnahmsweise. Die Therapie mit Antiepileptika bringt fast allen Patienten Anfallsfreiheit, muss aber das ganze Leben lang fortgeführt werden.

4.2.2 Grand-mal-Anfälle

- Beginn zwischen 5.–25. Lebensjahr
- nach oder bei Hirnschaden
- Entwicklung aus anderen Anfallsformen möglich
- wenige Minuten andauernd
- Therapie mit verschiedenen Antiepileptika

Eine idiopathische Grand-mal-Epilepsie beginnt häufig zwischen dem 5. und 25. Lebensjahr. Ist sie durch eine frühkindliche Hirnschädigung verursacht, kann die Erkrankung auch früher eintreten. Ein späterer Beginn nach dem 25. Lebensjahr ist häufig Zeichen einer Hirnerkrankung (Tumor, Narbe nach einem Hirninfarkt u.a.). Grand-mal-Anfälle können sich auch aus anderen epileptischen Anfallsarten entwickeln. Häufig sind Grand-mal-Anfälle aber einfach Ausdruck einer pathologischen Synchronisation des Kortex, ohne dass eine genauere Ursache gefunden werden kann. Dies nennt man idiopathische Epilepsie (☞ 4.5).

Klinik

Ein generalisierter Anfall dauert in der Regel wenige Minuten. Die Symptome treten in etwa in folgender Reihenfolge auf:
- möglicherweise Aura
- manchmal Initialschrei
- tonische Krämpfe mit überstreckten Beinen, die Arme sind gebeugt oder gestreckt
- klonische Zuckungen
- Bewusstseinsverlust.

Weitere Symptome sind:
- weite, lichtstarre Pupillen, verdrehte Augen
- Zungenbiss
- Einnässen, Einkoten
- besonders in der tonischen Phase: Atemstillstand, der meist nicht so lange anhält, dass interveniert werden muss
- postiktale Umdämmerung (im Anschluss an einen Anfall).

Durch plötzliche starke Muskelkontraktionen kann es während eines Anfalles zu Frakturen und in der Folge zu Muskelkater kommen.

Therapie

Es werden verschiedene Antiepileptika (Antikonvulsiva) einzeln oder in Kombination gegeben, um die Krampfschwelle zu erhöhen.

Lebensführung

Auslösende Reize meiden

Bei bekannter Anfallsneigung müssen auslösende Reize wie Flackerlicht (alte Fernseher, Disco-Besuch), Schlafentzug und Alkoholkonsum vermieden werden. Epilepsie-Erkrankte, deren letzter Anfall weniger als zwei Jahre zurückliegt, sollten nicht Auto fahren und keine Maschinen bedienen.

4.3 Fokale Anfälle

- Herdsymptome
- evtl. Generalisation
- Bewusstsein bleibt erhalten
- jedes Lebensalter
- meist bedingt durch Raumforderungen
- evtl. Operation

Bei fokalen Anfällen sind nur einzelne Hirnareale von der epileptischen Erregung betroffen: Die Symptome beschränken sich auf die entsprechenden Körperregionen. Fokale Anfälle können jedoch sekundär generalisieren. Das Bewusstsein bleibt bei den meisten Formen ungetrübt. Diese Anfälle können in jedem Lebensalter einsetzen und werden meist durch hirnorganische Veränderungen (z.B. Tumor) verursacht. Bis zum Beweis des Gegenteils muss also von einer zerebralen Läsion ausgegangen werden. Dementsprechend umfangreich ist die Diagnostik.

Therapie

Die Therapie aller fokalen Anfälle umfasst die medikamentöse antiepileptische Therapie und das Meiden von Anfälle auslösenden Triggern. Im Gegensatz zur idiopathischen Epilepsie kann bei fokalen Anfällen jedoch in manchen Fällen der epileptogene Fokus neurochirurgisch entfernt werden.

4.3.1 Einfach fokale Anfälle

- Reizsymptomatik je nach Lokalisation
- Bewusstsein ungetrübt
- Jackson- und Adversiv-Anfälle

Einfach fokale Anfälle sind Anfälle, die eine Reizsymptomatik entsprechend dem Ort des epileptogenen Fokus verursachen. Je nach Ort der Läsion gibt es also „klassische" fokale Anfälle: Die Anfälle gleichen sich in ihrem Muster. Das Bewusstsein ist bei einfach fokalen Anfällen nicht gestört. Eine Aura gibt es bei dieser Form nicht.

- Bei einfach fokalen Anfällen mit motorischer Symptomatik kommt es zu einseitigen motorischen Entäußerungen einer Extremität, die Läsion liegt frontal. Ist das frontale Augenfeld mit betroffen, kommt es zu einer Kopf- und Blickwendung zur Gegenseite.
- Bei einfach fokalen Anfällen mit sensibler Symptomatik kommt es zu sensiblen Reizsymptomen (Sensibilität ☞ 2.7.2), die Läsion liegt parietal.
- Bei einfach fokalen Anfällen mit visueller Symptomatik kann es zu visuellen Halluzinationen kommen, die Läsion liegt okzipital.

Zu der Gruppe der einfach fokalen Anfälle zählen auch Jackson-Anfälle und Adversiv-Anfälle.

Jackson-Anfälle

Bei den Jackson-Anfällen wird unterschieden zwischen **motorischen** Jackson-Anfällen, bei denen nur Muskelzuckungen auftreten, und **sensiblen** Jackson-Anfällen, die sich durch Missempfindungen auszeichnen. Das Besondere am Jackson-Anfall ist, dass sich die Symptome über eine Körperhälfte ausbreiten. Selten gehen sie auch auf die andere Körperhälfte über. Typischerweise treten diese Anfälle bei Hirntumoren auf.

Adversiv-Anfälle

Adversiv-Anfälle *(lat. versus = gegen, nach)* zeichnen sich durch typische Wendebewegungen aus. Der Patient blickt zur Seite, dreht den Kopf zum angehobenen Arm und verharrt in dieser „Fechter-Stellung". Diese Anfallsform tritt bei Läsionen des Frontallappens auf.

4.3.2 Komplex fokale Anfälle

Quantitative und qualitative Bewusstseinsstörung

Komplex fokale Anfälle entstehen im **Temporallappen**. Synonym wird dieser Anfall auch als psychomotorischer Anfall bezeichnet.

Psychomotorische Anfälle

Psychomotorische Anfälle treten relativ häufig auf und sind schwer zu diagnostizieren. Gekennzeichnet sind sie durch die gemischt qualitative und quantitative Bewusstseinsstörung (☞ 2.6).

- Aura
- Bewusstseinstrübung
- Automatismen
- Amnesie

Klinik

Ein klassischer psychomotorischer Anfall verläuft in drei Stadien:

1. Stadium

Aura (☞ 4.1)
- Veränderung der Sinneswahrnehmung (qualitative Bewusstseinsstörung)
- Änderung der Stimmung, die Patienten sind ängstlich
- Halluzinationen, Déjà-vu-Gefühl.

2. Stadium
- Bewusstseinstrübung, die bis zu wenige Minuten andauern kann
- während dieser Zeit treten Automatismen auf wie Kauen, Schmatzen, Schlucken; komplexe Automatismen auch als Handlungsfolgen, z.B. Tisch decken oder Aufstehen und Hinlegen
- vegetative Symptome wie Pupillenerweiterung, Speichelfluss, Harndrang
- Patienten fallen nicht zu Boden
- Amnesie für die Zeit des Anfalls.

3. Stadium
- Reorientierung.

4.4 Status epilepticus

Lebensbedrohlicher Zustand!

❹ Folgen epileptische Anfälle aufeinander, ohne dass der Patient das Bewusstsein wiedererlangt, spricht man von einem Status epilepticus. Dieser ist lebensbedrohlich: Es kann sich ein Hirnödem entwickeln, das schließlich zu Herz-Kreislaufversagen führt. Auch kann der Patient einen Atemstillstand erleiden. Während eines Status epilepticus muss es nicht unbedingt zu motorischen Entäußerungen kommen, im Gegenteil: Häufig findet man keine Zuckungen, die Patienten sind komatös und kommen nicht mehr zu sich, das Gehirn krampft weiter.

Therapie

Gabe von besonders wirksamen, aber nebenwirkungsreichen Antiepileptika, um die Krämpfe zu beenden. Manchmal müssen die Patienten auch in ein sehr tiefes künstliches Koma gelegt werden. Die Therapie erfolgt immer auf einer neurologischen Intensivstation.

! Merke

Notfall Status epilepticus

Unverzüglich und unbedingt Notarzt rufen! Der Status epilepticus ist eine tödliche Erkrankung!

4.5 Epilepsie

Die Epilepsie ist eine Anfallserkrankung. Während ein einzelner epileptischer Anfall nicht zur Diagnose einer Epilepsie ausreicht, kann bereits der zweite Anfall auf eine Epilepsie hinweisen. Die Epilepsien werden abhängig von ihren Ursachen in zwei Gruppen eingeteilt:

- Bei einer **genuinen** oder **idiopathischen** Epilepsie (ca. 50 % aller Epilepsien) lässt sich keine Ursache für das Anfallsleiden finden. Hier liegt eine besondere genetische Prädisposition vor und die Krampfschwelle des Patienten ist niedrig.
- Als **symptomatisch** werden die Epilepsien bezeichnet, denen eine Hirnschädigung zugrunde liegt wie z.B. Tumor, Blutung, Entzündung oder Trauma. Durch diese Läsion werden die Nervenzellen in der Umgebung gereizt und es können Anfälle entstehen. Symptomatische Epilepsien sind meist fokal, können aber sekundär generalisieren.

Epilepsien werden nach dem Anfallsmuster benannt. So gibt es z.B. die idiopathische Grand-mal-Epilepsie, die idiopathische myoklonisch-astatische Epilepsie oder die fokale Epilepsie mit sekundärer Generalisierung bei Hirntumor.

Therapie

Es liegt auf der Hand, dass eine idiopathische Epilepsie mit anderen **Antiepileptika** behandelt werden muss als eine symptomatische Epilepsie. Bei Letzterer bietet sich insbesondere auch die Möglichkeit der **Epilepsiechirurgie** an.

Man kann sich die psychische Belastung eines Epilepsiepatienten vorstellen, der Angst vor dem nächsten erschreckenden, schmerzhaften und desozialisierenden Anfall hat. Ziel der Therapie ist folglich die Anfallsfreiheit, insbesondere auch vor dem Hintergrund der verlorenen Fahrerlaubnis. Ist ein Patient über einige Jahre anfallsfrei, versucht man, die Antiepileptika wieder auszuschleichen.

Psychische Veränderungen im Rahmen der Epilepsie

Kennzeichen der epileptischen Wesensveränderung:
- Verlangsamung
- Antriebsmangel
- Gereiztheit, Aggressivität
- Euphorie, Depressivität
- Demenz
- Psychosen

Epilepsiepatienten sind häufig psychisch auffällig, zum einen aufgrund der hirnorganischen Veränderung an sich, aber auch sekundär reaktiv:

- Eine epileptische **Wesensänderung** tritt bei etwa einem Drittel der Anfallskranken auf: Typische Symptome sind Verlangsamung im Denken und im Antrieb sowie Gereiztheit mit Neigung zu Aggressivität und Wutausbrüchen.
- Weiterhin können bei Epilepsiekranken **Verstimmungszustände** auftreten, die Stunden bis Tage anhalten und mit einem Anfall enden. In Rahmen dieser Verstimmungszustände kommt es zu Euphorie oder Depressivität mit Neigung zur Suizidalität.
- Nach einem Anfall werden **Dämmerzustände** (Psychiatrie ☞ 4.1.3) beobachtet: das Bewusstsein ist noch reduziert und der Patient wirkt in sich versunken. Es besteht eine Amnesie für die Zeit dieses Zustandes. Im Gegensatz zu einem Dämmerzustand ist bei einer **paranoid-halluzinatorischen epileptischen Psychose** nach einem Anfall

das Bewusstsein nicht gestört. Die Psychose kann Wochen bis Monate anhalten. Symptome und Therapie entsprechen der Schizophrenie (Psychiatrie ☞ 5.1).

- Bei einem Krankheitsverlauf mit häufigen und schweren Anfällen kann sich eine **epileptische Demenz** entwickeln. Ursache hierfür ist die hirnorganische Schädigung aufgrund der Anfälle. Die Symptome entsprechen einem chronischen hirnorganischen Psychosyndrom (Psychiatrie ☞ 4.2) mit Minderung der intellektuellen Leistung. Wesensänderung und Demenz werden verstärkt durch die Nebenwirkungen der antiepileptischen Medikamente.

4.6 Andere anfallsartige Erkrankungen des Nervensystems

5 Differentialdiagnostisch gibt es neben den Synkopen und den psychogenen Anfällen (☞ 4.1.1) weitere anfallsartige Erkrankungen, die neurologische Symptome verursachen, jedoch nicht zu den epileptischen Anfällen oder den Epilepsien zählen.

4.6.1 Narkolepsie

- Beginn meist während Kindheit oder Pubertät
- plötzliches starkes Schlafbedürfnis
- selten affektiver Muskeltonusverlust

Die Narkolepsie ist eine seltene Krankheit mit anfallsartig einsetzendem, unwiderstehlichem Schlafbedürfnis, selten einhergehend mit affektivem Tonusverlust der Körpermuskulatur. Diese Krankheit beginnt meist idiopathisch in der Kindheit oder Pubertät, selten als symptomatische Erkrankung (traumatisch, entzündlich, bei Tumor oder Multipler Sklerose). Die Patienten schlafen für maximal eine Viertelstunde ein, sind währenddessen erweckbar und danach erholt.

Bei Narkolepsie in Verbindung mit einem deutlichen Tonusverlust entweder nur der Kopf- und Halsmuskulatur oder des gesamten Körpers, spricht man von einem **Narkolepsie-Kataplexie-Syndrom**. Es kommt zu Sturzattacken oder lokalem Tonusverlust, welcher aber nur wenige Sekunden bis maximal zwei Minuten anhält. Die Patienten werden regelmäßig gegen ihren Willen in eine neurologische Klinik verbracht, denn sie kennen ihre Erkrankung und die fehlende Notwendigkeit einer Therapie – im Gegensatz zu den Rettungssanitätern, welche die Patienten mit V.a. Epilepsie einliefern.

Als Ursache für diese beiden Erkrankungen wird eine Störung der Wach-Schlaf-Regulation angenommen. Beide werden medikamentös therapiert.

4.6.2 Attackenartige Schwindelerkrankungen

Die meisten dieser Erkrankungen gehören an sich in das Fachgebiet der Hals-Nasen-Ohren-Heilkunde, aber da Schwindel ein neurologisches Symptom ist, werden sie hier kurz beschrieben. Das Symptom Schwindel wurde bereits in Kapitel 2.4 besprochen.

Menière-Erkrankung

- seltene Schwindelform
- Veränderung der Gehörflüssigkeit
- medikamentöse Therapie

Meist eine einseitig auf Störungen der Zusammensetzung der Flüssigkeit des Innenohres beruhende Krankheit mit anfallsartig auftretenden Symptomen. Ursächlich findet sich eine Kurzschlussbildung zwischen der Endo- und Ektolymphe des Innenohrs. Die Attacken halten meist wenige Stunden an.

Klinik und Diagnostik

- Ohrensausen, Drehschwindel, Übelkeit, Erbrechen
- Schwerhörigkeit bis Hörverlust
- Nystagmus (☞ 2.3).

Therapie

Medikamentöse symptomatische Behandlung, psychische Führung der Patienten.

Benigner paroxysmaler Lagerungsschwindel

- häufige Schwindelform
- Steinchen im Gleichgewichtsorgan
- Physiotherapie bringt Heilung

Dies ist eine der häufigsten Formen des Schwindels. Er äußert sich durch Drehschwindel, der wenige Minuten anhält und durch Kopfbewegungen ausgelöst wird. Der Schwindel beruht auf einer Steinchenbildung im Gleichgewichtsorgan. Diese Steinchen sind träger als die Flüssigkeit des Innenohres und führen bei Bewegung zu einer pathologischen Reizung des Gleichgewichtsorgans. Die Diagnose wird durch Kopflagerung gestellt, d.h. klar definierte Kopfbewegungen lösen Schwindel und Nystagmus aus. Häufig wird die Diagnose leider viel zu spät gestellt, die Patienten haben dann schon Monate oder Jahre unter ihrem Schwindel gelitten.

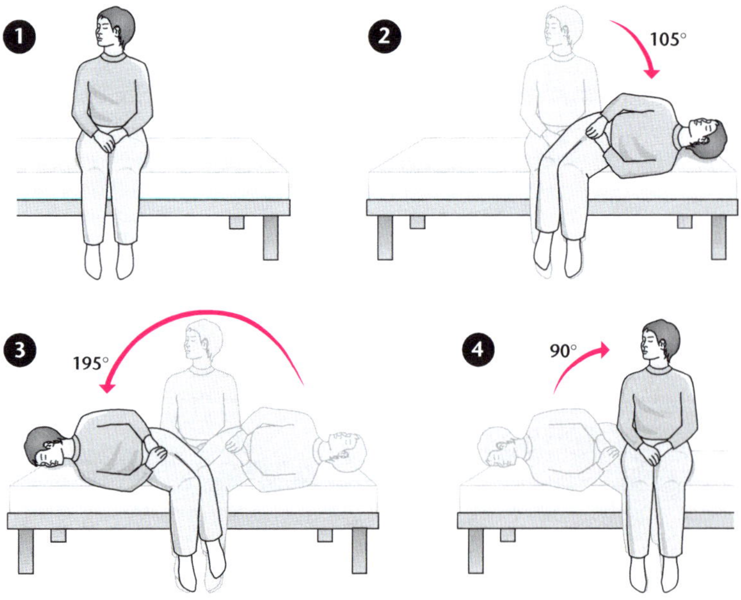

Abb. 4.2: Befreiungsmanöver nach Brandt und Sémont [L157]

Physiotherapie

Die einzig wirksame Therapie ist die Physiotherapie. Mit speziellen Lagerungsübungen nach Brandt und Sémont werden die Steinchen aus dem Gleichgewichtsorgan in dafür unsensible Teile des Innenohres befördert und können dann keinen Schaden mehr anrichten. Der Patient ist geheilt. Rezidive kommen vor, sie werden dann wieder gleichartig therapiert.

Physikalisches Befreiungsmanöver bei Lagerungsschwindel des linken posterioren Bogenganges (☞ Abb. 4.2), modifiziert nach Brandt und Sémont:
Der Patient dreht im Sitzen seinen Kopf nach rechts und wirft sich schnell mit der linken Körperhälfte auf die Untersuchungsliege. Die Nase bleibt dabei oben. Nun kommt es zu einem Nystagmus mit Schwindel. Nachdem der Schwindel abgeebbt ist (ca. anderthalb Minuten) wirft sich der Patient schnell nach rechts auf die Gegenseite. Der Kopf bleibt dabei nach rechts gedreht, daher landet die Nase auf der Liege. Nach weiteren anderthalb Minuten setzt sich der Patient unter Beibehaltung der Kopfwendung wieder langsam auf. Diese Sequenz sollte fünfmal hintereinander wiederholt werden. Bei mind. fünf Durchgängen pro Tag sollte es nach wenigen Tagen zu einer Heilung kommen.
Bei Lagerungsschwindel des rechten posterioren Bogenganges erfolgt die selbe Übung mit vertauschten Seiten (Kopfwendung nach links, zuerst nach rechts, dann nach links werfen).

Phobischer Schwankschwindel

- häufige Schwindelform
- Angstneurose
- oft somatischer Schwindel in der Vorgeschichte
- Bewegungstherapie
- Psychotherapie

Eine häufige Schwindelform ist der phobische Schwankschwindel. Dieser tritt in immer gleichen Situationen wie Einkaufen oder Autofahren auf, dauert meist wenige Minuten und ist stark angstbesetzt. Es kommt nicht zu Stürzen, oft findet sich eine somatische Schwindelform in der Anamnese. Der Schwankschwindel wird der Angstneurose zugeordnet (Psychiatrie ☞ 6.2.2). Betroffen sind meistens Patienten, die in der Vorgeschichte einen somatischen Schwindel erlitten haben. Therapiert wird der Schwindel durch vermehrte Bewegung und Psychotherapie.

4.6.3 Tetanie

- oft durch Hyperventilation ausgelöst
- sensible Missempfindungen
- Krämpfe
- selten Bewusstseinsstörung

Tetanische Anfälle können meist durch psychogene Hyperventilation ausgelöst werden. Durch die Hyperventilation verschiebt sich der Blut-pH ins Alkalische. Es kommt zu einer Hypokalziämie, auf der die tetanischen Anfälle beruhen.

Klinik und Diagnostik

- Taubheitsgefühl, Kribbeln rund um den Mund, an Händen und Füßen.
- schmerzhafte tonische Krämpfe der distalen Extremitätenmuskulatur (Pfötchenstellung, Spitzfuß-Varus-Stellung der Füße)
- meist klares Bewusstsein.

Therapie

Psychische Betreuung, Atemtraining.

? Übungsfragen

1. Wie unterscheiden sich generalisierte von fokalen Anfällen?
2. Welche Trigger für epileptische Anfälle kennen Sie?
3. Was ist eine epileptische Aura und wann tritt sie auf?
4. Wodurch ist ein Status epilepticus charakterisiert?
5. Welche anfallsartigen nicht-epileptischen Erkrankungen mit neurologischer Symptomatik kennen Sie?

5 Gefäßbedingte Erkrankungen

Die bekanntesten gefäßbedingten Erkrankungen sind die Herz-Kreislauferkrankungen, die von Internisten betreut werden. Neurologisch bedeutsam sind v.a. Gefäßerkrankungen, welche das Gehirn betreffen: die zerebralen vaskulären Störungen. Da diese zunehmend häufiger werden, nimmt die vaskuläre Neurologie eine wichtige Stellung im klinischen Alltag ein. Zu den bedeutendsten akuten gefäßbedingten Erkrankungen in der Neurologie gehört der **Schlaganfall**. Hierbei kommt es, wie der Name schon sagt, schlagartig zu einem neurologischen Ausfall, der entweder auf einem Hirninfarkt oder einer zerebralen Blutung beruhen kann. Der Begriff Schlaganfall ist im allgemeinen Sprachgebrauch der Oberbegriff für alle gefäßbedingten, plötzlich auftretenden neurologischen Erkrankungen.

5.1 Zerebrale Ischämien

In ⅔ der Fälle ist die Ursache des Schlaganfalls eine zerebrale Ischämie, also eine Durchblutungsstörung des Gehirns. Diese beruht auf dem Verschluss einer Hirn versorgenden Arterie und führt zu einer Mangelversorgung des durch diese Arterie versorgten Hirnareals. Dies wiederum führt zu einem fokalen (herdartigen) neurologischen Ausfall. Je nachdem wo die zerebrale Ischämie lokalisiert ist, kommt es zu unterschiedlichen Symptomen, weswegen Schlaganfallpatienten nie ein einheitliches Störungsbild zeigen.

! Merke

Da Ausmaß und Lokalisation einer zerebralen Ischämie stets unterschiedlich sind, zeigen Patienten mit Schlaganfall immer ein individuelles Krankheitsbild. Selbst wenn sich die Symptomatik gleicht, haben die Betroffenen jeweils ihre eigenen Stärken, Schwächen und Kompensationsmöglichkeiten. Dies muss auch in der Physiotherapie unbedingt berücksichtigt werden.

Einteilung

Abhängig von der Dauer und dem Verlauf der neurologischen Symptomatik werden drei verschiedene Verlaufsformen der zerebralen Ischämie unterschieden:

- TIA:
  - Rückbildung in 24 h
  - Symptomatik entsprechend dem Gefäßterritorium
  - z. B. kurzzeitiger Verlust von Sehleistung, Sprache, etc.
- Minor stroke:
  - Rückbildung in wenigen Wochen
  - Symptomatik kann kompensiert werden
- Major stroke:
  - keine Rückbildung der Symptomatik
  - nur unzureichende funktionelle Kompensation durch andere Hirnareale

TIA – Transitorisch ischämische Attacke

❶ Von einer TIA, einer transitorisch ischämischen Attacke *(lat. transitorisch = vorübergehend)*, spricht man, sofern sich die neurologischen Ausfallsymptome innerhalb von 24 Stunden zurückbilden. Das Hirngewebe ist nur vorübergehend funktionsuntüchtig und wird nicht dauerhaft geschädigt. Prinzipiell können alle Gefäße des Gehirns von einem transitorischen Gefäßverschluss betroffen sein und eine dem geschädigten Gefäßterritorium entsprechende Symptomatik hervorrufen. Einige Störungsbilder sind besonders häufig, z.B. kurzzeitiger Sehverlust auf einem Auge bei Verschluss der Arterie, die die Netzhaut versorgt (Amaurosis fugax) oder kurzzeitige Sprachstörungen bei Verschluss der Arterie, die das Sprachzentrum versorgt (Aphasie).

Die transitorisch ischämische Attacke führt aufgrund ihrer kurzen Dauer Patienten viel zu selten zum Arzt. Allerdings ist eine TIA immer ein **Warnsignal** für ein deutlich erhöhtes Schlaganfallrisiko, deshalb sollte sich immer eine ausführliche Diagnostik anschließen! Auch die TIA beruht wie der Hirninfarkt auf den unter 5.1.1 angegebenen Mechanismen, und sie ist deswegen „nur" als glücklicher Verlauf einer zerebralen Ischämie zu werten. Patienten bedürfen deshalb einer intensiven Abklärung der Ursache, einer Aufklärung und der Sekundärprophylaxe eines Hirninfarktes (☞ 5.1.4). Die Symptomatik entspricht dem Ausfall des betroffenen Hirnareals (☞ 5.1.1).

Minor stroke

Bei einem minor stroke bildet sich die Symptomatik nach Tagen bis wenigen Wochen zurück. Entscheidend ist dabei aber nicht so sehr die Dauer, sondern die Tatsache, dass die Patienten entweder asymptomatisch werden oder nur noch minimale Restsymptome zurückbehalten. Zwar werden bei dieser Form Hirnareale irreversibel geschädigt, deren Funktionen können jedoch von anderen Bereichen funktionell kompensiert werden.

Hirninfarkt (major stroke)

Ein Hirninfarkt oder major stroke führt zu persistierenden neurologischen Ausfällen. Auch hier kommt es zum Untergang von Hirngewebe, aber aufgrund der Größe oder der ungünstigen Lokalisation der Ischämie können die Funktionen nur unzureichend von anderen Hirnarealen kompensiert werden.

Ursachen zerebraler Ischämien

❷ Eine zerebrale Ischämie beruht stets auf einem Verschluss oder einer hochgradigen Einengung eines Hirn versorgenden Gefäßes. Dies kann verschiedene Ursachen haben:

- lokaler Verschluss durch arteriosklerotische Gefäßwandveränderungen = **atherothrombotisch**
- Verschluss durch Thromben, die sich von vorgelagerten arteriosklerotischen Gefäßwandveränderungen (meist Plaques, s.u.) loslösen und dann in eine Arterie embolisieren = **arterio-arteriell embolisch**
- Verschluss durch Embolien, die aus dem Herzen stammen = **kardioembolisch**

- hämodynamisch relevante Engstelle (Stenose), die in der Grenzzone zum Versorgungsgebiet einer anderen Arterie zu einer Unterversorgung führt = **hämodynamisch**: Bei einer hämodynamisch verursachten Ischämie lösen sich keine Thromben ab. Vielmehr führt die hochgradige Stenose zu einem verminderten Blutfluss, das Blut „versickert" in den Hirnarealen, die der Stenose am nächsten sind. Weiter entfernte Hirnareale werden nur noch unzureichend mit Blut versorgt, diese Unterversorgung führt zu einer Ischämie im Grenzgebiet zum Versorgungsgebiet einer anderen Arterie (vgl. Phänomen der „letzten Wiese" in der Kardiologie).
- seltener: Gefäßentzündung (☞ 7.3), Gefäßspasmus bei Subarachnoidalblutungen (☞ 5.4), Einriss der Gefäßwände mit Verlegung des eigentlichen Lumens (Dissektion), v.a. bei jungen Patienten.

Risikofaktoren der Arteriosklerose:
- arterielle Hypertonie
- Diabetes mellitus
- Nikotinabusus
- Hyperlipidämie
- orale Kontrazeptiva
- männliches Geschlecht
- Alter

Gefäßwandveränderungen

Die häufigste Ursache für zerebrale Ischämien ist die **Arteriosklerose** (= Gefäßwandverkalkung) der Hirn versorgenden Arterien. Die Arteriosklerose ist eine Systemerkrankung und spielt sich folglich nicht nur an den Hirn versorgenden Gefäßen ab, sondern ist generalisiert. Ein vaskulärer neurologischer Patient ist somit immer auch ein internistisch kranker Patient! Die Ursachen der Arteriosklerose sind bisher ungeklärt, die **Risikofaktoren** hingegen sind hinreichend bekannt:
- arterielle Hypertonie (Bluthochdruck): Der hohe Blutdruck führt zu einer mechanischen Dauerschädigung der Gefäßwand.
- Diabetes mellitus (Zuckerkrankheit): Der langjährig erhöhte Blutzucker verändert Proteine, die an der Regeneration der Gefäßwand beteiligt sind.
- Nikotinabusus: Die Giftstoffe einer Zigarette schädigen direkt das Gewebe und aktivieren die Blutgerinnung.
- Hyperlipidämie (Cholesterin- oder Blutfetterhöhung): Die Blutfette lagern sich in die Gefäßinnenwand ein und führen so zur Plaquebildung.
- orale Kontrazeptiva (medikamentöse Schwangerschaftsverhütung, „Pille")
- männliches Geschlecht
- Alter.

Die Arteriosklerose beruht auf einer Ablagerung von Fetten an der Innenschicht der Arterienwände. Dies führt zu einer zellulären Reaktion mit Verkalkung und Einengung der Gefäße durch einen so genannten Plaque. Als **Plaque** bezeichnet man also eine umschriebene Ablagerung von Blutfetten, die eine zelluläre Reaktion mit Verkalkung auslöst.
Wenn der Plaque akut einreißt, z.B. aufgrund von entgleistem Blutdruck, bildet sich zunächst ein Thrombus, der sich lösen und in die Arterie eingeschwemmt werden kann. Ein dahinter liegendes Blutgefäß mit kleinerem Durchmesser wird dadurch evtl. komplett verschlossen.
Sehr große Plaques reduzieren den Blutfluss in der dahinter liegenden Arterie erheblich. Da jedoch das Gehirn versorgt werden muss, versuchen andere Hirn versorgende Arterien, das Versorgungsgebiet der betroffenen Arterie mitzuversorgen. Dies nennt man Kollateralisierung.

Kommt es aber zu einer Größenzunahme des Plaque, so dass die Kollateralisierung nicht mehr ausreicht, oder zu einem allgemeinen Blutdruckabfall, dann führt dies zu einer akuten Unterversorgung und damit zu einer hämodynamischen Ischämie. Häufiger äußern sich große Plaques jedoch durch einen akuten Verschluss des Gefäßes mit nachfolgender Thrombusbildung und Embolie.

Kardiale Embolien

Risikofaktoren der kardialen Embolie:
- Vorhofflimmern
- künstliche Herzklappen
- Endokarditis
- transmuraler Herzinfarkt

Neben den beschriebenen arteriosklerotischen Ursachen zerebraler Ischämien können auch Embolien aus dem Herzen zerebrale Durchblutungsstörungen verursachen.

- Eine häufige Ursache für zerebrale Ischämien sind Herzrhythmusstörungen. Insbesondere beim **Vorhofflimmern** können sich Thromben bilden, weil durch die zu schnelle Erregung des Vorhofes eine geregelte Kontraktion der Vorhofmuskulatur fehlt. So kommt das Blut ins Stocken und speziell in den Herzohren, wo es von Haus aus schlecht weitertransportiert wird, bilden sich Thromben. Diese können sich, v.a. wenn die Vorhöfe im wiederhergestellten Sinusrhythmus wieder geregelt kontrahieren, lösen, in die arterielle Blutbahn gelangen und so zu Embolien führen. Die Embolien gelangen aufgrund der Anatomie des Aortenbogens häufig in die Hirn versorgenden Arterien und damit in das Gehirn.
- Mechanische Herzklappen sind ein weiterer Grund für kardiale Embolien, weil die Fremdkörperoberfläche den normalen Blutfluss stört und so eine Thrombenbildung bewirkt.
- Entzündungen der Herzinnenwand (= Endokarditis) können ebenso emboligen sein, d.h. Embolien verursachen. Hierbei können sich entweder Bakterienkolonien selbst lösen und die Arterien verstopfen oder aber es bilden sich Thromben an der entzündeten und dadurch aufgerauten Herzinnenwand.
- Bei einem **Herzinfarkt**, bei dem die Herzinnenwand mit betroffen ist, können an der unregelmäßigen, narbigen Wand Thromben entstehen. Wenn diese sich lösen, kommt es zur Embolie.

5.1.1 Hirninfarkt – Klinik und Einteilung

Symptomatik entspricht dem Gefäßterritorium:
- lakunäres Syndrom
- territoriales Syndrom

Der Hirninfarkt ist mit 15 % aller Todesfälle eine sehr häufige, komplikationsträchtige Erkrankung. Nur ein verschwindend geringer Anteil der Hirninfarkte führt direkt zum Tod (seltene Hirnstamminfarkte, die das Kreislauf- oder Atemzentrum betreffen), normalerweise sind es die Komplikationen, die die Patienten versterben lassen (☞ 5.1.4).
Die Symptome des Hirninfarktes sind davon abhängig, welche Hirnarterie verschlossen und welches Hirnareal (so genannter Infarktbezirk) betroffen ist.
(3) Man unterscheidet lakunäre Syndrome von territorialen Syndromen, die sich sowohl in ihrer Pathogenese als auch in der dadurch erforderlichen Diagnostik und Therapie voneinander unterscheiden.

Lakunäre Syndrome

Häufige lakunäre Syndrome:
- motorisches Hemisyndrom
- sensibles Hemisyndrom
- gemischt motorisch/sensibles Hemisyndrom

Lakunäre Syndrome beruhen auf dem arteriosklerotischen Verschluss kleiner Arterien und Arteriolen. Diese versorgen entweder den Hirnstamm oder gehen rechtwinklig aus der A. cerebri media ab und versorgen das Marklager des Großhirns, in der auch die Capsula interna (☞ 1.3.5) liegt. Die kleinen Arterien versorgen nur einen winzigen Bereich des Gehirns. Bei einem Verschluss entstehen kleine Infarkte, die man **Lakunen** nennt. Da jedoch alle motorischen und sensiblen Fasern in sehr enger Anordnung durch die Capsula interna ziehen und in Höhe der Medulla oblongata auf die Gegenseite kreuzen, kommt es zu ausgedehnten Ausfällen: zu kontralateraler Hemiparese oder -plegie (☞ 2.1) der oberen und unteren Extremität sowie des Gesichts (durchgehende Hemiparese- oder plegie). Die Muskellähmung ist zunächst immer schlaff, nach Tagen bis Wochen oder sogar Monaten entwickelt sich jedoch eine Spastik (☞ 2.1.1). Neben der Muskellähmung kann es bei Beteiligung der sensiblen Fasern auch zu einer Hemihypästhesie, d.h. zu einer Gefühlsstörung kommen. Es gibt Fälle, in denen ausschließlich sensible Fasern betroffen sind. So kann ein Patient z.B. eine Taubheit der linken Körperhälfte angeben, ohne über motorische Ausfälle zu klagen.
Alle lakunären Syndrome zeigen eine **durchgehende Symptomatik**, d.h. Gesicht, Arm und Bein sind betroffen, die Patienten sind jedoch neuropsychologisch unauffällig. Da die geschädigten Arterien klein sind, nennt man den Pathomechanismus **mikroangiopathisch**.

Subkortikale arteriosklerotische Enzephalopathie (SAE)

Kommt es zu wiederholten lakunären Infarkten, von denen einige auch zunächst asymptomatisch ablaufen können, wird die weiße Substanz des Gehirns zunehmend geschädigt. Es resultiert das sehr häufige Syndrom der subkortikalen arteriosklerotischen Enzephalopathie. Die älteren Patienten leiden an einer zunehmenden Gangstörung, Demenz und

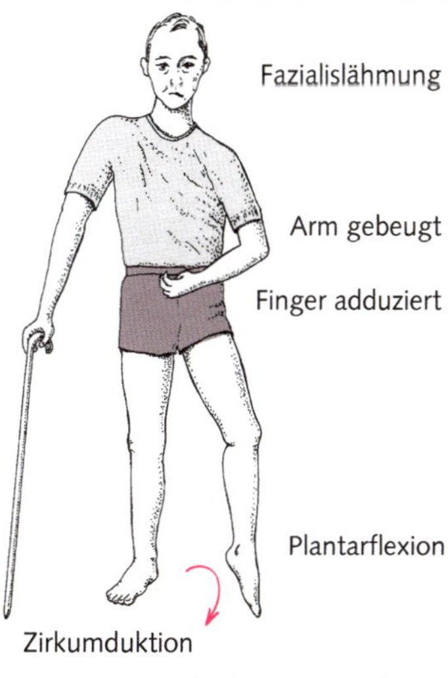

Abb. 5.1: Patient mit Z.n. rechtshemisphärischem lakunärem Hirninfarkt [A300-190]

Blasenstörungen. Außerdem können ein Pseudo-Parkinson-Syndrom (☞ 9.2) sowie eine symptomatische Epilepsie (☞ 4.5) auftreten.

Territoriale Syndrome

Territorialinfarkte betreffen ein deutlich größeres Hirnareal als die lakunären Infarkte und entstehen beim meist embolischen Verschluss einer großen Hirnarterie (Makroangiopathie ☞ 1.7). Da die großen Hirnarterien den Kortex versorgen (☞ Abb. 1.25), kommt es neben möglichen motorischen oder sensiblen auch zu neuropsychologischen Syndromen (☞ 2.5). Durchgehende Hemisymptomatiken sind aufgrund der Blutversorgung des motorischen Homunculus (Gyrus praecentralis ☞ 1.3.6 und Abb. 1.18) nur zu erwarten, wenn die A. cerebri media und A. cerebri anterior gleichzeitig verschlossen sind, was zum Hemisphärensyndrom (s.u.) führt.

Hirninfarkte im vorderen Kreislauf

Die A. carotis interna mit ihren beiden intrakraniellen Ästen, A. cerebri anterior und A. cerebri media, bilden den vorderen Hirnkreislauf. Bei Infarkten im vorderen Kreislauf sind die Hirnareale betroffen, die durch diese Arterien versorgt werden (☞ 1.7).

Embolien landen häufig im Mediaterritorium. Bei einem proximalen Verschluss, d.h. einem Verschluss kurz nachdem die A. cerebri anterior abzweigt, entwickelt sich das so genannte **Mediasyndrom**. Hierbei entsprechen die neurologischen Ausfälle den gesamten Hirnfunktionen der durch die A. cerebri media versorgten Areale.

Verschluss der Arteria cerebri media

Mediasyndrom:
- kontralaterale brachiofazial betonte Hemiparese
- kontralaterale brachiofazial betonte Hemihypästhesie
- Kopf- und Blickwendung zur erkrankten Seite
- kontralaterale Hemi- oder Quadrantenanopsie
- neuropsychologische Syndrome

- kontralaterale brachiofaziale Parese: Bei der zentralen fazialen Parese besteht ein kontralateraler Ausfall der Gesichtsmotorik. Nur die Stirnmuskeln funktionieren, da der Stirnteil des N. facialis von beiden Hemisphären innerviert wird (☞ 14.1.4). Neben der Gesichtslähmung sind v.a. die Armmuskeln betroffen.
- kontralaterale brachiofaziale Hypästhesie (☞ 2.7): Gesicht und Arm betreffende Gefühlsstörung, d.h. herabgesetzte Empfindung von Sinnesreizen.
- Kopf- und Blickwendung zur erkrankten Seite bei Läsion des frontalen Augenfeldes.
- kontralaterale Hemi- oder Quadrantenanopsie: Gesichtsfeldausfälle unterschiedlicher Größe.
- neuropsychologische Syndrome bei Läsion der dominanten Hemisphäre:
  - Aphasie (☞ 2.5): Sprachstörung.
- neuropsychologische Syndrome bei Läsion der nicht-dominanten Hemisphäre (☞ 2.5):
  - Apraxie: Störung der normalen Verknüpfung von Einzelbewegungen zu Bewegungsfolgen.
  - Neglect: Nichtbeachtung der linken Körperhälfte und Umwelt.
  - Anosognosie: Nihilierung der Erkrankung.

Verschluss der Arteria cerebri anterior

- kontralaterale Beinparese
- kontralaterale Hypästhesie des Beines
- Antriebsmangel und andere psychische Auffälligkeiten
- Inkontinenz.

Hemisphärensyndrom

❹ Bei einem Verschluss sowohl der A. cerebri anterior als auch der A. cerebri media resultiert ein Syndrom, welches die oben genannten Symptome vereint, das so genannte Hemisphärensyndrom. Ursache für den Verschluss beider Gefäße ist ein großer Embolus, der in der A. carotis interna sitzt, genau an der Gabelung in A. cerebri anterior und A. cerebri media. Da nur noch die A. cerebri posterior einen kleinen Teil der Großhirnhemisphäre versorgt, fallen bei einem derart großen Infarkt nahezu alle Funktionen einer Hemisphäre aus. Das Hemisphärensyndrom hat eine schlechte Prognose, unbehandelt versterben die meisten Patienten an einer Einklemmung (☞ 2.6.1).

Hirninfarkte im hinteren Kreislauf

Der hintere Kreislauf besteht aus der A. vertebralis, A. basilaris und den Arterien, die daraus hervorgehen, insbesondere die Kleinhirnarterien und die A. cerebri posterior (☞ 1.7).

Verschluss der Arteria vertebralis und Arteria basilaris

Proximaler Basilarisverschluss:
- Bewusstseinsminderung
- Tetraparese
- Hirnnervenausfälle
- Kleinhirnsymptome

Die A. basilaris ist die einzige große Arterie, welche den Hirnstamm, das Kleinhirn und den Okzipitallappen versorgt. Ein proximaler Verschluss der A. basilaris ist mit dem Leben nicht vereinbar, da u.a. die lebenswichtigen Zentren des Hirnstammes vom Infarkt betroffen sind.
Kleinere Infarkte im hinteren Stromgebiet betreffen entweder den Hirnstamm oder das Kleinhirn oder beide. **Hirnnervenausfälle** aufgrund einer Schädigung der Hirnnervenkerne kombiniert mit einer Bewusstseinsstörung und einer **kontralateralen Hemisymptomatik** lenken den Verdacht auf einen **Hirnstamminfarkt**. Die Hemisymptomatik kann sowohl motorisch als auch sensibel sein, je nachdem ob die Pyramidenbahn oder die sensiblen Bahnen betroffen sind. Da die Pyramidenbahn erst im unteren Hirnstamm kreuzt, findet man die Hemiparese meist auf der den Hirnnervenausfällen gegenüberliegenden Seite, z.B. linksseitige Fazialisparese mit rechtsseitiger Parese des Armes und Beines. Dies ist ein wesentlicher Unterschied zu den Infarkten im vorderen Kreislauf.
Hirnstammsymptome (☞ 1.3.2 und ☞ 2.6):

- Bewusstseinsminderung (bis hin zum Koma)
- Augenmuskelparesen und Doppelbilder (Hirnnerv III, IV und VI)
- Hypästhesie im Bereich des Gesichts (Hirnnerv V)
- Fazialisparese (Hirnnerv VII)
- Schwindel, Übelkeit und Hörstörungen (Hirnnerv VIII)
- Dysarthrie, Schluckstörungen (Hirnnerv XI und X)
- Zungenparese (Hirnnerv XII)
- kontralaterale Hemiparese
- kontralaterale Hemihypästhesie
- **Horner-Syndrom** bei Schädigung der zentralen Sympathikusbahn (☞ 1.4): Das Horner-Syndrom besteht aus einer Engstellung der Pu-

pille (Miosis), Herabhängen des Augenlides (Ptose) und einem scheinbaren Zurückweichen des Auges (Enophthalmus).

Bei reinen **Kleinhirninfarkten** (☞ 11.2) fehlen Hirnstammsymptome, diese Infarkte beruhen auf einem Verschluss der A. cerebelli inferior posterior, A. cerebelli inferior anterior oder A. cerebelli superior (☞ 1.7). Kleinhirnsymptome (☞ 2.3) sind:

- Hemiataxie, Dysmetrie, Dysdiadochokinese
- Nystagmus
- Dysarthrie
- Schwindel.

Verschluss der Arteria cerebri posterior

Die A. cerebri posterior versorgt den Okzipitallappen. Ein Verschluss führt daher zu:

- kontralateraler Hemianopsie: bei beidseitigem Verschluss kortikale Blindheit
- kontralaterale Hemihypästhesie
- selten kontralaterale Hemiparese bei Beteiligung der hinteren Capsula interna
- räumliche Orientierungsstörung.

Pseudobulbärparalyse

Durch rezidivierende Ischämien im hinteren Kreislauf mit entsprechend multiplen Hirnstammischämien kann es zur so genannten Pseudobulbärparalyse kommen (Differentialdiagnose Bulbärparalyse ☞ 10.3). Dabei liegt ein beidseitiger Schaden der motorischen Bahnen (Tractus corticonuclearis) im Verlauf des Hirnstammes vor. Es resultiert eine beidseitige spastische Parese der Schlund- und Zungenmuskulatur (Hirnnerven IX-XII), wodurch Schluck- und Sprechstörungen auftreten, und es besteht Aspirationsgefahr. Auffällig sind Zwangslachen und Zwangsweinen, die nicht Ausdruck der Gemütslage des Patienten sind, sondern spontan auftretende Automatismen.

5.1.2 Hirninfarkt – Diagnostik und Therapie

Diagnostik

Breite Diagnostik, um Therapie und Sekundärprophylaxe zu bestimmen

Die diagnostische Abklärung eines Hirninfarktes dient der Verhinderung von Komplikationen sowie der adäquaten Einstellung einer Sekundärprophylaxe (= Verhinderung eines weiteren Schlaganfalles). Die Einordnung des Infarktes in einen Pathomechanismus erlaubt dabei die Wahl der richtigen Sekundärprophylaxe und senkt damit das Risiko, einen weiteren Schlaganfall zu erleiden. Ferner zielt die Diagnostik darauf ab, Komplikationen zu erkennen, zu verhindern und das Rehabilitationspotential abzuwägen.

In der Aufnahmesituation sind folgende Untersuchungen notwendig:

- Bei der neurologischen Untersuchung werden die Ausfälle dokumentiert und das betroffene Hirnareal identifiziert.
- Bei der Auskultation (Abhorchen) der Halsgefäße deuten Strömungsgeräusche auf Stenosen hin. Die weitere internistische Unter-

suchung liefert Hinweise, z.B. fehlende Fußpulse, auf eine generalisierte Arteriosklerose oder Systemerkrankungen.

- Im Labor muss eine Hypoglykämie (= Unterzuckerung), die differentialdiagnostisch infrage käme, oder eine Gerinnungsstörung ausgeschlossen werden.
- Das EKG kann ein Vorhofflimmern zeigen, welches dann bereits als hochwahrscheinliche Ursache für den Hirninfarkt angesehen werden kann (☞ 5.1.1).
- Im CCT ist der Infarkt häufig erst nach dem zweiten Tag sichtbar. Dies liegt daran, dass das Hirngewebe erst verzögert abgebaut wird. Wichtig ist aber, im CCT eine Blutung auszuschließen, da Blutung und Infarkt identische Symptome zeigen können, die Therapie aber völlig entgegengesetzt ist. Alternativ lässt sich bei stabilem Patienten eine cMRT durchführen, die den Infarkt bereits nach kurzer Zeit zeigen kann.
- Die Doppler-Sonographie kann Stenosen und Verschlüsse der Hirn versorgenden Arterien nachweisen und damit den Hinweis auf eine makroangiopathische Ursache des Schlaganfalles geben.
- Im Zweifelsfall kann die Angiographie den Gefäßverschluss direkt nachweisen. Ebenso lässt sich mittels Angiographie der Einriss einer Gefäßwand (Dissektion) häufig aufdecken.

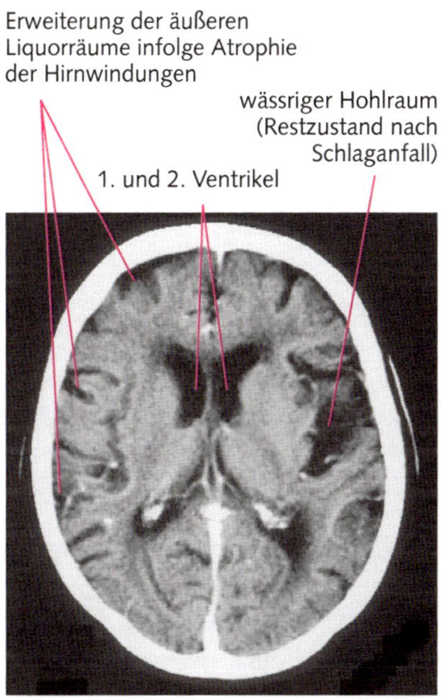

Abb. 5.2: Ausgedehnter alter Hirninfarkt im CCT. Der rechtsseitige Substanzdefekt im Versorgungsgebiet der A. cerebri media entspricht abgestorbenem Hirngewebe. Als weiteren Befund erkennt man eine Erweiterung der äußeren Liquorräume. [B117]

Im Verlauf des stationären Aufenthaltes sollte die weitere Diagnostik beinhalten:

- Eine kardiale Abklärung mittels Echokardiographie zum Nachweis von Thromben, von Infarktnarben, einer Herzinsuffizienz oder pathologischen Verbindungen zwischen rechtem und linkem Herzen.
- Die Abklärung der Risikofaktoren, z.B. Langzeitblutzucker abklären (Bestimmung des HbA1c), Blutfette kontrollieren (HDL/LDL-Cholesterin), Langzeitblutdruck messen.
- Langzeit-EKG, um Herzrhythmusstörungen und insbesondere Vorhofflimmern aufzudecken.

Bei einem lakunären Infarkt muss nicht zwangsläufig eine kardiale Abklärung erfolgen, da der Pathomechanismus höchstwahrscheinlich atherothrombotisch ist, d.h. auf einem lokalen Gefäßverschluss beruht.

Differentialdiagnose

Folgende Erkrankungen können dieselben Symptome wie bei einem Hirninfarkt zeigen und müssen deshalb ausgeschlossen werden:

- intrazerebrale Massenblutungen (☞ 5.2)
- hypertensive Krise
- Hypoglykämie (☞ 16.5.7)
- Migräne mit Aura (☞ 8.1)
- Z.n. epileptischem Anfall (Todd-Parese ☞ 4.1.1).

Therapie

- Lyse
- Thrombozytenfunktionshemmung
- Blutzuckersenkung
- Fiebersenkung

Ziel jeder Therapie ist die Behebung der Ursache. Im Falle eines Gefäßverschlusses bedeutet das, dass versucht werden sollte, die Blutgerinnsel durch Thrombolyse aufzulösen und das Gefäß damit zu rekanalisieren. Jedoch sind wesentliche Komplikationen dieser Lyse-Therapie Blutungen, insbesondere in den Infarktbereich hinein. Je älter der Infarkt ist, desto häufiger treten diese Blutungen auf. Aus diesem Grunde hat sich die Lysetherapie bisher nur bis max. 3 Stunden nach Symptombeginn durchgesetzt. Dies zeigt, wie wichtig eine schnelle Einweisung in ein Klinikum und eine schnelle Diagnostik sind.

Thrombozyten sind wichtiger Bestandteil der Thromben. Eine Thrombozytenfunktionshemmung durch Gabe von z.B. ASS verhindert, dass sich neue Thromben am Plaque bilden und zu neuen Schlaganfällen führen können.

Weiterführende Therapie zur Verbesserung der Prognose:

- Atmung und Kreislauf sichern
- Blutzucker gut einstellen
- ggf. Fieber senken
- Durchblutungsförderung durch nicht zu aggressive Blutdrucksenkung.

Komplikationen

Komplikationen sind die Haupttodesursache von Schlaganfallpatienten.

Der Hirninfarkt birgt für den Patienten ein hohes Risiko an Komplikationen. Da das Hirngewebe bei einem Infarkt abstirbt, kann der Infarkt deutlich anschwellen. Dies kann zur Verlegung der Hirnventrikel mit Liquorstau und Hydrocephalus oder gar zu einer Einklemmung (☞ 2.6.1) führen. Auch eine mögliche Einblutung in den Infarkt kann

zu einer zunehmenden **Raumforderung** führen. Nicht ganz abgestorbene, aber in ihrer Funktion beeinträchtigte Zellen können symptomatische **epileptische Anfälle** auslösen.
Solange die zugrunde liegende Ursache des Infarktes noch vorhanden ist, z.B. eine Stenose oder ein intermittierendes Vorhofflimmern, besteht die Gefahr eines **Re-Infarktes**. Ferner verschlechtern die „klassischen" Komplikationen bei Bettlägerigkeit die Prognose:
- Pneumonie
- Dekubitus
- Thrombose und Lungenembolie.

Im Mittelpunkt der Therapie im weiteren Sinne steht die Verhinderung solcher Komplikationen, die außerdem die Notwendigkeit einer intensiven neurologischen Überwachung von Schlaganfallpatienten bedingen. In jüngerer Vergangenheit hat dies zur Etablierung von so genannten **Stroke-units** *(= Schlaganfallstationen)* geführt, die sich auf die schnelle Diagnostik und Therapie des Schlaganfalles und seiner Komplikationen spezialisiert haben. Die hohe Spezialisierung und Qualifikation dieser Stationen haben zu einer deutlichen Verbesserung der Prognose von Schlaganfallpatienten beigetragen. Eine weitere Säule der Stroke-units ist die Frührehabilitation: Ein Team von spezialisierten Physio- und Ergotherapeuten, Logopäden und Sozialarbeitern arbeiten eng mit dem pflegerischen und ärztlichen Personal zusammen und führen so zu einer Reduktion der Komplikationsrate.
Bevor die Patienten entlassen werden, muss ein Konzept zur Verhinderung eines weiteren Schlaganfalles erarbeitet werden. Diese **Sekundärprophylaxe** beinhaltet je nach Pathogenese:
- langfristige Thrombozytenfunktionshemmung durch z.B. ASS (Acetylsalicylsäure)
- Risikofaktoren einstellen
- Ausschaltung von symptomatischen Stenosen durch Operation oder Ballondilatation und Einlage eines Kunststoffröhrchens, so genannter **Stent**, im Rahmen einer interventionellen Angiographie
- Marcumarisierung bei Vorhofflimmern.

Prognose

Je nach Größe des Infarktbezirkes können andere Bereiche des Gehirns die Symptomatik kompensieren. Entscheidend dafür ist das Training der ausgefallenen Funktionen. Die Prognose hängt ferner entscheidend vom Auftreten von Komplikationen ab.

- frühzeitig Bewegungsübungen
- assoziierte Symptome berücksichtigen
- Gangschulung
- Gleichgewichtstraining
- Zusammenarbeit mit Ergo- und Logopädie

Physiotherapie

5 Während des stationären Aufenthaltes ist das Ziel der Physiotherapie, die „klassischen“ Komplikationen der Bettlägerigkeit zu verhindern sowie die Bewegungsfunktionen zu fördern bzw. zu verbessern. Man geht davon aus, dass durch (aktives) Bewegen bzw. Mitbewegen des Patienten im Rahmen seiner Möglichkeiten eine neuronale Vernetzung entsteht und andere Hirnbereiche die Aufgaben der geschädigten Areale übernehmen können. Entscheidend ist die frühzeitige Mobilisierung durch aktive und passive Maßnahmen speziell der paretischen Körperseite – wobei immer bedacht werden sollte, dass auch die so genannte „gesunde Seite“ mit beeinträchtigt ist! Wichtig ist es, durch gezielte Reize normale Bewegungen zu fördern und pathologische Reaktionen zu verhindern. Dabei sollten die Bewegungen und Übungen in einen sinnvollen, funktionsbezogenen Kontext gestellt werden.
Mit besonderer Aufmerksamkeit ist die Entwicklung einer Spastik zu verfolgen: In manchen Fällen mag sie die Mobilisierung evtl. erleichtern, eine Tonuserhöhung führt allerdings auch zu Kontrakturen und verhindert einen normalen Bewegungsablauf. So wird durch die erhöhte Muskelspannung bestimmten Bewegungen und Bewegungsrichtungen ein Widerstand entgegengesetzt, der Bewegungskoordination, Gleichgewichtsreaktionen, normale Bewegungsmuster etc. stark einschränkt oder unmöglich macht.
Die Physiotherapie beschränkt sich nicht auf die Behandlung der rein motorischen Aspekte einer Hemiparese, sondern muss sämtliche Ausfallsymptome berücksichtigen. So gehört z.B. auch die Therapie von Sensibilitätsstörungen in ihr Aufgabengebiet. Eine Anosognosie (☞ 2.5) kann die Motivation des Patienten erheblich reduzieren und eine physikalische Therapie frustran werden lassen. Viel Geschick und Ausdauer ist bei Patienten mit solchen und anderen neuropsychologischen Störungen gefragt. Eine enge Zusammenarbeit der Physiotherapeuten mit den Ergotherapeuten und den Logopäden ist wünschenswert. Die Logopädie nimmt eine wichtige Stellung ein, da sie sowohl die Dysarthrie und Aphasie als auch die komplikationsreiche Schluckstörung behandelt. In der Ergotherapie wird versucht, den Handlungsradius des Patienten zu erweitern und mit ihm z.B. Möglichkeiten zur Mithilfe bei Alltagsverrichtungen zu erarbeiten.

? Übungsfragen

1. Was ist eine TIA?
2. Welche Ursachen für eine zerebrale Ischämie kennen Sie?
3. Welche klinische Einteilung von zerebralen Ischämien kennen Sie?
4. Was ist ein Hemisphärensyndrom?
5. Was ist bei der Physiotherapie des Hirninfarktes besonders wichtig?

5.2 Intrazerebrale Blutung

Neben den Hirninfarkten stellen die intrazerebralen Blutungen den zweitgrößten Teil der Ursachen von Schlaganfällen. Bei den intrazerebralen Blutungen handelt es sich um Blutungen in das Hirngewebe hinein. Dabei kommt es zu einer Zerstörung von Hirngewebe im Blutungsareal und durch die akute Volumenzunahme zu Druck auf umliegendes Hirngewebe.

- meist im Rahmen einer hypertensiven Entgleisung

Ursachen

❶ Die häufigste Ursache einer intrazerebralen Blutung ist die arterielle Hypertonie (Bluthochdruck). Der genaue Pathomechanismus ist noch nicht eindeutig geklärt. Man nimmt jedoch eine chronische Gefäßwandschädigung an, die im Rahmen einer **hypertensiven Entgleisung** eine Schwachstelle darstellt, an der das Gefäß platzt.

Chronischer Alkoholabusus stellt einen wesentlichen Risikofaktor dar.

Als häufige weitere Ursachen kommen in Betracht:

- Gefäßmissbildungen (☞ 5.6)
- eingebluteter Tumor (v.a. Metastasen)
- Sinusvenenthrombose (☞ 5.3)
- Marcumartherapie (Blutungen als wesentliche Nebenwirkung)
- Kokainkonsum
- Schädel-Hirn-Trauma (☞ 12.2).

Klinik

Patienten mit einer intrazerebralen Blutung werden mit der Verdachtsdiagnose Schlaganfall eingeliefert. Die **Symptome** entsprechen denen eines Hirninfarktes, nur bei großen Blutungen kann eventuell schon die Hauptkomplikation, erhöhter Hirndruck, Symptom bestimmend sein. Schlaganfallpatienten, die bewusstseinsgemindert eingeliefert werden und sich übergeben, haben wahrscheinlich eher eine Hirnblutung als einen Infarkt. Weitere Hirndrucksymptome wie Kopfschmerzen und die weite, lichtstarre Pupille sind in Kapitel 2.6.1 zusammengefasst.

Diagnostik entspricht der bei Hirninfarkten

Diagnostik

Die Diagnostik entspricht der für den Hirninfarkt vorgestellten (☞ 5.1.3) diagnostischen Möglichkeiten. Die laborchemische Analyse deckt eine eventuell bestehende Blutungsneigung auf, z.B. Thrombozytopenie, Gerinnungsfaktorenmangel bei Alkoholabusus oder eine Marcumar-Überdosierung. Eine solche Blutungsneigung könnte die Blutung verursacht haben und muss gesondert therapiert werden.

In der Bildgebung zeigt sich eine hyperdense *(lat. densus = dicht)* intrazerebrale Raumforderung. Zeigt die CCT eine Stammganglienblutung, ist eine hypertensive Genese wahrscheinlich. In diesem Fall findet sich in der Angiographie meist keine Blutungsquelle.

Bei kortikalen Blutungen findet sich in der Angiographie häufig eine Blutungsquelle. Diese lässt sich dann therapeutisch beheben.

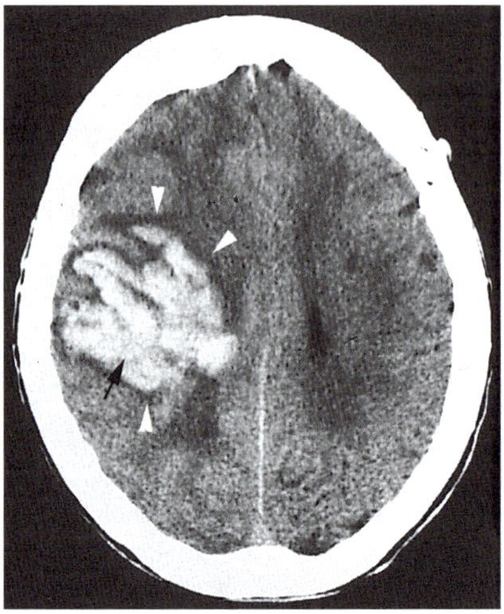

Abb. 5.3: Raumfordernde intrazerebrale Blutung mit Ödem. Die Blutung stellt sich weiß dar, die Pfeilköpfe weisen auf das umgebende Ödem. [S008-2]

Therapie

- neurochirurgische OP
- Blutdrucksenkung
- Ausgleich von Gerinnungsstörungen

Die Angiographie kann die Blutungsquelle aufzeigen, die möglicherweise interventionell (☞ 2.8.2) angegangen werden kann, d.h. Verschluss einer Gefäßmissbildung oder Entfernung eines Tumors. Auch die Blutung an sich kann bei geeigneter Lage und Größe neurochirurgisch ausgeräumt werden. Die konservative Akuttherapie beschränkt sich auf die Blutdrucksenkung, der Ausgleich von etwaigen Gerinnungsstörungen und intensivmedizinische Therapie. Bei Auftreten von Komplikationen ist erneut über eine chirurgische Intervention nachzudenken. Häufige Komplikationen sind:

- Nachblutung
- Hirnödem (Schwellung) mit Gefahr der Einklemmung
- Einbruch von Blut in das Ventrikelsystem; Das Blut kann den Abfluss von Liquor behindern, der Liquor kann nicht mehr resorbiert werden, es besteht die Gefahr des Hydrocephalus (☞ 1.6).

Im Weiteren entsprechen die Komplikationen denen des Hirninfarktes.

Prognose

❷ Die Sekundärprophylaxe beinhaltet eine konsequente Blutdruckeinstellung. Die Prognose ist jedoch bescheiden: Die Hälfte der Patienten mit einer intrazerebralen Blutung verstirbt binnen eines halben Jahres. Überlebt der Patient das akute Ereignis, dann stehen im Rahmen der Rehabilitation die gleichen physio- und ergotherapeutischen Maßnahmen zur Verfügung wie beim Hirninfarkt.

? Übungsfragen

❶ Was ist die häufigste Ursache für eine intrazerebrale Blutung?

❷ Spielt die Physiotherapie bei Blutungen eine kleinere Rolle als bei Hirninfarkten?

5.3 Sinusvenenthrombose

Folgen einer Sinusthrombose:
- Hirnödem
- Stauungsblutungen
- epileptische Anfälle

❶ Die Sinusvenenthrombose ist eine seltene Form des Schlaganfalles. Sie beruht auf einem Verschluss eines venösen Sinus, welcher normalerweise den Blutabfluss des Gehirns sicherstellt (☞ 1.7). Der Verschluss führt zu **Stauungsinfarkten** oder **-blutungen**, einem **Hirnödem** und **epileptischen Anfällen**.

Ursachen

Thrombosen von Hirnvenen und Sinus treten vermehrt in der zweiten Hälfte einer Schwangerschaft, im Wochenbett oder unter Einnahme von Ovulationshemmern (Anti-Baby-Pille) auf. Ferner können sie auftreten durch eine vermehrte Gerinnungsneigung im Rahmen von Infektionen von Nasennebenhöhlen und Mittelohr sowie bei Meningitis und Hirntrauma.

Klinik

- Hirndruckzeichen (Kopfschmerz, Übelkeit und Erbrechen, Bewusstseinsminderung ☞ 2.6.1)
- oft beidseitige Fokalneurologie
- epileptische Anfälle.

Diagnostik

- Klinik beachten! Kopfschmerz, Fokalneurologie und epileptische Anfälle legen die Verdachtsdiagnose Sinusvenenthrombose sehr nahe. Bei Auftreten dieser Symptomkombination immer daran denken!
- Im CCT können häufig beidseitige Stauungsblutungen oder -infarkte dargestellt werden. Nach Kontrastmittelgabe lassen sich Thromben in Venen und Sinus diagnostizieren. Das cMRT kann mittels kernspintomographischer venöser Angiographie die Thrombose direkt nachweisen.
- Das EEG zeigt häufig Herdbefunde.
- Bei der Angiographie fällt eine Verlangsamung des venösen Blutabflusses auf, das thrombosierte Gefäß lässt sich nicht darstellen.

Therapie

- gerinnungshemmende Medikamente, damit sich die Thrombose nicht auf weitere Gefäße ausdehnt (Heparin)
- medikamentöse Behandlung des Hirnödems
- Sanierung eines Entzündungsherdes
- Der Physiotherapeut therapiert die neurologischen Ausfälle.

5.4 Aneurysma und Subarachnoidalblutung (SAB)

Aneurysma:
- Ausstülpung der Arterienwand
- häufig an der Hirnbasis, häufig asymptomatisch
- evtl. Verursachen von neurologischen Ausfällen
- bei Ruptur Subarachnoidalblutung

Ein Aneurysma ist eine sackartige Ausstülpung der Arterienwand. Aneurysmen finden sich häufig in den Gefäßen der Hirnbasis im Bereich des Circulus arteriosus wilisii (☞ 1.7). Kleinere Aneurysmen verursachen nur selten Symptome, erst ab einer gewissen Größe können sie Nerven an der Hirnbasis eindrücken und dementsprechende neurologische Ausfälle auslösen. Platzt ein Aneurysma, häufig während einer „Bauchpresse" wie beim Stuhlgang oder beim Geschlechtsverkehr, kommt es zu einer plötzlichen **Subarachnoidalblutung** (SAB). Hierbei sammelt sich Blut im Subarachnoidalraum, der zwischen den beiden weichen Hirnhäuten Pia mater und Arachnoidea liegt und normalerweise mit Liquor gefüllt ist (☞ 1.5 und 1.6). Durch die Blutung kommt es zu einem akuten und massiven Anstieg des Hirndruckes, was zunächst heftigste Kopfschmerzen auslöst und in der Folge zu einer Bewusstseinsminderung führen kann. Das angesammelte Blut kann zu lokalen Funktionsstörungen des Gehirns und damit zu fokalneurologischen Ausfällen führen. Die genauen ursächlichen Mechanismen dieser Funktionsstörungen sind noch nicht geklärt.

Ursache

Aneurysmen sind häufig Ursache einer SAB

❷ Ein Aneurysma kann sich an Arterien ausbilden, die eine angeborene oder erworbene Wandveränderung aufweisen. 60 % aller SABs sind auf ein geplatztes Aneurysma zurückzuführen. Aber auch andere Gefäßschäden, ein arterieller Hypertonus und Traumen (☞ 12.2.3) können eine SAB verursachen.

Klinik

Nicht rupturierte, kleinere Aneurysmen sind häufig asymptomatisch und werden nur zufällig im Rahmen einer zerebralen Bildgebung entdeckt. Nur selten werden die Aneurysmen so groß, dass sie durch attackenartige Kopfschmerzen oder Hirnnervenausfälle (v.a. innere Okulomotoriusparese ☞ 14.1.1) symptomatisch werden.

❸ Die akute SAB manifestiert sich durch:
- plötzlich einsetzenden, vernichtenden Kopfschmerz
- Meningismus (☞ 2.7.2)
- Bewusstseinsminderung bis hin zum Koma (☞ 2.6) durch zunehmenden Hirndruck
- vegetative Symptome wie Übelkeit und Erbrechen
- fokalneurologische Ausfälle wie Augenmuskellähmung oder erweiterte, lichtstarre Pupille
- kontralaterale Hemiparese und Hemihypästhesie
- epileptische Anfälle.

Diagnostik

Ein Aneurysma wird mittels einer Angiographie (☞ Abb. 5.4) dargestellt, konventionell oder MR-tomographisch (☞ 2.8.2).

Zur Diagnostik einer SAB dienen:
- Lumbalpunktion (Nachweis von blutigem Liquor)
- CCT; eine negative CCT schließt eine SAB aber nicht aus!
- Angiographie.

Therapie

Nicht rupturierte Aneurysmen werden entweder **neurochirurgisch** (Clipping = Abklemmen) oder interventionell **neuroradiologisch** durch Einbringung von thrombogenen Titanspiralen, so genannten Coils, angegangen oder zumindest verlaufsbeobachtet.
Die Therapie der SAB ist eine intensivmedizinische:
- Stabilisierung und engmaschige Überwachung von Kreislauf, Atmung und Bewusstseinslage
- Sedierung (Ruhigstellung)
- Analgesierung (Schmerzbekämpfung)
- Hirnödembehandlung
- Ausschaltung des Aneurysmas zur Prophylaxe von Rezidivblutungen
- Verhinderung von Vasospasmen.

Prognose

⅓ aller Patienten mit einer SAB sterben, bevor sie das Krankenhaus erreichen. Von den Patienten, die die erste Akutphase überlebt haben, sterben ⅓ während des stationären Verlaufes, ⅓ bleiben behindert und nur ⅓ leicht betroffene Patienten können geheilt werden.

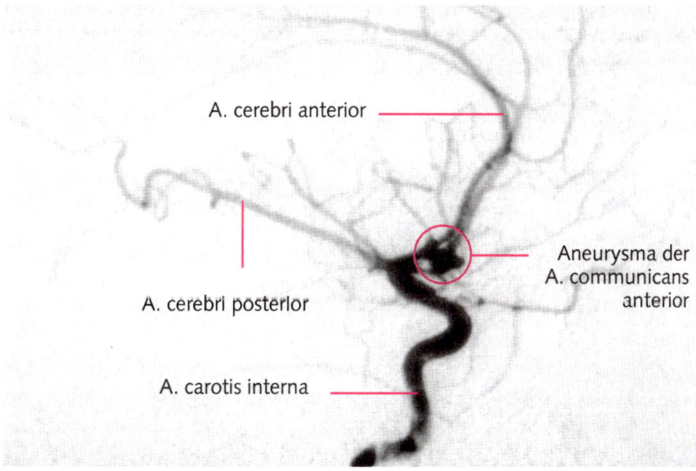

Abb. 5.4: Hirnarterien-Aneurysma in der Angiographie. Im Bereich der A. communicans anterior ist eine Gefäßerweiterung zu erkennen. [T170]

Komplikationen

Der Verlauf einer SAB wird von den möglichen Komplikationen bestimmt:
- Rezidivblutungen sind häufig und müssen durch Ausschaltung des Aneurysmas verhindert werden.

- Gefäßspasmen aufgrund des Blutes im Subarachnoidalraum können zu Hirninfarkten und damit zu weiteren Ausfällen führen. Durch Medikamente kann die Wahrscheinlichkeit für Vasospasmen gesenkt werden.
- Durch Liquorstau aufgrund einer Resorptionsstörung kann ein Hydrocephalus (☞ 1.6) entstehen, der eine Liquordrainage nötig machen kann.
- Es können schwere kardiale Folgen einer SAB (zum Teil lebensbedrohliche Herzrhythmusstörungen) auftreten. Deren Entstehung ist unklar.

? **Übungsfragen**

1. Wozu führt eine Sinusvenenthrombose?
2. Welche ist die häufigste Ursache einer SAB?
3. Mit welchen Symptomen kommen Patienten mit einer SAB ins Krankenhaus?

5.5 Gefäßmissbildungen

Gefäßmissbildungen
- häufig asymptomatische Zufallsbefunde
- können eine Epilepsie auslösen
- v.a. arteriovenöse Angiome haben erhöhte Blutungsneigung

❶ Gefäßmissbildungen (Angiome) können wie im gesamten Körper auch im zentralen Nervensystem vorkommen. Die meisten von ihnen sind asymptomatisch, können aber auch durch Kopfschmerzen, fokale Ausfälle, fokale epileptische Anfälle oder durch eine Blutung auffällig werden.

Venöse Angiome

Venöse Angiome sind die häufigsten und harmlosesten Gefäßmalformationen (Gefäßmissbildungen). Sie bestehen aus kleinen Venen, die in eine Sammelvene münden, sind so gut wie immer asymptomatisch, bluten fast nie und werden meist im Rahmen einer zerebralen Bildgebung zufällig entdeckt.

Kavernome

Auch Kavernome sind häufige Hämangiome. Sie bestehen aus einem aus der Blutzirkulation ausgegliederten Gefäßknäuel. Die meisten bleiben asymptomatisch, auch wenn sie relativ häufig bluten können. Die Blutungen sind jedoch fast immer klein. Selten lösen Kavernome eine fokale Epilepsie aus. Kavernome werden nur operiert, wenn sie geblutet haben oder epileptogen und gut zugänglich sind.

Arteriovenöse Angiome

❷ Arteriovenöse Angiome (☞ Abb. 5.5) sind seltene Fehlbildungen, in denen Arterien und Venen direkt miteinander in Verbindung stehen, ohne ein Kapillarnetz zwischengeschaltet zu haben. Sie können v.a. zu atypischen intrazerebralen Blutungen führen (☞ 5.2), aber auch zu einer fokalen Epilepsie. Da diese Angiome in die Blutzirkulation eingeschaltet sind, können sie dem Gehirn Blut entziehen und so zu einer lokalen Ischämie führen. Daher sollten diese Malformationen ausgeschaltet werden, mittels Operation, Bestrahlung oder endovaskulärem Verschluss des zuführenden Gefäßes durch Katheterintervention (☞ 2.8.2).

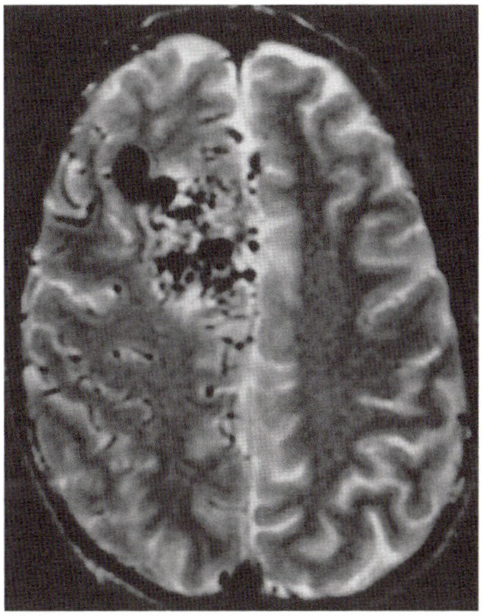

Abb. 5.5: Arteriovenöses Angiom im MRT. Auf der linken Seite erkennt man gut die gestauten Venen (schwarze Gefäßknäuel). [E258]

? Übungsfragen

❶ Wie äußern sich vaskuläre Malformationen am häufigsten?

❷ Welche sind die gefürchteten Komplikationen von arteriovenösen Malformationen?

6 Entzündliche Erkrankungen des zentralen Nervensystems

- Meningitis
- Enzephalitis
- Myelitis
- Meningo-enzephalitis

Eine Vielzahl an Bakterien, Viren, Pilzen und Parasiten können die Hirnhäute, das Gehirn selbst oder das Rückenmark infizieren. Je nach betroffenem Gewebe spricht man von einer Meningitis (Hirnhautentzündung), einer Enzephalitis (Gehirnentzündung) oder einer Myelitis (Rückenmarksentzündung). Durch die anatomische Nähe von Hirn, Hirnhaut und Rückenmark treten häufig auch kombinierte Entzündungen auf, z.B. Meningoenzephalitis oder Enzephalomyelitis.

Das besondere am ZNS ist das Vorhandensein von natürlichen Barrieren zwischen dem Blutkreislauf und dem Gehirn einerseits, zwischen Blutkreislauf und Liquor andererseits. Diese Blut-Hirn- und die Blut-Liquor-Schranke sind normalerweise nur für bestimmte Stoffe durchlässig, Erreger können jedoch einen Weg finden, sie zu passieren und so das ZNS erreichen.

Die Immunwächter des ZNS sind die Mikrogliazellen (☞ 1.1). Diese Zellen greifen Erreger an und locken mittels Botenstoffen andere Immunzellen an, z.B. Lymphozyten und Granulozyten. Auch die Zellen der Immunabwehr müssen die Blut-Hirn- bzw. die Blut-Liquor-Schranke passieren. Diese Schranken sind also keineswegs so undurchlässig, wie man früher annahm.

Je nach Erregertyp werden unterschiedliche Immunzellen angelockt: Bei **Bakterien** wandern v.a. **Granulozyten** ein, bei **Viren** immigrieren v.a. **Lymphozyten**. Diesen Unterschied nutzt man diagnostisch, um eine Entzündung des ZNS richtig einordnen und therapieren zu können.

6.1 Meningitis

Entzündung der Hirnhäute

Die Entzündung der Hirnhäute (Meningen) wird als Meningitis bezeichnet. Pathologisch findet sich bei dieser Erkrankung eine Beteiligung der weichen Hirnhäute und des dazwischen liegenden Subarachnoidalraumes (☞ 1.5). Eine Meningitis wird am häufigsten durch Viren hervorgerufen. Im Rahmen von viralen Infekten, z.B. der oberen Atemwege, kann es zu einer leichten Begleitmeningitis mit meist unterschwelligem Verlauf kommen. Diese viralen Begleitmeningitiden werden nur selten diagnostiziert, da sie nur wenige Symptome verursachen, z.B. Kopfschmerzen. In der Regel stellt dies kein Problem dar, da die Prognose der Begleitmeningitis gut und ohnehin keine spezifische Therapie erhältlich ist. Es gibt aber auch Viren, die zu schwerwiegenderen Entzündungen des ZNS führen können. Diese werden in Kapitel 6.3 vorgestellt.

Bakterielle Meningitiden verlaufen deutlich dramatischer als virale. Obwohl antibiotische Therapien zur Verfügung stehen, ist die Prognose einer bakteriellen Meningitis deutlich schlechter.
Sowohl virale als auch bakterielle Meningitiden können von der Hirnhaut auf das Gehirn übergreifen, man spricht dann von einer Meningoenzephalitis.

Ursachen

❶ Die Erreger einer Meningitis können auf verschiedene Weise die Hirnhäute erreichen:
- hämatogen, d.h. im Blut transportiert; ausgehend von Infektionen anderer Organe
- fortgeleitet von Entzündungen des Mittelohrs, des Mastoids oder der Nasennebenhöhlen
- traumatisch durch eine offene Hirnverletzung.

Eine Meningitis lässt sich nach ihren Erregern einteilen:

Haupterreger eitriger, granulozytärer Meningitiden:
- Kinder → Haemophilus influenzae
- Erwachsene → Pneumokokken

Haupterreger lymphozytärer Meningitiden:
- Masern- und Mumpsvirus
- Varizella-Zoster-Virus
- FSME-Virus
- Herpesviren

❷ Die **eitrige Meningitis** wird durch Bakterien verursacht. Häufigste Erreger bei Erwachsenen sind Pneumokokken, bei Kindern Haemophilus influenzae. Neben diesen beiden können weitere Bakterien zu einer eitrigen Meningitis führen, z.B. andere Streptokokken, Meningokokken, Staphylokokken oder Listerien. Im Liquor werden vor allem Granulozyten nachgewiesen, die zusammen mit den toten Bakterien den Eiter bilden.
Eine **lymphozytäre Meningitis** wird hauptsächlich durch Viren ausgelöst, kann aber auch durch bestimmte Bakterien hervorgerufen werden (z.B. Tuberkulose oder Borreliose auslösende Bakterien). Die Bezeichnung dieser Erkrankung erklärt sich aus der erhöhten Anzahl von Lymphozyten im Liquor. Meistens handelt es sich bei der lymphozytären Meningitis um die Komplikation einer allgemeinen Virusinfektion wie Mumps, Windpocken oder Masern. Es gibt jedoch auch Viren, die direkt das Gehirn befallen, dies ist z.B. bei der Frühsommer-Meningoenzephalitis (☞ 6.5.1) oder Herpes-Enzephalitis (☞ 6.5.2) der Fall.

Klinik

- Meningismus
- Kopfschmerzen
- Fieber
- Licht-, Lärm- und Berührungsempfindlichkeit
- epileptische Anfälle
- neurologische Ausfälle
- evtl. Bewusstseinsstörungen

Leitsymptom der Meningitis ist der **Meningismus**, die Nackensteifigkeit (☞ 2.7.2): Der Patient gibt starke Schmerzen an, wenn er in Rückenlage die Beine hochzieht oder versucht, den Kopf auf die Brust zu beugen. Dieser Schmerz beruht auf der Dehnung der Meningen. Um diese Schmerzen zu verhindern, liegt der Patient meist in einer typischen Schonhaltung auf der Seite, d.h. zusammengekauert mit gebeugten Beinen. Die Patienten reagieren empfindlich auf Licht, Geräusche und Berührung. Weitere Symptome sind Kopfschmerzen und Fieber. Dabei ist das Fieber bei bakteriellen Meningitiden meist höher als bei viralen Entzündungen.
Es kann zu epileptischen Anfällen und Hirnnervenausfällen kommen (die Hirnnerven verlaufen vor dem Austritt aus der Dura durch den Subarachnoidalraum).
Wenn darüber hinaus Bewusstseinsstörungen, Verwirrtheit und weitere fokalneurologische Ausfälle auftreten, kann dies ein Hinweis auf eine Beteiligung des Gehirns sein, also auf eine Meningoenzephalitis (☞ 6.3).

Diagnostik

- Wichtig ist die Anamnese: bestehende Virusinfektionen, Schädel-Hirn-Traumen, Infektionen oder Operationen im Hals-Nasen-Ohren-Bereich sowie ein reduzierter Immunstatus können eine Meningitis auslösen.
- Bei der körperlichen Untersuchung können die Austrittspunkte des N. trigeminus schmerzhaft sein. Neben dem Meningismus werden andere typische Symptome beobachtet: Lasègue-, Brudzinski- und Kernig-Zeichen (☞ Abb. 2.7).
- Im Labor finden sich die Entzündungszeichen erhöhte BSG, Leukozytose, unter Umständen Lymphozytose. Eine Blutkultur kann einen bakteriellen Erreger identifizieren.
- Die Untersuchung des Liquors zeigt eine Zellzahlvermehrung der Granulozyten oder der Lymphozyten, je nach Typ der Meningitis. Außerdem lassen sich Erreger und Antikörper gegen Bakterien oder Viren bestimmen. Bei bakteriellen Entzündungen ist der Liquorzucker im Vergleich zum Blutzucker niedriger, da sowohl die Bakterien als auch die Entzündungszellen Energie in Form von Zucker verbrauchen. Die Meningitis führt zu einer Erhöhung der Eiweißwerte im Liquor.
- Durch ein CCT werden Frakturen der Schädelbasis und Entzündungen von Nasennebenhöhlen, Mastoid und des Mittelohres nachgewiesen. Außerdem liefert das CCT Hinweise auf Komplikationen der Meningitis, z.B. Hydrocephalus (☞ 1.6) oder Hirnabszess (☞ 6.2).

Therapie

- symptomatisch
- Antibiotika

- Bei einer Meningitis erfolgt eine symptomatische Therapie mit Bettruhe, Fiebersenkung und Abschirmung des Patienten gegenüber störenden Reizen.
- Antibiotika müssen bei Verdacht auf eine bakterielle Ursache sobald als möglich gegeben werden, allerdings erst nach einer Lumbalpunktion, um die Diagnostik nicht zu stören. Zunächst wird eine Kombinationstherapie aus verschiedenen Antibiotika gegeben, die nach Identifizierung des Erregers angepasst und reduziert wird.
- Virostatika verhindern die Vermehrung von Viren, sind allerdings nur bei wenigen viralen Entzündungen wirksam.
- Mit Tuberkulostatika wird die tuberkulöse Meningitis behandelt.

Prognose

Virusmeningitis → meist unterschwelliger Verlauf
bakterielle Meningitis → häufig Komplikationen

Die Prognose einer Virusmeningitis ist vergleichsweise am günstigsten, die Letalität beträgt bei ihr etwa 10 %. An der bakteriellen Meningitis sterben 20–50 % der Erkrankten, an der tuberkulösen 25 %.
Mögliche Komplikationen einer Meningitis sind:

- Enzephalitis und Hirnabszess
- Schädigung der Hirnnerven
- epileptische Anfälle
- Hydrocephalus.

? **Übungsfragen**

1. Wie können Erreger einer Meningitis die Hirnhäute erreichen?
2. Worin unterscheidet sich eine bakterielle von einer viralen Meningitis?

6.2 Hirnabszess

Abgekapselter eitriger Abszess

Ein Hirnabszess ist eine abgekapselte eitrige bakterielle Entzündung im Hirngewebe. Die Letalität liegt bei 10–20 %. Jeder vierte Überlebende wird später an einer Epilepsie leiden.

Ursache

Wie bei einer Meningitis können die Erreger über drei Wege in das Gehirn gelangen:

- **fortgeleitet** von Infektionen im Hals-Nasen-Ohren-Bereich
- **hämatogen** meistens von einer eitrigen Lungenentzündung oder Endokarditis
- **traumatisch** durch eine offene Hirnverletzung. Erste Symptome zeigen sich mitunter erst Monate später.

Klinik

- akut → Kopfschmerz, Fieber, Meningismus, Bewusstseinstrübung
- chronisch → Herdsymptome, Anfälle, Hirndruckzeichen

(1) Die Symptome eines Hirnabszesses variieren zwischen den einzelnen Verlaufsformen: Bei akuten Erkrankungen werden Kopfschmerzen, Fieber, Meningismus (Nackensteifigkeit) und Bewusstseinsstörung beobachtet. Bei chronischen Abszessen treten zunächst epileptische Anfälle und neurologische Herdsymptome auf, z.B. Hemiparese oder Sensibilitätsstörungen. Führt der Abszess zu einem deutlichen Ödem, können sich Zeichen eines erhöhten Hirndrucks offenbaren (☞ 2.6.1).

Diagnostik

- Der neurologische Status wird erhoben.
- Im CCT und cranialen MRT, beide mit Kontrastmittel, lassen sich Abszesse gut darstellen.
- Im EEG fallen ein Herdbefund sowie Anfallspotentiale auf.
- Im Labor sind nur bei einem Teil der Erkrankten Entzündungszeichen (erhöhte BSG, Leukozytose) nachzuweisen.
- Ein direkter Erregernachweis ist nur bei Punktion des Abszesses möglich.
- Der Liquorbefund zeigt häufig nur eine leicht erhöhte Zellzahl an Leukozyten, da der Infektionsherd abgekapselt ist und keinen Kontakt zum Liquorraum hat.

Therapie

- Antibiotika
- Operation

Ein frischer, noch nicht vollständig abgekapselter Abszess wird mit Antibiotika behandelt. Vollständig abgekapselte Abszesse werden, falls möglich, ohne Eröffnung der Abszesshöhle unter Antibiotikaschutz entfernt.

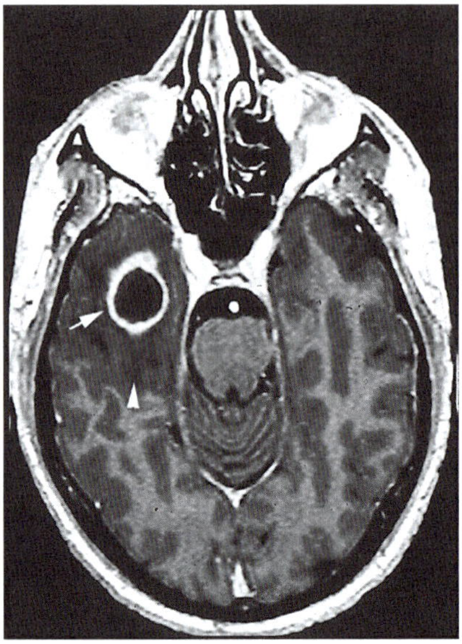

Abb. 6.1: Hirnabszess im cranialen MRT. Man erkennt die charakteristische ringförmige Kontrastmittelaufnahme. Der Pfeil weist auf den Abszess, der Pfeilkopf zeigt auf das Ödem. [S008-2]

? **Übungsfragen**

1. Welche Symptome verursacht ein Hirnabszess?

6.3 Enzephalitis

Entzündung des Hirngewebes

Unter einer Enzephalitis versteht man eine meist durch Viren ausgelöste Entzündung des Hirngewebes. Sie tritt oftmals gleichzeitig mit einer Meningitis (Hirnhautentzündung ☞ 6.1) oder einer Myelitis auf (Rückenmarksentzündung ☞ 6.4).

Ursache

Häufigster Erreger: Herpes-simplex-Virus

Eine Enzephalitis kann im Rahmen einer Virusinfektion des gesamten Organismus entstehen oder durch Viren, die ausschließlich Nervenzellen infizieren, ausgelöst werden. Die hierbei befallenen Zellen werden geschädigt und sterben schließlich ab.
Der häufigste Erreger einer Enzephalitis ist das Herpes-simplex-Virus (☞ 6.5.2). Weitere Erreger sind u.a. das Röteln-, Masern- und das Tollwut-Virus. Eine besonders gefürchtete Form der Enzephalitis wird durch intrazelluläre Bakterien hervorgerufen, so genannte Listerien. Diese Bakterien kommen überall in der Natur vor und werden häufig durch Rohmilchkäse auf den Menschen übertragen. Listerien verursachen eine Hirnstammenzephalitis, die unbehandelt schnell zum Tode führen kann. Synonym wird auch der Begriff Listerien-Enzephalitis verwendet.

Klinik

Leitsymptome und evtl. Auftreten von organischen Psychosen

❶ Leitsymptome der Enzephalitis sind:

- Bewusstseinsstörungen
- epileptische Anfälle
- neurologische Herdsymptome (z.B. umschriebene Lähmungen).

Es können organische Psychosen (Psychiatrie ☞ 4) mit Desorientiertheit, Antriebsstörungen und selten auch Halluzinationen auftreten. Wenn gleichzeitig die Hirnhäute befallen sind, finden sich zusätzlich die Symptome einer Meningitis (☞ 6.1).

Diagnostik

- Die Liquoruntersuchung zeigt eine Vermehrung der Lymphozyten. Gegebenenfalls können Antikörper gegen Viren nachgewiesen werden oder die Viren selber.
- Im EEG werden eine Allgemeinveränderung und/oder Herdbefunde (☞ 2.8.1) beobachtet.
- Bestimmte Enzephalitiden lassen sich einige Tage nach Krankheitsbeginn im CCT oder besser im cMRT visualisieren, z.B. die Herpes-simplex-Enzephalitis.

Therapie und Prognose

Verdacht auf Herpes-Enzephalitis
- Aciclovir
- unbehandelt hohe Letalität!

❷ Medikamentöse Behandlung mit Aciclovir (z.B. Zovirax®), das gegen Herpes-simplex-Viren wirkt. Da diese Viren die häufigsten Erreger einer Virusenzephalitis sind, wird mit der Therapie schon bei Krankheitsverdacht begonnen. Nur so kann die Prognose erheblich verbessert werden. Unbehandelt versterben 70 % aller an einer Herpes-simplex-Enzephalitis erkrankten Patienten. Durch die Therapie mit Aciclovir sinkt die Letalität auf 20 %. Bei der Hälfte der Erkrankten bleiben neurologische Ausfälle zurück.

? Übungsfragen

❶	Nennen Sie typische Symptome einer Enzephalitis!
❷	Wie wird die Herpes-Enzephalitis behandelt?

6.4 Myelitis und Poliomyelitis

Ob das Gehirn oder das Rückenmark von Erregern befallen wird, hängt häufig von der Eintrittspforte ab. So führt der im Kopfbereich angesiedelte Herpes-simplex-Virus Typ I, der einen Herpes labialis verursacht, bei Befall des ZNS zu einer Enzephalitis (☞ 6.5.2). Der Herpes-simplex-Virus Typ II, der einen Herpes genitalis verursacht, führt bei Befall des ZNS hingegen zu einer Myelitis.

Myelitis

- Infektion z. B. mit Polio-Virus oder Herpes-simplex-Virus Typ II
- Querschnitts-syndrom

Die Entzündung des Rückenmarks wird als Myelitis bezeichnet. Sie tritt bei verschiedenen Infektionen mit Viren auf, z. B. Herpes-simplex-Virus Typ II, FSME, Zytomegalie, HIV sowie bei Infektionen mit bestimmten Bakterien, z. B. Treponema pallidum, Borrelien, Tuberkelbakterien. Klinisch kommt es je nach Lokalisation des Entzündungsherdes zu Querschnittssyndromen, einem Mischbild aus zentralen und peripheren Lähmungen, Sensibilitätsstörungen und vegetativen Dysfunktionen wie Blasen- und Mastdarmsstörungen.

Poliomyelitis

Die Poliomyelitis, die so genannte Kinderlähmung, kommt seit Einführung der Schutzimpfung in Mitteleuropa nur noch selten vor. Allerdings tritt sie in Ländern mit niedriger Impfrate häufiger auf. Deshalb muss gerade bei Auslandsreisen auf einen ausreichenden Impfschutz geachtet werden.

Ursache

Die Kinderlähmung entsteht durch eine Infektion mit dem Polio-Virus, das durch Schmierinfektion von Mensch zu Mensch übertragen wird. Das Virus vermehrt sich zunächst in der Schleimhaut des Darmes und gelangt mit dem Blut in das ZNS. Dort zerstört es v. a. die alpha-Motoneurone im Vorderhorn des Rückenmarks (☞ 1.3.1), aber auch andere Neurone in der Hirnrinde und in anderen Regionen des ZNS.

Klinik

Zunächst tritt ein **allgemeines Krankheitsgefühl** mit grippeähnlichen Symptomen und Durchfall auf. Es kann sich eine lymphozytäre Meningitis (☞ 6.1) entwickeln. Im Verlauf kommt es dann zu peripheren **Lähmungen** der Extremitätenmuskulatur, selten auch zu Lähmungen der Atemmuskulatur.

Therapie

Zur Prophylaxe der Poliomyelitis steht eine Schutzimpfung mit einem Totimpfstoff zur Verfügung.
Eine medikamentöse Therapie bei Ausbruch gibt es nicht. Wegen der Ansteckungsgefahr werden die Erkrankten in der Anfangsphase isoliert. Bei einer Atemlähmung müssen die Patienten maschinell beatmet werden.

Physiotherapie

Nach einer Poliomyelitis können schlaffe Lähmungen zurückbleiben. Durch eine physiotherapeutische Behandlung müssen die vorhandenen Funktionen erhalten und gefördert sowie Sekundärschäden verhindert werden.

6.5 Spezielle Virusinfektionen des ZNS

Es gibt spezielle Viren, die insbesondere das ZNS befallen und dadurch charakteristische neurologische Krankheitsbilder verursachen. Eine Auswahl der wichtigsten Erreger soll im Folgenden kurz vorgestellt werden.

6.5.1 Frühsommer-Meningo-Enzephalitis

- Infektion mit FSME-Virus durch Zeckenstich
- Befall von Hirnstamm, Vorderhornzellen
- anfangs grippeähnliche Symptome, später Meningoenzephalitis, Myelitis
- symptomatische Therapie
- Schutzimpfung möglich

1 Die Viren der Frühsommer-Meningo-Enzephalitis (FSME) werden durch Zecken auf den Menschen übertragen. Hauptsächlich in Osteuropa, in Süddeutschland und in Österreich ist ihr Vorkommen endemisch. Besonders gefährdet sind neben Land- und Forstwirten auch Urlauber, die sich in den Endemiegebieten aufhalten.
Das FSME-Virus befällt neben den Meningen besonders den Hirnstamm und die Vorderhornzellen des Rückenmarks. Somit kann es sowohl eine Meningoenzephalitis als auch eine Myelitis verursachen.

Klinik und Diagnostik

Die FSME verläuft in zwei Phasen:
1. Phase:
Aufkommen grippeähnlicher Symptome mit hohem Fieber für die Dauer von ca. einer Woche

2. Phase:
Nach Temperaturabfall erneuter Fieberanstieg mit Symptomen der Meningitis, Enzephalitis oder Myelitis.

Die FSME wird durch den Nachweis von Antikörpern in Liquor und im Serum diagnostiziert.

Therapie

Eine spezifische Therapie steht nicht zur Verfügung. Es wird z.T. versucht, Patienten nach Krankheitsausbruch passiv zu immunisieren. Vorherrschende Symptome werden symptomatisch therapiert.

Prognose und Prophylaxe

Bei 1 % der Erkrankten verläuft die FSME tödlich.
Zur Prophylaxe wird vor dem Aufenthalt in Endemiegebieten eine aktive Schutzimpfung empfohlen.

6.5.2 Herpes-simplex-Enzephalitis

- häufigste Enzephalitis
- Vorkommen oft bei Immunschwäche
- erst unspezifische Prodromalsymptome
- später Herdsymptomatik mit Krampfanfällen
- Therapie mit Virostatika

❷ Das Herpes-simplex-Virus (HSV) ist weit verbreitet. Es lässt sich bei 80–90 % der Bevölkerung nachweisen. In der Regel verlaufen Infektionen mit HSV ohne Beschwerden oder nur mit einer lokalen Hautreaktion:

- HSV Typ I verursacht den Herpes labialis
- HSV Typ II verursacht den Herpes genitalis.

Die Erstinfektion erfolgt meist im Kindesalter. Die Viren bleiben in den sensiblen Ganglien zurück, bei Typ I im Ganglion des Nervus trigeminus (☞ 1.3.2) und bei Typ II in den Spinalganglien (☞ 1.2.1). Dort werden sie durch Hitze, Sonnenschein, Stress oder Ekel reaktiviert und führen zu den typischen Herpes-Bläschen.

Von diesen zwar unangenehmen aber harmlosen Hauterscheinungen ist die Herpes-simplex-Enzephalitis abzugrenzen. Sie ist die häufigste Virusenzephalitis. Der Erreger, das HSV Typ I, kann über die Riechschleimhaut und den N. olfactorius in das Gehirn eindringen. Dort befällt es insbesondere den Temporal- und Frontallappen des Großhirns (☞ 1.3.6). Das HSV Typ II befällt bevorzugt das Rückenmark.

HSV-Infektionen können vor allem bei Immungeschwächten eine Enzephalitis verursachen, z.B. AIDS-Erkrankte, Patienten unter Immunsuppressiva.

Klinik

Die durch HSV Typ I ausgelöste Enzephalitis führt anfangs zu unspezifischen Symptomen wie Fieber, Müdigkeit und Kopfschmerzen. An dieses Prodromalstadium schließen sich Herdsymptome an:

- Aphasie
- Halbseitenlähmung
- evtl. Geruchsstörungen
- Krampfanfälle
- Bewusstseinsstörungen.

Die epileptischen Anfälle sind oft aufgrund der Lokalisation des Fokus komplex fokale Anfälle (☞ 4.3.2).

Das HSV Typ II verursacht häufig eine Myelitis.

Diagnostik

- Klinisch über die typischen Symptome.
- Die Liquoruntersuchung ergibt eine Erhöhung von Zellzahl und Eiweißgehalt. Antikörper lassen sich erst nach einer Woche nachweisen. Führend in der Diagnostik ist die Herpes-Virus-PCR (Polymerase-Kettenreaktion), die den Virus mit großer Sicherheit nachweisen kann.
- Das EEG zeigt einen Herdbefund, Allgemeinveränderung und epileptische Potentiale.
- Die Enzephalitis markiert sich im MRT früher als im CCT als eine temporal betonte Läsion.

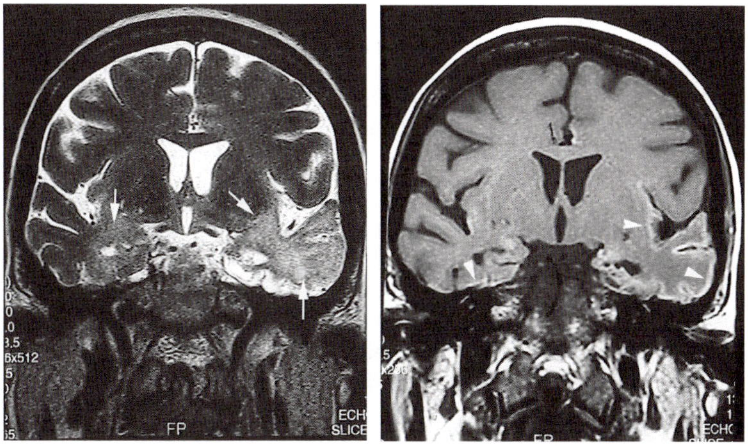

Abb. 6.2: Herpes-simplex-Enzephalitis im cranialen MRT. Es zeigen sich die typischen temporalen Läsionen, die heller sind als das normale Hirngewebe. [S008-2]

Therapie

Schon bei einem Krankheitsverdacht durch oben genannte Symptome und EEG-Veränderungen oder typischer Bildgebung wird mit einer virostatischen Therapie mit Aciclovir intravenös begonnen. Die Therapie kann bei negativer Herpes-Virus-PCR wieder abgesetzt werden.

6.5.3 Herpes zoster

Reaktivierung des Varicella-Zoster-Virus → Gürtelrose

❸ Der Erreger des Herpes zoster ist identisch mit dem Windpocken-Virus, das Varicella-Zoster-Virus. Dieses Virus gehört zur Großfamilie der Herpesviren. Bleibt es nach einer Windpocken-Infektion in Spinalganglien oder in Ganglien der Hirnnerven zurück, kann es sich unter bestimmten Voraussetzungen, z.B. reduzierte Abwehrlage, im Erwachsenenalter erneut vermehren. In dem Hautareal, das durch Nerven aus dem entsprechenden Ganglion sensibel versorgt wird, kommt es zu typischen Hautbläschen und neurologischen Symptomen.

Klinik

- Schmerzen
- Zosterneuralgie
- Sensibilitätsstörungen
- motorische Ausfälle
- Meningitis, Enzephalitis, Myelitis

Die Bläschen zeigen sich meist in den gürtelförmigen Dermatomen (☞ 1.2.1) des Rumpfes. Deshalb spricht man im Volksmund von einer „Gürtelrose". Es können auch andere Hautareale betroffen sein, z.B. im Gesicht das Versorgungsgebiet eines Astes des N. trigeminus.
Weitere Symptome sind:

- Schmerzen und Sensibilitätsstörungen in dem betroffenen Hautareal
- motorische Ausfälle, z.B. periphere Fazialisparese mit Ausfall aller gleichseitig gelegenen Gesichtsmuskeln (☞ 14.1.4).
- Ein Zoster ophthalmicus verursacht Sehstörungen und gefährdet das Auge.

Mögliche Komplikationen des Herpes zoster sind Meningitis, Enzephalitis, Myelitis oder eine Vaskulitis (Gefäßentzündung). Letztere kann zu Hirninfarkten führen (☞ 5.1.1).

Der Herpes Zoster heilt in der Regel folgenlos ab. Besonders bei älteren Patienten kann eine post-herpetische Zosterneuralgie mit ziehenden oder brennenden Dauerschmerzen zurückbleiben.

Diagnostik und Therapie

- Aciclovir
- Kortikoide
- Carbamazepin, Antidepressiva

Für die Therapie entscheidend ist das klinische Bild. Ein unkomplizierter Herpes zoster wird nicht behandelt.
Besonders bei älteren oder immunsupprimierten Patienten wird ein Virostatikum oral oder intravenös gegeben, dies hemmt die Vermehrung der Viren. Die rechtzeitige Gabe von Virostatika und ggf. eine Therapie mit Glukokortikoiden kann die Ausbildung einer Zosterneuralgie verhindern.
Eine Zosterneuralgie wird mit Antikonvulsiva oder trizyklischen Antidepressiva behandelt. Diese Medikamente sind potente Schmerzmittel bei neuropathischen Schmerzen, d.h. bei Schmerzen, die auf einer Schädigung von peripheren Nerven beruhen.

6.5.4 AIDS

(engl. = acquired immunodeficiency syndrome)
Das HI-Virus *(engl. = human-immunodeficiency-virus)* ist Ursache der HIV-Infektion und deren resultierendes Vollbild AIDS. Das Virus ist lymphotrop und neurotrop, d.h. es befällt „gerne" Lymphozyten und Nervenzellen. Dadurch kommt es zur Immunschwäche mit opportunistischen Infektionen und zu neurologischer Symptomatik.

Klinik

- Symptome abhängig von befallenen Strukturen
- hohe Gefahr opportunistischer Infektionen

❹ Die systemischen Auswirkungen der HIV-Infektion und der sich daran anschließenden AIDS-Erkrankung sind Gegenstand fast aller Disziplinen der Medizin. Aufgrund seiner Neurotropie kann das HI-Virus das Nervensystem direkt befallen und zu charakteristischen Krankheitsbildern führen: Verschiedene Strukturen des Nervensystems können infiziert werden, dementsprechend zeigen sich Symptome einer Enzephalitis, Meningitis, Myelitis (mit Schwäche der Beine) oder Polyneuropathie (☞ 14.2).
In seltenen Fällen tritt kurz nach der Infektion eine **akute Meningoenzephalitis** auf. Nur selten wird diese Meningitis chronisch und kann dann zu persistierenden Hirnnervenausfällen führen. Im weiteren Verlauf der Erkrankung entwickelt sich häufig eine chronische **HIV-Enzephalopathie** mit psychischen Symptomen, symptomatischem Parkinson-Syndrom (☞ 9.2) und einer Paraparese der Beine. Letztlich bildet sich eine HIV-assoziierte **Demenz** aus.

Opportunistische Infektionen

Opportunistische Infektionserreger bei HIV:
- Toxoplasmen
- Zytomegalie-Viren
- Herpes-Viren
- JC-Viren
- Kryptokokken

❺ Das HI-Virus befällt neben den Nervenzellen v.a. die Zellen der zellulären Immunabwehr, die T-Lymphozyten. Dies führt zu einer drastischen Reduktion hauptsächlich der T-Helferzellen und damit zu einer schlechten Immunabwehr. Die Patienten sind durch die schlechte Immunabwehr gefährdet, so genannte opportunistische Infektionen zu erleiden. Bei diesen Infektionen handelt es sich um Infektionen mit Erregern, die bei Menschen mit einer intakten Immunabwehr nur selten zu gefährlichen Erkrankungen führen. Opportunistische Infektionen bei HIV-Infizierten können auch das ZNS betreffen, z.B.:

- Erreger einer solchen Infektion sind u.a. die Toxoplasmen. Menschen können über den Kot von Katzen mit ihnen infiziert werden. Die parasitischen Einzeller können bei Immunschwäche reaktiviert werden und verursachen dann die bei AIDS sehr häufige **ZNS-Toxoplasmose**. Die Patienten werden auffällig durch Fieber, Kopfschmerzen und fokalneurologische Ausfälle.
- Jeder zweite Gesunde beherbergt inaktive **Zytomegalieviren** im Körper. Bei einer Reinfektion oder Aktivierung kann es bei Immunsupprimierten zu einer gefährlichen Enzephalitis oder auch zu einer Polyradikulitis kommen (☞ 14.3).
- Auch Herpesviren können bei AIDS-Patienten reaktiviert werden und Entzündungen des ZNS (☞ 6.5.2) hervorrufen.
- Eine andere häufige opportunistische Infektion bei AIDS-Patienten ist die durch das JC-Virus ausgelöste **progressive multifokale Leukoencephalopathie**, kurz **PML**. Die Infektion mit dem JC-Virus führt bei ungenügender Immunabwehr zu einem Abbau der Myelinscheiden im ZNS, der so genannten Demyelinisierung. Dadurch kommt es je nach Lokalisation zu Ausfallssymptomen wie zentrale Paresen, Ataxie oder neuropsychologische Störungen (☞ 2.5) bis hin zur Demenz. Die Therapie mit Virostatika kann den tödlichen Verlauf nur hinauszögern.
- AIDS-Patienten erleiden häufig Pilzerkrankungen. Neben Infektionen mit Aspergillen und Candida-Spezies ist v.a. die **Kryptokokken-Meningitis** gefürchtet. Die Patienten weisen klassische meningitische Symptome auf, Fieber kann allerdings fehlen.

Diagnostik

- Nachweis von Antikörpern gegen das HI-Virus in Blut und Liquor oder HIV-PCR.
- Bei opportunistischen Infektionen des Gehirns können Erreger oder Antikörper in Blut und Liquor nachgewiesen werden.
- Das CCT zeigt im Spätstadium einer HIV-Enzephalopathie lediglich eine globale Hirnatrophie. Bei der Toxoplasmose finden sich in der Bildgebung Herde mit einem ausgeprägten Ödem, die Kontrastmittel aufnehmen.

Therapie

Eine kausale Therapie oder eine prophylaktische Impfung der HIV-Infektion gibt es nicht. Daher ist die Infektionsprophylaxe mit sexualhygienischer und sozialer Beratung von großer Bedeutung.

Mittlerweile stehen zur Therapie von AIDS-Patienten diverse Virostatika zur Verfügung, z.B. Nukleosidanaloga wie Azidothymidin oder Proteinase-Inhibitoren wie Indinavir. Diese Virostatika werden meist miteinander kombiniert und hemmen die Vermehrung von HI-Viren. Der Verlauf der Erkrankung wird häufig deutlich gebremst und gemildert.

Opportunistische Infektionen werden je nach Erreger mit Antibiotika, Virostatika oder Pilzmitteln therapiert.

? Übungsfragen

1. Wie wird die FSME übertragen?
2. Welche Erkrankungen können Herpes-Simplex-Viren verursachen?
3. Welcher Erreger verursacht den Herpes zoster?
4. Welche Erkrankungen des ZNS kann das HI-Virus direkt hervorrufen?
5. Wodurch sind AIDS-Patienten besonders gefährdet?

6.6 Spezielle bakterielle Infektionen des ZNS

Neben den „klassischen“ bakteriellen Erregern von ZNS-Infektionen wie Streptokokken und Meningokokken gibt es solche, die für das jeweilige Bakterium typische Krankheitsbilder hervorrufen. Zu diesen Bakterien gehören Borrelien, Treponemen und Clostridien.

6.6.1 Borreliose

Infektion mit Borrelia burgdorferi

❶ Die Borreliose gehört zu den chronischen bakteriellen Infektionen des Nervensystems. Der Erreger Borrelia burgdorferi wird, wie das FSME-Virus, durch einen Zeckenstich übertragen. Es sind nur ca. 30 % der Zecken mit diesem Bakterium infiziert. Die Borrelien gelangen mit dem Speichel der Zecken ins Blut und schließlich in das ZNS. Durch den Befall des Nervensystems treten im Verlauf der Infektion neben internistischen auch neurologische Symptome auf.
Nur etwa jeder fünfzigste Zeckenstich führt zur Infektion.

Klinik

Typische Stadien der Erkrankung

Die Krankheit verläuft in mehreren Stadien:

1. Stadium:

- In den ersten Tagen bis Wochen nach dem Zeckenstich bildet sich eine langsam ausbreitende Hautrötung, **Erythema chronicum migrans,** um den Einstich herum.
- Allgemeine Entzündungszeichen wie Krankheitsgefühl, Fieber u.a. treten auf.

2. Stadium:

- Es kann zu Gelenkentzündungen und Herzmuskelentzündungen kommen.
- Am Nervensystem tritt selten eine lymphozytäre Meningitis auf.
- Etwa einen Monat nach dem Zeckenbiss kommt es häufig zu einer **Polyradikuloneuritis** (Entzündung mehrerer Nervenwurzeln und dazugehöriger Nervenabschnitte) mit neuropathischen Schmerzen an Rumpf und Extremitäten, mit peripheren Lähmungen und Sensibilitätsstörungen.
- In Rahmen der Polyradikuloneuritis kann es auch zu Hirnnervenlähmungen, v.a. des N. facialis, kommen.

3. Stadium:
- Nach mehreren Monaten tritt u.U. eine **Enzephalomyelitis** auf, welche schubförmig verlaufen kann.

Die Borreliose ist eine Erkrankung, die viele Gewebe betrifft und damit interdisziplinär diagnostiziert und behandelt werden muss.

Diagnostik

- In der Anamnese findet man einen Zeckenstich. Allerdings können sich viele Erkrankte weder an den Stich noch an das typische Erythema chronicum migrans erinnern.
- Im Liquor und Serum werden Antikörper und Zeichen einer lymphozytären Entzündung gefunden. Diese Antikörper finden sich jedoch auch bei vielen Gesunden, die nie eine Borreliose durchgemacht haben. Die Borreliose ist heillos überdiagnostiziert!
- Das CCT und MRT zeigen im dritten Stadium ähnliche Befunde wie bei der Multiplen Sklerose (☞ 7.1), es finden sich unspezifische Signalanhebungen in der weißen Substanz.
- Die elektrophysiologischen Zusatzuntersuchungen zeigen bei der Polyradikuloneuritis eine primär axonale Schädigung.

Therapie und Prognose

Antibiotikatherapie

Mit Antibiotika lässt sich die Entzündung gut behandeln. Meist bilden sich die Symptome zurück, im dritten Stadium allerdings nur unvollständig. Bleiben Antikörper in Kontrolluntersuchungen nachweisbar, spricht dies nicht für ein Therapieversagen.

6.6.2 Neurolues

Neurolues als Tertiärstadium der Infektion mit Treponema pallidum
- Meldepflicht!

Die Lues, auch **Syphilis** genannt, gehört zu den meldepflichtigen Geschlechtskrankheiten.
Der bakterielle Erreger Treponema pallidum kann alle Körpergewebe befallen. Neben internistischen Symptomen treten neurologische und psychiatrische Krankheitszeichen auf (z.B. Demenz, Psychiatrie ☞ 4.2.2). Die Lues nimmt einen stadienartigen Verlauf, im dritten Stadium kommt es zur klassischen Neurolues.

Klinik

Verlauf in drei Stadien:
- Primärstadium → Papel im Genitalbereich
- Sekundärstadium → Exanthem, luische Meningitis
- Tertiärstadium → Lues cerebrospinalis, progressive Paralyse, Tabes dorsalis

Therapie: Penicillin

Die Lues verläuft in drei Stadien:
- Das **Primärstadium**, 1–3 Wochen nach der Infektion, ist gekennzeichnet durch eine gerötete, nässende Papel im Genitalbereich, der so genannte harte Schanker, und vergrößerten Leistenlymphknoten. Diese Symptome verschwinden nach 5 Wochen spontan, auch ohne Therapie.
- Im **Sekundärstadium**, 2–3 Monate nach der Infektion, überschwemmen die Bakterien den ganzen Körper. Als Leitsymptom tritt ein Exanthem in Erscheinung. Neben vielfältigen internistischen und dermatologischen Erkrankungen kann sich jetzt eine luische Meningitis ausbilden. Die Symptome der internistischen Erkrankungen des Sekundärstadiums können sich auch ohne Therapie zurückbilden. Jedoch ist die Infektion nicht beseitigt.

- Bei einer nicht oder nicht ausreichend behandelten Lues besteht die Gefahr, dass weitere fünf bis fünfzig Jahre später das **Tertiärstadium** eintritt. Dieses ist gekennzeichnet durch Bildung von so genannten Granulomen – kleine Knoten, in denen das Immunsystem versucht, die Erreger (endlich) zu beseitigen. Im Bereich des Nervensystems manifestiert sich die **Neurolues** mit unterschiedlichen Krankheitsbildern:
  - Lues cerebrospinalis
  - Progressive Paralyse
  - Tabes dorsalis.

Diagnostik

- Nachweis der Antikörper gegen Treponema pallidum in Blut und Liquor über TPHA-Test (**T**reponema-**p**allidum-**H**ämagglutinations-Test), FTA-Abs-Test (**F**luoreszenz-**T**reponema-**A**ntikörper-**Abs**orptions-Test) oder VDRL-Test (**V**eneral-**D**isease-**R**esearch-**L**aboratory-Test).
- In der Bildgebung können die Folgen der Lues (z.B. Infarkte) nachgewiesen werden.

Therapie

Die Lues wird antibiotisch mit Penicillin behandelt.

Lues cerebrospinalis

- Vaskulitis (Entzündung der Hirngefäße)
- resultierende Hirninfarkte
- neurologische Ausfälle
- Demenz

Bei dieser Form der Neurolues kommt es zur Entzündung der Gefäßinnenwände des Gehirns, zur so genannten Vaskulitis. Die Schwellung und Einengung der Gefäße resultiert in einer verminderten Blutversorgung des Gewebes. In der Folge treten ischämische Hirnschäden auf (☞ 5.1.1).

Klinik

Aufgrund der Hirninfarkte treten neurologische Ausfälle auf, neben den typischen internistischen Lues-Symptomen und Allgemeinsymptomen wie Kopfschmerzen oder Leistungsschwäche. Im weiteren Verlauf kann sich eine vaskuläre Demenz entwickeln (Psychiatrie ☞ 4.2.2).

Progressive Paralyse

Enzephalitis von Frontalhirn und Stammganglien

Die progressive Paralyse ist eine Meningoenzephalitis v.a. des Frontalhirns und der Basalganglien mit fortschreitendem Untergang von Gehirngewebe. Diese Erkrankung ist dank antibiotischer Therapie heutzutage selten geworden.

Klinik

- Persönlichkeitsveränderungen
- Leistungsabfall
- Affektlabilität
- Demenz

Leitsymptome sind:

- Persönlichkeitsveränderung mit Leistungsabfall und Affektlabilität
- Störungen von Merkfähigkeit, Gedächtnis und Konzentration, die bis zur Demenz fortschreiten
- affektive Störungen wie Manie oder Depression
- Artikulationsstörungen und Koordinationsstörungen
- Unsicherheit in Bewegungen
- fehlende oder mangelhafte Pupillenreaktion

- epileptische Anfälle
- zentrale Lähmung im Endstadium.

Tabes dorsalis

Befall von Hinterwurzeln und Hintersträngen

Bei der Tabes dorsalis *(lat. tabescere = schmelzen)* bilden sich die Hinterwurzeln und die Hinterstränge des Rückenmarks aufgrund der Lues-Infektion zurück.

Klinik

- einschießende Schmerzen
- sensible Störungen
- Augensymptome
- Ataxie

Das Leitsymptom der Tabes dorsalis ist die Störung der Schmerzempfindlichkeit: Typisch sind zunächst einschießende Schmerzen ohne eigentlichen Auslöser, im weiteren Verlauf werden „echte" Schmerzreize nur mit Verzögerung oder gar nicht mehr wahrgenommen (Hypalgesie ☞ 2.7.2). Außerdem kommt es zu Störungen anderer sensibler Qualitäten, z.B. Vibration, Lagesinn.
Weitere Symptome sind:

- spinale Ataxie (☞ 2.3) und periphere Lähmungen mit Ausfall der Reflexe
- Hypotonie der Muskulatur im Rahmen der Degeneration der Hinterstränge und Hinterwurzeln (☞ 2.1.2)
- lichtstarre, entrundete Pupillen
- Sehstörungen durch eine Atrophie des N. opticus.

6.6.3 Tetanus

- Infektion mit Clostridium tetani
- Enthemmung der alpha-Motoneurone

❷ Tetanus (Wundstarrkrampf) wird ausgelöst durch das Toxin des Bakteriums Clostridium tetani. Dieser Erreger kommt überall im Erdreich vor und gelangt über verschmutzte Wunden in den Körper. Das Toxin wird retrograd über die Axone zu den Zellkörpern der alpha-Motoneurone im Rückenmark transportiert. Dort blockiert das Toxin einen Hemmmechanismus der motorischen Vorderhornzellen, die so genannte Renshaw-Hemmung. Die Folge ist eine Enthemmung des Reflexbogens und somit unkontrollierte Kontraktionen der Muskeln.

Klinik

- Muskelkrämpfe, Risus sardonicus
- Streckkrämpfe der Extremitäten

Nach unspezifischen Prodromi wie Kopfschmerzen und Mattigkeit zeigen sich unterschiedlich lokalisiert Muskelkrämpfe, die durch äußere Reize wie Licht und Lärm ausgelöst werden:

- Kieferklemme und typischer Risus sardonicus, „teuflisches Grinsen", durch Verkrampfung der mimischen Muskulatur
- Streckkrampf der Extremitäten mit Opisthotonus (extreme Beugung ins Hohlkreuz)
- in kurzer Zeit Generalisation der Muskelspasmen
- Tod bei 20–30 % der Erkrankten durch Atemlähmung bei erhaltenem Bewusstsein.

Diagnostik

typische EMG-Veränderungen

Im EMG zeigen sich typische Aktivitätsmuster, die durch akustische und taktile Reize verstärkt werden.

- Antitoxingabe
- offene Wundbehandlung
- Antibiotika
- Sedierung, Muskelrelaxation
- hochkalorische Infusionen
- Prophylaxe durch Schutzimpfung

Therapie und Prophylaxe

Der Patient muss intensivmedizinisch betreut werden:

- Gabe von Antikörpern gegen das Toxin
- hochkalorische Infusionstherapie, da die Spasmen den Energieverbrauch erhöhen
- offene Wundbehandlung, um das anaerobe Bakterium zu bekämpfen
- Antibiotika
- Sedierung und Muskelrelaxierung
- Abschirmung gegen äußere Reize
- maschinelle Beatmung.

❸ Durch regelmäßige Tetanusschutzimpfung wird für einen ausreichenden Impfschutz gesorgt und die Erkrankung verhindert. Bei fehlendem Impfschutz wird bereits bei Krankheitsverdacht aktiv und passiv mit Antikörpern gegen das Tetanus-Toxin geimpft.

? Übungsfragen

❶ Wodurch wird eine Borreliose übertragen und welche Symptome treten auf?

❷ Wodurch wird Tetanus ausgelöst; welche Symptome treten auf?

❸ Welche Prophylaxe von Tetanus steht zur Verfügung?

6.7 Prionenerkrankungen

Prionenerkrankungen sind Infektionskrankheiten, die durch pathologische Proteine hervorgerufen werden. Zum einen haben sie schaurige Berühmtheit erlangt als Erkrankung von Kannibalen aus Papua-Neuguinea, die die eiweißreichen Gehirne ihrer Ahnen im Rahmen des Totenkultes verspeisten. Andererseits sind Prionen v.a. in den letzten Jahren unter Verdacht geraten, dass sie vom Rind auf den Menschen übertragen werden können.

6.7.1 Creutzfeldt-Jakob-Krankheit (CJD)

- degenerative Hirnerkrankung
- ausgelöst durch Prionen
- spongiforme Enzephalopathie
- Ähnlichkeit mit BSE und Scrapie

Die Creutzfeldt-Jakob-Erkrankung, engl. Creutzfeldt-Jakob-disease (CJD), ist eine degenerative Erkrankung des Gehirns, die durch veränderte Prion-Moleküle verursacht wird. In den meisten Fällen entstehen diese veränderten Proteine spontan. Im Verlauf der Krankheit findet sich eine so genannte spongiforme Enzephalopathie, bei der das Hirngewebe „schwammartig" zersetzt wird. Die CJD tritt mit einer Häufigkeit von 1:1.000.000 auf. Die Krankheit führt innerhalb weniger Monate zum Tod.

Es sind ähnliche Erkrankungen bei Tieren mit einem vergleichbaren Erreger und einer ähnlichen morphologischen Schädigung bekannt. Die bekanntesten Vertreter sind die bovine spongiforme Enzephalopathie (BSE oder „Rinderwahnsinn") und Scrapie (Traberkrankheit bei Schafen und Ziegen).

- Zelluntergang durch Veränderung körpereigener Prionen
- veränderte Prionen sind infektiös

Ursache

Prionen sind Eiweißmoleküle, die physiologisch auf der Oberfläche von Nervenzellen vorkommen. Mitunter kommt es zur Veränderung der Eiweißstruktur des Prions und damit zur Veränderung seiner räumlichen Struktur. Aus noch nicht geklärter Ursache gehen Zellen mit einem derartigen pathologischen Prion-Molekül unter. Entweder das Protein hat durch die Änderung seiner Form seine ursprüngliche Funktion verloren oder eine neue, krankmachende Funktion dazu gewonnen. Offenbar sind pathologische Prionen infektiös: Wenn sie in Kontakt mit einem physiologischen Prion kommen, können sie dieses in ein pathologisches umwandeln. Im Sinne einer Kettenreaktion breitet sich die Infektion über das ganze Gehirn aus.

Drei verschiedene Ursachen und Verläufe werden bei der CJD beobachtet:
- sporadisches Auftreten
- familiäre Form
- durch Infektion verursachte Erkrankung.

Infektion von Hirngewebe durch:
- Transplantation
- Wachstumshormon
- unzureichend desinfizierte Instrumente

Bei allen Formen wird eine genetische Veranlagung vermutet.

Eine Infektion erfolgt durch direkten Kontakt von Hirngewebe mit infiziertem Gewebe, beispielsweise bei Transplantation von Dura und Kornea, durch Gabe von menschlichem Wachstumshormon oder bei Einsatz unzureichend desinfizierter chirurgischer Instrumente.

Klinik

Leitsymptome der CJD sind Demenz und Myoklonien (☞ 2.2.1).

Außerdem werden beobachtet:
- Ataxie (☞ 2.3)
- zentrale Paresen mit pathologischen Reflexen und gesteigerten Muskeleigenreflexen (☞ 2.1.1)
- extrapyramidalmotorische Störungen (☞ 2.2.2).

Diagnostik

Hinweise geben typische EEG-Veränderungen, die allerdings nicht bei allen Patienten auftreten. Die Verdachtsdiagnose stützt sich auf die Trias Demenz, Myoklonien und triphasische EEG-Komplexe. Die sichere Diagnose kann nur nach dem Tod durch eine Obduktion gestellt werden.

Differentialdiagnostisch ist immer an andere, weitaus häufigere Demenzursachen zu denken (☞ Psychiatrie 4.2.1).

Therapie

Eine Heilung oder Verlangsamung der Prionenerkrankungen ist derzeit nicht möglich.

Variant-CJD

- jüngeres Erkrankungsalter
- vermutliches Pendant zur BSE
- Infektion durch infiziertes Rindfleisch wahrscheinlich

Ende der neunziger Jahre trat erstmals in Großbritannien eine neue Variante der Creutzfeldt-Jakob-Erkrankung auf, die v.a. jüngere Patienten betraf. Die Symptome ähneln der klassischen CJD, doch ist der Krankheitsverlauf bei der neuen Variante deutlich länger und die Demenz nicht so eindrücklich. Die triphasischen Wellen im EEG fehlen stets.

Über die Ursache dieser Erkrankung wird heftig debattiert. Bisher deuten die meisten Untersuchungen darauf hin, dass pathologische Prionen durch BSE-infiziertes Rindfleisch auf den Menschen übertragen werden. Dazu muss Nervengewebe in der Wurst verarbeitet oder das Fleisch kontaminiert sein, z.B. mit Rückenmark. Für eine Übertragung scheint jedoch eine sehr hohe Konzentration von Erregern notwendig zu sein. In England gab es Ende der achtziger Jahre eine BSE-Epidemie, in deren Rahmen pathologische Prionen durch Rindfleisch auf den Menschen übertragen wurden. Eine Reihe von veterinärmedizinischen und hygienischen Maßnahmen wurden seither getroffen, um weitere BSE-Epidemien zu verhindern – leider nur mit mäßigem Erfolg. Die befürchtete Variant-CJD-Epidemie ist glücklicherweise trotzdem bislang ausgeblieben.

7 Autoimmunerkrankungen des ZNS

Entzündliche Krankheiten, die auf einer überschießenden Immunreaktion gegen körpereigene Substanzen beruhen, werden als Autoimmunerkrankungen bezeichnet. Da es unzählige Antigene gibt, ist es nahe liegend, dass eine Vielzahl von Autoimmunerkrankungen existiert. Bei allen diesen Krankheiten weiß man noch nicht viel über deren Ursachen. Erkenntnisse der Forschung beschränken sich leider häufig nur auf Teilbereiche der Krankheitsentstehung, ein ganzheitliches Bild lässt sich noch nicht abzeichnen.

Autoimmunerkrankungen werden von den Infektionskrankheiten, die durch einen definierbaren Erreger verursacht werden (Viren, Bakterien, Pilze u.a.), unterschieden. Nach Entdeckung einer neuen entzündlichen Erkrankung versuchen Forscher zunächst, einen Erreger zu finden, um die Krankheit als Infektionskrankheit (☞ 6) zu definieren. Wird kein Erreger gefunden und sprechen weitere Befunde für eine Autoimmunreaktion, so ordnet man die Erkrankung den Autoimmunkrankheiten zu. Allerdings lässt sich nicht ausschließen, dass die Entzündung durch einen unbekannten Mikroorganismus verursacht wird, womit die als Autoimmunkrankheit bezeichnete Erkrankung letztlich doch eine Infektionskrankheit wäre.

Die echten Autoimmunerkrankungen zeichnen sich durch eine Immunreaktion gegen körpereigene Substanzen aus. Normalerweise werden Immunzellen, die gegen körpereigene Proteine gerichtet sind, durch verschiedenste Mechanismen gehemmt. Dieses immunologische Nicht-Reagieren gegenüber körpereigenem Gewebe nennt man natürliche Immuntoleranz. Die Balance zwischen Immunabwehr und Immuntoleranz scheint durch Auslöser wie z.B. Infektionen, Tumore oder Ischämie gestört zu werden. Genetische Faktoren sind bei der Entstehung dieses Ungleichgewichtes mit entscheidend.

Das ZNS besitzt eine besondere Art der Immunbarriere, die Blut-Hirn-Schranke. Wie bereits in Kapitel 6 dargestellt, können jedoch Immunzellen, sobald sie aktiviert sind, diese Barriere passieren. Sie verlassen die Blutbahn und kommen mit Nervengewebe in Kontakt, autoaggressive Immunzellen rufen eine Entzündungsreaktion hervor. Aufgrund dieser besonderen Anatomie betreffen autoimmunologische Erkrankungen des ZNS vor allem die Gefäße selbst (Vaskulitis ☞ 7.3) oder das an die Gefäße direkt angrenzende Nervengewebe.

Im Folgenden werden Autoimmunerkrankungen des ZNS vorgestellt.

7.1 Multiple Sklerose

Synonym: Enzephalomyelitis disseminata
- chronisch entzündliche Erkrankung der weißen Substanz des ZNS
- Auftreten zwischen 20. und 50. Lebensjahr
- häufig schubförmiger Verlauf

Die Multiple Sklerose (MS) ist eine chronisch entzündliche Erkrankung des zentralen Nervensystems. Durch die Entzündung wird die Myelinschicht (Markscheide) der Nervenzellen geschädigt, es kommt zur Entmarkung und schließlich zur Bildung von Narben, das Gewebe um die Entzündungsherde herum verhärtet (Sklerose). Die Entzündungsherde können an verschiedenen Stellen im Gehirn und Rückenmark auftreten (multipel = vielfach). In den meisten Fällen ist der Verlauf der Multiplen Sklerose schubförmig mit kompletter oder inkompletter Rückbildung der Symptomatik. Erste Symptome einer MS zeigen sich meist zwischen dem 20. und 50. Lebensjahr.

Der Begriff Multiple Sklerose leitet sich vom französischen „la sclérose en plaques" ab, einer Beschreibung des durch narbige Herde sklerosierten Gehirns. Synonym für MS wird der Terminus **Enzephalomyelitis disseminata** verwendet (wörtlich = ausgesäte, gestreute Entzündung des Gehirns und Rückenmarkes). Er beschreibt das Hauptmerkmal der Erkrankung erheblich besser: die Streuung der Entzündung in Raum (z.B. Enzephalitis und Myelitis) und Zeit.

Auffällig bei der Multiplen Sklerose ist eine geographische Häufung von Krankheitsfällen auf der nördlichen Halbkugel, d.h. je weiter man vom Äquator nach Norden geht, desto häufiger wird die MS. In Mitteleuropa erkranken neu pro Jahr zwischen 3 und 7 von 10.000 Menschen. Verlässt ein Mensch nach der Pubertät seine Heimat, nimmt er das Erkrankungsrisiko seines Heimatlandes mit sich, emigriert er zuvor, nimmt er das Risiko seines Gastlandes an.

Ursache

Pathogenetisches Modell:
- Aktivierung von autoaggressiven Immunzellen
- Einwanderung in das ZNS
- Demyelinisierung
- axonale Schädigung

❶ Die Ursache der MS ist noch nicht geklärt. Wie bereits oben beschrieben, haben Forscher versucht, einen Erreger der MS zu isolieren. Dies ist bisher nicht gelungen. Angenommen wurde u.a. eine Slow-Virus-Infektion, die erst Jahre nach der Virusansteckung klinische Symptome hervorruft. Bei der Auslösung der Krankheit spielen wahrscheinlich genetische Faktoren und Umwelteinflüsse (geographische Verteilung, s.o.) eine Rolle.

Bei der Multiplen Sklerose wandern Immunzellen, v.a. Lymphozyten und Plasmazellen, in die weiße Substanz des ZNS. Die Plasmazellen bilden Antikörper, die sich, zusammen mit den Lymphozyten, gegen Proteine der Myelinscheide (☞ 1.1) richten. Es resultiert eine entzündliche Reaktion an den Axonen der Neurone mit Schädigung der Myelinscheide. Dadurch kommt es zu einer **Demyelinisierung**, d.h. einer Entmarkung der Axone. Im weiteren Verlauf bilden sich an den Entzündungsherden Narben aus Gliazellen, welche pathologisch als Plaques anzusehen sind. Da die Myelinscheide im ZNS andere Proteine enthält als die des peripheren Nervensystems (Bildung der Myelinscheide durch Oligodendendrozyten im ZNS, Schwann-Zellen im peripheren Nervensystem, ☞ 1.1), betrifft die MS ausschließlich das ZNS. Die Entzündungsreaktion ist rund um die kleinen Gefäße, aus denen die Immunzellen austreten, am stärksten. Dies erklärt das Auftreten von einzelnen kleinen Herden.

Einerseits führt der Verlust der Myelinscheide zunächst zu einer verzögerten, dann zu fehlender Weiterleitung von Aktionspotentialen, was wiederum einen Funktionsverlust der betroffenen Neurone und damit **Ausfallsymptome** zur Folge hat. Andererseits können die demyelinisierten Axone aufgrund der schweren Funktionsstörung spontan Aktionspotentiale bilden, es kommt zu **Reizsymptomen** (z.B. sensibler Natur, ☞ 2.7.2). Die Reizweiterleitung am Axon ist von der Temperatur abhängig. Dies erklärt, weshalb sich Symptome bei Wärme verschlechtern können. Der Autoimmunprozess führt neben der Demyelinisierung zu einer **Schädigung der Axone** selbst. Diese zwei Vorgänge unterscheiden sich im zeitlichen Verlauf: Man nimmt an, dass einer Demyelinisierung ein Wiederaufbau der Myelinscheide durch Oligodendrozyten folgt. Dieser Reparaturmechanismus würde eine wieder funktionsfähige Myelinscheide produzieren und Symptome zurückgehen lassen. Damit könnte der schubförmige Verlauf der Erkrankung erklärt werden. Mit der Zeit und damit Zunahme der entzündlichen Veränderungen kommt es zur axonalen Schädigung, die hingegen nicht mehr repariert werden kann: Neurone können sich im Gegensatz zu Gliazellen nicht mehr teilen und nur bedingt regenerieren (☞ 1.1). Es wird vermutet, dass die Schädigung der Axone ursächlich ist für die chronische Progredienz der Erkrankung.

Klinik

- schubweiser oder chronisch progredienter Verlauf
- neurologische Ausfälle je nach Lokalisation des MS-Herdes

Leitsymptome der MS sind der (meistens) schubweise oder chronisch progrediente Verlauf und die Kombination von verschiedenen neurologischen Ausfällen.

Die MS-Herde haben bevorzugte Lokalisationen, die sich rund um kleinere Gefäße befinden. Typische Lokalisationen und deren Symptomatik sind:

- weiße Substanz des Nervus opticus
  - zeitweise Erblindung auf einem Auge im Rahmen einer Sehnerventzündung (Neuritis nervi optici) oder deutliche Einschränkung des zentralen Sehens bei Retrobulbärneuritis. Letztere ist eine Entzündung der Nervenfasern, die für den Visus zuständig sind: Patienten klagen, dass sie in der Peripherie zwar noch Dinge sehen, sie aber nicht fokussieren könnten. Die Retrobulbärneuritis ist häufig die Erstmanifestation einer MS.
- weiße Substanz rund um die Hirnventrikel. Hier kann es leicht zu Störungen der großen auf- und absteigenden Bahnen (z.B. Pyramidenbahn oder sensible Bahnen) kommen. Daraus folgen:
  - motorische Störungen: Störung der Feinmotorik und zentrale Paresen (☞ 2.1).
  - Sensibilitätsstörungen: Ausfalls- und Reizsymptome z.B. an Händen und Füßen mit Schmerzen, Missempfindung, Taubheitsgefühl u.a. (☞ 2.7.2).
- weiße Substanz des Hirnstamms und Kleinhirnschenkel
  - Hirnnervenbeteiligung: Gefühlsstörungen im Gesicht, Fazialisparese, Trigeminusneuralgie (☞ 8.4).
  - zerebelläre Störungen: Intentionstremor, skandierende (mühsame, stockende) Sprache, Ataxie, Okulomotorikstörungen (☞ 2.3).

- weiße Substanz des Rückenmarks
  - spinale Störungen: motorische und sensible Symptome, Blasen- und Mastdarmstörungen, sexuelle Funktionsstörungen, spinale Ataxie (☞ 2.3).

All diese genannten Störungen führen gemeinsam zu einem unsicheren, breitbeinigen, steifen Gangbild.
Weitere Folgen der Entmarkung sind:

- Fatigue: Darunter versteht man eine chronische Müdigkeit mit Leistungsabfall, die für die Patienten äußerst belastend ist.
- Psychische Veränderungen (z.B. Euphorie) mit emotionaler Labilität, später auch psychomotorischer Verlangsamung und affektiven Störungen (Psychiatrie ☞ 2).

Verlauf

Verlaufsformen der MS:
- schubförmiger Verlauf mit Remissionen
- bleibende Defekte
- chronisch progredienter Verlauf ohne Remission

❷ Wie fast alle anderen Autoimmunerkrankungen verläuft auch die MS häufig in Schüben. Dies ist bei über 80 % der MS-Patienten der Fall. Ein Schub zeichnet sich durch neue fokalneurologische Ausfälle aus, die mindestens einen Tag und maximal einen Monat andauern. Dabei können die Ausfälle manchmal denen des letzten Schubes gleichen, wenn derselbe oder ein benachbarter Herd wieder aktiv wird. Nach einem Schub können sich die neurologischen Ausfälle fast vollständig zurückbilden, ein **Verlauf mit Remission.** Patienten leben und arbeiten dann wieder unbehindert. Allerdings nehmen die bleibenden Schäden mit jedem Schub zu.
Bei einem Drittel der Patienten mit zunächst rein schubförmiger MS nimmt die Erkrankung einen **sekundär chronisch progredienten Verlauf.** In diesem Fall kommt es aufgrund nicht mehr zu reparierender Demyelinisierungen und zunehmender axonaler Schädigung zu einem kontinuierlichen Auftreten von neuen Symptomen, ohne dass dazwischen eine Besserung der Symptome auftritt.
Nur ein kleiner Teil der Patienten zeigt einen **primär chronisch progredienten Verlauf** ohne Schübe.
Prinzipiell hat die MS keinen wesentlichen Einfluss auf die Lebenserwartung. Die Lebensqualität allerdings wird häufig durch die Erkrankung deutlich eingeschränkt. Jedoch haben mehr als zwei Drittel der Patienten über Jahre hinweg keine oder nur eine leichte neurologische Symptomatik zwischen den Schüben.

Diagnostik

Die Diagnose der MS wird anhand der Klinik gestellt und durch Zusatzdiagnostik gestützt. Prinzipiell gilt für die Diagnosestellung der Multiplen Sklerose, dass fokalneurologische Ausfälle in Raum und Zeit disseminiert sein müssen, d.h. es muss zu verschiedenen Zeitpunkten zu verschiedenen fokalneurologischen Ausfällen kommen. Dann kann man sicher und ohne weitere Zusatzdiagnostik von einer MS ausgehen.
Möglichkeiten der Zusatzdiagnostik:

- Im Liquor ist vor allem die Zahl der Antikörper (IgG) erhöht.
- Evozierte Potentiale (☞ 2.8.1) zeigen Störungen der Nervenleitung. Aufgrund der häufigen Beteiligung des Sehnervs sind die visuell evozierten Potentiale fast immer pathologisch.

- Im MRT werden Entmarkungsherde sichtbar. Diese nehmen während eines Schubes Kontrastmittel auf.

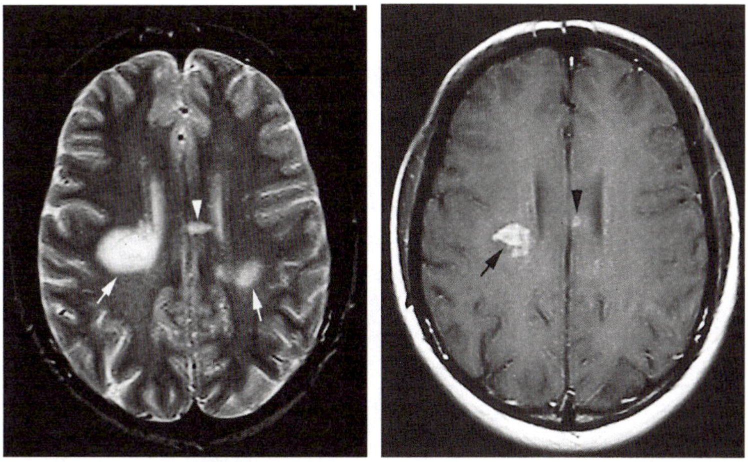

Abb. 7.1: MS im cranialen MRT. Deutlich zu erkennen ist der ausschließliche Befall der weißen Substanz. Aktive Herde reichern Kontrastmittel an, zu erkennen an den hellen Bereichen im rechten Bild. Im linken Bild zeigen die hellen Bereiche Ödem an. Die Pfeilköpfe deuten auf eine Läsion im Balken, diese ist typisch für die MS. [S008-2]

Therapie

Symptomatische Behandlung:
- Kortikoide
- Immunmodulatoren
- Tonus senkende Medikamente
- Physiotherapie

Eine ursächliche Therapie der MS steht, wie bei allen anderen Autoimmunerkrankungen, nicht zur Verfügung.
Zur symptomatischen Behandlung eines Schubes werden Kortikoide intravenös und hoch dosiert verabreicht, um die Dauer des Schubes zu verkürzen. Immunmodulatoren wie das ß-Interferon werden gespritzt, um die Frequenz und Ausprägung der Schübe zu reduzieren. Diese teure, aber wirksame Therapie ist eine Langzeittherapie. Andere Immunsuppressiva kommen bei schweren Verläufen zum Einsatz. Die Spastik lässt sich durch Gabe von Spasmolytika dämpfen, z.B. Baclofen. Wichtig ist die begleitende Physiotherapie.

Physiotherapie

- Kompensation der Bewegungsstörungen
- Vermeidung von Folgeschäden
- Funktionserhaltung der vorhandenen Muskulatur

3 Die Physiotherapie bei Multipler Sklerose besteht überwiegend darin, die vorübergehenden oder bleibenden Bewegungsstörungen zu kompensieren, Sekundärschäden zu vermeiden sowie die vorhandenen Funktionen zu erhalten. Körperliche Belastung ist bisher nicht als Schub auslösender Faktor bekannt. Daher muss die Physiotherapie nicht rücksichtsvoller sein als bei anderen Patienten. Die Wirksamkeit der Physiotherapie bei der MS ist durch Studien belegt!

? **Übungsfragen**

1. Welche anatomischen Strukturen erkranken bei der Multiplen Sklerose?
2. Welche Verlaufsformen gibt es bei der MS?
3. Was ist die Aufgabe der Physiotherapie bei MS-Patienten?

7.2 Parainfektiöse Enzephalomyelitis

Unter diesem Überbegriff werden autoimmunologische Entzündungen des ZNS zusammengefasst, die im Anschluss an eine Infektionserkrankung oder Impfung auftreten.

7.2.1 ADEM

monophasischer Verlauf

Die **a**kute **d**isseminierte **E**nzephalo**m**yelitis **d**isseminata, kurz ADEM, ist das „einzeitige" Pendant einer Multiplen Sklerose. Bei der ADEM kommt es wenige Tage bis Wochen nach einem fiebrigen Infekt oder einer Impfung einmalig zu multiplen Demyelinisierungsherden mit dementsprechend vielfältiger Symptomatik. Häufig ist das Krankheitsbild dramatischer als bei einem Schub einer MS, es kann sogar zu meningitischen Verläufen kommen. Die Patienten sind meist junge Erwachsene. Therapiert wird wie bei der MS mit Steroiden oder Immunsuppressiva. Normalerweise erholen sich die Patienten und erleiden nie wieder eine derartige Episode. Kommt es im späteren Leben jedoch zu neuerlichen fokalneurologischen Ausfällen, so handelte es sich wahrscheinlich retrospektiv nicht um eine ADEM, sondern um den ersten Schub einer Multiplen Sklerose.

7.2.2 Bickerstaff-Enzephalitis

- Hirnstamm-enzephalitis
- gute Prognose

Unter dieser Bezeichnung werden die häufiger bei jungen Patienten vorkommenden Hirnstamm-Enzephalitiden zusammengefasst, bei denen kein Erreger gefunden werden kann. Klinisch fallen die Patienten v.a. durch eine Bewusstseinsstörung (☞ 2.6), Ataxie (☞ 2.3) und Hirnnervenausfälle auf. Differentialdiagnostisch muss eine Listerien-Meningoenzephalitis (☞ 6.3) ausgeschlossen werden. Die Patienten werden häufig intensivpflichtig, erholen sich dann aber spontan und behalten nur selten Defekte zurück.

7.3 Vaskulitis

Gefäßentzündung
- bei systemischen Autoimmunerkrankungen
- isoliert das ZNS betreffend
- Gefahr der Hirninfarkte

Als Vaskulitis bezeichnet man eine Entzündung der Gefäßwände. Diese kann einerseits durch Erreger wie Varizella-zoster-Viren oder Tuberkelbakterien ausgelöst werden. Andererseits gehen viele systemische Autoimmunerkrankungen mit einer generalisierten Vaskulitis einher und können bei zerebraler Beteiligung zu zentralnervösen Erscheinungen führen. Daneben gibt es eine isolierte Vaskulitis des ZNS.

Die Ursache dieser Gefäßentzündungen ist nicht klar. Jedoch entspricht der Pathomechanismus dem unter 7.1. beschriebenen: Durch ein Ungleichgewicht zwischen Immunabwehr und -toleranz kommt es zu einer Aktivierung von Immunzellen gegen Bestandteile der Gefäßwand.

Gefürchtete Komplikationen sind v.a. Infarkte (☞ 5.1), die auf einer Verlegung des Gefäßlumens durch die verquollene Gefäßwand beruhen. Derselbe Mechanismus kann neben der zentralnervösen Symptomatik auch zu einer peripheren Neuropathie (☞ 14.2) führen, wenn die den Nerv versorgenden kleinen Gefäße befallen sind.

Systemische Vaskulitiden, die mit einer neurologischen Symptomatik einhergehen, sind:

- Riesenzellarteriitis: Diese kann neben der Arteriitis temporalis (☞ 8.5) mit Kopfschmerz und Gefahr der Erblindung auch zu Hirninfarkten führen.
- Panarteriitis nodosa: Diese häufig bei einer Hepatitis auftretende rheumatologische Erkrankung führt zu Hautveränderungen, Nierenschädigungen, peripheren Neuropathien, zu Kopfschmerzen und Enzephalopathie.
- Behcet-Krankheit: Diese in den östlichen Mittelmeerländern häufige Autoimmunerkrankung führt u.a. zu Hautveränderungen mit multiplen Aphthen (schmerzhafte Schleimhautläsionen im Mund und Ano-Genitalbereich), Augen- und Gelenkentzündungen sowie zu einer Beteiligung des ZNS. Einerseits kann sich eine schubförmige hirnstammbetonte Enzephalitis ausbilden, die der MS täuschend ähnlich sein kann. Andererseits kann durch Verschluss von ableitenden Venen eine Sinusvenenthrombose (☞ 5.4) ausgelöst werden.
- Systemischer Lupus erythematodes (SLE): Die häufigste aller systemischen Autoimmunerkrankungen kann nahezu alle Organe betreffen. Neurologisch kann der SLE neben einer peripheren Neuropathie eine Enzephalopathie, epileptische Anfälle (☞ 4) und auch Hirninfarkte verursachen.

8 Kopfschmerzerkrankungen

Wichtige Kopfschmerzerkrankungen:
- Migräne
- Spannungskopfschmerz
- Cluster-Kopfschmerz
- Trigeminusneuralgie
- Arteriitis temporalis
- Analgetika-Kopfschmerz

Kopfschmerzen sind das häufigste neurologische Symptom. Als „normale" Kopfschmerzen können sie physiologisch, d.h. ohne Krankheitswert sein, z.B. Kopfschmerzen bei Hunger oder Durst. Daneben gehen viele systemische Erkrankungen, wie arterielle Hypertonie, Tuberkulose oder Autoimmunerkrankungen, mit Kopfschmerzen einher. Kopfschmerzen können auch zentrales Symptom von Krankheiten sein. Zu den wichtigsten Kopfschmerzerkrankungen zählen die Migräne, der Spannungskopfschmerz, der Cluster-Kopfschmerz, die Trigeminusneuralgie und die Arteriitis temporalis (Vaskulitis im Bereich der Äste der A. carotis; bevorzugt der A. temporalis). Außerdem werden Kopfschmerzen als Nebenwirkung bei Missbrauch von Analgetika beobachtet.

Das Gehirn selbst besitzt keine Schmerzrezeptoren. Insofern kann eine Schädigung des Gehirns keine Kopfschmerzen verursachen. Sämtliche Schmerzrezeptoren des Kopfes liegen entweder extrakraniell in den Muskeln und Weichteilen des Schädels oder intrakraniell in den Meningen. Diese zwei verschiedenen Orte der Schmerzenstehung verursachen folglich zwei unterschiedliche Arten von Kopfschmerzen: einen extrakraniellen und einen intrakraniellen. Der **extrakranielle Kopfschmerz** wird häufig oberflächlich angegeben, manche Patienten beschreiben das Gefühl eines Gürtels um den Kopf. Häufig ist er gut zu lokalisieren. Zu diesem Kopfschmerztyp gehört z.B. der Spannungskopfschmerz, die Arteriitis temporalis und Gesichtsschmerzen wie die Trigeminusneuralgie.

Der **intrakranielle Kopfschmerz** wird durch eine Reizung der Meningen ausgelöst und meist als dumpfer Druck oder Schmerz beschrieben, der sich bei Bewegung verstärkt und häufig mit vegetativen Symptomen einhergeht, z.B. Tachykardie, Schwitzen und Blässe der Haut. Zu diesem Kopfschmerztyp zählen insbesondere der Kopfschmerz bei Meningitis (☞ 6.1) und erhöhtem Hirndruck (☞ 2.6.1) sowie die Migräne.

Klinik und Diagnostik

Die typischen Beschwerdebilder der einzelnen Kopfschmerzen reichen meist für eine sichere Diagnosestellung aus. Nur bei einigen wenigen Kopfschmerzerkrankungen muss zusatzdiagnostisch meist mittels Bildgebung eine symptomatische Ursache ausgeschlossen werden. Dies ist dann angezeigt, wenn neben den Kopfschmerzen persistierende fokalneurologische Ausfälle eine intrakranielle Läsion vermuten lassen.

Differentialdiagnostisch müssen bei akuten, schweren Kopfschmerzen, die der Patient bisher nicht kannte, Tumorerkrankungen oder andere neurologische Erkrankungen wie Enzephalitis oder Blutungen ausgeschlossen werden.

8.1 Migräne

Frauen erkranken häufiger als Männer.

Bei dieser attackenartigen Erkrankung sind die typischen Kopfschmerzen häufig begleitet von neurologischen und vegetativen Reiz- oder Ausfallssymptomen. 10–20 % der Bevölkerung sind betroffen, Frauen doppelt so häufig wie Männer. Die meisten Patienten erkranken zwischen der Pubertät und dem vierzigsten Lebensjahr.

Ursachen

- genaue Ursache nicht geklärt
- vermutlich aufgrund autoimmunologischer Entzündung der meningealen Arterien

Die genaue Ursache der Migräne ist noch nicht geklärt. Man vermutet, dass eine Art **Autoimmunentzündung der meningealen Arterien** vorliegt. Im Rahmen dieser Entzündung werden Transmitter freigesetzt, z.B. Serotonin. Serotonin gehört zu den Neurotransmittern, die eine wichtige Rolle in der Schmerzverarbeitung spielen. Da die Meningen Schmerzrezeptoren aufweisen, entsteht ein intrakranieller Kopfschmerz. Außerdem kann es bei der Migräne zu Funktionsstörungen des Gehirns kommen, die dann die begleitenden Reiz- oder Ausfallserscheinungen erklären können.

Auslösefaktoren

Bekannte Auslösefaktoren vermeiden!

❶ Verschiedene Auslöser für eine Migräneattacke werden beschrieben:

- Entspannung (!) nach psychischer Belastung
- Genuss bestimmter Nahrungsmittel, die den Serotoninhaushalt beeinflussen, z.B. Alkohol, Schokolade, Obst, Käse
- Ovulationshemmer, hormonelle Änderungen
- Nahrungskarenz
- unregelmäßiger Wach-Schlaf-Rhythmus
- Wetterlage.

Klinik

Leitsymptome:

- attackenartiger, halbseitiger, dumpfer oder pulsierender Kopfschmerz
- Übelkeit, Erbrechen
- Lichtscheu, Geräuschempfindlichkeit
- mehrere Stunden Dauer
- langsame Rückbildung

❷ Die Migräne ist eine attackenartig auftretende Erkrankung. Leitsymptom der Migräne ist ein meist halbseitiger, drückend-dumpfer oder pulsierender Kopfschmerz, der über mehrere Stunden anhält, wobei die Schmerzen die Seite wechseln können. Die Kopfschmerzen entwickeln sich innerhalb von einer halben Stunde oder länger und bilden sich in ähnlichem Tempo wieder zurück. Eine Attacke wird häufig begleitet von:

- Übelkeit und Erbrechen
- Überempfindlichkeit auf Geräusche und Licht
- Schweißausbruch
- Affektlabilität, psychische Reizbarkeit
- Störung der Merkfähigkeit und retrograde Amnesie.

Jegliche Bewegung verschärft den Kopfschmerz. Um dies zu verhindern und um störende Geräusch- und Lichtquellen fern zu halten, legen sich die Patienten während einer Migräneattacke ins Bett, ziehen die Gardinen zu, nehmen den Telefonhörer von der Gabel und versuchen zu schlafen.

❸ Eine Sonderform der Migräne ist die **Migräne mit Aura.** Bei dieser Form gehen der Attacke neurologische Herdsymptome voraus: Missempfindungen (Parästhesie ☞ 2.7.2), Lähmungen (☞ 2.1), Aphasie (☞ 2.5), Gesichtsfeldausfälle oder Augenflimmern. Bei der **Basilarismigräne**, eine Form der Migräne mit Aura, treten in diesem Zusammenhang Okulomotorikstörungen, Ataxie (☞ 2.3), Schwindel (☞ 2.4) und andere Hirnstammsymptome auf.

Therapie

- Attackentherapie → Analgetika, Ergotamin, Triptane
- medikamentöse Prophylaxe mit Beta-Blockern
- Entspannungsübungen

Attacken lassen sich teilweise verhindern, indem Auslösefaktoren gemieden werden.
Eine Migräneattacke wird medikamentös hauptsächlich mit so genannten Triptanen, mit Ergotamin oder mit Analgetika wie ASS behandelt. Die ersten beiden Medikamente greifen in den Serotoninhaushalt ein, ASS hemmt die Freisetzung von Entzündungsmediatoren. Durch eine medikamentöse Attackenprophylaxe mit Beta-Blockern oder Kalzium-Antagonisten kann Patienten mit sehr häufigen Attacken geholfen werden.

Physiotherapie

Bindegewebsmassage, manuelle Segmentmassage, Hydrotherapie und Entspannungsübungen (z.B. autogenes Training) können die Beschwerden lindern und dazu beitragen, Attacken vorzubeugen.

8.2 Spannungskopfschmerz

- akute und chronische Verläufe
- Frauen erkranken häufiger als Männer

Das Beschwerdebild des Spannungskopfschmerzes unterscheidet sich gänzlich von dem der Migräne. Die Schmerzen treten nicht attackenartig auf und fokalneurologische Reiz- oder Ausfallssymptome fehlen. Spannungskopfschmerz kann akut, d.h. gelegentlich und für mehrere Stunden oder chronisch, d.h. täglich und konstant auftreten. Wiederum sind Frauen häufiger betroffen als Männer.

Ursachen

extrakranielle Schmerzursache

Da es sich um einen extrakraniellen Kopfschmerz handelt, liegt die Ursache vom Spannungskopfschmerz vermutlich in einer Aktivierung extrakranieller Schmerzrezeptoren. Die häufigste Ursache dafür sind chronische muskuläre Verspannungen, z.B. der Nacken- oder Kaumuskulatur. Auslöser für diese Verspannungen sind meist psychische Konflikte oder auch degenerative Veränderungen, z.B. des Kiefergelenkes.

Klinik

- beidseitiger, drückend-dumpfer Kopfschmerz
- Lokalisation in Stirn und Nacken
- keine fokalneurologischen Symptome
- Auftreten nur tagsüber

(4) Leitsymptom des Spannungskopfschmerzes ist ein beidseitiger, drückend-dumpfer Kopfschmerz, der häufig in Stirn und Nacken lokalisiert ist. Die Patienten beschreiben das Gefühl, als hätten sie einen Gürtel um den Kopf geschnallt. Nur selten treten Photo- oder Phonophobie (Licht- oder Lärmscheu) auf. Im Gegensatz zur Migräne verstärkt Bewegung diesen Kopfschmerz nicht. Der Spannungskopfschmerz tritt nie nachts auf. Die Betroffenen sind meist älter als Migränepatienten.

Therapie

Psychotherapie mit Verhaltenstherapie und autogenem Training kann bei psychischer Überforderung Entlastung bringen.
Eine medikamentöse Therapie mit Analgetika beim akuten oder Antidepressiva beim chronischen Spannungskopfschmerz ist möglich.
Benzodiazepine sind wegen der Gefahr der Abhängigkeit kontraindiziert (Psychiatrie ☞ 7.2).

8.3 Cluster-Kopfschmerz

Männer erkranken häufiger als Frauen

5 Der Cluster-Kopfschmerz, auch Bing-Horton-Kopfschmerz genannt, betrifft überwiegend Männer im dritten Lebensjahrzehnt. Auslösefaktoren sind Alkohol und Nikotin.

Klinik

- attackenartige Erkrankung
- in Blöcken auftretend
- Schmerz einseitig
- meist hinter dem Auge oder an der Schläfe
- neurologische und vegetative Symptome
- Dauer ca. eine Stunde

Diese Kopfschmerzerkrankung tritt in klassischen Clustern *(engl. = Blöcke, Gruppen, Trauben)* auf. Das bedeutet, Kopfschmerzattacken treten über Tage bis Wochen, sogar über Monate hinweg ein- bis mehrmals täglich auf, meist zur selben Tages- bzw. Nachtzeit. Solch einer Periode können monate- bis jahrelange beschwerdefreie Intervalle folgen.
Leitsymptom ist ein unerträglicher, halbseitiger Kopfschmerz, der stets auf der gleichen Seite hinter dem Auge oder in der Schläfenregion lokalisiert ist. Aufgrund der Schmerzintensität sind die Patienten meist extrem agitiert, d.h. körperlich unruhig und aufgeregt, ganz im Gegensatz zum sich abschottenden Migränepatienten. Die Schmerzen setzen meist nachts abrupt und ohne Vorzeichen ein und dauern zwischen 15 Minuten und 3 Stunden. Hinzu kommen weitere Symptome:

- Rötung des Auges und evtl. des Gesichts
- weitere vegetative Symptome:
  - parasympathisch bedingter Tränenfluss und Schwellung der Nasenschleimhaut (☞ 1.3.2 und ☞ 1.4)
  - Unterfunktion des Sympathikus (☞ 1.4) am Auge, daraus resultierend das Horner-Syndrom:
  - Miosis (Engstellung der Pupille)
  - Ptose (herabhängendes Lid)
  - Enophthalmus (Augapfel sinkt scheinbar in die Orbita zurück).

Therapie

Durch Sauerstoffinhalation können Attacken beendet werden. Medikamente (v.a. Verapamil) können Anfällen vorbeugen.

? Übungsfragen

1. Wodurch kann ein Migräneanfall ausgelöst werden?
2. Welches ist das Leitsymptom der Migräne?
3. Was versteht man unter einer Migräne mit Aura?
4. Wie ist der Schmerzcharakter des Spannungskopfschmerzes?
5. Welche Patienten sind gehäuft vom Cluster-Kopfschmerz betroffen?

8.4 Trigeminusneuralgie

Frauen erkranken häufiger als Männer

Die Trigeminusneuralgie ist durch charakteristische Schmerzen im Gesicht gekennzeichnet. Sie beginnt in der zweiten Lebenshälfte und betrifft Frauen doppelt so häufig wie Männer. Zentrale Schmerzform ist der nur Sekunden anhaltende, brennende Schmerz.

Ursache

- Trigeminusreizung
- idiopathisch oder symptomatisch

❶ Die Neuralgie entsteht durch eine Reizung des N. trigeminus, der mit drei Ästen die Gesichtshaut sensibel innerviert (☞ 1.3.2). Die Trigeminusneuralgie kann idiopathisch, d.h. ohne erkennbare Ursache oder symptomatisch, d.h. begleitend auftreten. Die häufigste Ursache für eine symptomatische Trigeminusneuralgie ist eine Multiple Sklerose (☞ 7.1). In vielen Fällen der Trigeminusneuralgie vermutet man eine Verbindung (Kurzschluss) zwischen den Nervenfasern für taktile Reize und denen für Schmerzreize. Dies wiederum kann auf einer mechanischen Reizung durch eine Gefäßschlinge oder Tumoren wie Meningeom (☞ 3.3) oder Neurinom (☞ 3.4) beruhen.

Auslösefaktoren

Am Anfang der Erkrankung setzen die Schmerzen spontan ein. Im weiteren Verlauf werden sie ausgelöst durch äußere Reize wie Berührung, Kälte oder Bewegung der Gesichtsmuskulatur.

Klinik

- blitzartiger Beginn
- brennende Schmerzen
- multiple Attacken
- Dauer wenige Sekunden
- Krampf der Gesichtsmuskulatur
- vegetative Reizsymptome

❷ Leitsymptom ist ein brennender Schmerz, der blitzartig einsetzt und wenige Sekunden anhält. Diese Attacken wiederholen sich mehrfach am Tag. Der Schmerz betrifft hauptsächlich den 2. und 3. Ast des N. trigeminus (Ober- und Unterkieferast).

Während der Schmerzattacke zieht sich die mimische Muskulatur in dem betroffenen Areal krampfartig zusammen.

Nach der Schmerzattacke kommt es zu vegetativen Reizerscheinungen mit Rötung des Hautbezirkes und Sekretion aus Tränen-, Nasen- und Speicheldrüsen.

Abzugrenzen von der Trigeminusneuralgie ist der atypische Gesichtsschmerz, welcher mit einem Dauerschmerz einhergeht und z.B. durch Knochenerkrankungen der Schädelbasis, Augenkrankheiten und Infektionen im Mund- und Nasenbereich hervorgerufen werden kann.

Therapie

Medikamentöse Therapie mit Antiepileptika. Diese Medikamente, z.B. das Carbamazepin, erhöhen den elektrischen Widerstand des Kurzschlusses und führen so zu einer Linderung der Schmerzen. Bei Tumoren oder Gefäßveränderungen ist eine Operation indiziert.

8.5 Arteriitis temporalis

- Vaskulitis
- Gefahr von Erblindung und Infarkten
- Auftreten v.a. bei älteren Patienten

(3) Diese autoimmunologische **Vaskulitis** (☞ 7.3) wird auch Riesenzell-Arteriitis genannt, da man bei dieser Erkrankung Riesenzellen histologisch in Biopsien nachweisen kann. Anfangs sind v.a. die Gefäße der Schläfe und Stirn entzündet, später kommen auch intrakranielle Gefäße hinzu. Die Arteria temporalis superficialis, die Schläfenarterie, kann verdickt und verhärtet sein. Es besteht die Gefahr, dass die Vaskulitis auf die Augenhöhle und das Gehirn übergreift und dort zur Erblindung und zu Hirninfarkten führen kann. Symptomatisch wird die Vaskulitis durch einen Dauerkopfschmerz im Bereich der Schläfe, welcher pulsierenden Charakter haben kann. Es erkranken fast ausschließlich Menschen über fünfzig Jahre.
Entsprechend der autoimmunologischen Ursache der Erkrankung kommen therapeutisch Steroide zum Einsatz.

? Übungsfragen

1. Welche Hauptursache wird für die Trigeminus-Neuralgie angenommen?
2. Unter welchen Beschwerden leiden die Patienten mit einer Trigeminusneuralgie?
3. Welche Kopfschmerzerkrankung betrifft v.a. Patienten im höheren Lebensalter?

9 Extrapyramidale Erkrankungen

Die motorischen Kerngebiete des zentralen Nervensystems, die nicht zum Pyramidenbahnsystem (☞ 1.3.1) gehören, werden als extrapyramidales System bezeichnet. Dazu zählen die Basalganglien mit Nucleus caudatus, Putamen, Globus pallidus, Nucleus subthalamicus, Substantia nigra sowie Nucleus ruber und Formatio reticularis (☞ 1.3.5). Das extrapyramidale System ist für die Feinabstimmung der willkürlichen Bewegungen und für die unbewusste Stütz- und Haltemotorik zuständig. Außerdem reguliert es den Muskeltonus bei unwillkürlichen Bewegungen und Bewegungsmustern, indem es die Reize aus Großhirn, Kleinhirn und Hirnstamm miteinander verknüpft.
Wenn das extrapyramidale System erkrankt, kommt es zu Bewegungsstörungen, die sich in einem hyperkinetischen (☞ 2.2.1) oder akinetisch-rigiden Syndrom (Hypokinese ☞ 2.2.2) äußern. Im Folgenden sollen nun die Krankheiten besprochen werden, die zu diesen hyper- oder hypokinetischen Bewegungsstörungen führen.

9.1 Idiopathisches Parkinson-Syndrom

Das idiopathische Parkinson-Syndrom (IPS) ist eine neurodegenerative Erkrankung. Mit diesem Begriff werden Krankheiten bezeichnet, denen langsame Untergänge von Neuronen zugrunde liegen. Bei einigen erblichen neurodegenerativen Erkrankungen ist es gelungen, die ursächlichen Gendefekte zu finden. Beim IPS jedoch ist der Mechanismus, auf dem der Zelluntergang beruht, noch völlig unklar.
Das IPS ist keine seltene Erkrankung: Mehr als 3 % der über 75-Jährigen leiden an dieser Krankheit, die meist im Alter zwischen 40 und 60 Jahren beginnt.
Neben dem idiopathischen Parkinson-Syndrom existiert das symptomatische Parkinson-Syndrom, welches durch Stoffwechselstörungen, Intoxikationen oder Medikamente ausgelöst werden kann (☞ 9.2).

Ursachen

- Dopaminmangel
- funktioneller Acetylcholinüberschuss

❶ Ursache des idiopathischen Parkinson-Syndroms ist die Degeneration dopaminerger Neurone in der Subtantia nigra. Die Transmitter Dopamin und Acetylcholin werden u.a. in den Zellen der Basalganglien gebildet (☞ 1.3.5). Normalerweise steht die Produktion der beiden Transmitter im Gleichgewicht. Beim idiopathischen Parkinson-Syndrom ist das Verhältnis zwischen Dopamin und Acetylcholin gestört, d.h. im Striatum fehlt Dopamin, Acetylcholin überwiegt funktionell.

Hauptsymptome:
- Tremor
- Rigor und Zahnradphänomen
- Hypokinese

Klinik

❷ Die Kardinalsymptome des idiopathischen Parkinson-Syndroms sind:
- **Tremor:** Unwillkürlich auftretende, rhythmische Kontraktionen antagonistisch wirkender Muskelgruppen, die sich in einem „Zittern" äußern. Für das Parkinson-Syndrom typisch ist der Ruhetremor, der bei emotionaler Aufregung zunimmt, bei gezielten Bewegungen abnimmt. Der klassische Parkinson-Tremor ist der Pillendrehertremor (☞ 2.2.1).
- **Rigor:** Erhöhter Muskeltonus, der bei passiver Bewegung konstant bleibt und durchgängig spürbar ist (im Gegensatz zur Spastik). Besteht neben dem Rigor ein Tremor, kann diese Kombination zu einem sehr gut fühlbaren Phänomen führen, dem Zahnradphänomen: Bei passiver Bewegung einer Extremität nimmt der muskuläre Widerstand in der Frequenz des Tremors ruckartig ab und wieder zu. Im Verlauf der Erkrankung findet sich ein charakteristischer Nacken-Rigor: Patienten können den Kopf im Liegen nicht zurücklegen.
- **Hypokinese:** Verlangsamte willkürliche und unwillkürliche Motorik und fehlende physiologische Mitbewegung von Rumpf und Extremitäten. Durch Störung der Haltereflexe kommt es zu unwillkürlichem Trippeln nach vorn, nach hinten und zur Seite Pro-, Retro- und Lateropulsion. Außerdem fallen das Starten und das Beenden einer Bewegung schwer, Patienten haben häufig Schwierigkeiten, den ersten Schritt zu machen. Haben sie es erst einmal geschafft, bewirkt die Propulsionstendenz, dass die Patienten mehr oder weniger ungebremst schneller werden, Stürze sind die Folge. Die Arme schwingen beim Gehen nicht mit (☞ 2.2.2 und Abb. 2.11).

Weitere, für das idiopathische Parkinson-Syndrom typische Erscheinungsbilder bzw. Symptome:
- Freezing: Patienten halten bisweilen mitten in einer Bewegung inne und können erst einige Sekunden später fortfahren.
- Die Hypokinese manifestiert sich auch in der Nacht. Die Patienten drehen sich seltener und es kommt zu schmerzhaften Druckstellen, Schlafstörungen sind die Folge.
- Maskengesicht: Mimik und Gestik sind verarmt, die Patienten wirken emotionslos.
- Mikrographie: Die Amplitudenminderung der Feinmotorik zeigt sich u.a. in einer mühsamen, nach rechts kleiner werdenden Handschrift.
- hypophone Stimmstörung: Die Hypokinese äußert sich ferner am Sprechapparat, Patienten reden leise, monoton und langsam säuselnd.
- Ein sehr frühes Symptom ist die Geruchsstörung. Sie beruht auf einer Läsion der Riechrinde, die beim IPS ebenfalls degeneriert.
- vegetative Symptome: Durch Überwiegen von Acetylcholin Parasympathikusaktivierung mit Tränenfluss, Hypersalivation (gesteigerter Speichelfluss) und vermehrter Talg- und Schweißsekretion.
- psychische Symptome: Stimmungsschwankungen, Depressivität, Demenz. Weiterhin die Bradyphrenie, d.h. die Verlangsamung geistiger Funktionen – Konzentration und Auffassungsgabe sind herabgesetzt.

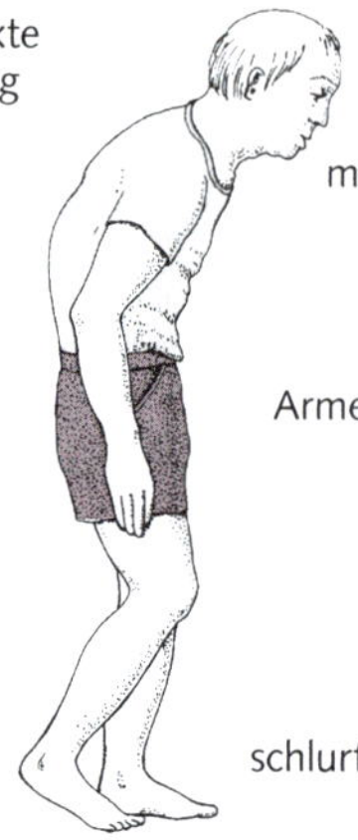

Abb. 9.1: Charakteristische Körperhaltung beim idiopathischen Parkinson-Syndrom. [A300-190]

Problematisch ist die so genannte **akinetische Krise**, bei der sich die Symptomatik rasch verschlechtert. Die Patienten werden aufgrund einer nahezu kompletten Bewegungsunfähigkeit bettlägerig und hochgradig komplikationsgefährdet. Die akinetische Krise wird ausgelöst durch Reduktion oder unregelmäßige Einnahme der Medikamente oder durch Dehydrierung infolge eines Infektes.

Diagnostik

- Klinisch anhand des typischen Beschwerdebildes.
- Weder die Bildgebung noch das EEG zeigen einen pathologischen Befund.

Entscheidend bei der Diagnosestellung eines idiopathischen Parkinson-Syndroms ist der einseitige Beginn der Symptomatik: Häufig ist ein einseitiger Ruhetremor das erste Zeichen der Erkrankung. Die Symptome des Parkinson-Syndroms sind stets in individuell unterschiedlich starker Ausprägung vorhanden, manche Patienten beklagen v.a. die Hypokinese, andere hauptsächlich den Tremor. Im Verlauf der Erkrankung betreffen die Symptome beide Seiten, bis letztendlich das Vollbild erreicht ist.

Therapie

- Dopamin-substitution
- Dopamin-Agonisten
- tiefe Hirn-stimulation
- Physiotherapie

Medikamente, die die Dopamin-Konzentration erhöhen und solche, die die Wirkung von Acetylcholin einschränken, können das Ungleichgewicht im Verhältnis der beiden Transmitter wieder ausgleichen. L-DOPA, eine Vorstufe von Dopamin, passiert die Blut-Hirn-Schranke und wird von den verbliebenen dopaminergen Neuronen aufgenommen. Alternativ gibt man Dopamin-Agonisten oder Anticholinergika, letztere werden jedoch aufgrund ihrer vegetativen Nebenwirkungen ungern genommen. Da die Degeneration dopaminerger Neurone ungehindert fortschreitet, muss die medikamentöse Therapie für den Rest des Lebens fortgesetzt und an die stets schwindende Zahl der Neurone angepasst werden.

3 Ein klassisches Problem, das bei der Therapie auftritt, ist das **On-Off-Phänomen**. Hierbei kommt es wenige Stunden nach Medikamenteneinnahme zu einer gewünschten Besserung motorischer Symptome. Bei Abfall der Wirkspiegel der Medikamente fallen die Patienten jedoch zurück in die Hypokinese, die Therapie muss häufig modifiziert werden. Einschränkungen in den Alltagsaktivitäten der Patienten sind vorprogrammiert.
Als klassische Nebenwirkungen der Medikamente treten **Hyper- und Dyskinesien** auf. Besonders nach jahrelanger medikamentöser Therapie kann es zu diesen hyperkinetischen Bewegungsstörungen kommen. Die meisten Patienten tolerieren jedoch diese Nebenwirkungen, da sie eine Reduktion der Parkinson-Medikamente nicht vertragen würden. Mit Dauer der Medikation steigt außerdem die Gefahr der **medikamentös induzierten Psychosen** (Psychiatrie ☞ 4).
Ist die medikamentöse Therapie ausgereizt, steht als Ultima Ratio die so genannte tiefe Hirnstimulation zur Verfügung: Während einer Operation werden Elektroden von außen in die Basalganglien – meist Nucleus subthalamicus – geschoben, und mit einem Schrittmacher verbunden. Durch Stimulation des Nucleus subthalamicus können die Symptome eines IPS deutlich gemildert werden.

Physiotherapie

Eine frühzeitige und systematische Physiotherapie vermag die Innervation der motorischen Hirnrinde zu verbessern und die benötigte Medikamentendosis zu reduzieren. Die Physiotherapie beim Parkinson-Syndrom ist eine ganzheitliche. Der Therapeut muss kommunikative, kognitive, vegetative und motorische Einschränkungen des Patienten erkennen und entsprechend behandeln. Ziel der Therapie ist die Behebung motorischer Ausfälle (z.B. in Mimik, Gestik, Sprache, Gebrauchsbewegungen, Gang), die Bahnung neuer Bewegungsmuster, die Herabsetzung des Muskeltonus und die Beseitigung von Haltungsanomalien. Da bei gezielten Bewegungen der Tremor nachlässt, sollte durch Koordinations- und Zielübungen die Konzentration auf eine Bewegung geschult werden. In der Praxis bedeutet das, möglichst aktive Bewegungen anzuregen in allen Ausgangsstellungen und in rhythmischer, schwungvoller Durchführung. Insbesondere die Aufrichtung des Körpers sollte aktiv geübt werden. Um Startschwierigkeiten zu überwinden, können dem Patienten akustische oder taktile Reize bzw. Signale gegeben werden (z.B. Gegenstand vor die Füße legen, Takt klopfen, Tamburin, Musik). Meist ist dann die Initiierung von Bewegung einfacher. Außerdem sollte der Physiotherapeut den Patienten zu Eigeninitiative und zur aktiven Überwindung der Bewegungsarmut ermutigen. Es ist auch Aufgabe des Therapeuten, eine subakute Verschlechterung des Patienten zu erkennen und Gegenmaßnahmen einzuleiten!

? Übungsfragen

1. Welche Transmitter stehen beim idiopathischen Parkinson-Syndrom im Ungleichgewicht?
2. Welche sind die drei Hauptsymptome der Erkrankung?
3. Welche Probleme bringt die medikamentöse Therapie mit sich?

9.2 Symptomatisches Parkinson-Syndrom

1 Das idiopathische Parkinson-Syndrom ist eine neurodegenerative Erkrankung, deren Ursache man nicht kennt. Ein Parkinson-Syndrom kann jedoch auch durch Noxen ausgelöst werden, dies nennt man dann symptomatisches Parkinson-Syndrom.
Auslöser für ein solches Syndrom können sein:

- Nebenwirkungen von Medikamenten, z.B. Neuroleptika (Psychiatrie ☞ 3.6.1), Antiemetika (Mittel gegen Erbrechen): Diese Medikamente wirken u.a. als Antagonisten am Dopamin-Rezeptor.
- HIV-Enzephalopathie (☞ 6.5.4)
- Vergiftungen, z.B. durch Kohlenmonoxid oder Mangan
- Störungen des Kupfer-Stoffwechsels (Wilson-Krankheit ☞ 16.5.2).

Das aufgrund dieser Ursachen entstandene symptomatische Parkinson-Syndrom muss vom **Pseudo-Parkinson-Syndrom** abgegrenzt werden. Klassische Symptome wie Rigor oder Tremor können hier fehlen. Das Pseudo-Parkinson-Syndrom entsteht bei folgenden Erkrankungen:

- zerebrale Mikroangiopathie (☞ 5.1.3): Treten rezidivierend lakunäre Infarkte auf, so kann sich das Bild einer subkortikalen arteriosklerotischen Enzephalopathie entwickeln (früher Morbus Binswanger). Diese Erkrankung äußert sich durch Demenz, Blasenstörungen und durch Gangstörungen im Sinne einer hypokinetischen Bewegungsstörung. Die Therapie fokussiert sich auf die Sekundärprophylaxe von zerebralen Ischämien (☞ 5.1).
- Normaldruck-Hydrocephalus (☞ 1.6): Diese Erkrankung basiert auf der Erweiterung der inneren Liquorräume, ohne dass erhöhter Hirndruck gemessen werden kann. Man nimmt an, dass sich der erhöhte intrakranielle Druck den Messungen entzieht (z.B. Auftreten in der Nacht). Auch beim Normaldruck-Hydrozephalus treten Symptome wie Demenz, Blasenstörungen und hypokinetische Gangstörungen auf, die jedoch durch Liquorpunktionen oder eine Shunt-OP vermindert werden. Therapie der Wahl ist daher die Anlage eines ventrikulo-peritonealen Shunts.
- rezidivierende Gehirn-Traumen, z.B. bei Boxern.

9.3 Atypische Parkinson-Syndrome

❷ Zu den atypischen Parkinson-Syndromen zählen neurodegenerative Erkrankungen, die neben dem mehr oder minder ausgeprägten Parkinson-Syndrom andere neurologische Erscheinungen aufweisen. Atypische Parkinson-Syndrome sprechen schlecht auf L-DOPA an. Man vermutet daher, dass diese Erkrankungen nicht auf einem Untergang der dopaminergen Neurone in der Substantia nigra beruhen, sondern vielmehr auf einer Degeneration der Zielneurone. Etwa ein Sechstel aller Parkinson-Syndrome lassen sich auf diese Erkrankungen zurückführen. Die zwei häufigsten sollen im Folgenden kurz dargestellt werden.

Multisystematrophie (Shy-Drager-Syndrom)

Multisystematrophie = PS + vegetative Störungen

Die Multisystematrophie betrifft deutlich jüngere Patienten als das idiopathische Parkinson-Syndrom, das Erkrankungsalter liegt bei Mitte dreißig. Auffällig werden die Patienten durch ein Parkinson-Syndrom, gepaart mit einer ausgeprägten Störung des vegetativen Nervensystems, z.B. der orthostatischen Hypotonie (Fehlen der Blutdruckregulation beim Aufrichten des Körpers): Den Patienten sackt beim Aufstehen das Blut in die Beine, eine Ohnmacht kann die Folge sein. Auch Blasen- und sexuelle Funktionsstörungen sind häufig. Im Spätstadium treten auch zerebelläre Störungen auf (☞ 2.3 und ☞ 11.2).

Progressive supranukleäre Paralyse (Steele-Richardson-Olszewski-Syndrom)

Progressive supranukleäre Paralyse = PS + vertikale Blickparese

❸ Diese Erkrankung unbekannter Ätiologie betrifft v.a. Patienten ab vierzig Jahren. Neben einem Parkinson-Syndrom tritt sehr früh im Verlauf der Krankheit die charakteristische supranukleäre vertikale Blickparese auf: Die Patienten können willkürlich kaum nach unten oder oben schauen, reflektorisch aber lassen sich diese Bewegungen gut auslösen. Führend bei dieser Erkrankung ist die posturale Instabilität (Störung der Halte- und Stellreflexe). Patienten stürzen schon früh im Krankheitsverlauf. Später tritt eine Demenz hinzu.

? Übungsfragen

❶ Worin besteht der Unterschied zwischen dem idiopathischen und dem symptomatischen Parkinson-Syndrom?

❷ Wodurch zeichnen sich atypische Parkinson-Syndrome aus?

❸ Welches ist das Leitsymptom der progressiven supranukleären Paralyse?

9.4 Choreatische Syndrome

Diese Gruppe extrapyramidaler Bewegungsstörungen zeichnet sich aus durch unwillkürliche, arrhythmische, schnelle Muskelkontraktionen in wechselnden Muskelgruppen – der Chorea (☞ 2.2.1). Anfangs treten die hyperkinetischen Bewegungsstörungen mehr an den distalen als an den proximalen Extremitäten auf und haben gestischen Charakter. Im Krankheitsverlauf greift die Bewegungsunruhe allmählich auf den gesamten Körper über. Mitunter verstärkt sich die Symptomatik bei gezielten Bewegungen bzw. bei Bewegungsabsicht. Aufgrund des typischen Bewegungsmusters wird im Volksmund auch vom „Veitstanz" gesprochen.

9.4.1 Chorea major (Huntington)

An der Chorea major, auch Chorea Huntington genannt, erkranken 5–10 von 100.000 Menschen. Erste Symptome zeigen sich meist nach dem 35. Lebensjahr.

Ursache

Erbkrankheit mit:
- Hirnatrophie
- Degeneration des Striatum

Die Chorea major beruht auf einer Degeneration von Nervenzellen im Striatum (☞ 1.3.5) sowie einer frontal betonten Hirnatrophie. Es resultiert ein Wegfall der Motorik hemmenden Funktion des Striatums, was sich wiederum in einer hyperkinetischen Bewegungsstörung äußert. Die Erkrankung wird autosomal-dominant vererbt, bei den Betroffenen liegt eine veränderte Molekülsequenz auf dem Chromosom 4 vor. Kinder von Trägern der Erbsubstanz erkranken mit einer Wahrscheinlichkeit von 50 %. Die Schwere der Erkrankung nimmt dabei von Generation zu Generation zu.

Klinik

Leitsymptome:
- hyperkinetische Bewegungsstörungen
- psychische Symptome

❶ Die Symptome beginnen häufig einseitig. Die Krankheit verläuft chronisch fortschreitend. Leitsymptome der Chorea major sind Bewegungsstörungen:
- Hyperkinese: blitzartig einschießende, unkontrollierte Bewegungen, die beim Gehen zunehmen und aufgrund derer die Patienten häufig stürzen
- relativ früh Hyperkinese der mimischen Muskulatur (Grimassieren)
- häufig geht die Bewegungsunruhe über in Athetose (geschraubtwurmförmige dystone Bewegungen)
- im Spätstadium der Erkrankung vereinzelt Rigor und Akinese.

Die Hyperkinese äußert sich auch durch Beeinträchtigungen am Sprechapparat, d.h. Schlund-, Kehlkopf- und Atemmuskulatur sind betroffen. Dadurch kommt es zu:
- Phonationsstörungen (verwaschene Sprache)
- ständige Kau- und Schluckbewegungen, die eine koordinierte Nahrungsaufnahme zunächst erschweren, schließlich unmöglich machen.

Außerdem treten psychische Symptome auf:
- Persönlichkeitsveränderung häufig als erstes Symptom: Patienten werden reizbar und haltlos
- affektive Enthemmung mit Neigung zu Aggressivität
- paranoide Psychose
- Demenz im Spätstadium der Erkrankung.

Diagnostik

- Genanalyse
- CCT und PET: Veränderungen des Nucl. caudatus

- In der Genanalyse wird die Genveränderung nachgewiesen.
- Das CCT zeigt die Atrophie von Frontalhirn und Striatum.
- Die PET (☞ 2.8.2) zeigt bereits im Frühstadium einen reduzierten Stoffwechsel im Striatum.

Therapie

- medikamentöse Dämpfung der Hyperkinese
- genetische Beratung

Eine ursächliche Therapie der Chorea major (Huntington) ist nicht bekannt. Die Hyperkinese und psychiatrischen Symptome werden medikamentös mit Neuroleptika gedämpft. Diese Medikamente sind Dopamin-Antagonisten.
Aufgrund der dominanten Vererblichkeit ist bei Kinderwunsch eine genetische Beratung zu empfehlen. Die Prognose der Patienten selbst kann anhand des Verlaufes des betroffenen Elternteils abgeschätzt werden, die Krankheit verläuft von Generation zu Generation schneller.

9.4.2 Chorea minor (Sydenham)

Vorkommen bei rheumatischem Fieber

❷ Die Chorea minor (die „kleine Chorea“) ist die neurologische Spätmanifestation des in Mitteleuropa nur noch seltenen rheumatischen Fiebers. Nach einer Streptokokkeninfektion im Kindesalter (z.B. Pharyngitis, Angina tonsillaris) kann eine Autoimmunerkrankung auftreten, die sich an Gelenken, Herz und ZNS offenbaren kann. Im Falle einer Manifestation im ZNS sind hyperkinetische Bewegungsstörungen, ausgeprägte Muskelhypotonie und psychische Veränderungen, wie Antriebsminderung und Konzentrationsstörung die Folge. Nach antibiotischer Therapie der Grunderkrankung klingt die Chorea minor (Sydenham) nach einigen Monaten wieder ab.

9.4.3 Chorea gravidarum

Die Chorea gravidarum, Schwangerschafts-Chorea, zeigt die gleiche Symptomatik wie die Chorea minor und tritt vorzugsweise in der ersten Schwangerschaft zwischen dem dritten und fünften Schwangerschaftsmonat auf. Häufig hatten diese Patientinnen in der Kindheit eine Chorea minor. Nach der Entbindung bilden sich die Symptome wieder zurück.

? Übungsfragen

❶ Welches sind die Symptome und Leitsymptome einer Chorea major (Huntington)?

❷ Wodurch wird eine Chorea im Kindesalter ausgelöst?

9.5 Dystone Krankheitsbilder

Eine Dystonie – die Änderung des natürlichen Tonus einzelner Muskeln oder Muskelgruppen – äußert sich durch langsame, unwillkürliche und tonische Kontraktionen und durch abnorme Körperhaltung. Ursachen für Dystonien sind u.a. Läsionen der Basalganglien und anderer Strukturen des ZNS. Das Symptom der Dystonie wurde bereits in Kapitel 2.2.1 ausführlich beschrieben.

Klinik

Erscheinungsbilder abhängig von betroffener Muskulatur

Abhängig von den betroffenen Muskeln kommt es zu unterschiedlichen Symptomen und Erscheinungsbildern. Aufmerksamkeit und innere Erregung verstärken die Symptome. Klassische dystone Krankheitsbilder sind:

Torticollis spasmodicus Eine fokale Form der Dystonie, bei der durch Kontraktion eines M. sternocleidomastoideus der Kopf zur Gegenseite gedreht und angehoben wird. Zu Beginn der Erkrankung kommt es nur zu dystonen Phasen. Im Verlauf kann die Fehlstellung aber auch dauerhaft sein. Patienten klagen relativ häufig über Schmerzen im Bereich der dystonen Muskulatur, ein aktives Überwinden der dystonen Fehlstellung ist nicht möglich.

Blepharospasmus Unwillkürliches, anhaltendes, krampfartiges Schließen der Augen (= tonischer Lidkrampf).

Dysphonie Sprechstörung durch Anspannung der Kehlkopfmuskulatur.

Torsionsdystonie Eine generalisierte Form der Dystonie mit Drehbewegungen des gesamten Rumpfes und Kopfes.

Athetose Eine Sonderform der Dystonie. Diese Erkrankung findet sich selten, z.B. bei Kindern mit hypoxischer Hirnschädigung. Die kleinen Patienten leiden unter unwillkürlichen, wurmartigen Bewegungen der Extremitäten. Die Gelenke werden extrem flektiert oder hyperextendiert bis hin zur Subluxation der Finger („Bajonettfinger").

Therapie

Als Therapie steht das Botulinus-Toxin zur Verfügung. Es wird in die dystone Muskulatur gespritzt und hemmt dort die Freisetzung von Acetylcholin an der muskulären Endplatte, der Tonus wird schlaff.

Physiotherapie

Physiotherapeutisch bedeutsam sind hauptsächlich der spastische Schiefhals und die Torsionsdystonie. Bei beiden sollte das Ziel der Therapie die symmetrische Körperhaltung und das freie Bewegen sein. Der Therapeut sollte dem Patienten Möglichkeiten der Beeinflussung der Bewegungsstörungen beibringen und ihm damit Alltagshilfen aufzeigen. Entspannungstechniken, sensible Stimulation und Stemmführungen sind Mittel zum Zweck.
Bei der Athetose werden u.a. Bewegungen gegen gedachten oder realen Widerstand durchgeführt.

10 Motoneuronerkrankungen

Zu diesen Erkrankungen werden v.a. die neurodegenerativen Krankheiten gezählt, die auf einem Untergang des ersten und/oder zweiten motorischen Neurons beruhen (☞ 1.3.1, ☞ 2.1 und 2.2). Charakteristikum der Motoneuronerkrankungen ist eine rein motorische Symptomatik. Sensibilitätsstörungen existieren nicht.

10.1 Spastische Spinalparalyse

Degeneration des ersten Motoneurons
- zentrale, spastische Lähmung
- Physiotherapie nach Bobath-Konzept

Die spastische Spinalparalyse beruht auf einem Untergang der Pyramidenzellen im Gyrus praecentralis, den Ursprungszellen des Tractus corticospinalis (☞ 1.3.1). Aufgrund dieser Degeneration des ersten motorischen Neurons resultieren spastische zentrale Lähmungen (☞ 2.1.1). Die Krankheit, deren Ursache nicht bekannt ist, bricht meist im Jugendalter aus und behindert die Patienten v.a. durch ein spastisch gewundenes Gangbild. Die Arme sind deutlich schwächer betroffen.
Die medikamentöse Therapie besteht aus der Gabe von Spasmolytika. Um die Ausbildung spastischer Kontrakturen weitestgehend zu verzögern, ist für die Patienten die Langzeit-Physiotherapie besonders wichtig. Diese orientiert sich insbesondere an dem Konzept nach Bobath.

10.2 Spinale Muskelatrophien

Degeneration des zweiten Motoneurons
- periphere Lähmung
- häufig Faszikulationen
- je nach Erkrankungstyp verschiedene Verläufe

(1) Diese Gruppe vererbbarer Erkrankungen beruht auf einer Degeneration des zweiten motorischen Neurons im Vorderhorn des Rückenmarks (☞ 1.3.1) und in den motorischen Hirnnervenkernen (☞ 1.3.2). Je nach Krankheitsbeginn wird unterschieden zwischen infantiler (Werdnig-Hoffmann), juveniler (Kugelberg-Welander) und adulter Form (Duchenne-Aran). Die infantile und juvenile Form sind autosomal-rezessiv erblich. Bei der adulten Form ist die Ursache unbekannt. Aufgrund des Unterganges des zweiten motorischen Neurons, des alpha-Motoneurons, kommt es zu einer Unterbrechung des Reflexbogens. Es resultieren periphere Lähmungen (☞ 2.1.2), obwohl sich die Krankheit im zentralen Nervensystem abspielt. Als Ausdruck einer Schädigung des zweiten motorischen Neurons finden sich häufig Faszikulationen, d.h. sichtbare Kontraktionen von einzelnen kleinen Muskelfasergruppen ohne Bewegungseffekt. Die juvenile und die adulte Form der spinalen Muskelatrophie schreiten langsam fort, die infantile Form hat einen rasch progredienten Verlauf.

Leitsymptome:
- infantile Form: floppy infant
- adulte Form: Atrophie der Handmuskulatur

Klinik

Bei der infantilen Form der progressiven spinalen Muskelatrophie fallen eine abnorme motorische Entwicklung des Kleinkindes sowie eine allgemeine Muskelhypotonie auf. Im Englischen nennt man diesen kleinen Patienten anschaulich floppy infant *(engl. = schlaffes Kind)*, ein Begriff, der den hypotonen Zustand der Muskulatur bei Kindern mit Myopathie, spinalen oder zerebralen Erkrankungen beschreibt. Im Verlauf der spinalen Muskelatrophie führen die zunehmenden Paresen zu Atemstörungen mit rezidivierenden Lungenentzündungen, welche letztendlich zum frühen Tod der Kinder führen.
Leitsymptom der adulten Form ist die Atrophie der kleinen Handmuskeln. Die so genannte Affenhand wird durch Atrophie der Daumenballenmuskulatur hervorgerufen. Die Atrophie der Mm. interossei bewirkt eine Krallenhand. Im Verlauf wird langsam ein Großteil der Muskeln in den Krankheitsprozess einbezogen. Die Lebenserwartung ist nur gering verkürzt.

Diagnostik

In der neurologischen Untersuchung werden periphere Paresen mit Ausfall der Muskeleigenreflexe, ein reduzierter Muskeltonus und Atrophien festgestellt.
Im EMG sind verminderte Aktionspotentiale nachzuweisen.

Keine Therapie bekannt

Therapie

Bei der juvenilen und der adulten Form der spinalen Muskelatrophie können Erkrankte unter physiotherapeutischer Anleitung lernen, Ausfälle durch den Gebrauch anderer Muskeln zu kompensieren.
Die infantile Form führt zu einem frühen Tod der betroffenen Kinder. Eine kausale Therapie ist nicht bekannt. Wie bei allen chronisch progredienten Erkrankungen, gegen die keine kausale Therapie existiert, wird palliativ therapiert.

10.3 Amyotrophe Lateralsklerose

Die amyotrophe Lateralsklerose (ALS) beruht auf einer Degeneration sowohl des ersten als auch des zweiten motorischen Neurons. Es handelt sich um eine chronisch-progredient verlaufende Systemerkrankung, die rasch zum Tode führt. Die ersten Symptome der ALS zeigen sich meist zwischen dem 40. und 65. Lebensjahr. Der Tod tritt häufig durch Ateminsuffizienz oder Aspirationspneumonie bei Schluckstörungen ein. Etwa 5 von 100.000 Menschen sind von der amyotrophen Lateralsklerose betroffen. Bei einem Teil der Erkrankten wird eine Vererbung der ALS vermutet.

Ursache

Degeneration von:
- erstem Motoneuron mit Pyramidenbahn und Tractus corticonuclearis
- zweitem Motoneuron

Bei der ALS kommt es zu einer nukleären Atrophie. Das bedeutet, es degenerieren die Nervenzellen im primär motorischen Kortex, die motorischen Hirnnervenkerne (Nuclei) und die Vorderhörner im Rückenmark. Dies führt zu einer Degeneration der Pyramidenbahn und des Tractus corticonuclearis. Es resultieren zentrale Lähmungen. Da auch die alpha-Motoneurone degenerieren, treten gleichzeitig periphere Paresen auf.

Klinik

- zentrale und periphere Lähmungen
- Muskelfaszikulationen
- Sprech- und Schluckstörungen
- Ateminsuffizienz

- ❷ Leitsymptom der ALS ist die Kombination von schlaffen und spastischen Lähmungen. Der Patient ist durch zunehmende Muskelschwäche im Alltag schwer beinträchtigt.
- Frühsymptom ist häufig eine Atrophie der kleinen Handmuskeln.
- Muskelkrämpfe oder Muskelfaszikulationen (unwillkürliches Muskelzucken) treten im Verlauf auf.
- Sind Hirnnervenkerne betroffen, treten Sprech- und Schluckstörungen auf. An der Zunge lassen sich Kontraktionen von einzelnen Muskelfasern, so genannte Fibrillationen feststellen. Ist die Schluckmuskulatur stark betroffen, kann erschwertes Schlucken zu Mangelernährung und infolgedessen zu Gewichtsverlust führen.
- Im späteren Krankheitsverlauf wird auch die Atemmuskulatur von der ALS befallen. Die aufgrund der Muskelschwäche abnehmende Lungenfunktion schränkt die Sauerstoffzufuhr und Abatmung von CO_2 ein. Es kommt zur Ateminsuffizienz mit Atemnot. Schließlich versagt die Atemmuskulatur, die Patienten versterben in der CO_2-Narkose. Der Ateminsuffizienz kann durch ein maschinelles Beatmungsgerät begegnet werden. In jedem Fall entscheidet der Patient selbst, ob er diese intensivmedizinischen Maßnahmen wünscht. Häufig betreuen sowohl der Arzt als auch die Pflege und die Physiotherapeuten den Patienten über Monate bis Jahre. Insofern werden nicht nur die Familie, sondern auch die professionellen Kontaktpersonen in den Prozess des Sterbens mit einbezogen. Die psychische Führung der ALS Patienten erfordert viel Einfühlungsvermögen und eigene Stabilität.
- Störungen der Sensibilität, Blasenentleerung oder Psyche werden nicht beobachtet.

Je nach Ausprägung der Symptome unterscheidet man zwischen verschiedenen Formen der ALS:
- Bei der **spinalen Form** beschränken sich die Symptome auf Rumpf und Extremitäten.
- Es gibt eine rein **bulbäre Form** der ALS: Sind der Tractus corticonuclearis und die motorischen Hirnnervenkerne im Bereich der Medulla oblongata betroffen, spricht man von einer **progressiven Bulbärparalyse**. Neben Symptomen wie Schluck- und Kaustörungen fällt pathologisches Lachen und Weinen auf. Durch rezidivierende Ischämien des Hirnstamms kann diese Symptomatik imitiert werden, man spricht dann von einer Pseudobulbärparalyse (☞ 5.1.3). Die progressive Bulbärparalyse führt im Vergleich zur spinalen Form der amyotrophen Lateralsklerose aufgrund der höheren

Komplikationsrate (Aspirationspneumonien, Mangelernährung) schneller zum Tod.

- EMG: Faszikulationen, pathologische Spontanaktivität
- CCT: keine Veränderungen
- Vitalkapazität: Lungenfunktion überwachen

Diagnostik

- Klinische Untersuchung: Nebeneinander von zentralen und peripheren Paresen.
- Das EMG zeigt veränderte Potentiale, pathologische Spontanaktivität und Faszikulationen. Das ENG zeigt normale Nervenleitgeschwindigkeiten.
- Muskelbiopsie: Atrophierte und (zum Ausgleich) hypertrophierte Muskelzellen liegen nebeneinander.
- Im CCT ist die Atrophie von Nervenzellen nicht nachweisbar, da untergegangene Zellen durch Gliagewebe ersetzt werden.
- Die unkomplizierte Messung der Vitalkapazität der Lunge ermöglicht ein Monitoring der Lungenfunktion.

Therapie

Eine kausale Therapie ist nicht möglich. Die Gabe eines Glutamat-Antagonisten (Riluzol) kann die Überlebenszeit um wenige Wochen verlängern. Die symptomatische Therapie besteht aus Physiotherapie zur Prophylaxe von Kontrakturen und Muskelatrophie. Unterstützend werden Medikamente zur Lockerung der Spastik verabreicht.

? Übungsfragen

1. Welche Erkrankungen führen zu einer Degeneration des zweiten Motoneurons?
2. Welche Formen der Lähmung werden bei der ALS beobachtet?

11 Schädigungen des Kleinhirns

Die klassischen Symptome einer Kleinhirnschädigung sind in Kapitel 2.3. bereits ausführlich beschrieben worden. An dieser Stelle werden Krankheiten vorgestellt, die als Hauptsymptome zerebelläre Funktionsstörungen aufweisen.

11.1 Angeborene zerebelläre Störungen

Arnold-Chiari-Malformation

Angeboren:
- Arnold-Chiari-Malformation
- Friedreich-Ataxie
- Spinozerebelläre Ataxie

Die bekannteste angeborene Fehlbildung des Kleinhirns ist die Arnold-Chiari-Malformation. Ihr liegt eine Verlagerung von Kleinhirnteilen durch das Foramen magnum in Richtung Wirbelkanal zugrunde. Die Arnold-Chiari-Malformation kommt relativ häufig und in zwei Varianten vor: Bei Typ I kommt es durch tief stehende Kleinhirntonsillen nur selten zu Symptomen wie einem nach unten gerichteten Nystagmus (☞ 2.3). Bei ca. einem Drittel der Betroffenen bildet sich eine Syringomyelie (☞ 16.2) mit den dazugehörigen Symptomen aus.
Bei der Arnold-Chiari-Malformation Typ II kommt es neben dem Tiefstand der Kleinhirntonsillen zu einer Verlagerung des gesamten Hirnstammes nach kaudal (☞ Abb. 16.1). Es resultieren bereits im Kleinkindesalter schwere zerebelläre und medulläre Ausfälle.

Friedreich-Ataxie

Die Friedreich-Ataxie ist eine autosomal-rezessive Erbkrankheit, die vielmehr zur Degeneration der spinozerebellären Bahnen selbst (☞ 1.3.1) als zur Atrophie des Kleinhirns führt. Diese ist meist nur gering ausgeprägt. Daneben kommt es zum Schwund der Hinterstränge, der peripheren Nerven und des Myokards. Die Krankheit beginnt bereits in der Jugend mit einer ausgeprägten Ataxie. Im weiteren Verlauf treten periphere Paresen mit Atrophien und der Verlust der Muskeleigenreflexe auf. Es resultieren charakteristische Skelettdeformitäten wie Hohlfuß mit Krallenzehen und Skoliose. Neben den motorischen Störungen kommt es aufgrund des Befalls der Hinterstränge zu ausgeprägten Sensibilitätsstörungen. Am Herzen manifestiert sich die Krankheit mit einer Kardiomyopathie mit EKG-Veränderungen.
Die Diagnose wird klinisch gestellt, und das defekte Gen kann durch Genanalysen (PCR) nachgewiesen werden. In der MRT der Halswirbelsäule findet sich ein schmächtiges zervikales Rückenmark. Da es bislang keine spezifische Therapie der Erkrankung gibt, wird symptomatisch

therapiert. Die Physiotherapie ist besonders darauf ausgelegt, Skelettdeformitäten mit ihren Sekundärfolgen zu verhindern.

Spinozerebelläre Ataxien

Neben der Friedreich-Ataxie gibt es autosomal-dominant erbliche Kleinhirnschädigungen. Diese Erkrankungen werden als spinozerebelläre Ataxien zusammengefasst.

11.2 Erworbene Kleinhirnstörungen

Erworben durch:
- Infarkt
- Blutung
- Abszess
- Multiple Sklerose
- Alkohol
- Medikamente
- Tumore
- paraneoplastische Schädigungen
- Trauma

Das Kleinhirn kann auf vielfältigste Weise geschädigt werden. Ein Großteil der Erkrankungen wurde bereits an anderer Stelle besprochen. Im Folgenden werden verschiedene Schädigungsmuster des Kleinhirns vorgestellt.

Kleinhirninfarkt und -blutung

Wie alle Infarkte tritt der das Kleinhirn betreffende Schlaganfall apoplektiform auf. Ausführliche Erläuterungen zu Hirninfarkten und Hirnblutungen, die auch auf den Kleinhirninfarkt übertragbar sind, sind in Kapitel 5 zu finden. Besonders hervorzuheben ist jedoch die ausschließlich durch die A. vertebralis, A. basilaris und deren Kleinhirnäste (A. cerebellaris inferior posterior, A. cerebellaris inferior anterior und A. cerebellaris superior) gewährleistete arterielle Blutversorgung des Kleinhirns. Da alle diese Arterien auch Teile des Hirnstammes versorgen, findet man bei einem Kleinhirninfarkt neben den zerebellären Zeichen häufig auch Hirnstammsymptome (Bewusstseinsstörung, Hirnnervenausfälle ☞ 2.7.2).

Die besondere Gefahr des Kleinhirninfarktes und der Kleinhirnblutung ist die Schwellung (Komplikationen ☞ 5.1.4). Nicht selten kommt es durch die Raumforderung zu einer Verlegung des vierten Ventrikels und zur Bildung eines Hydrocephalus occlusus (☞ 1.6) mit Symptomen des erhöhten intrakraniellen Druckes und der Gefahr der Einklemmung (☞ 2.6.1). Diese Patienten müssen deshalb sorgfältig auf einer Strokeunit (☞ 5.1.4) oder Intensivstation überwacht werden. Bei Liquoraufstau werden Ventrikeldrainagen gelegt. Droht die Einklemmung, wird der über der Raumforderung liegende Schädelknochen entnommen. Große Infarkte und Blutungen können neurochirurgisch entlastet werden.

Entzündliche Kleinhirnerkrankungen

❶ Das Kleinhirn kann bei nahezu allen Enzephalitiden (☞ 6.3 und ☞ 6.5) mitbetroffen sein. Besonders hervorzuheben ist der Kleinhirnabszess (☞ 6.2). Er entsteht häufig in Folge einer eitrigen Mittelohrentzündung. Wenn der Abszess gut abgekapselt ist, können die Liquorpunktion wie auch die Laboruntersuchungen des Blutes unauffällig sein. Wegweisend für die Diagnose ist also eine ausführliche Anamnese mit gründlicher Untersuchung des Schädels. Im CCT findet sich eine

ringförmig Kontrastmittel anreichernde, zentral Dichte geminderte Struktur. Therapie der Wahl ist die operative Entfernung des Abszesses und Antibiotikatherapie.
Auch Autoimmunerkrankungen können zu zerebellären Störungen führen. Die häufigste ist die Multiple Sklerose (☞ 7.1). Sie betrifft v.a. die Faserverbindungen des Kleinhirnes, die einen hohen Myelinisierungsgrad aufweisen.

Metabolische und toxische Kleinhirnschädigungen

Metabolische Ursachen für eine zerebelläre Symptomatik sind die Schilddrüsenunterfunktion und der Vitamin-E-Mangel bei Resorptionsstörungen des Darmes. Zur Therapie werden Schilddrüsenhormone, respektive das fettlösliche Vitamin E zugeführt und symptomatisch behandelt.
❷ Toxische Schädigungen des Kleinhirns sind mit die häufigsten Verursacher einer zerebellären Symptomatik. Die verbreitetste Noxe ist der Alkohol: Bei der akuten Intoxikation treten neben psychischen Symptomen (Psychiatrie ☞ 7.1.2) Dysarthrie, Ataxie und Nystagmus auf. Im Rahmen der chronischen Alkoholabhängigkeit kann es zu einer fortschreitenden Kleinhirndegeneration kommen. Abstinenz kann die Symptome teilweise verbessern. Neben dem Alkoholmissbrauch können auch Medikamente das Kleinhirn schädigen, z.B. Antiepileptika und Zytostatika.

Neoplastische Kleinhirnschädigungen

Rund ein Sechstel der Hirntumore der Erwachsenen und ca. ein Drittel der Hirntumore von Kindern betreffen das Kleinhirn. Zu den häufigen Tumoren des Kleinhirns zählen Astrozytome und Medulloblastome sowie Metastasen anderer Tumore. Aufgrund der räumlichen Enge der hinteren Schädelgrube können Kleinhirntumore relativ schnell zu einer Kompression des vierten Ventrikels und damit zu einem Liquoraufstau führen (☞ Abb. 11.1). Hirntumore sind ausführlich in Kapitel 3 beschrieben.
❸ Paraneoplastische Syndrome sind Erkrankungen, die indirekt von malignen Tumoren hervorgerufen werden, d.h. eine Schädigung erfolgt nicht direkt durch das Tumorwachstum, sondern über einen indirekten Mechanismus. Eine häufige und wichtige Form der Kleinhirnschädigung ist die paraneoplastische Kleinhirndegeneration. Sie beruht auf einer Immunreaktion des Körpers gegen den Tumor. Dabei entstehen auch autoimmunologische Antikörper, die sich gegen Kleinhirnzellen richten. Die häufigsten Tumoren, die diese Krankheit auslösen können, sind das Bronchial- und das Ovarialkarzinom. Paraneoplastische zerebelläre Symptome wie Dysarthrie und Ataxie treten häufig Monate vor der durch den Tumor direkt hervorgerufenen Symptomatik auf. Findet sich bei einer Kleinhirnschädigung also keine direkte Ursache, muss nach einem Tumor gefahndet werden, der dann therapiert werden muss. Trotz Kurierung des Tumorleidens gelingt es nur selten, den Autoimmunprozess aufzuhalten.

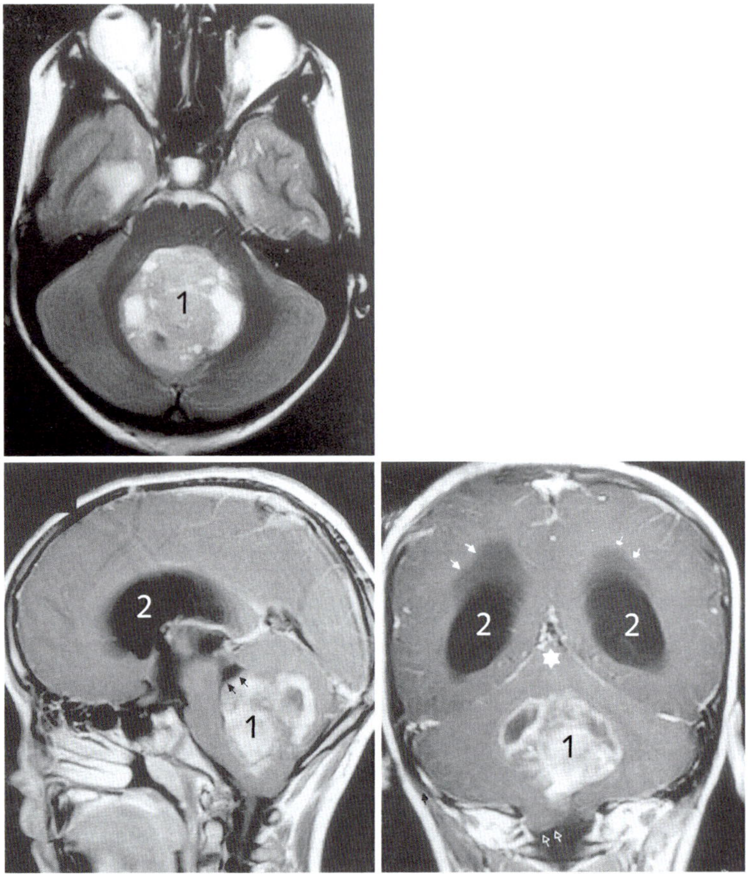

Abb. 11.1: Medulloblastom (1) des Kleinhirns mit Verdrängung des vierten Ventrikels (schwarze Pfeile) und Hydrocephalus occlusus (2). [E258]

Traumatische Kleinhirnschädigungen

Wie alle anderen Teile des Gehirns, kann auch das Kleinhirn traumatisch geschädigt werden. So geschehen relativ häufig im ersten Weltkrieg: Die Helme im ersten Weltkrieg bedeckten den Hinterkopf der Soldaten nur unzureichend, oft kam es zu Schussverletzungen im Bereich des Kleinhirns und des Okzipitallappens. Es resultierten zerebelläre Symptome gepaart mit kortikaler Blindheit. Sturzverletzungen betreffen das Kleinhirn nur selten, da es nicht an der größten Zirkumferenz des Schädels liegt (☞ 12).

? Übungsfragen

1. Wodurch wird ein Kleinhirnabszess häufig ausgelöst?
2. Durch welches Gift wird das Kleinhirn am häufigsten geschädigt?
3. Was ist eine paraneoplastische Kleinhirndegeneration?

12 Verletzungen des Gehirns

Verletzungen des Schädels und des Gehirns sind häufige Folgen traumatischer Einflüsse. Dabei kann Gewalt entweder spitz (Schuss, Stich) oder stumpf (Schlag, Druck) auf den Schädel einwirken. Je nach Dauer, Kontaktfläche und Ort des Traumas kommt es zu unterschiedlich ausgeprägten Beschwerden und Störungen des knöchernen Schädels, der Meningen oder des Gehirns selbst.

12.1 Schädelverletzung und Hirntrauma

- Schädelverletzung → Knochenschaden
- Hirntrauma → Hirnsubstanzschaden
- SHT → Knochen- und Hirnverletzung

Einteilung der SHT in 4 Schweregrade

❶ Eine Schädelverletzung betrifft den knöchernen Schädel. Bei einem Hirntrauma wird die Hirnsubstanz vorübergehend oder dauernd in Mitleidenschaft gezogen.
Sind Schädel und Gehirn gleichzeitig verletzt, spricht man von einem Schädel-Hirn-Trauma (SHT). Es gibt mehrere Möglichkeiten, Schädel-Hirn-Traumen einzuteilen. Eine einfache und schnelle Einteilung ist die nach der Schwere der Verletzungen:

- **SHT 1. Grades:** nur kurze Bewusstlosigkeit ohne fokalneurologische Ausfälle, vegetative Reaktionen, keine Residuen
- **SHT 2. Grades:** Bewusstlosigkeit, vorübergehende fokalneurologische Symptome, später Psychosyndrom, weitgehende Remission
- **SHT 3. Grades:** bis zu mehreren Tagen anhaltende Bewusstlosigkeit mit vielfältigen fokalneurologischen Ausfällen, bleibende neurologische Schäden
- **SHT 4. Grades:** tiefes Koma mit akuter Lebensgefahr.

12.1.1 Schädelprellung und Schädelfraktur

Klinik

Verletzungen des Schädels:
- Schädelprellung
- Schädelfraktur
- Schädelbasisfraktur

Eine Schädelprellung geht größtenteils mit Kopfschmerzen, ohne Bewusstseinsstörung und ohne neurologische Ausfälle einher. Häufig reagieren Patienten vegetativ mit Übelkeit, Erbrechen, Schweißausbruch und Blässe.
Bei einer Schädelfraktur können die Kalotte oder die Schädelbasis betroffen sein. Symptome der Schädeldachfraktur (Kalottenfraktur) sind:

- Schmerzen
- neurologische Ausfälle und epileptische Anfälle durch lokale Reizung, wenn Knochenfragmente auf die Hirnrinde drücken (dann allerdings im Rahmen eines Schädel-Hirn-Traumas)
- starke vegetative Reaktionen.

Bei einer Schädelbasisfraktur können folgende Symptome auftreten:
- Brillenhämatom, Blutung oder Liquorfluss aus Nase und Gehörgang
- Hirnnervenausfälle, z.B. Riechstörung.

Diagnostik

- Anamnese
- Klinik
- CCT

Die Anamnese und die typischen Symptome sind meist richtungsweisend. Der Untersucher sollte bereits anhand der Klinik festlegen, ob eine zerebrale Beteiligung wahrscheinlich ist. Dies ist der Fall, wenn der Patient längere Zeit bewusstlos war oder noch ist und fokalneurologische Ausfälle nachgewiesen werden. Der Patient muss dann einer weiterführenden Diagnostik unterzogen werden. Mit einer CCT kann neben einer Schädelbasisfraktur auch die Hirnbeteiligung (☞ 12.1.2) nachgewiesen werden. Röntgenaufnahmen werden heutzutage in der Regel nicht mehr gemacht, denn sie zeigen nur eine mögliche Kalottenfraktur.

Therapie

- Analgetika
- Bettruhe
- evtl. OP

Die Therapie der Schädelprellung beschränkt sich auf die Gabe von Analgetika und Bettruhe. Die Patienten sollten jedoch schnellstmöglich mobilisiert werden, um eine Chronifizierung des Schmerzsyndroms zu verhindern. Bei Frakturen und Blutungen, die das Gehirn gefährden, ist eine Operation notwendig.
Als Komplikationen können Hämatome und Entzündungen auftreten.

12.1.2 Hirntrauma

Verletzungen des Gehirns werden eingeteilt in Commotio cerebri, die Gehirnerschütterung, und Contusio cerebri, die Gehirnprellung. Die wesentliche Unterscheidung der beiden findet anhand klinischer Symptome statt.
Früher nahm man an, dass bei der Commotio cerebri keine Gehirnsubstanzschädigung vorliegt (im Gegensatz zur Contusio cerebri). Mittlerweile konnte nachgewiesen werden, dass beide Erscheinungsbilder auf völlig unterschiedlichen Schädigungen des Gehirns beruhen können. Die ursprünglich pathologisch gemeinten Begriffe Commotio und Contusio bieten daher aus heutiger Sicht keine Beschreibung der tatsächlichen Hirnschädigung. Sie schildern vielmehr klinische Syndrome, denen diverse traumatische Schädigungen des Gehirns zugrunde liegen können.

Commotio cerebri

- leichtes Hirntrauma
- kurzzeitige Hirnfunktionsstörung
- Bewusstseinsstörung ≤ 1 Std.
- vegetative Störungen
- keine bleibenden Schäden
- Bettruhe und Analgetika als initiale Therapie
- frühe Mobilisierung
- Spontanheilung

❷ Die Commotio cerebri ist eine leichte Form des Hirntraumas (SHT 1. Grades) mit vorübergehender Funktionsstörung der Großhirnrinde. Leitsymptome der Commotio cerebri sind:

- Bewusstlosigkeit: wenige Sekunden bis zu einer Stunde; beruht auf einer kurzzeitigen, globalen Funktionsstörung des Kortex
- retrograde Amnesie: Erinnerungsstörungen für die Zeit vor dem Unfall (☞ 2.5)
- anterograde Amnesie: Erinnerungsstörungen für die Zeit nach dem Unfall (☞ 2.5)
- vegetative Störungen: Übelkeit und Erbrechen
- Kopfschmerzen.

Diagnostik

Die Diagnose basiert ausschließlich auf dem klinischen Bild. Um asymptomatische Komplikationen, z.B. traumatische Blutungen, auszuschließen, wird ein CCT durchgeführt.

Therapie

Nach kurzzeitiger Bettruhe (im abgedunkelten Raum) und Gabe von Analgetika bilden sich die Beschwerden innerhalb weniger Tage zurück. Wegen der Gefahr der traumatischen Blutungen (☞ 12.2) ist eine engmaschige Überwachung im Krankenhaus erforderlich. Wichtig ist eine frühzeitige Mobilisierung der Patienten, um die Rehabilitation voranzutreiben und eine Chronifizierung der unspezifischen Symptome wie Schmerzen und Schwindel zu verhindern.

Contusio cerebri

- Hirnprellung
- Schädigung der Hirnsubstanz
- Bewusstseinsstörung ≥ 1 Stunde
- häufig strukturelle Schädigung des Gehirns
- Blutungen, Nekrosen
- Hirnödem
- Folgeschäden möglich

Die Contusio cerebri bezeichnet die Hirnprellung, die auf Druck- und Zugschädigungen der Hirnsubstanz beruht: Wirkt eine Kraft auf das im Liquor schwimmende und teils über die Meningen fixierte Gehirn, so wird zunächst Druck ausgeübt, sowohl auf der Seite der Kraftausübung als auch auf der gegenüberliegenden Seite des Gehirns. Durch die Schwingung des Gehirns im Liquor kommt es dann zu Ausübung von Zug, zunächst auf der Seite der Kraftausübung und dann auf der gegenüberliegenden Seite. Hauptsächlich durch den Zug kommt es zu Geweбeschäden mit kleinen Blutungen, Nekrosen und anschließendem **Hirnödem.** Insbesondere bei multiplen Kontusionen (Prellungen) ist die Gefahr eines Hirnödems groß. Die Hirnkontusion, die auf der Seite der Kraftausübung liegt, nennt man **Coup** *(frz. = Stoß)*, jene auf der Gegenseite **Contre-coup** *(frz. = Gegenstoß)*. Häufig sind die Contre-coups verheerender als die Coups, da der Zug an dieser Stelle größer sein soll. Durch das Trauma kann es neben **intrazerebralen Blutungen** auch zu allen anderen traumatischen Blutungen des Schädels kommen (☞ 12.2).

Klinik

- Bewusstseinsstörung: länger als eine Stunde
- neurologische Herdsymptome: Lähmungen, Sensibilitätsstörungen, epileptische Anfälle

- psychiatrische Störungen: organische Psychose, Delir und Demenz (Psychiatrie ☞ 4.2.1) können im Verlauf auftreten
- apallisches Syndrom oder Locked-in-Syndrom: in schweren Fällen und bei Schädigung des Hirnstammes (☞ 2.6.1).

Diagnostik und Therapie

Im CCT oder cranialen MRT werden Kontusionen und Blutungen sichtbar. Das EEG ist im akuten Zustand verlangsamt und zeigt einen Herdbefund.
In der Akutphase ist die Stabilisierung und Sicherung von Kreislauf und Atmung wichtig. Therapie des Hirnödems (☞ 2.6.1).

Prognose

Auf eine Contusio cerebri können Spätschäden folgen. Neurologische Spätschäden richten sich nach der Schwere der Verletzung:
- in leichten Fällen können Herdsymptome bleiben, z.B. epileptische Anfälle
- traumatischer Spätabszess
- schwere Fälle werden nicht überlebt.

Psychische Spätschäden sind:
- Wesensänderung mit Antriebsarmut und Verflachung der Persönlichkeit
- Nachlassen der intellektuellen Fähigkeiten und der Belastbarkeit.

? Übungsfragen

1. Was unterscheidet eine Schädelverletzung von einem Hirntrauma?
2. Was kennzeichnet eine Commotio cerebri?

12.2 Traumatische Hirnblutungen

Lokalisationen von Hirnblutungen:
- epidural
- subdural
- subarachnoidal
- intrazerebral

(1) Durch ein äußeres Trauma können Blutgefäße innerhalb des Schädels oder im Gehirn reißen. Es kommt zu einer Blutung in die Zwischenräume der Hirnhäute oder in das Gehirn selbst. Mögliche Orte der Blutung (von außen nach innen) sind: **epidural, subdural, subarachnoidal** und **intrazerebral.**
Bei jeder Schädelverletzung oder jedem Hirntrauma, also auch bei der Commotio cerebri, besteht die Gefahr einer Hirnblutung. Diese ist häufig zu erkennen durch abnehmende Bewusstseinslage und Hirndruckzeichen wie Übelkeit und veränderte Pupillenreaktion nach bereits anfänglicher Erholung. Aus diesem Grund muss jeder Patient nach einem Schädel-Hirn-Trauma mindestens 24 Stunden engmaschig überwacht werden. Hirnblutungen werden mittels CCT diagnostiziert.

12.2.1 Epidurales Hämatom

Epiduralblutung → meist Ruptur der A. meningea media

Beim epiduralen *(gr. epi = oberhalb)* Hämatom zerreißt meist die A. meningea media durch ihre exponierte Lage in der Schläfenregion. Es bildet sich ein Hämatom zwischen Dura mater (harte Hirnhaut ☞ 1.5) und Schädelknochen. Da es sich also in der Mehrzahl der epiduralen Blutungen um arterielle Blutungen handelt, bildet sich das Hämatom sehr schnell aus.

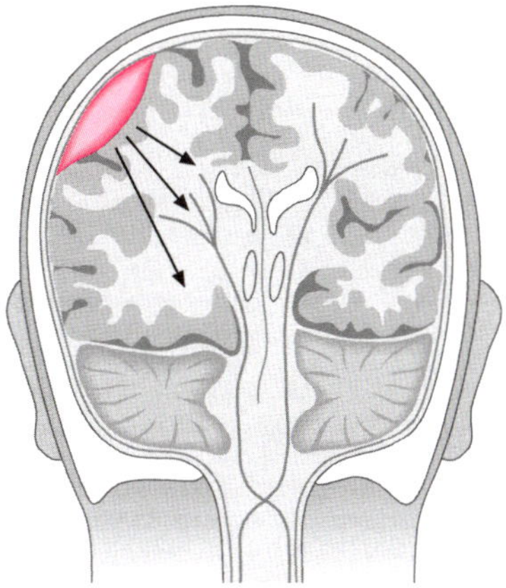

Abb. 12.1: Epidurales Hämatom. [L157]

Klinik

- Bewusstseinstrübung (die nach initialer Erholung einsetzt) oder anhaltendes Koma
- halbseitige Lähmung der gegenüberliegenden Körperhälfte
- Pupillenerweiterung auf der Seite des Hämatoms.

Im weiteren Verlauf kann es durch den steigenden Hirndruck zu Einklemmungssyndromen kommen (☞ 2.6.1).

Diagnostik und Therapie

Sofort Entlastung schaffen!

Die Diagnose wird im CCT gestellt. Dort zeigt sich eine konvexe Blutung unterhalb des Schädelknochens.
Der Schädel muss schnell eröffnet werden (Trepanation), um die Blutungsquelle zu versorgen, das Hämatom abzulassen und so den Druck auf die Gehirnmasse abzuschwächen. 70–90 % der Betroffenen sind nach einer solchen Operation physisch und psychisch rehabilitiert und wieder voll arbeitsfähig.

12.2.2 Subdurales Hämatom

Subdurales Hämatom → Ruptur von Venen

❷ Beim subduralen Hämatom bildet sich nach einem Riss von Venen, welche das Blut zu den Sinus leiten, ein Bluterguss zwischen Dura mater und Arachnoidea. Besonders bei älteren Patienten kann schon ein leichtes Trauma für die Entstehung dieses Hämatoms ausreichen.
Es wird zwischen akutem und chronischem subduralen Hämatom unterschieden. Das chronische subdurale Hämatom beruht wahrschein-

lich auf jeweils nur kleinen, dafür aber rezidivierenden Blutungen im Anschluss an ein Schädel-Hirn-Trauma. Aufgrund der verzögerten Symptomatik und des schleichenden Beginns kann es leicht übersehen werden und den Patienten dadurch vital gefährden. Das akute subdurale Hämatom hingegen wird meist direkt im Anschluss an das Trauma symptomatisch.

Klinik

Unterscheidung von akutem, subakutem und chronischem SDH

Akutes subdurales Hämatom (selten):
- Bewusstseinstrübung direkt im Anschluss an das Trauma
- einseitige Mydriasis (weite Pupille) und Hemiparese.

Subakutes subdurales Hämatom (häufig):
- fokale Ausfälle und Bewusstseinsstörungen Tage bis wenige Wochen nach dem eigentlichen Trauma.

Chronisches subdurales Hämatom (häufig):
- die Symptome zeigen sich erst sechs Wochen oder Monate nach dem Unfall
- langsam zunehmende Störung von Bewusstsein und Antrieb als Leitsymptom
- steigender Hirndruck mit Symptomen (☞ 2.6.1).

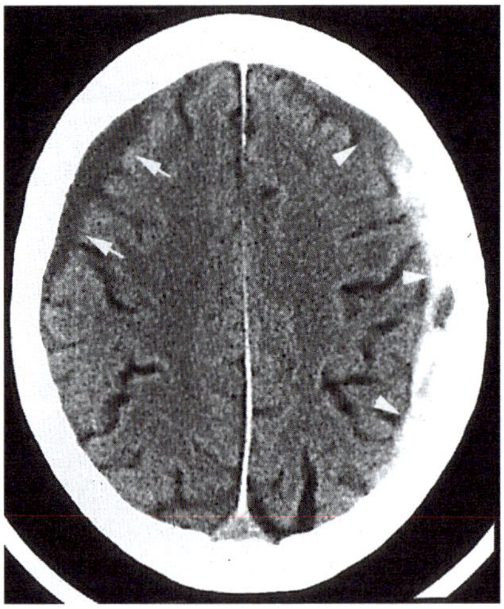

Abb. 12.2: Subduralhämatome unterschiedlichen Alters. Links chronisches, rechts frischeres Subduralhämatom. [S008-2]

Diagnostik und Therapie

Das Hämatom ist im CCT als konkave Raumforderung gut zu erkennen.

Ein großes Hämatom muss operativ entfernt werden, kleinere Hämatome werden vom Körper selbst resorbiert.

12.2.3 Traumatische Subarachnoidalblutung

Die traumatische Subarachnoidalblutung ist bei Schädel-Hirn-Traumen zwar keine Seltenheit, aber deutlich seltener als die SAB bei Aneurysmaruptur. Kontusionsblutungen können Anschluss an den äußeren Liquorraum gewinnen, selten können auch die im Subarachnoidalraum liegenden Arterien direkt reißen. Die traumatische SAB hat dieselben Komplikationen (z.B. Vasospasmen) und erfordert bis auf die Versorgung des Aneurysmas dieselbe Therapie wie die SAB bei Aneurysmaruptur (☞ 5.4).

12.2.4 Traumatisches intrazerebrales Hämatom

Intrazerebrales traumatisches Hämatom → Einblutung in Kontusionsherd

Das intrazerebrale Hämatom ist gekennzeichnet durch eine Blutung in das Gehirn hinein. Ursachen sind Einblutungen in Kontusionsherde. Nicht-traumatische Ursachen für intrazerebrale Blutungen wurden in Kapitel 5.2 behandelt.

Klinik und Diagnostik

- Kopfschmerzen
- Bewusstseinsstörungen
- fokalneurologische Ausfälle je nach Lokalisation.

Das CCT weist bestehende Blutungsherde auf.

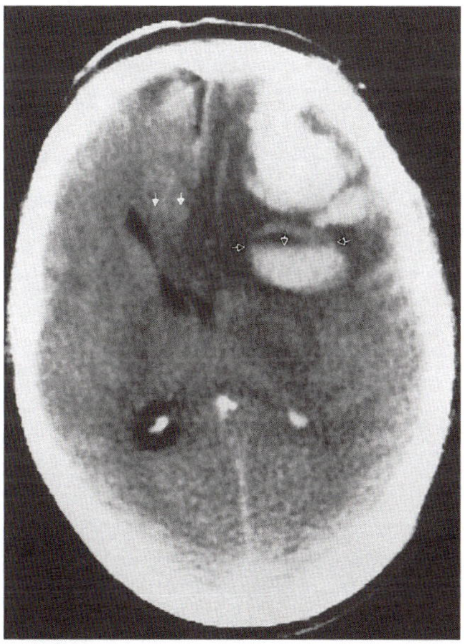

Abb. 12.3: Große Kontusionblutung im CCT mit Hirnödem und ausgeprägter Raum fordernder Wirkung. Die hellen Flächen oben rechts entsprechen Blut, die angrenzenden dunklen Stellen sind Ödem. Man beachte die Mittellinienverlagerung. [E258]

Therapie und Prognose

Frühzeitige Operation oder Punktion

Große Hämatome, die zu einer Verschiebung von Hirnmasse und Einklemmung (☞ 2.6.1) führen, müssen operativ entfernt oder, falls dies

nicht möglich ist, punktiert werden. Das Hirnödem muss konservativ behandelt werden (☞ 2.6.1).
Die Letalität ist je nach Größe der Blutung hoch.

? Übungsfragen

1. Welche unterschiedlichen Hirnblutungen gibt es?
2. Was ist ein subdurales Hämatom?

13 Schädigungen des Rückenmarks

Das Rückenmark ist aufgrund seiner Länge und Lage zur Wirbelsäule der Teil des ZNS, der durch Trauma und/oder Degeneration besonders häufig in Mitleidenschaft gezogen wird.
Die Somatotopik der auf- und absteigenden Bahnen sowie die Segmentierung des Rückenmarks ermöglichen bei einer Rückenmarkschädigung eine sehr genaue Lokalisation derselben. Die Diagnose kann meist schon anhand der Symptomatik gestellt werden. Zentrale Paresen, möglicherweise gepaart mit Sensibilitäts- und vegetativen Störungen, ohne Hirnnervenausfälle oder neuropsychologische Symptome weisen auf eine Läsion des Rückenmarks hin. Fast immer kann man die Höhe der Schädigung z.B. aufgrund eines sensiblen Niveaus angeben (das Segment, unter dem sensible Ausfälle auftreten). Die Zusatzdiagnostik bestätigt folglich nur die klinische Verdachtsdiagnose.
Schädigungen des Rückenmarks verursachen klassische Syndrome, je nachdem, ob das Rückenmark auf einer Höhe komplett durchtrennt (Querschnitt), halbseitig geschädigt (Brown-Séquard-Syndrom) oder im Inneren geschädigt ist (zentromedulläres Syndrom).
Die funktionelle Anatomie des Rückenmarks wurde bereits ausführlich in Kapitel 1.3.1 besprochen. An dieser Stelle sollen häufige Krankheiten des Rückenmarks vorgestellt werden.

13.1 Querschnittssyndrom

Komplettes Querschnittssyndrom bei Durchtrennung aller auf- und absteigenden Bahnen

❶ Ein Querschnittssyndrom entsteht durch eine lokale Schädigung des Rückenmarks. Der **komplette Rückenmarksquerschnitt** ist definiert als eine komplette Durchtrennung aller auf- und absteigenden Bahnen auf der Höhe der Läsion. Es resultieren motorische und sensible Ausfälle unterhalb der Läsion.
Neben diesem kompletten gibt es auch ein **inkomplettes Querschnittssyndrom:** Beim inkompletten Querschnittssyndrom bleiben einige Fasern intakt, so dass eine gewisse Restfunktion unterhalb der Schädigung erhalten bleibt.
Ursachen des Querschnittssyndroms sind z.B. Wirbelfrakturen, Bandscheibenvorfall, Tumor, Blutungen oder Myelitis (☞ 6.4). Frakturen und Blutungen führen aufgrund einer akuten Druck- und Scherverletzung des Rückenmarks zu einer plötzlich auftretenden Symptomatik. Tumore und Entzündungen schädigen das Rückenmark langsamer und können so zunächst ein inkomplettes und erst im Verlauf ein komplettes Querschnittssyndrom hervorrufen.

Klinik

Leitsymptome abhängig von Dynamik der Schädigung:
- plötzliche vs. progredient verlaufende Symptomatik

❷ Die Klinik eines Querschnittssyndroms ist, wie bei allen anderen Erkrankungen auch, abhängig von der Dynamik und dem zeitlichen Verlauf der Schädigung (Anamnese ☞ 2.7.1): Blitzartig auftretende Schädigungen des Rückenmarks können von langsam auftretenden, progredient verlaufenden Läsionen unterschieden werden. Die vorherrschende Symptomatik bzw. neurologische Ausfälle richten sich nach der Höhe der Läsion.

Bei einer langsamen, chronisch progredienten Schädigung des Rückenmarks, z.B. durch einen Tumor oder Bandscheibenvorfall, treten die ersten Symptome beinahe unmerklich auf. Die Patienten kommen meist viel zu spät zum Arzt, da schleichend beginnende Sensibilitäts- und Motorikstörungen oft nicht ernst genommen werden. Im weiteren Verlauf der Schädigung kann ein komplettes Querschnittssyndrom resultieren.

Spinaler Schock bei akutem Querschnitt:
- schlaffe Paresen und sensible Ausfälle unterhalb der Läsion
- vegetative Störungen mit Überlaufblase

Bei einem plötzlichen, d.h. einem akuten Querschnitt sind zunächst alle Muskeln distal der Schädigung schlaff paretisch, die Muskeleigenreflexe fehlen und es besteht eine Anästhesie unterhalb der Läsion. Die Durchtrennung von vegetativen Fasern führt zu Blasen- und Mastdarmstörungen. Diese erste Phase nach einem akuten Querschnitt nennt man **spinaler Schock**.

Insbesondere aufgrund der vegetativen Störungen ist der Patient akut gefährdet: Die Harnblase ist in dieser Phase nicht in der Lage, sich normal zu kontrahieren. Der Harn staut immer mehr auf, die Blase vergrößert sich, kann jedoch früher oder später keinen Urin mehr aufnehmen. Es kommt zur **Überlaufblase** mit Harninkontinenz. Durch die massive Überdehnung der Harnblasenwand kommt es zu einer vermehrten Aktivierung des vegetativen Nervensystems. Diese Überaktivierung wiederum kann zu lebensbedrohlichen Herzrhythmusstörungen führen. Um dies zu verhindern, muss ein Patient mit akutem Querschnitt blasenkatheterisiert werden.

Chronisches Querschnittssyndrom:
- zentrale Paresen
- Reflexblase
- sexuelle Funktionsstörungen

Nach Tagen bis Wochen geht der spinale Schock in ein chronisches Querschnittssyndrom über. Aus den schlaffen Paresen entwickeln sich klassische **zentrale Lähmungen** (☞ 2.1.1) mit Spastik und gesteigerten Muskeleigenreflexen. Liegt die Rückenmarkschädigung oberhalb des sakralen Blasenzentrums (☞ 1.3.1), erholt sich die Harnblase wieder. Es bildet sich eine **Reflexblase** aus, die sich bei adäquatem Füllungsstand reflektorisch entleert. Meist verbleibt aber Restharn in der Blase und führt zu erhöhter Infektionsgefahr. Zu den die Patienten bedrückenden vegetativen Funktionsstörungen zählen neben der Harn- und Stuhlinkontinenz v.a. die sexuellen Funktionsstörungen.

Je nach Höhe der Schädigung kommt es zu unterschiedlichen Symptomen:
- hohe zervikale Läsion
  - Tetraparese mit Atemlähmung (N. phrenicus aus Segment C4 ☞ 1.2.2)
- untere zervikale Läsion
  - Tetraparese ohne Atemlähmung
- thorakale Läsion
  - Paraparese der Beine
- lumbale Läsion
  - Conus/Cauda-Syndrom.

Conus/Cauda-Syndrom

Schädigung des Conus medullaris und der Cauda equina

❸ Auf Höhe des 1. oder 2. Lendenwirbels befindet sich das keilförmige Ende des Rückenmarks, der Conus medullaris, der die sakralen Rückenmarkssegmente beinhaltet. Unterhalb davon füllt die Cauda equina – das pferdeschweifförmige Nervenfaserbündel aus lumbalen und sakralen Nervenwurzeln – den Spinalkanal aus (☞ Abb. 1.8 und Abb. 2.15). Bei Rückenmarks- und Nervenwurzelschädigungen im Bereich der LWS kommt es folglich zu einem Ausfall aller sakralen Funktionen, inklusive des sakralen Blasenzentrums. Außerdem treten periphere Lähmungen der von den unteren lumbalen und sakralen Segmenten innervierten Muskeln auf. Das Conus/Cauda-Syndrom beinhaltet:

- schlaffe, weil periphere, Lähmung beider Beine
- beidseitige radikuläre Schmerzen
- Sensibilitätsstörung an der Oberschenkelinnenseite (sakrale Dermatome ☞ Abb. 1.4)
- Urin- und Stuhlinkontinenz mit Ausfall des Analreflexes
- Impotenz.

Brown-Séquard-Syndrom

Halbseitige Rückenmarkschädigung

Eine besondere Form des inkompletten Querschnitts ist das Brown-Séquard-Syndrom, dessen Klinik bereits unter Kapitel 1.3.1 ausführlich beschrieben wurde. Das Syndrom ist insgesamt selten, es wird v.a. durch Meningeome oder Neurinome hervorgerufen, die von lateral gegen das Rückenmark wachsen. Bei dieser halbseitigen Rückenmarkschädigung kommt es zur gleichseitigen schlaffen Parese der durch dieses (geschädigte) Segment versorgten Muskeln und zur Anästhesie im entsprechenden Dermatom. Unterhalb der Läsion kommt es zur ipsilateralen spastischen Parese und zur klassischen dissoziierten Sensibilitätsstörung mit Verlust der ipsilateralen Epikritik und kontralateralen Protopathik (☞ 1.3.1). Anhand der neurologischen Ausfälle des Brown-Séquard-Syndroms lässt sich die Anatomie des Rückenmarks sehr gut veranschaulichen.

Zentromedulläres Syndrom

Schädigung der inneren Anteile des Rückenmarks

Schädigungen im Inneren des Rückenmarks, d.h. nahe des Zentralkanals werden durch Ependymome, Gliome oder durch eine Syringomyelie (Höhlenbildung durch Trauma, Entzündung oder angeboren ☞ 16.2) hervorgerufen. Diese Variante des inkompletten Querschnitts führt zu einem klassischen klinischen Syndrom: dem zentromedullären Syndrom.

❹ Durch Läsion der Vorderhörner kommt es zu segmentalen peripheren Paresen. Im Vordergrund steht die beidseitige dissoziierte Sensibilitätsstörung im betroffenen Segment: Da die protopathischen Fasern des Tractus spinothalamicus (☞ 1.3.1) auf Segmenthöhe kreuzen und dabei nahe am Zentralkanal vorbeiziehen, kommt es zu einer Thermhypästhesie und Hypalgesie ohne Einschränkung der epikritischen Sensibilität.

Durch Läsion der vegetativen Bahnen kommt es daneben auch zu vegetativen Störungen mit Blasen- und Mastdarmstörungen. Bei Progredienz der Erkrankung kann sich ein kompletter Querschnitt entwickeln.

Arteria spinalis anterior-Syndrom

Plötzliche Paraparese mit dissoziierter Sensibilitätsstörung

Die Blutversorgung des Rückenmarks wird neben zwei hinteren Spinalarterien v.a. durch die unpaare A. spinalis anterior gewährleistet. Sie gibt jeweils auf Segmentebene kleine Arterien ab, die die ventralen Teile des Rückenmarks versorgen, dazu gehören die Vorderhörner, Pyramidenbahn und der Tractus spinothalamicus. Bei Verschluss dieser kleinen segmentalen Zuflüsse entsteht ein klassisches inkomplettes Querschnittssyndrom mit anfangs schlaffer Paraparese und dissoziierter Sensibilitätsstörung. Die epikritische Sensibilität bleibt intakt, da sie im Hinterstrang fortgeleitet wird, welcher durch die Aa. spinales posteriores versorgt wird.

Diagnostik und Therapie bei Querschnittssyndrom

- Im CT oder im MRT werden Ursache und Ausmaß der Rückenmarkschädigung dargestellt.
- Steroidmedikation zur Reduktion des Rückenmarködems.
- Bei Raumforderungen oder instabilen Frakturen sofortige Notfalloperation.
- Für eine optimale Versorgung und frühzeitige Förderung nach einer Operation wird der Patient in eine Rehabilitationseinrichtung überwiesen.

Prognose

Die Prognose ist abhängig vom Ausmaß der Schädigung. Mitunter können sich die Symptome langsam zurückbilden, wobei sensible Störungen besser heilen als motorische.

Physiotherapie

Ziel der Physiotherapie bei Querschnittslähmungen ist eine bestmögliche Rehabilitation. Der Therapeut muss die notwendigen, der Belastungsfähigkeit angepassten Übungszeiten richtig einschätzen können. Die Therapie wird unter verschiedenen Behandlungsgesichtspunkten durchgeführt. Besonders wichtig sind in der **Frühphase**:

- Lagerungsmaßnahmen zur Verhinderung von Dekubitus
- Atem-, Kreislauf- und Stoffwechselanregung
- Muskel- und Gelenkpflege zur Erhaltung der Gelenkbeweglichkeit und zur Verhinderung von Kontrakturen.

In der **Aufbauphase**, d.h. nach ausreichender Konsolidierung von Wirbelsäulenverletzungen, wird begonnen mit:

- (isometrischen) Aufrichtungs-, Gleichgewichts- und Bewegungsübungen, um die erhaltene Muskulatur zu kräftigen
- Kompensationsbewegungen
- Stand- (Stehbrett) und evtl. Gangübungen zur Kreislaufanregung
- Rollstuhltraining.

Physiotherapeutische Übungen im Bewegungsbad bieten optimale Möglichkeiten zur Mobilisierung, Kräftigung und zum Konditionstraining. Ein Funktionstraining ist für den Patienten wichtig!

? **Übungsfragen**

1. Wodurch entsteht ein Querschnittssyndrom?
2. Welche Formen der Lähmung treten im Verlauf eines akuten Querschnittssyndroms auf?
3. Was ist ein Conus/Cauda-Syndrom?
4. Welche Symptome erwarten Sie bei einem zentral wachsenden Rückenmarkstumor?

13.2 Wirbelsäulentrauma

- Commotio spinalis → vorübergehende Ausfälle
- Contusio spinalis → persistierende Querschnittssymptomatik

Wirbelsäulentraumen werden, ähnlich wie die Hirntraumen, in **Commotio spinalis** (Rückenmarkerschütterung) und **Contusio spinalis** (Rückenmarkprellung) eingeteilt. Bei einer Contusio spinalis kann ein temporäres komplettes oder inkomplettes Querschnittssyndrom eintreten mit vorübergehenden, unterschiedlichen Ausfallserscheinungen.

Klinik der Commotio spinalis

- Gefühlsstörungen an den Extremitäten
- Reflexdifferenzen
- Blasenentleerungsstörungen (selten)
- keine Lähmungen.

Therapie

Durch Bettruhe bilden sich die Symptome in Stunden bis Tagen zurück.

Das Rückenmark kann im Rahmen einer HWS-Distorsion, z.B. dem sehr häufigen Schleudertrauma, geschädigt werden.

Schleudertrauma

Folgen eines Schleudertraumas:
- Reizung oder Quetschung des Rückenmarks
- Wirbelverletzung
- Bandscheibeneinriss
- evtl. Querschnittssyndrom

Das Schleudertrauma (auch: Beschleunigungstrauma) beschreibt ein klassisches traumatisches Schädigungsmuster in Folge eines Auffahrunfalls. Dabei tritt nicht nur bei einem Heckaufprall, sondern auch bei Frontal- oder seitlichen Zusammenstößen der so genannte Peitschenhiebmechanismus in Kraft: Der Kopf wird abrupt in die eine und anschließend in die andere Richtung geschleudert. Oftmals ist dieser Mechanismus verbunden mit einer Translation des Kopfes gegenüber der HWS.
Durch die schnelle und unkontrollierte z.B. Retro- und Anteflexionsbewegung des Kopfes kann es zu einer Reizung oder Quetschung des Rückenmarks und zu einer Verletzung der Wirbelgelenke kommen. In seltenen Fällen zerreißt die Bandscheibe oder resultiert ein Wirbelbruch. In diesen Fällen besteht die Gefahr einer Querschnittslähmung.

Klinik

Symptome treten sofort oder mit Verzögerung von einigen Stunden auf:
- Kopfschmerzen, Schwindel und Übelkeit
- schmerzhafte Verspannungen im Nacken mit Ausstrahlung in den Hinterkopf
- Gefühl der Haltlosigkeit des Kopfes mit resultierender Zwangshaltung
- Schmerzen in Schulter und Arm
- Missempfindungen an Händen und Armen.

Diagnostik

- Neurologische Untersuchung zum Ausschluss einer Contusio spinalis.
- Eine Röntgenaufnahme der HWS zeigt oft eine Steilstellung der Wirbelsäule und eventuelle Wirbelkörperfrakturen.
- Im CT können mögliche Bandscheibenschäden entdeckt werden.

Therapie

- anfangs Ruhigstellung, dann frühzeitige Mobilisierung
- Wärme, evtl. Massage
- Muskelrelaxanzien

- Ruhigstellung in einer Stützkrawatte sollte nur anfangs erfolgen, d.h. so lange wie unbedingt nötig und so kurz wie möglich. Je nach Symptomatik wird sie ggf. nur nachts eingesetzt. Je früher die Patienten wieder mobilisiert werden, desto besser, da sonst eine Chronifizierung der Schmerzsymptomatik droht! Die Physiotherapie spielt bei der frühzeitigen Mobilisierung eine große Rolle.
- Muskelrelaxanzien und Analgetika zur Verringerung der Schmerzen und damit der Bewegungseinschränkungen.

Physiotherapie

Bei der Therapie eines Schleudertraumas sollte auf der Grundlage des individuellen Patientenbefundes und nicht nach stereotypen Behandlungsplänen gearbeitet werden. Wärmemaßnahmen, Entspannungstechniken und sanfte Dehnung der Nackenmuskulatur sollen eine Chronifizierung der Beschwerden vermeiden. Leichte aktive Bewegungsübungen zur Stabilisation der HWS sorgen für eine freie Beweglichkeit und stabile Kopfhaltung. Massagetechniken (Bindegewebsmassage, klassische Massage, Ausstreichungen) werden nicht in jedem Falle vom Patienten toleriert, können Beschwerden teilweise sogar verschlimmern.

13.3 Bandscheibenvorfall

Formen des Bandscheibenvorfalls:
- Protrusio
- Prolaps
- Sequester

❶ Die Bandscheibe bildet einen Puffer zwischen zwei Wirbelkörpern. Sie besteht aus einem gallertartigen Kern, dem **Nucleus pulposus**, der von einem Faserring, dem **Anulus fibrosus**, umgeben ist. Durch Alterungsprozesse und Fehlbelastung verkleinert sich der Kern, gleichzeitig wird der Faserring brüchig. Dadurch erhöht sich die Gefahr eines Bandscheibenvorfalles bei ungünstigen Bewegungen der Wirbelsäule, meist beim Heben oder Tragen. Kommt es zu einer Vorwölbung des Kerns innerhalb des Faserringes und damit auch zu einer Vorwölbung des Faserringes an sich, spricht man von einer **Protrusion**. Tritt der Kern aus dem Faserring aus, d.h. durchbricht der Kern den Anulus fibrosus, spricht man von einem Vorfall, dem **Prolaps**. Mitunter kann ein Teil der Bandscheibe durch den Durasack des Rückenmarkes nach subarachnoidal durchtreten und sich vom Rest der Bandscheibe lösen, man nennt dies einen Sequester.

Die seitlich vorgefallene Bandscheibe – lateraler Bandscheibenvorfall – drückt auf die Nervenwurzeln, die zwischen zwei Wirbeln aus dem Wirbelkanal austreten und ruft entsprechende Symptome hervor. Beim medialen Bandscheibenvorfall tritt der Gallertkern mittig in den Wirbelkanal aus.

Häufigste Lokalisationen:
- untere lumbale und zervikale Segmente

Am häufigsten sind Bandscheibenvorfälle im Bereich der unteren Lendenwirbelsäule. Hier kommt es beim lateralen Vorfall durch Reizung zu neurologischen Störungen im Versorgungsgebiet der betroffenen Nervenwurzel. Mediale Bandscheibenvorfälle können im Bereich der LWS im Extremfall ein Cauda-Syndrom (☞ 13.1) auslösen. Im Bereich der Halswirbelsäule sind die Bandscheibenvorfälle meist in den unteren Segmenten lokalisiert. Laterale zervikale Bandscheibenvorfälle führen wie im lumbalen Bereich zur Einengung eines Neuroforamens mit Reizung einer Nervenwurzel und schmerzhaften peripheren Ausfällen dieses Segments. Der mediale zervikale Bandscheibenvorfall drückt auf das Rückenmark und kann neben Schädigungen des betroffenen Segments auch eine zentrale Tetraparese mit Sensibilitätsstörungen (inkomplettes Querschnittssyndrom) auslösen. Bandscheibenvorfälle im Bereich der Brustwirbelsäule sind aufgrund der Druckverteilung in der Konvexität der Achse ausgesprochen selten.

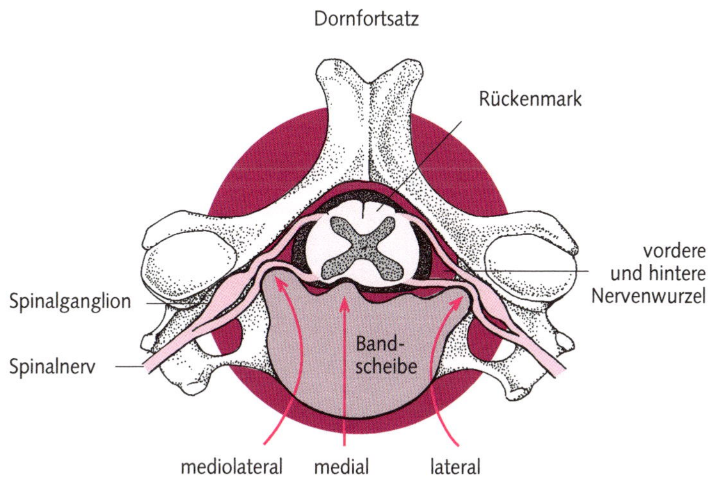

Abb. 13.1: Zervikaler Bandscheibenvorfall. Abhängig von der Richtung des Bandscheibenvorfalls (medial, mediolateral, lateral) werden unterschiedliche Strukturen abgeklemmt und in ihrer Funktion beeinträchtigt. [A400-190]

Leitsymptome:
- starke, ausstrahlende Rückenschmerzen
- Sensibilitätsstörungen
- Lähmungen
- Schonhaltung
- Lasègue positiv

Klinik

- ❷ Akute Rückenschmerzen, die in das Versorgungsgebiet der betroffenen Nervenwurzel ausstrahlen, sind das Leitsymptom eines Bandscheibenvorfalles. Im Lendenwirbelbereich werden diese ausstrahlenden Schmerzen auch „Hexenschuss" oder Lumboischialgie genannt.
- Sensibilitätsstörungen treten im betroffenen Dermatom auf.
- Lähmungen der von dem betroffenen Segment innervierten Muskeln mit Ausfall der entsprechenden Reflexe (☞ Tab. 13.1).
- Schonhaltung: Die Rückenmuskulatur verspannt sich und die Hals- oder Lendenlordose wird aufgehoben. Durch diese Fehlhaltung verstärkt sich der Druck auf die Nervenwurzel und damit der Schmerz (Teufelskreis).
- Lasègue-Zeichen: Beim lumbalen Bandscheibenvorfall verursacht das Anheben eines gestreckten Beines aus der Rückenlage (Beugung im Hüftgelenk) starke Rückenschmerzen (☞ Abb. 2.7).

Tab. 13.1: Kennmuskeln und Symptome der einzelnen Wurzelkompressionssyndrome

Wurzel	MER ↓	Kennmuskeln	sensible Ausfälle
C5	BSR	M. deltoideus, M. biceps brachii, Mm. supra- und infraspinatus	Außenseite Oberarm
C6	BSR RPR	M. biceps brachii, M. brachioradialis	radialer Unterarm bis Daumen
C7	TSR	M. triceps brachii, M. pronator teres, Thenarmuskulatur	Unterarmstreckseite Handrücken, Finger 2–4
C8	Trömner	Mm. interossei, M. flexor carpi ulnaris, Hypothenarmuskulatur	ulnarer Unterarm, Finger 4 und 5
L3	PSR ADR	Adduktoren, M. quadriceps femoris, M. iliopsoas	Oberschenkel bis Knie
L4	PSR	M. quadriceps femoris, M. tibialis anterior	Außenseite Oberschenkel, mittlerer Unterschenkel
L5	TPR	M. extensor hallucis longus, M. tibialis anterior, M. tibialis posterior, M. gluteus medius	Außenseite Unterschenkel, Fußrücken, Großzehe
S1	ASR	M. triceps surae, M. gluteus maximus, M. biceps femoris	Rückseite Ober- und Unterschenkel, Fußaußenrand

Diagnostik

- Die neurologische Untersuchung überprüft motorische und sensible Ausfälle in den einzelnen Segmenten, um den Bandscheibenvorfall zu lokalisieren (☞ Tab. 13.1).
- Eine Röntgenaufnahme zeigt evtl. eine Einengung des Zwischenwirbelraumes, wird aber kaum noch verwendet. Bandscheibenvorfälle lassen sich durch Tomographien besser darstellen.
- Ein CT oder MRT des betroffenen Wirbelsäulenabschnitts stellt die Vorwölbung der Bandscheibe dar und macht u.U. auch Schädigungen an den Nervenwurzeln sichtbar.

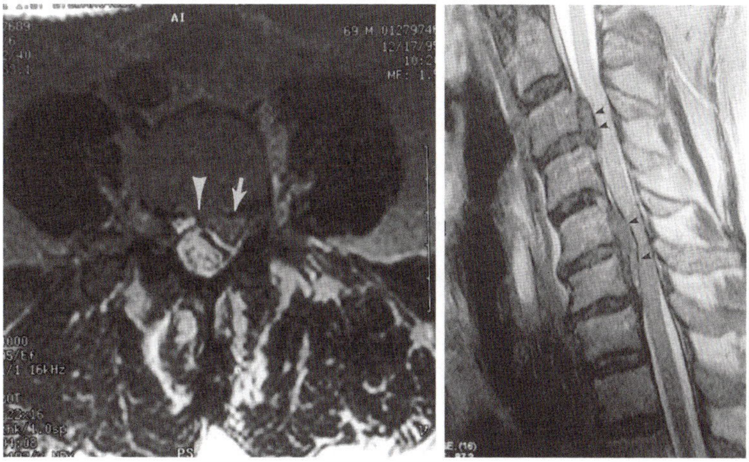

Abb. 13.2: MRTs von Bandscheibenvorfällen: Mediolateraler lumbaler Prolaps im Querschnitt (linkes Bild) und multiple mediale zervikale Bandscheibenvorfälle mit Kompression des Rückenmarks im Sagittalschnitt (rechtes Bild). Die schwarzen Pfeilköpfe zeigen auf die abgehobene Dura mater. [E258]

Therapie

- Bettruhe im Stufenbett
- Analgetika
- Muskelrelaxation
- Physiotherapie
- evtl. Operation

❸ Die Protrusion wird konservativ behandelt:

- Druckentlastung des Nucleus pulposus durch Stufenbettlagerung, ggf. Liegen auf einer harten Unterlage. Die Stufenbettlagerung vermindert den Druck der Wirbelsäule auf den Gallertkern und damit auf die Nervenwurzel, Schmerzen werden reduziert.
- Muskelrelaxation, um Schmerzen zu reduzieren
  - lokale Wärmeanwendung (z.B. Rotlicht, Fango)
  - Lokalanästhetikum um das Segment herum spritzen, um die Verspannung zu lösen
  - systemische Analgetika und orale Spasmolytika.

❹ Schmerzen, die länger als vier Wochen anhalten, deuten auf einen irreversiblen Prolaps hin. Um bleibende Schäden zu vermeiden, ist eine neurochirurgische Operation notwendig, in der Teile der Bandscheibe entfernt werden. Eine neurochirurgische Intervention ist auch indiziert, sobald es zu Lähmungserscheinungen und damit zu Nervenwurzelschäden kommt.

Physiotherapie

Die Physiotherapie nimmt einen hohen Stellenwert in der Behandlung von Bandscheibenvorfällen ein. Vorrangig sollte das muskuläre Gleichgewicht wiederhergestellt und die bestehende Fehlhaltung aufgehoben werden. Rezidiven soll damit vorgebeugt werden. Ein Muskelaufbau wirkt auch schmerzlindernd. Dem Patienten müssen Rücken schonende Alltagsbewegungen beigebracht werden, die er sich in Eigenverantwortung zunutze machen sollte.

? Übungsfragen

1. Was passiert bei einem Bandscheibenvorfall?
2. Welche Symptome verursacht ein Bandscheibenvorfall?
3. Wie wird ein Bandscheibenvorfall in der Regel behandelt?
4. Wann muss ein Prolaps operiert werden?

14 Erkrankungen des peripheren Nervensystems

Schädigungen des peripheren Nervensystems werden in zwei große Krankheitsgruppen unterteilt: Je nachdem, ob ein einzelner peripherer Nerv oder mehrere periphere Nerven gleichzeitig geschädigt sind, unterscheidet man Mononeuropathien von Polyneuropathien. Die Mononeuropathien der Extremitätennerven wurden bereits im ersten Kapitel erläutert, ebenso die funktionelle Anatomie des peripheren Nervensystems. Bleiben noch die Mononeuropathien der Hirnnerven und die Polyneuropathien, die an dieser Stelle vorgestellt werden.

14.1 Mononeuropathien der Hirnnerven

Mononeuropathien der Hirnnerven werden fälschlicherweise oft als Hirnnervenlähmungen bezeichnet. Paretisch können aber nur Muskeln sein, nicht die Nerven. Trotzdem werden im Folgenden die üblichen Begrifflichkeiten verwendet.
Besonders häufig sind Schädigungen von Hirnnerven, die die Okulomotorik kontrollieren, d.h. des N. oculomotorius, des N. trochlearis und des N. abducens.

14.1.1 Okulomotoriusparese

Komplette Okulomotoriusparese:
- Bulbus steht nach außen
- Ptose
- Mydriasis
- Akkommodationsstörungen

Der Nervus oculomotorius wird besonders häufig durch Druck in seinem Verlauf geschädigt, entweder im Subarachnoidalraum oder im Sinus cavernosus. Je nachdem, ob nur Teile des Nervs oder alle Nervenfasern geschädigt sind, resultiert eine inkomplette oder komplette Okulomotoriusparese.
Bei der **kompletten Okulomotoriusparese** steht, entsprechend der Innervation der äußeren Augenmuskeln durch diesen Nerv, der Augapfel – Bulbus oculi – nach außen. Durch Parese des M. levator palpebrae hängt das Oberlid herunter, man spricht von einer Ptose. Der Ausfall der durch parasympathische Fasern des N. oculomotorius innervierten inneren Augenmuskeln führt zur Weitstellung der Pupille, einer Mydriasis, mit Ausfall der Lichtreaktion und Akkommodationsstörungen.

Inkomplette Okulomotoriusparese:
- innere Okulomotoriusparese
- äußere Okulomotoriusparese

Inkomplette Okulomotoriusparesen sind häufiger anzutreffen als komplette. Je nach Schädigung des Nervs kommt es zu unterschiedlichen Ausfällen. Dies beruht v.a. auf der Histologie des Nervs: Die parasympathischen Fasern liegen oberflächlich im Nerv, während die somatomotorischen Fasern gebündelt in der Tiefe liegen. Eine Druckschädigung des Nervs, z.B. bei erhöhtem Hirndruck (☞ 2.6.1), führt deshalb zu einer isolierten Schädigung der parasympathischen Fasern. Es kommt zur klassischen „weiten, lichtstarren Pupille". Da die inneren Augenmuskeln betroffen sind, nennt man diese Schädigung innere Okulomotoriusparese.

Die Schädigung des Nerven im Rahmen eines Diabetes mellitus betrifft v.a. die in der Tiefe des Nerven liegenden somatomotorischen Nervenfasern. Daher kommt es zu einer äußeren Okulomotoriusparese ohne Pupillomotorikstörungen (Lähmung der äußeren Augenmuskeln).

14.1.2 Trochlearisparese

Der N. trochlearis innerviert den M. obliquus superior. Dieser Muskel dreht das Auge nach außen unten und rollt das Auge nach innen. Bei einer Trochlearisparese sind diese Bewegungen nicht möglich, der Bulbus weicht allerdings kaum ab. Kompensatorisch neigt der Patient den Kopf auffällig zur Seite. Außerdem klagt er über schräg übereinander stehende Doppelbilder.

14.1.3 Abduzensparese

Der N. abducens innerviert den M. rectus lateralis. Bei einer Schädigung des Nervs und resultierender Lähmung des Muskels weicht das Auge nach innen ab, der Patient kann das betroffene Auge nicht mehr abduzieren. Es ergeben sich horizontal versetzte Doppelbilder. Die Abduzensparese ist die häufigste Augenmuskellähmung. Aufgrund seines langen subarachnoidalen Verlaufes wird der Nerv häufig durch intrakranielle Raumforderungen geschädigt. Auch der Diabetes mellitus, die Multiple Sklerose (☞ 7.1) oder die Myasthenie (☞ 15.1) können eine Abduzensparese auslösen.

14.1.4 Fazialisparese

Schädigung des N. facialis

Eine Schädigung des VII. Hirnnervs (N. facialis) bewirkt eine Lähmung der mimischen Gesichtsmuskulatur – die periphere Fazialisparese.

Ursache

- meistens idiopathisch, vermutlich liegt eine Entzündung zugrunde
- bei einer lymphozytären Meningitis durch neurotrope Viren (☞ 6.1) und Borrelien (☞ 6.6.1)
- Fraktur, Entzündungen und Tumoren im Bereich der Schädelbasis
- Diabetes mellitus.

- Gesichtslähmungen
- Geschmacksstörungen
- Tränen- und Speichelsekretionsstörungen
- Hyperakusis

Klinik

Leitsymptom der peripheren Fazialisparese ist die meist einseitige durchgehende Lähmung der Gesichtsmuskulatur. Da der N. facialis ein gemischter Nerv ist, d.h. er trägt somatomotorische, viszeromotorische und viszerosensible Fasern, treten auch vegetative Ausfälle auf:

- Störungen des Geschmackempfindens (vordere ⅔ der Zunge)
- herabgesetzte Tränen- und Speichelsekretion
- Hyperakusis (gesteigertes Hörempfinden).

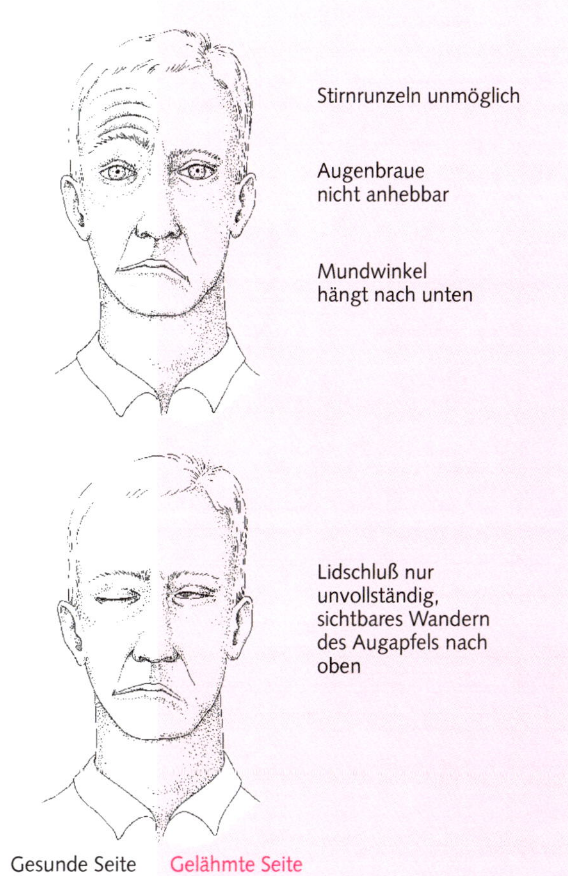

Abb. 14.1: Periphere Fazialislähmung

Differentialdiagnose

Allgemein gilt, eine Lähmung von Muskulatur kann einerseits auf einer Schädigung des Nervs in dessen Verlauf beruhen (peripher), andererseits auf einer Läsion des ersten motorischen Neurons im zentralen Nervensystem (Lähmungen ☞ 2.1). Folglich unterscheidet man auch bei einer Lähmung der Gesichtsmuskulatur zwischen zentraler fazialer Parese und peripherer Fazialisparese, je nach Ort der Schädigung: Bei Schädigung der supranukleären Fasern, d.h. der Fasern die vom Gyrus praecentralis im Tractus corticonuclearis zum somatomotorischen Fazialiskern ziehen, liegt eine **zentrale faziale Parese** vor. Aufgrund der besonderen Anatomie lässt sich jedoch nicht anhand der klassischen Kriterien (Reflexniveau und Tonus) zwischen peripherer und zentraler Parese unterscheiden. Hier hilft die besondere Verschaltung der Fasern weiter, die die Stirnmuskulatur innervieren: Fasern des motorischen Ursprungskernes des N. facialis innervieren über den Stirnast die obere Gesichtshälfte. Diese Fasern werden von den Rindenfeldern beider Hirnhälften versorgt. Eine einseitige Schädigung des Tractus corticonuclearis (☞ 1.3.2) kann folglich durch die Gegenseite kompensiert werden. Der Mundast des N. facialis hingegen enthält Fasern, welche ausschließlich von einer Hemisphäre stammen. Das bedeutet, dass Patienten mit einer zentralen fazialen Parese die Stirn noch runzeln können, während der Rest der mimischen Gesichtsmuskulatur paretisch ist. Stirnrunzeln ist bei der peripheren Fazialisparese unmöglich, da ja alle Fasern des peripheren N. facialis geschädigt sind.

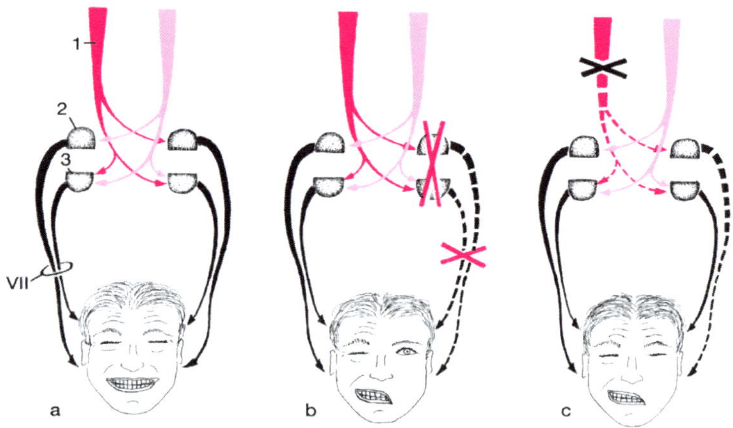

Abb. 14.2: Differenzierung periphere Fazialisparese und zentrale faziale Parese. Normale Innervation in a; b zeigt die Folgen einer nukleären oder peripheren Fazialisparese. In c ist die Innervation der Stirnmuskulatur durch den ipsilateralen Tractus corticonuclearis dargestellt. 1 Tractus corticonuclearis, 2 Fazialiskern für die mimische Gesichtsmuskulatur unterhalb des Auges, 3 Fazialiskernbereich für die Stirnmuskulatur. [R140]

Therapie

- Bei der idiopathischen Fazialisparese werden Glukokortikoide gegeben, um eine mutmaßliche Entzündung zu bekämpfen.
- Operation, falls der N. facialis außerhalb des Schädelknochens durchtrennt ist.

Prognose

- Ausheilung
- Defektheilung
- pathologische Mitbewegungen

Drei Viertel der idiopathischen Fazialisparesen heilen folgenlos aus. Bei den übrigen Erkrankten bleibt ein Defekt zurück, die Nerven wachsen an der Stelle der Schädigung nicht regelrecht zusammen. Es resultieren pathologische Mitbewegungen, z.B. ziehen sich beim Augenschluss Wangenmuskeln zusammen, und „Krokodilstränen“, d.h. anstelle von Speichelsekretion setzt beim Essen Tränenfluss ein.

Physiotherapie

Aktive Bewegungsübungen können helfen, die physiologische Funktion früh wiederzuerlangen und pathologische Mitbewegungen zu reduzieren.

14.2 Polyneuropathie

Erscheinungsformen:
- distal symmetrisch
- Schwerpunktneuropathie
- Mononeuritis multiplex
- demyelinisierend
- axonal

❶ Bei der Polyneuropathie *(gr. poly = viel, Neuropathie = Nervenerkrankung)* erkranken mehrere periphere Nerven gleichzeitig. Je nach Verteilungsmuster unterscheidet man distal symmetrische Polyneuropathien von Schwerpunktneuropathien. Bei letzteren sind benachbarte Nerven betroffen. Polyneuropathien, die fleckförmig verteilt einzelne Nerven betreffen, nennt man Mononeuritis multiplex.
Motorische, sensible und vegetative Nervenfasern können unterschiedlich stark in den Krankheitsprozess einbezogen sein. Je nachdem, ob eine Schädigung insbesondere an der Myelinscheide oder an den Axonen (☞ 1.1) vorliegt, spricht man von demyelinisierenden oder axonalen Polyneuropathien. Allerdings liegen meist beide Schädigungsformen nebeneinander vor.

Ursache

- Diabetes mellitus
- andere Stoffwechselerkrankungen
- Alkoholabusus
- Autoimmunerkrankungen
- Medikamentennebenwirkungen
- angeboren

❷ Es gibt eine Vielzahl von Ursachen für Polyneuropathien:
- Diabetes mellitus als häufigste Ursache
- andere Stoffwechselerkrankungen, z.B. Porphyrie oder Hypothyreose
- Missbrauch exogener Noxen, z.B. Alkoholabusus
- Bleivergiftung
- paraneoplastisches Syndrom bei Tumoren
- Autoimmunerkrankungen, z.B. Vaskulitis (☞ 7.3)
- Nebenwirkungen von Medikamenten, z.B. Zytostatika oder Virostatika
- angeboren als hereditäre motorische und sensible Neuropathie.

Klinik der distal symmetrischen Polyneuropathie

Leitsymptome:
- schlaffe Lähmungen
- Sensibilitätsausfälle
- Parästhesien
- vegetative Störungen

❸ Leitsymptome der besonders häufigen distal symmetrischen Polyneuropathie sind:
- schlaffe Lähmungen, v.a. der distalen Extremitätenmuskulatur
- handschuh- und strumpfförmige Sensibilitätsausfälle: Die Ausfälle beginnen symmetrisch am distalen Ende der Extremitäten und breiten sich nach proximal aus. Die Beine sind häufiger befallen als die Arme.
- sensible Reizsymptome: Parästhesien (☞ 2.7.2)
- Koordinationsstörungen (periphere Ataxie ☞ 2.3)
- vegetative Störungen (z.B. Minderdurchblutung).

Die vegetativen Störungen führen zu trophischen Veränderungen der Haut und der Hautanhangsgebilde (Nägel, Haare).

Diagnostik

- Durch die Elektroneurographie lässt sich zwischen demyelinisierenden und axonalen Polyneuropathien unterscheiden. Eine reduzierte Nervenleitgeschwindigkeit weist auf eine Demyelinisierung hin. Eine reduzierte Amplitude der Aktionspotentiale zeigt einen Verlust von Nervenfasern und damit eine axonale Schädigung an. Ferner kann die Elektrodiagnostik die klinisch gestellte Diagnose einer vorwiegend motorischen oder vorwiegend sensiblen Polyneuropathie stützen.
- Im Labor wird nach einer Ursache der Polyneuropathie gesucht. So finden sich z.B. Auto-Antikörper bei Autoimmunerkrankungen, ein erhöhter Blutzucker bei Diabetes oder eine begleitende Leberschädigung bei Alkoholabusus.
- Bei unklarer Genese der Polyneuropathie wird eine Nervenbiopsie durchgeführt, meist am Endast des N. suralis, da der entstehende sensible Ausfall bei diesem Nerv gering ist.

Therapie

- Therapie der Grunderkrankung
- Schmerztherapie
- Versorgung mit Heilmitteln
- Physiotherapie

❹ Die Therapie beschränkt sich auf die Behandlung der ursächlichen Erkrankung, z.B. Einstellung des Blutzuckers beim Diabetes mellitus, Entzug bei Alkoholsucht oder Immunsuppression bei Autoimmunerkrankungen. Neuropathische Schmerzen werden mittels Antiepileptika oder Antidepressiva behandelt. Wirkmechanismus ist dabei eine zentrale Schmerzhemmung. Wichtig für den Alltag des Patienten ist die Versorgung mit Heilmitteln, z.B. Peroneusschiene oder Badewannenlifter.

Physiotherapie

Die Lähmungen stehen bei der Behandlung im Vordergrund. Ziel ist, eine weitgehende Selbständigkeit des Patienten zu erhalten.
Wegen der Sensibilitätsstörungen empfindet der Patient Berührungen und Stimulationen möglicherweise als unangenehm oder schmerzhaft. Außerdem können die Muskeln dehnschmerzhaft sein, so dass endgradige Gelenkstellungen und Dehnreize vermieden werden sollten.

Übungsfragen

❶ Wie werden Polyneuropathien eingeteilt?

❷ Welche Ursachen für Polyneuropathien kennen Sie?

❸ Wie äußert sich eine distal symmetrische Polyneuropathie?

❹ Wie werden Polyneuropathien therapiert?

14.3 Polyneuritis

Entzündung peripherer Nerven

Die entzündlich verursachte Polyneuropathie bezeichnet man als Polyneuritis. Sie kann durch Erreger bedingt im Rahmen von verschiedenen viralen und bakteriellen Infekten auftreten, z.B. bei AIDS (☞ 6.5.4), Borreliose (☞ 6.6.1) oder der Lues (☞ 6.6.2). Auch entzündliche Autoimmunkrankheiten des peripheren Nervensystems können Ursache für eine Polyneuritis sein. Die klassische Autoimmunerkrankung des peripheren Nervensystems ist das Guillain-Barré-Syndrom.

14.3.1 Guillain-Barré-Syndrom

- demyelinisierende Autoimmunerkrankung
- Polyneuritis und Polyradikulitis

Das Guillain-Barré-Syndrom ist eine spezielle Form der Polyneuritis. Es tritt in Kombination mit einer Polyradikulitis (Entzündung der Nervenwurzeln) auf.

❶ Dieser Erkrankung liegt eine Autoimmunreaktion gegen die peripheren Markscheiden zugrunde. Das Guillain-Barré-Syndrom ist das periphere Pendant zur Multiplen Sklerose (☞ 7.1), bei der die Markscheiden im zentralen Nervensystem zerstört werden. Die Autoimmunreaktion kann durch einen bakteriellen oder viralen Infekt ausgelöst werden.

Klinik

Symmetrische Lähmungen mit typischem Verlauf und Ausfällen

Leitsymptom ist eine symmetrische Lähmung der Extremitäten, die von distal nach proximal aufsteigt.

Hinzu kommen:

- Lähmung der Rumpfmuskulatur mit Gefahr der Atemlähmung
- Hirnnervenlähmungen, unter anderem Fazialisparese (☞ 14.1.4)
- sensible Ausfälle
- Störung des autonomen Nervensystems: Blutdruck, Herzfrequenz etc. werden nicht mehr reguliert. Es kann zum plötzlichen Herztod kommen!

Diagnostik

- Im Liquor findet sich aufgrund der Beteiligung der Nervenwurzeln eine Eiweißvermehrung.
- Die Elektrophysiologie liefert Hinweise auf eine Demyelinisierung: Die Nervenleitgeschwindigkeit ist verlangsamt.
- Die Nervenbiopsie zeigt eine Entzündung mit Rückbildung der Markscheiden.

Therapie

- Überwachung auf der Intensivstation
- mittels Plasmapherese werden Antikörper aus dem Blut gefiltert
- Gabe von Immunglobulinen zur Immunmodulation
- maschinelle Beatmung bei Atemlähmung.

Prognose

❷ Die Symptome bilden sich innerhalb einiger Wochen bis Monate unter Therapie zurück. Ursache für diese Heilung sind Re-Myelinisierungsvorgänge nach abgeklungener Immunreaktion.

Physiotherapie

Vom Auftreten der ersten Symptome bis zum Wiedererlangen der vollständigen Funktion müssen die vorhandenen Funktionen und die Atmung intensiv trainiert werden. Bei sämtlichen aktiven Maßnahmen sollten Blutdruck und Herzfrequenz kontrolliert werden!

? Übungsfragen

1. Worauf beruht das Guillain-Barré-Syndrom?
2. Wie verläuft das Guillain-Barré-Syndrom?

15 Muskelerkrankungen

Neben Erkrankungen des zentralen und peripheren Nervensystems gehören auch Muskelerkrankungen zum Fach Neurologie. Dies liegt hauptsächlich an der ganzheitlichen Sichtweise, dass das ZNS über die peripheren Nerven mit den Muskeln motorische Einheiten bildet. Muskelerkrankungen können Krankheiten des peripheren Nervensystems imitieren und müssen deshalb deutlich von ihnen abgegrenzt werden.
Die Ursachen für Muskelerkrankungen liegen nicht im Nervensystem, sondern im Muskel selbst oder an der Kontaktstelle zwischen Nerv und Muskel (muskuläre Endplatte).

15.1 Myasthenie

Myasthenie als allgemeine Muskelschwäche:
- schnelle Ermüdbarkeit der Skelettmuskulatur
- Besserung in Ruhe
- Vorkommen bei Polymyositis, Hyperthyreose, als eigenständige Erkrankung

Eine Myasthenie – Muskelschwäche ist gekennzeichnet durch eine erhöhte Ermüdbarkeit der quer gestreiften Muskulatur, also der Skelettmuskulatur. Sie tritt zunächst unter starker körperlicher Belastung auf, nach langen Ruhepausen erholt sich die Muskulatur wieder vollständig. Im fortgeschrittenen Stadium werden schubartige Verschlechterungen registriert mit nur noch partieller Rückbildung. Schlussendlich erholt sich die Muskulatur gar nicht mehr.
Myasthenie wird als Begleitsymptom bei Polymyositis oder bei muskulärer Beteiligung einer Hyperthyreose beobachtet.
Die wichtigste Form der Muskelschwäche tritt aber als eigenständige Erkrankung auf, als Myasthenia gravis.

15.1.1 Myasthenia gravis

Ursache

- Autoimmunerkrankung
- Antikörper gegen Acetylcholinrezeptoren
- Frauen erkranken häufiger als Männer

❶ Die Myasthenia gravis ist eine Autoimmunkrankheit. Im Thymus werden Antikörper gebildet, die gegen die in der postsynaptischen Membran gelegenen Acetylcholinrezeptoren gerichtet sind (☞ 1.1). Acetylcholin selbst wird in genügend hoher Menge in den synaptischen Spalt ausgeschüttet. Da jedoch die Antikörper die dazugehörigen Rezeptoren besetzen, ist für den Transmitter kein Platz am Rezeptor frei. Es resultiert eine abgeschwächte Muskelkontraktion.
Frauen erkranken an der Myasthenia gravis doppelt so häufig wie Männer.

- Nachlassen der Muskelkraft
- asymmetrischer Befall
- Verschlechterung im Tagesverlauf

Klinik

Leitsymptom der Myasthenia gravis ist das belastungsabhängige Nachlassen der Muskelkraft: Im Laufe des Tages ermüdet aufgrund der wiederholten Bewegungen die quer gestreifte Muskulatur immer mehr. Die Krankheit macht sich zunächst an den Muskeln des Kopfes bemerkbar:

- hängende Augenlider (Ptose)
- Sehen von Doppelbildern (in Verbindung mit Ptose als okuläre Myasthenie bezeichnet)
- schlaffe Gesichtszüge
- Schluckstörungen.

Im weiteren Krankheitsverlauf breitet sich die Muskelschwäche asymmetrisch über Rumpf und Extremitäten aus, es können aber auch Phasen der spontanen Besserung auftreten. Wird die Erkrankung nicht erkannt und nicht therapiert, ist im Endstadium die gesamte Muskulatur der Willkürmotorik betroffen. Durch eine Atemlähmung tritt der Tod ein.

Diagnostik

- In der neurologischen Untersuchung ist eine aktivitätsabhängige Muskelschwäche feststellbar.
- Im EMG zeigt sich bei wiederholter Stimulation eine Abnahme der Amplitude des Summenmuskelaktionspotentials.
- Im Serum lassen sich Antikörper gegen den Acetylcholinrezeptor nachweisen.

- Kortikoide
- Plasmapherese
- Cholinesterasehemmer
- Thymusentfernung
- Physiotherapie

Therapie und Verlauf

- Glukokortikoide und andere immunsuppressive Medikamente sowie die invasive Plasmapherese (partieller Plasmaaustausch) hemmen die Immunreaktion.
- Gabe von Cholinesterasehemmern (z.B. Neostigmin)
- Operation zur Entfernung der Thymusdrüse.

Der Krankheitsverlauf kann sehr unterschiedlich sein. Bei den meisten Patienten ist die Lebenserwartung unter der Therapie nicht verkürzt.

Physiotherapie

Die Physiotherapie sollte zur bestmöglichen Erhaltung der Muskelkraft beitragen, im Rahmen des möglichen auch zum Muskelaufbau.

15.2 Progressive Muskeldystrophien

- Muskelabbau
- Männer erkranken häufiger als Frauen
- Muskelstoffwechselstörung

Muskeldystrophien sind Erbkrankheiten, die sich durch den Abbau von Muskulatur auszeichnen. Zu den progressiven Muskeldystrophien zählen verschiedene Erbkrankheiten, die sich in ihren Symptomen und in ihrem Verlauf unterscheiden. Männer erkranken häufiger als Frauen.
2 Vermutlich führt eine Störung des Muskelstoffwechsels zu progressiven Muskeldystrophien: Aufgrund eines Gendefektes wird Dystrophin, ein Protein der Muskelzelle, nicht oder nur ungenügend gebil-

det. Die betroffenen Muskelzellen atrophieren, d.h. sie werden kleiner und schwächer. Muskelgewebe wird schließlich durch Bindegewebe ersetzt.
Die ersten Symptome treten häufig nach körperlichen Erkrankungen oder außergewöhnlichen körperlichen und seelischen Belastungen auf. Im Krankheitsverlauf können solche Auslösefaktoren zu einer schubartigen Verschlechterung führen.

Klinik

Leitsymptom:
- myogene Paresen

Leitsymptom der progressiven Muskeldystrophie ist eine Schwäche von ganzen Muskelgruppen. Da die Ursache für die Muskelschwäche im Muskel selbst liegt, spricht man von einer myogenen Lähmung (☞ 2.1). Größere Muskeln und Muskelgruppen sind zuerst betroffen, deshalb treten anfangs vor allem proximale Paresen auf. Aufgrund der Unfähigkeit zur Kontraktion kommt es ferner zu Atrophien und zu Reflexverlust.

Muskeldystrophie vom Duchenne-Typ

- schnell fortschreitende Lähmungen
- Todesursachen Herzversagen, Infekte

Die Duchenne Muskeldystrophie ist die infantile Form der progressiven Muskeldystrophie. Die Erkrankung wird X-chromosomal-rezessiv vererbt. Daher erkranken fast ausschließlich Jungen.
Myogene Lähmungen breiten sich so schnell aus, dass die Patienten meist vor dem 25. Lebensjahr an Infekten der Atmungsorgane oder an Herzversagen sterben. Die Infekte beruhen dabei auf einer ungenügenden Atemmechanik, es resultieren schlecht belüftete Lungenareale und damit Brutstätten für Lungenentzündungen.
Symptome betreffen zunächst die Beckengürtelmuskulatur, daher wird dieser Typ der Muskeldystrophie auch Beckengürteltyp genannt:

- Schwäche der Oberschenkelmuskulatur
- Schwäche der Bauchmuskeln mit resultierender Hyperlordose der LWS

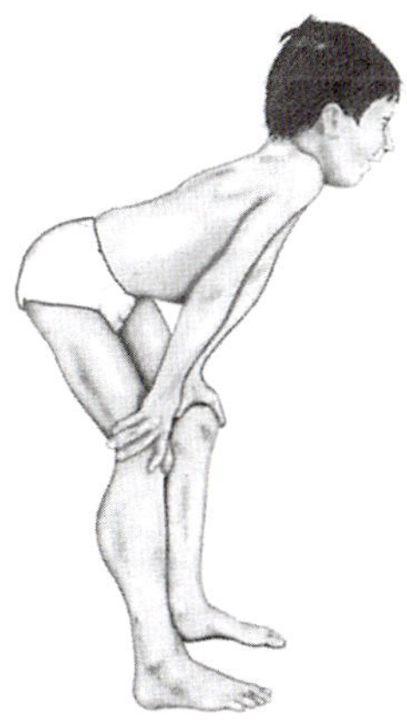

Abb. 15.1: Gowers-Zeichen bei Muskeldystrophie vom Duchenne-Typ. Die Jungen rollen sich beim Versuch aufzustehen zunächst auf alle Viere, hocken sich dann hin, stehen mühsam auf und drücken ihren Oberkörper dann mit Hilfe der Arme hoch. [E255]

- Schwäche des M. gluteus medius beidseits mit Watschelgang (beidseitiges Trendelenburg-Zeichen ☞ 1.2.4).
- Gnomenwaden: Pseudohypertrophie der Wadenmuskulatur durch bindegewebsartigen Umbau mit Fetteinlagerung.

Die jungen Patienten haben Schwierigkeiten, sich aus dem Liegen aufzurichten oder aus dem Sitz aufzustehen. Sie ziehen sich an sich selbst hoch (Gowers-Zeichen, ☞ Abb. 15.1). Die Lähmungen steigen auf bis zur Schultermuskulatur.

Fazio-skapulo-humerale Muskeldystrophie

- Atrophien an Oberarm und Schultergürtel
- Facies myopathica
- Scapula alata
- reaktive Depression

Diese Form der progressiven Muskeldystrophie beginnt mit einer Atrophie der Muskeln von Oberarm und Schultergürtel und breitet sich langsam am Rumpf abwärts aus. Auch die mimische Muskulatur ist beteiligt. Symptome sind:

- schlaffe Gesichtszüge (Facies myopathica)
- hängende Schultern
- Scapula alata: medial abstehende Skapula durch Schwäche des M. serratus anterior
- Viele Patienten sind reaktiv-depressiv verstimmt.

Diagnostik

- Das EMG zeigt kürzere und schwächere Aktionspotentiale.
- Nach einer Biopsie wird der Muskel elektronenmikroskopisch untersucht; zusätzlich lassen sich veränderte Proteine in den Muskelzellen nachweisen.
- Bei einer Laboruntersuchung finden sich erhöhte Werte des Muskelenzyms Creatinkinase (CK).
- Mit einer genetischen Untersuchung lässt sich bei einigen Muskeldystrophien ein Gendefekt nachweisen. Dies ist bereits vor der Geburt möglich.

Therapie und Verlauf

- Physiotherapie
- Kontrakturprophylaxe
- eiweißreiche Ernährung

Die Muskeldystrophie verläuft chronisch progredient. Eine ursächliche Therapie der Muskeldystrophie ist nicht bekannt. Die Patienten benötigen Physiotherapie, um vorhandene Muskelkraft zu erhalten und Kontrakturen zu vermeiden. Eiweißreiche Ernährung soll dem durch möglichen Eiweißmangel hervorgerufenen Muskelabbau entgegenwirken.

15.3 Myotonie

3 Eine Myotonie zeichnet sich aus durch eine unwillkürlich verlängerte Kontraktion der Skelettmuskulatur. Zur Gruppe der Myotonien zählen verschiedene vererbbare Erkrankungen.

- erhöhte Aktivität der Muskelfasern ohne Nervenreiz
- verlängerte Kontraktion der Extremitätenmuskulatur
- Muskelhypertrophie
- Verschlechterung bei Kälte
- Besserung durch wiederholte Muskelbewegungen

Ursache

Die Ursache der Myotonie ist eine erbliche Schädigung von Kanalproteinen in der Muskelmembran. Daraus resultiert eine erhöhte Aktivität der Muskelfasern, die sich ohne Nervenreiz kontrahieren. Die Erkrankung beruht also nicht auf einer vermehrten Innervation der Muskeln.

Klinik

Leitsymptom ist eine **verlängerte Muskelkontraktion** vor allem an den Extremitäten. In der Folge können die Muskeln hypertrophieren. Die Patienten sehen dann erstaunlich athletisch aus, obwohl sie durch die Myotonie behindert sind. Bei Kälte verstärken sich die Symptome, Patienten können z.B. nach kräftigem Händedruck erst verspätet und langsam loslassen.

Diagnostik

Die Diagnostik beschränkt sich auf die neurologische Untersuchung sowie das EMG, in dem Nachentladungen des Muskels aufgezeichnet werden.

Physiotherapie

Therapeutisch wird versucht, durch wiederholte willkürliche Muskelkontraktionen die Anspannung zu mildern. Durch diese gezielte Muskelaktivität entsteht ein „warm-up-Phänomen“: Die Myotonie lässt vorübergehend nach.

15.4 Endokrinologische und toxische Myopathien

Selten können myogene Lähmungen auch durch ein hormonelles Ungleichgewicht, durch Nebenwirkungen von Medikamenten oder aufgrund von Intoxikationen ausgelöst werden. Ursachen für derartige Muskelschädigungen sind:

- Schilddrüsenunterfunktion: Die Muskeln werden aufgrund des reduzierten Stoffwechsels schlaff.
- Schilddrüsenüberfunktion: Die Muskelmasse wird aufgrund des erhöhten Energiebedarfs abgebaut. Es resultieren Muskelatrophien und -paresen. Eine besondere Form ist die endokrine Orbitopathie bei Hyperthyreose. Durch Auto-Antikörper kommt es zu einer Muskelschädigung im Bereich der Orbita. Aufgrund der Schwellung des Gewebes wird der Augapfel nach vorne gedrückt: Exophthalmus.

- Nebennierenunter- und -überfunktion. Auch durch Dauermedikation mit Steroiden kann es zu einer Myopathie kommen.
- Alkohol, Muskelrelaxanzien, Narkotika und eine Reihe weiterer Medikamente können Myopathien verursachen.

15.5 Polymyositis

Polymyositis als Autoimmunerkrankung oder als Symptom bei:
- Infektionen
- Tumoren
- endokrinen Störungen
- rheumatologischen Erkrankungen

Zu dieser Gruppe gehören verschiedene entzündliche Muskelerkrankungen, die mit schmerzhaften Lähmungen von Muskeln einhergehen. Die Polymyositis ist eine generalisierte Muskelentzündung im Rahmen von Infektionen, Tumorerkrankungen als paraneoplastisches Syndrom, bei endokrinen Störungen (z.B. Diabetes mellitus) oder bei rheumatologischen Autoimmunerkrankungen.
Die idiopathische Form der Polymyositis ist eine Autoimmunerkrankung, bei der Autoantikörper gegen Muskelgewebe gebildet werden. Sie betrifft Frauen doppelt so häufig wie Männer und tritt meistens zwischen dem 40. und 60. Lebensjahr auf. Im Verlauf dieser Erkrankung können die Muskelfasern degenerieren.

Klinik

Muskelschwäche und Muskelschmerzen sind Leitsymptome

4 Leitsymptome sind Muskelschwäche und Muskelschmerzen:
- Die Muskelschwäche betrifft zunächst die proximalen Muskelgruppen des Schulter- oder Beckengürtels und breitet sich nach kranial bzw. distal aus. Die Muskeln können atrophieren.

Weitere Symptome sind:
- Schluckstörung und nasale Sprache durch Schwäche der Rachenmuskeln
- hängender Kopf durch Schwäche der Nackenmuskulatur
- Dermatomyositis mit Ödemen und blau-violetter Verfärbung um Augen und Nase sowie an Hals und Schultern. Sie ist häufig Hinweis auf ein malignes Geschehen (paraneoplastisches Syndrom).

Die chronische Polymyositis ähnelt im Krankheitsbild der Muskeldystrophie.

Diagnostik

- Im Labor finden sich Entzündungszeichen mit erhöhter BSG, Leukozytenzahl und Creatinkinase (CK).
- Nach einer Biopsie wird das Muskelgewebe mikroskopisch untersucht. Es finden sich Entzündungszellen mit Muskelfaseruntergängen.
- Das EMG zeigt typische pathologische Erregungsmuster.

Therapie und Verlauf

- Kortikoide
- Defektheilung

Glukokortikoide dämmen die Autoimmunreaktion.
Eine akute idiopathische Polymyositis führt unbehandelt bei der Hälfte der Erkrankten innerhalb eines Jahres zum Tod durch Atemlähmung. Die chronische Erkrankung kann 5–10 Jahre überlebt werden. Bei adäquater Behandlung kann die Erkrankung entweder geheilt oder in einen

oligosymptomatischen Zustand überführt werden. Auch die symptomatische Polymyositis wird immunsuppressiv therapiert.

? Übungsfragen

1. Welche Ursache hat die Myasthenia gravis?
2. Worauf beruht die Muskeldystrophie?
3. Beschreiben Sie die Myotonie!
4. Welche Symptome sind für eine Polymyositis typisch?

16 Entwicklungs- und Stoffwechselstörungen

In diesem Kapitel werden wichtige neurologische Krankheiten vorgestellt, die auf einer Störung der Entwicklung des Nervensystems oder einer Störung des Stoffwechsels beruhen. Einige Fehlbildungen des zentralen Nervensystems wurden bereits in anderen Kapiteln beschrieben und tauchen an dieser Stelle nicht mehr auf. So findet sich z.B. der Hydrocephalus in Kapitel 1.6, vaskuläre Missbildungen in Kapitel 5.5 und die Arnold-Chiari-Malformation in Kapitel 11.1.

16.1 Frühkindliche Hirnschädigung

Eine Hirnschädigung, die von Geburt an besteht oder kurz nach der Geburt eintritt, kann zu einer körperlichen und geistigen Behinderung führen (Oligophrenie, Psychiatrie ☞ 8). Im Folgenden wird v.a. auf die körperlichen Folgen eingegangen.

Ursachen

- intrauterin durch Hypoxie (☞ 16.5.8), Infektionen, Medikamente oder Alkohol
- perinatal durch O_2-Mangel oder Hirnblutungen
- postnatal, z.B. durch Infektionen oder Kindesmisshandlung.

Klinik

- Intelligenzminderung
- Verhaltensstörung
- Bewegungsstörungen:
  - spastische Parese: häufig als spastische Paraparese der Beine (Little-Krankheit)
  - Chorea-Athetose (☞ 2.2.1) bei Läsion der Basalganglien, z.B. beim Kernikterus
  - Ataxie, Tremor, Nystagmus bei Läsionen des Kleinhirns (☞ 2.3): Beim Kleinkind kommt es bei zerebellären Schädigungen häufig zu einem Hypotonus der Muskulatur („floppy infant“).
- epileptische Anfälle.

Diagnostik

- Die neurologische Untersuchung weist Bewegungs- und Entwicklungsstörungen nach.
- Das CCT stellt Substanzdefekte dar.
- Das EEG zeigt Krampfpotentiale.

Therapie

- Förderung geistiger Fähigkeiten
- medikamentöse Behandlung von psychomotorischer Unruhe und Epilepsie
- medikamentöse Senkung des Muskeltonus bei Spastik.

Physiotherapie

Frühzeitiger Therapiebeginn unter Einbindung der Eltern!
In der Physiotherapie und Ergotherapie wird v.a. auf die Unterdrückung von primitiven Automatismen (☞ 1.3.1) und auf die Verhinderung von Kontrakturen hingearbeitet. Der frühzeitige Beginn ist sehr wichtig, um die individuellen Möglichkeiten des Kindes optimal zu fördern. Dabei werden die Eltern in die Therapie einbezogen und von den Physiotherapeuten im Umgang mit dem Kind angeleitet (Handling).

16.2 Syringomyelie

- Höhlenbildung im Rückenmark
- erste Symptome im Erwachsenenalter
- häufig auch andere Fehlbildungen

Bei der Syringomyelie ist die Ausbildung des Rückenmarkes während der Embryonalentwicklung gestört. Im Rückenmark bleiben flüssigkeitsgefüllte Höhlen (= Syrinx) zurück, die mit altersbedingtem Wachstum langsam größer werden. Erste Symptome zeigen sich im mittleren Erwachsenenalter zwischen dem 20. und 40. Lebensjahr. Gleichzeitig mit einer Syringomyelie treten häufig weitere Fehlbildungen auf, z.B. die Arnold-Chiari-Malformation Typ I (☞ 11.1) oder die Trichterbrust. Ist dies der Fall, dann wird eine Syringomyelie bereits im Rahmen der Abklärung anderer Fehlbildungen diagnostiziert, bevor sie symptomatisch wurde.
Die Syringomyelie kann auch nach einer Myelitis oder einem Wirbelsäulentrauma auftreten.

Klinik

zentromedulläres Syndrom mit:
- Dauerschmerzen
- Schmerz- und Temperaturempfindungsstörungen
- schlaffe und spastische Lähmungen

Durch die Lokalisation der Syrinx *(griech. = Flöte)* im Zentrum des Rückenmarks bildet sich ein zentromedulläres Syndrom aus (☞ 13.1), mit folgenden Symptomen:

- Schmerzen: Zu Beginn der Erkrankung treten Dauerschmerzen in Schulter und Armen auf.
- Dissoziierte Sensibilitätsstörungen im weiteren Verlauf der Erkrankung: Störung des Schmerz- und Temperaturempfindens. Die Patienten verletzen und verbrennen sich oft unbemerkt. Die epikritische Sensibilität (☞ 1.3.1) ist intakt.
- Schlaffe Lähmung der Arme, wenn die Vorderhörner im Rückenmark mit betroffen sind.
- Spastische Lähmung der Beine bei einer Schädigung der Pyramidenbahn.
- Hirnnervenausfälle bei Befall der Medulla oblongata.

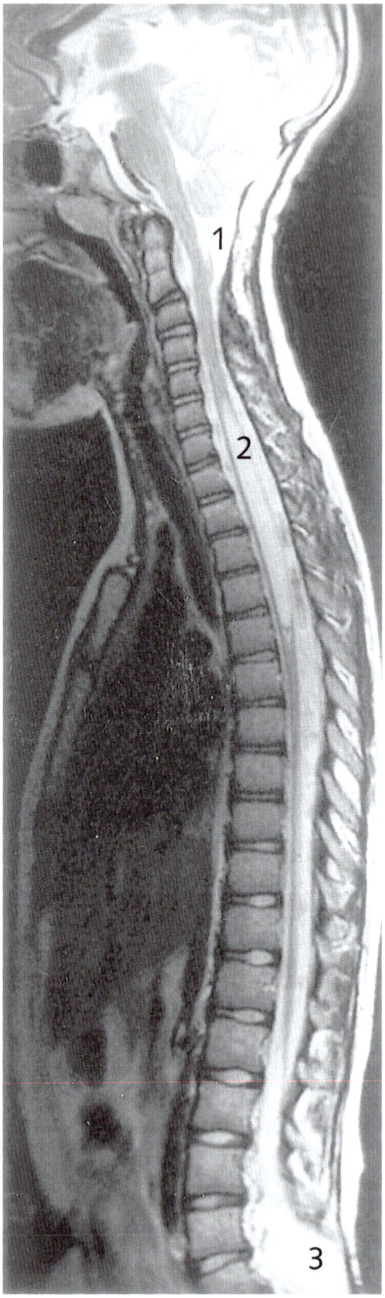

Abb. 16.1: Spinale Achse eines Kindes mit multiplen Fehlbildungen im MRT: (1) Arnold-Chiari-Malformation Typ I, (2) Syringomyelie und (3) operativ versorgte Spina bifida aperta. [E258]
(Kleinhirn- und Hirnstamm tiefer liegend, ☞ 11.1)

- Schmerztherapie
- Shunt-OP
- Physiotherapie

Diagnostik und Therapie

Das MRT stellt die Höhlen im Rückenmark dar.
Eine Schmerztherapie erfolgt mittels Analgetika. Kommt es durch eine große, den Hirnstamm mit betreffende Syrinx (Syringobulbie) zu einem Liquoraufstau, wird eine Shunt-OP (☞ 1.6) durchgeführt. Punktionen machen keinen Sinn, da sich die Syrinx später wieder ausbildet.
Bei vorhandenen Lähmungen sollte durch den Physiotherapeuten eine Kontrakturprophylaxe erfolgen.

16.3 Spina bifida

- angeborene Spaltbildung der Wirbelsäule
- Offenliegen von Rückenmark und Meningen

❶ Die Spina bifida ist eine spezielle Form der angeborenen knöchernen Wirbelsäulendefekte, bei der ein unvollständiger Wirbelbogenschluss vorliegt. Wenn sich die Meningen dorsal nicht schließen, spricht man von einer **Spina bifida aperta**. Meningitis und schwere neurologische Ausfälle sind die Folge. Der unvollständige Wirbelbogenschluss führt außerdem zu Hemmungsfehlbildungen v.a. des Rückenmarks.
Die Minimalvariante der Spina bifida, die **Spina bifida occulta**, betrifft ca. 20 % der Bevölkerung. Bei dieser Missbildung kommt es ausschließlich zu einer kleinen asymptomatischen Spaltbildung im Wirbelbogen ohne Fehlbildungen des Rückenmarks oder der Meningen.

Symptome:
- Rückenschmerzen
- Blasenentleerungsstörungen
- neurologische Ausfälle

Klinik

Zu den Symptomen der Spina bifida aperta zählen Rückenschmerzen, Störung der Blasenentleerung und neurologische Ausfälle im Sinne einer kompletten oder inkompletten Querschnittslähmung (☞ 13.1), je nach Höhe der Läsion.

Diagnostik und Therapie

- Das CT stellt das Ausmaß der Knochenveränderungen dar.
- Das MRT stellt die Schädigungen des Rückenmarks und Gehirns dar (☞ Abb. 16.1).

Die Spina bifida occulta bedarf keiner spezifischen Therapie. Die Spina bifida aperta muss aufgrund der Infektionsgefahr chirurgisch versorgt werden. Die neurologischen Symptome werden symptomatisch therapiert.

16.4 Neurofibromatose von Recklinghausen

Die Neurofibromatose von Recklinghausen ist eine seltene autosomaldominant erbliche Krankheit. Über den ganzen Körper verteilt treten Hautveränderungen auf sowie multiple Neurinome und andere Hirntumore. Die Neurofibromatose kommt in zwei Formen vor:

Typ I

Bei diesem Typ finden sich:
- so genannte Café-au-lait-Flecken v.a. am Rumpf
- Neurofibrome der Haut: Neurinome (☞ 3.4) mit einem hohen Bindegewebsanteil, die an den kleinen Nerven v.a. im Unterhautfettgewebe wachsen
- Astrozytome (☞ 3.2).

Typ II

- keine Hautveränderungen
- Neurinome befallen v.a. die Hirnnerven (bilaterale Akustikusneurinome), Nervenwurzeln und große Extremitätennerven. Es resultieren je nach Lokalisation typische Ausfalls- und Reizsymptome.
- Meningeome (☞ 3.3).

Diagnostik

- neurologische Untersuchung
- HNO-, haut- und augenärztliche Untersuchung
- CT und MRT zur Feststellung von Tumoren.

Therapie

Tumore werden operativ entfernt, inoperable Tumore werden bestrahlt. Die weitere Behandlung erfolgt symptomatisch.

Stoffwechselstörungen:
- Aminosäuren → Phenylketonurie
- Kupfer → Wilson-Krankheit
- Vitamin B_{12} → funikuläre Spinalerkrankung
- Vitamin B_1 → Wernicke-Enzephalopathie
- Leberinsuffizienz → hepatische Enzephalopathie
- Niereninsuffizienz → urämische Enzephalopathie
- Hormone → endokrine Enzephalopathien
- Sauerstoffmangel → hypoxischer Hirnschaden

16.5 Angeborene und erworbene Stoffwechselstörungen mit neurologischer Symptomatik

Es gibt eine Vielzahl von Störungen des Stoffwechsels, so genannte metabolische Krankheiten, die neurologische Funktionsstörungen auslösen können. Bei der Vielzahl an biochemischen Vorgängen im Körper wundert es nicht, dass viele metabolische Schädigungen des Gehirns entweder noch gar nicht bekannt sind oder nicht diagnostiziert werden. Es gibt aber metabolische Erkrankungen, die ausgesprochen häufig zu einer allgemeinen Schädigung der Gehirnfunktion führen. So allgemein ist dann auch die Bezeichnung für diese Funktionsstörung: Man nennt sie Enzephalopathien.

16.5.1 Phenylketonurie

Die Phenylketonurie ist eine autosomal-rezessiv erbliche Aminosäurestoffwechselstörung. Phenylalanin-Spiegel sind erhöht und führen unbehandelt zu geistiger Behinderung, verzögerter körperlicher Entwicklung und neurologischen Symptomen wie epileptischen Anfällen und Muskeltonuserhöhung. Bei Frühdiagnose durch den Guthrie-Test des Neugeborenenblutes ist bei strenger phenylalanin-armer Diät eine weitgehend normale Entwicklung möglich.

16.5.2 Wilson-Krankheit

Die Wilson-Krankheit ist eine autosomal-rezessiv vererbte Kupferstoffwechselstörung mit Ablagerung von Kupfer in Leber, Gehirn, Kornea und anderen Organen. Die Krankheit beruht auf einer reduzierten Bindung von Kupfer an das Transportprotein im Blut, daher kommt es zu einer vermehrten Ausscheidung von Kupfer im Urin als auch zur vermehrten Aufnahme in die Gewebe.

Klinik

❷ Neurologisch zeigt sich ein Mischbild aus extrapyramidalen (meist atypisches Parkinson-Syndrom ☞ 9.3), zerebellären und psychischen Symptomen.

Diagnostik

In den Stammganglien finden sich Zell-Nekrosen. Im CCT und im MRT finden sich Auffälligkeiten im Bereich des Striatums (☞ 1.3.5). Die Kornea zeigt einen braunen Ring, den so genannten Kayser-Fleischer-Ring. Der Kupferspiegel im Serum ist erniedrigt, im Urin erhöht.

Therapie

Die Lebenserwartung ist je nach Schwere des Krankheitsbildes unterschiedlich herabgesetzt. Therapiert wird mit kupferarmer Ernährung sowie Medikamenten, die die Kupferausscheidung im Urin erhöhen. In schweren Fällen kann der Patient durch eine Lebertransplantation geheilt werden. Physiotherapeuten behandeln symptomatisch.

16.5.3 Funikuläre Spinalerkrankung

Entmarkung durch Vitamin B_{12}-Mangel

Bei einem Mangel an Vitamin B_{12} kann es zu einer degenerativen Demyelinisierung des Rückenmarks kommen, mit Befall der Hinter- und Seitenstränge und Pyramidenbahnbeteiligung. Die funikuläre Spinalerkrankung ist die häufigste Stoffwechselerkrankung des ZNS.

Ursache

Wichtigste Ursache ist die perniziöse Anämie (= Vitamin B_{12}-Mangelanämie) bei schweren Magenerkrankungen, z.B. wird durch eine atrophische Gastritis vermindert Vitamin B_{12} resorbiert.
Eine andere Ursache ist die Mangelernährung, z.B. bei Alkoholabusus.

Klinik

Symptome:
- schmerzhafte Sensibilitätsstörungen
- Ataxie
- zentrale und periphere Lähmungen

- schmerzhafte Dysästhesien an Händen und Füßen
- Lage- und Vibrationsempfindungsstörungen (Hinterstrangsymptome)
- spinale Ataxie (☞ 2.3)
- abnorme Ermüdbarkeit beim Gehen
- Paraparese der Beine mit gesteigerten Reflexen und beidseitigem Babinski-Zeichen.

Diagnostik

- neurologische Untersuchung
- genaue Magenanamnese, evtl. Weiterleitung des Patienten zum Internisten
- pathologische Vitamin B_{12}-Laborwerte: makrozytäre Anämie, da Vitamin-B_{12} auch zur Bildung roter Blutkörperchen benötigt wird.

Therapie

Frühzeitige Behandlung mit Vitamin-B_{12}-Präparaten kann den degenerativen Prozess zum Stillstand bringen. Physiotherapeuten behandeln die bestehenden Symptome.

16.5.4 Wernicke-Enzephalopathie

❸ Diese Erkrankung tritt aufgrund eines Vitamin-B_1-Mangels bei Mangelernährung auf. Deshalb ist die Wernicke-Enzephalopathie häufig bei Alkoholkranken anzutreffen (Psychiatrie ☞ 7.1.2). Der genaue Pathomechanismus ist nicht bekannt. Auffällig werden die Patienten durch Paresen der Augenmuskulatur, durch Pupillenstörungen, Ataxie, Desorientierung, Halluzinationen und durch Bewusstseinstörungen, die eine intensivmedizinische Behandlung notwendig machen. Therapiert wird die lebensbedrohliche Erkrankung mittels Vitamin-B_1-Substitution.

16.5.5 Hepatische Enzephalopathie

In den Endstadien aller schweren Lebererkrankungen, z.B. Hepatitis und Leberzellkarzinom, kann es zur hepatischen Enzephalopathie kommen. Auch bei Alkoholikern findet sich diese Erkrankung häufig.
Die Leber eliminiert normalerweise v.a. fettlösliche Gifte über die Galle. Aufgrund von Leberinsuffizienz kommt es durch die abnehmende und schließlich fehlende Entgiftungsfunktion der Leber zu einer Anhäufung von fettlöslichen Zellgiften im Blut. Da das Gehirn das Organ mit dem größtem Fettanteil ist (neben dem Fettgewebe selbst), kommt es zu neurologischen Störungen. Zunächst fallen psychische Veränderungen und Myoklonien (☞ 2.2.1) auf. Im weiteren Verlauf kommt es zu zunehmenden Bewusstseinsstörungen bis zum hepatischen Koma. Die Therapie besteht in proteinarmer Ernährung und ggf. Lebertransplantation.

16.5.6 Urämische Enzephalopathie

Auch die Niereninsuffizienz kann eine globale Schädigung des Nervensystems auslösen. Im Vordergrund stehen neben Wesensveränderungen, Myoklonien und zunehmendem Bewusstseinsverlust auch epileptische Anfälle. Ursache für die urämische Enzephalopathie sind neben der Anhäufung harnpflichtiger Gifte v.a. Elektrolytstörungen. Die Therapie besteht in der Dialyse und Nierentransplantation.

16.5.7 Endokrine Enzephalopathien

Die meisten Störungen des Hormonhaushaltes gehen bei starker Ausprägung mit einer globalen Hirnschädigung einher. Die häufigste und bekannteste ist die hypoglykämische Enzephalopathie.

Hypo- und Hyperglykämie

4 Spritzen sich Diabetiker zu viel Insulin, kann es in Folge der Unterzuckerung zu einer hypoglykämischen Enzephalopathie kommen.
Der Patient wird zunächst psychomotorisch unruhig, kaltschweißig und tachykard, bevor sich neurologische Herdsymptome wie Koordinationsstörungen, Myoklonien und Dysarthrie einstellen. Der Bewusstseinsverlust tritt rasch ein und führt zum hypoglykämischem Koma. Therapiert wird mittels sofortiger Glukosegabe.
Beim hyperglykämischen Koma liegt der gegenteilige Fall vor, d.h. ein erhöhter Blutzuckerspiegel. Häufig ist dies die Erstmanifestation eines Diabetes, der typischerweise im Rahmen eines Infektes auftritt, denn Infekte führen zu Blutzuckerentgleisungen. Ohne ausgeprägte vegetative Symptomatik werden Patienten bewusstlos, ihre Haut ist im Gegensatz zu der des hypoglykämischen Patienten warm. Die Therapie besteht in einer Blutzuckersenkung mittels Insulin.

Hypo- und Hyperthyreose

Die klassische Form der Enzephalopathie bei Schilddrüsenunterfunktion ist das Myxödemkoma: Durch einen Mangel an Schilddrüsenhormonen wird der Stoffwechselumsatz heruntergefahren, die Hirnfunktionen verlangsamen sich, die Reflexe schwächen sich ab und es tritt eine zunehmende Bewusstlosigkeit ein. Die Therapie besteht in der Gabe von Schilddrüsenhormonen.
Die Hyperthyreose hingegen führt v.a. zu einer psychomotorischen Unruhe, Psychosen, epileptischen Anfällen und gesteigerten Muskeleigenreflexen. Sie wird zunächst symptomatisch mit Beta-Blockern und Thyreostatika behandelt. Ausschaltung der Ursache z.B. durch OP.

Nebennierenrindenunter- und -überfunktion

Die Nebennierenrindenunterfunktion (Addison-Syndrom) kann Elektrolytstörungen und eine Adynamie bei Cortisolmangel hervorrufen. Im Extremfall kann die Bewusstseinsstörung den Grad eines Komas erreichen.
Die Nebennierenrindenüberfunktion (Cushing-Syndrom) kann zu Psychosen und Krampfanfällen führen.

16.5.8 Hypoxischer Hirnschaden

Dem hypoxischen Hirnschaden liegt eine Sauerstoffunterversorgung des Gehirns zugrunde. Der globale Sauerstoffmangel kann im weitesten Sinne auch als Stoffwechselstörung aufgefasst werden.
Das Gehirn ist aufgrund seines intensiven Energiebedarfes das Organ des Körpers, das gegenüber Sauerstoffmangel (Hypoxie) die geringste

Toleranz aufweist. Die Hypoxie kann ausgelöst werden durch einen Herz-Kreislaufstillstand, der dank Reanimation überlebt wird, durch Lungenversagen oder durch schwerste Anämie. Beim Neugeborenen kann die Hypoxie im Rahmen des Geburtsvorganges auftreten – man spricht dann von einer Asphyxie. Die Folge ist ein frühkindlicher Hirnschaden (☞ 16.1).
Der sensibelste Teil des Gehirns ist die graue Substanz. Infolge der Schädigung des Neokortex kommt es zum irreversiblen Koma. Dieser Zustand kann bei intaktem Hirnstamm in ein apallisches Syndrom (☞ 2.6.1) münden, das monatelang überlebt werden kann. Jedoch wird man sich bei schlechter Prognose gegen eine lebenserhaltende Therapie entscheiden. Ziel muss folglich die Prophylaxe eines hypoxischen Hirnschadens sein: eine effiziente, schnelle Reanimation; auch durch Sie!

? Übungsfragen

1. Wie kommt es zu einer Spina bifida?
2. Welche Stoffwechselstörung verursacht häufig ein atypisches Parkinson-Syndrom?
3. Welches Vitamin muss bei Alkoholikern mit einer Enzephalopathie immer substituiert werden?
4. Wie unterscheidet sich das hypoglykämische vom hyperglykämischen Koma?

Krankheitslehre Psychiatrie

Die Psychiatrie, die »Seelenheilkunde«, ist das Gebiet der Medizin, das sich mit seelischen Erkrankungen befasst. Somit unterscheidet sich das Fach von allen anderen Bereichen der somatischen (organbezogenen) Medizin. In der Psychiatrie geht es nur zum Teil um fassbare körperliche Beschwerden, technische Befunde oder pathologische Laborwerte. Vielmehr lenkt die Psychiatrie den Blick auf die Psyche des Menschen, auf sein Erleben und Verhalten. Auch wenn das persönliche Leid häufig sehr individuell erscheint, versucht der Psychiater (der Arzt für Psychiatrie) oder der Psychologe durch eine genaue Erhebung und sorgfältige Analyse der Beschwerden die richtige Diagnose und Therapie für die psychische Störung zu finden. Am Anfang dieses Prozesses stehen Anamnese, psychopathologischer Befund und die körperlich-neurologische Untersuchung.

Psychiatrische Krankheiten lassen sich drei großen Gruppen zuordnen. Abhängig von der Ursache spricht man von organischer Psychose (☞ 4), endogener Psychose (☞ 5) und erlebnisreaktiver psychischer Erkrankung (☞ 6). Der Begriff Psychose ist eigentlich eine allgemeine Bezeichnung für eine psychische Erkrankung. Verwendet wird er aber nur in Verbindung mit der organischen Psychose, bei der das Nervensystem geschädigt ist, und in Verbindung mit der endogenen Psychose, deren konkrete Ursache (noch) nicht im Einzelnen bekannt ist.

Meistens werden Symptome psychiatrischer Erkrankungen und deren Behandlung von den Patienten anders erlebt als das Auftreten und die Therapie körperlicher Krankheiten. Der Gang zum Psychiater ist häufig von Vorurteilen und Ängsten geprägt (»Man ist nicht ganz richtig im Kopf«). Mitunter fehlt einigen psychisch Kranken auch die Krankheitseinsicht – eine Behandlung muss dann unter bestimmten Bedingungen sogar gegen ihren Willen erfolgen (☞ 10). Die psychiatrische Behandlung wird individuell auf die Krankheit des Patienten abgestimmt und besteht zumeist aus einer Kombination von Psychotherapie, medikamentöser Behandlung, Physiotherapie und Beschäftigungstherapie.

Besonders auf psychiatrischen Stationen ist eine enge Zusammenarbeit aller mit dem Patienten in Kontakt stehenden Berufsgruppen wichtig. Zu diesem therapeutischen Team gehören Ärzte, Krankenpflegepersonal, Physiotherapeuten, Ergotherapeuten, Psychologen und Sozialpädagogen. Nur durch genaue Beobachtung des Patienten und gegenseitigen Austausch im Team können Verlauf der Erkrankung und Wirkung der einzelnen therapeutischen Maßnahmen richtig beurteilt werden.

1 Befunderhebung

1.1 Anamnese

Erhebung der Befunde:
- Eigenanamnese
- Fremdanamnese

Analog zu körperlichen Erkrankungen wird beim Erstgespräch die Anamnese erhoben, d.h. der Patient wird nach seinen Symptomen (☞ 2), dem Krankheitsverlauf, möglichen Vorerkrankungen und seiner Biographie befragt. Im Rahmen der Eigenanamnese berichtet er über sich und seine Beschwerden. Oft können oder wollen psychisch Kranke aber über Symptome oder Veränderungen keine Auskunft geben, so dass die Eigenanamnese durch Informationen von Angehörigen ergänzt werden muss (= Fremdanamnese). Die Anamnese soll zu folgenden Aspekten ein umfassendes Bild des Patienten vermitteln:

- Beginn, Verlauf und evtl. Ursache der jetzigen Erkrankung
- psychiatrische und körperliche Vorerkrankungen
- Biographie: Angaben zur Lebensgeschichte, Bildung, Beruf, Partnerschaft
- Familienanamnese: psychiatrische Erkrankungen innerhalb der Familie
- vegetative Anamnese: Schlaf- und Appetitstörungen, Nikotinabusus, Medikamenteneinnahme, Alkohol- und Drogenkonsum
- psychopathologischer Befund: Beschreibung von psychiatrischen Krankheitssymptomen.

Schlüsselbegriffe zum Verlauf der Krankheit

Krankheitsbeginn und Krankheitsverlauf

Anamnese, Behandlung und Verlauf der Krankheit werden in der Krankenakte mit genauen Begriffen dokumentiert.

Krankheitsbeginn

- akuter Beginn: Die Symptome treten plötzlich und intensiv auf. Das Vollbild der Krankheit zeigt sich von Anfang an (innerhalb weniger Stunden bis Tage).
- schleichender Beginn: Die Krankheitszeichen sind zunächst unterschwellig und nehmen allmählich an Stärke und Anzahl zu (innerhalb einiger Wochen).
- Prodromalerscheinungen: *(gr. prodomos = Vorläufer)* Uncharakteristische Vorboten der Erkrankung, z.B. Schlafstörungen oder Unruhe, die oft Monate vorher auftreten.

Krankheitsverlauf

- Remission: vollständige Ausheilung der Krankheit
- phasenhafter Verlauf: Die Krankheit tritt wiederholt auf, nach Abklingen der Symptome ist der Patient aber beschwerdefrei.

- schubhafter Verlauf: Im Krankheitsprozess treten immer wieder akute Schübe auf. Diese führen schließlich zu dauerhaften (leichten) Veränderungen des Patienten.
- chronischer Verlauf: Die Erkrankung besteht in ihrer ursprünglichen Form unverändert fort.
- Residualsymptomatik: Auch außerhalb akuter Krankheitsphasen weist der Patient erhebliche Defizienzsyndrome auf (z.B. Konzentrations- und Antriebsminderung).

1.2 Diagnostik

1.2.1 Körperliche Untersuchung

- Erkennen von organischen Krankheitssymptomen
- Laboruntersuchungen
- EKG

Auch wenn psychiatrische Krankheitssymptome im Vordergrund stehen, ist für die Diagnosestellung eine sorgfältige körperliche Untersuchung des Patienten wichtig. Nur auf diesem Wege lässt sich feststellen, ob eine organische Ursache der psychischen Störungen vorliegt und ob möglicherweise behandlungsbedürftige körperliche Erkrankungen bestehen. Standardmäßig wird stets eine Blutuntersuchung durchgeführt und ein EKG (Elektrokardiogramm) geschrieben, da bestimmte Psychopharmaka bei Blutbildveränderungen und Störungen der Erregungsleitung des Herzens nicht gegeben werden dürfen. Auch können verschiedene körperliche Erkrankungen psychische Symptome zeigen. Besonderer Schwerpunkt der körperlichen Untersuchung ist die neurologische Untersuchung (Neurologie ☞ 2.7).

Besteht der konkrete Verdacht, dass die psychische Störung organisch bedingt ist, werden weitere Untersuchungen durchgeführt, z.B. EEG (Elektroenzephalogramm, Neurologie ☞ 2.8.1), CCT (craniale Computertomographie, Neurologie ☞ 2.8.2) oder spezielle Blutuntersuchungen.

1.2.2 Testverfahren

Ergänzende Diagnostik

Die Diagnose von psychischen Störungen wird teilweise durch verschiedene psychologische Tests ergänzt. Allerdings haben diese Tests keine absolute Beweiskraft, sondern dienen dazu, die Diagnose zu sichern.

Testpsychologische Untersuchungen prüfen u.a. Intelligenz, Hirnleistungsfähigkeit, psychopathologische Auffälligkeiten und Persönlichkeitsstruktur des Patienten. Die Untersuchung erfolgt häufig mittels Fragebögen, Selbstbeurteilungsskalen oder Fremdbeurteilungsskalen (hierbei stellt der Untersucher Fragen und dokumentiert die Antworten).

2 Symptome psychischer Erkrankungen

Beschreibung aller Krankheitssymptome des Patienten im psychopathologischen Befund

Überprüfung verschiedener psychischer Qualitäten

Grundlagen der Psychopathologie

Der **psychopathologische Befund** *(pathologisch = krankhaft)* beschreibt die krankheitswertigen psychischen Symptome des Patienten. Er enthält Angaben zu allen Aspekten der geistigen Fähigkeiten sowie seelischen Befindlichkeiten und ist ein wichtiger Bestandteil der Diagnosefindung. Um den Erfolg der Therapie dokumentieren zu können, wird der psychopathologische Befund im Verlauf der Behandlung wiederholt erhoben.
Der psychopathologische Befund wird vom Arzt erhoben. Andere mit dem Patienten befasste Berufsgruppen tragen zur Ergänzung bei. Wichtig ist, auffällige Symptome des Patienten mit den richtigen Begriffen der Psychopathologie zu dokumentieren. Die folgenden psychischen Qualitäten werden zur Beschreibung psychischer Symptome genutzt:

- Bewusstsein
- Orientierung
- Kontakt- und Kommunikationsfähigkeit
- Stimmung und Affektivität
- Denken
- Wahrnehmung
- Ich-Erleben
- Aufmerksamkeit und Gedächtnis
- Intelligenz
- Antrieb und Psychomotorik
- Suizidalität.

Außerdem wird im psychopathologischen Befund auf äußere Auffälligkeiten hingewiesen (z.B. verschmutzte Kleidung, unzureichende Körperpflege).

2.1 Bewusstsein

- Unterscheidung zwischen Qualität und Quantität des Bewusstseins
- Bewusstseinsstörungen entstehen durch (hirn-) organische Schädigungen

Bewusstsein ist die Fähigkeit zur klaren Vergegenwärtigung von Wahrnehmungs-, Denk- und Vorstellungsinhalten. Zwei Aspekte werden dabei überprüft: die **Vigilanz** (Wachheit) und die **Bewusstseinsklarheit**. Ein Patient mit normaler Bewusstseinslage ist wach und bewusstseinsklar, d.h. er ist ansprechbar, denkt adäquat, nimmt sich und seine Umwelt realistisch wahr. Beide Bewusstseinsebenen sind eng miteinander verbunden, denn nur ein wacher Mensch verfügt über eine vollständige Klarheit des Bewusstseins und umgekehrt.

Im Rahmen verschiedener Krankheiten können sowohl quantitative als auch qualitative Bewusstseinsstörungen auftreten. Diese sind immer auf organische Ursachen zurückzuführen.

Quantitative Bewusstseinsstörungen

Einschränkung der Vigilanz in verschiedenen Stufen:
- Somnolenz
- Sopor
- Koma

❶ Zu den quantitativen Bewusstseinsstörungen zählt die mehr oder minder starke Beeinträchtigung der Vigilanz.

Somnolenz ❷ *(lat. somnolentia = Schläfrigkeit)* Somnolenz bezeichnet eine außergewöhnliche Schläfrigkeit. Der Patient ist aber durch äußere Reize (z.B. lautes Ansprechen) weckbar und kann – wenn auch etwas verlangsamt – Fragen beantworten.

Sopor *(lat. tiefer Schlaf)* Der Patient ist nur durch starke Reize weckbar, z.B. energisches Schütteln. Eine sinnvolle Verständigung mit ihm ist in der Regel nicht möglich.

Koma Der Patient ist bewusstlos und nicht erweckbar. Allerdings lassen sich bei einem Teil der Patienten unbewusste, reflektorische Vorgänge provozieren (z.B. Lichtreaktion der Pupillen oder Reaktion auf Schmerzreize).

Qualitative Bewusstseinsstörungen

Beeinträchtigung der Klarheit des Bewusstseins

Die Bewusstseinsklarheit ist gekennzeichnet durch adäquates Denken, realistische Wahrnehmung der eigenen Person und Umwelt sowie normale Orientierungsfähigkeit. Störungen der Bewusstseinsklarheit können sich in verschiedenen Symptomen manifestieren: Auftreten von Halluzinationen, Auffassungsschwierigkeiten, Orientierungsstörungen, Personen- und Situationsverkennung, verlangsamtes oder verworrenes Denken, verminderte Steuerungs- und Besinnungsfähigkeit. Sie treten häufig bei akuten organischen Psychosen auf (☞4.1).

? Übungsfragen

❶ Welche quantitativen Bewusstseinsstörungen kennen Sie?

❷ Was versteht man unter Somnolenz?

2.2 Orientierung

Die Orientierung kann in 4 Bereichen gestört sein:
- örtlich
- zeitlich
- situativ
- zur eigenen Person

Örtliche Desorientierung Der Patient erkennt nicht, wo er ist und findet sich teilweise in der gewohnten Umgebung nicht mehr zurecht.

Zeitliche Desorientierung Datum, Wochentag, Monat oder Jahr können nicht oder nur ungenau angegeben werden. Auch kommt es vor, dass der Patient die Tageszeiten verwechselt.

Situative Desorientierung Der Patient findet sich in der aktuellen Situation nicht zurecht, erfasst z.B. nicht, dass er gerade untersucht wird.

Desorientierung zur eigenen Person Der Patient kann keine oder nur ungenaue Angaben zu persönlichen Daten machen (z.B. Alter, Geburtsdatum, Adresse).

2.3 Kontakt- und Kommunikationsfähigkeit

Psychische Krankheiten gehen häufig mit Kontakt- und Kommunikationsstörungen einher:
- Logorrhoe
- Mutismus
- Neologismen

Im Rahmen psychischer Krankheiten kann die Kontakt- und Kommunikationsfähigkeit gestört sein. Ein Patient mit einer schweren Depression kann z.B. außerstande sein, Blickkontakt aufzunehmen. Er redet nicht von sich aus und seine Antworten auf Fragen sind einsilbig. Ein Patient mit einer Manie (☞ 5.2.2) ist hingegen oft distanzlos und zeigt eine **Logorrhoe** (*gr. logos = Wort, Lehre; -rhoe = Fließen, Strömung, Flut = krankhafter, kaum zu unterbrechender Rededrang*). Ein Patient mit einer akuten wahnhaften Psychose wiederum kann sich sehr distanziert oder sogar abweisend verhalten.
Bei einer akuten katatonen Schizophrenie (☞ 5.1.1) tritt ein **Mutismus** in Erscheinung (*lat. mutus = stumm*), d.h. der Patient spricht nicht, obwohl die Sprachfähigkeit ungestört ist. Gleichzeitig ist er zumeist kontaktunfähig.
Gestörte Kommunikation kann auch in **Neologismen** (= Wortneubildungen) resultieren. Dabei erfindet der Patient neue, unverständliche Worte oder benutzt gebräuchliche in ungewöhnlicher Weise.

2.4 Stimmung und Affektivität

Zum Gefühlsleben gehören Stimmung und Affekt. Unterscheidung von:
- Affektlabilität
- Affektinkontinenz
- Affektarmut
- fehlende Modulationsfähigkeit
- Parathymie
- Ambivalenz
- Dysphorie
- Depressivität
- manische Stimmungslage

❶ Unter Affektivität *(lat. afficere = einwirken, befallen)* wird das Gefühlsleben verstanden. Dabei wird Stimmung als langfristiger Gefühlszustand (z.B. Depression) beschrieben und Affekt als kurz andauerndes Gefühl (z.B. Trauer, Angst, Verzweiflung, Freude, Wut). Störungen des Gefühlslebens können sowohl Stimmung als auch Affekt betreffen.

Affektlabilität Schneller Wechsel der Gefühle mit jeweils kurzer Dauer und vielen Schwankungen.

Affektinkontinenz Die Gefühle können kaum gesteuert werden und erscheinen stärker als normal (z.B. plötzlicher, nicht beherrschbarer Tränenausbruch bei nichtigem Anlass).

Affektarmut Es besteht ein Mangel an Gefühlserleben. Der Patient wirkt zumeist teilnahmslos und zeigt nur sehr wenige emotionale Regungen.

Fehlende Modulationsfähigkeit Bei dem Patienten sind keinerlei Gefühlsschwingungen zu beobachten. Er macht einen abgestumpften, gleichgültigen Eindruck und emotionale Reaktionen fehlen.

Parathymie ❷ *(gr. para = neben, abweichend; thymos = Gemüt)* Ein paradoxer Affekt, bei dem Gefühlsausdruck und dazugehöriges Erlebnis nicht übereinstimmen. Ein Patient erzählt z.B. von traurigen Dingen und lacht dabei.

Ambivalenz *(lat. valere = wert sein, gelten)* Doppelwertigkeit von Gefühlen, z.B. gleichzeitige Zu- und Abneigung. Das Nebeneinander von gegensätzlichen Gefühlen belastet den Patient und führt oft zu innerer Anspannung.

Dysphorie Der Patient fühlt sich über das normale Maß hinaus unbehaglich, ist verstimmt und missmutig. Außerdem reagiert er leicht reizbar und ungehalten.

Depressivität Ausgeprägte, alles umfassende Niedergeschlagenheit.

Manische Stimmungslage Stark gehobene Stimmung bis hin zur Euphorie.

? Übungsfragen

❶ Was versteht man unter Affekt?

❷ Was versteht man unter Parathymie?

2.5 Denken

Komplexe Hirnleistung, die sich aus verschiedenen Fähigkeiten zusammensetzt

Fähigkeiten wie Wahrnehmen, Erinnern, Entscheiden, Urteilen sowie Ordnen und Verbinden von Informationen sind Komponenten des Denkens.

❶ Störungen des Denkens werden in formale und inhaltliche Denkstörungen eingeteilt. Die formalen Denkstörungen betreffen den Gedankenablauf, die inhaltlichen Denkstörungen beziehen sich auf die Gedankeninhalte.

Formale Denkstörungen

Störungen des Gedankenablaufs:
- Hemmung
- Verlangsamung
- Umständlichkeit
- Ideenflucht
- inkohärentes Denken
- Gedankenabreißen
- Perseveration

Form und Ablauf des Denkens sind gestört. Die im Normalfall geordneten Gedankengänge werden sprunghaft oder brechen plötzlich ab, sind verlangsamt oder beschleunigt. Der Patient ist dadurch in seiner Denkfähigkeit eingeschränkt und hat große Schwierigkeiten bei der Informationsaufnahme, Urteilsbildung und Entscheidungsfindung. Wichtige formale Denkstörungen sind:

Hemmung Der Gedankengang wird subjektiv abgebremst empfunden. Dadurch fällt es dem Patienten oft schwer, Entscheidungen zu treffen.

Verlangsamung Das Denken insgesamt ist sehr langsam und schleppend.

Umständlichkeit Die Gedankengänge sind langsam, haften an vielen unbedeutenden Einzelheiten und schlagen Umwege ein, bevor das eigentliche Ziel erreicht wird.

Ideenflucht Ein Gedanke jagt den anderen. Ständig neue Einfälle hindern den Patienten daran, einen Gedankengang zu Ende zu führen. Ein Zusammenhang zwischen den jeweiligen Ideen ist aber erkennbar.

Inkohärentes Denken ❷ *(lat. cohaerere = zusammenhängen)* Die Gedanken sind zusammenhangslos und unlogisch, es besteht eine Denkzerfahrenheit. Sprachlich werden Sätze beziehungslos aneinander gereiht (z.B. „Es wird bald Sommer. Gestern habe ich ein gutes Steak gegessen. Im Kino läuft ein neuer Film. Der Vorname meiner Mutter ist Gerda.").

Gedankenabreißen Ein Gedankengang bricht plötzlich ab, der Patient verliert den Faden.

Perseveration *(lat. perseverare = beharrlich bei etwas bleiben)* Bei der Perseveration ist das Denken eingeengt, die Gedanken verharren lange an einem Punkt und sowohl gedanklich als auch sprachlich werden Ausdrücke wiederholt.

Inhaltliche Denkstörungen

Verschiedene Formen des Wahns:
- Beeinträchtigungswahn
- Verfolgungswahn
- Krankheitswahn
- Verarmungswahn
- Kleinheitswahn
- Größenwahn
- Eifersuchtswahn
- Liebeswahn
- Dermatozoenwahn
- Querulantenwahn
- Wahnentwicklung bei Hörbehinderten

Unter dem Begriff „inhaltliche Denkstörungen" werden die verschiedenen Formen des Wahns zusammengefasst. Bei dieser Form der Denkstörung sind die Inhalte des Denkens gestört und entsprechen nicht der Realität.

❸ **Wahn** wird definiert als inhaltlich falsche, unrealistische Überzeugung des Patienten. Trotz normaler Intelligenz ist der Erkrankte von der Richtigkeit seiner Vorstellungen unkorrigierbar überzeugt und lässt sich auch durch logische Argumente nicht von seinen wahnhaften Ideen abbringen.

Als **Wahnwahrnehmungen** bezeichnet man tatsächliche Wahrnehmungen des Patienten, denen er jedoch eine wahnhafte Bedeutung beimisst. Oft besteht vorher eine **Wahnstimmung**, d.h. der Kranke verspürt um sich herum eine diffuse, unheimliche Atmosphäre und reagiert misstrauisch oder ratlos. **Wahneinfällen** liegt im Unterschied zur Wahnwahrnehmung keine tatsächliche Wahrnehmung zugrunde. Sie entstehen spontan, haben einen konkreten Inhalt (z.B. Verfolgungs- oder Vergiftungsideen) und können in Verbindung mit Halluzinationen oder Wahnwahrnehmungen zu einem **Wahnsystem** verarbeitet werden. Bei einem Wahnsystem stellt der Patient unrealistische Zusammenhänge und Verbindungen her, so dass schließlich verschiedene Lebensbereiche betroffen sein können.

Ein Wahn kann bei verschiedenen Krankheiten auftreten (Schizophrenie, affektive Psychosen, Suchtkrankheiten, organische Psychosen). Selten tritt er auch als eigenständige Erkrankung auf, ohne dass weitere psychopathologische Krankheitssymptome vorliegen (z.B. Querulantenwahn oder Wahnentwicklung bei Hörbehinderung). Er kann wieder abklingen, der Verlauf kann aber auch chronisch sein. Krankheitseinsicht ist nicht vorhanden, vielmehr ist der Kranke von der Realität seiner Ideen fest überzeugt. Die wichtigsten Wahnthemen sind:

Beeinträchtigungswahn Der Kranke ist davon überzeugt, dass alles, was um ihn herum geschieht, gegen ihn gerichtet ist.

Verfolgungswahn Der Patient fühlt sich bedroht und verfolgt, ist zumeist ängstlich und misstrauisch. Er befürchtet, das Opfer von Hexerei, Hypnose oder Bestrahlung zu sein, glaubt manchmal auch, Nachrichten aus den Medien seien als Warnung an ihn gerichtet. Im schlimmsten Fall empfindet er Todesangst.

Krankheitswahn Der Patient ist der unkorrigierbaren Überzeugung, von einer schweren Krankheit befallen zu sein (häufig Krebs oder AIDS).

Verarmungswahn Der Kranke ist überzeugt, er habe kein Geld mehr oder werde allen Besitz verlieren. Er meidet Ausgaben, versteckt seine Barschaft und führt ein sehr spartanisches Leben. Im Extremfall spart er sogar an Nahrungsmitteln.

Kleinheitswahn In seiner Vorstellung ist der Kranke ein Niemand, hat starke Gefühle der Nichtigkeit, Ohnmacht und Verlorenheit.

Größenwahn Der Patient fühlt sich allmächtig, manchmal Gott gleich und hat Vorstellungen von Herrschaft, Reichtum, Berühmtheit und Unverletzbarkeit. Krankheitseinsicht fehlt vollkommen.

Eifersuchtswahn Die Abgrenzung zu übersteigerter Eifersucht ist nicht immer einfach. Der Patient stellt aber in aller Regel derart groteske Behauptungen bezüglich der vermeintlichen Untreue seines Partners auf, dass Absurdität und Realitätsverlust seiner Vorstellungen offen zutage treten.

Liebeswahn Der Kranke entwickelt Liebesgefühle zu einer Person aus dem persönlichen Umfeld oder einer prominenten Person (z.B. Filmstar). Gleichzeitig besteht, entgegen der Realität, die unkorrigierbare Überzeugung, dass diese Person die Gefühle erwidert.

Dermatozoenwahn 4 Der Patient äußert die Gewissheit, seine Haut sei von Parasiten befallen und konsultiert in der Folge Dermatologen. Wegen mangelnder Krankheitseinsicht gelingt es nur selten, ihn in psychiatrische Behandlung zu überweisen.

Querulantenwahn Der Kranke ist davon überzeugt, ihm werde Unrecht zugefügt, er wendet sich an Behörden und Polizei, macht ständige Eingaben und erstattet Anzeigen. Jede Zurückweisung bestärkt ihn in seinen wahnhaften Vorstellungen, die Wahnideen weiten sich oft aus und umfassen nicht selten das gesamte Umfeld. Krankheitseinsicht besteht nicht und es kommt häufig zu einem chronischen Verlauf.

Wahnentwicklung bei Hörbehinderung Beim Hörbehinderten sind krankheitsbedingt Kontakt und Kommunikation zur Umwelt oft eingeschränkt. Der Behinderte fühlt sich dadurch ausgeschlossen und reagiert nicht selten misstrauisch. In seltenen Fällen kann sich im weiteren Verlauf ein Beeinträchtigungs- oder Verfolgungswahn entwickeln.

? Übungsfragen

1. Wie lassen sich die Denkstörungen einteilen?
2. Was versteht man unter inkohärentem Denken?
3. Wie definiert man einen Wahn?
4. Was ist ein Dermatozoenwahn?

2.6 Wahrnehmung

Wahrnehmung bezeichnet die Fähigkeit, mit den eigenen Sinnen die Umwelt richtig zu erkennen. Voraussetzung hierfür sind intakte Sinnesorgane (regelhafte Seh- und Hörfähigkeit, Geruchs- und Geschmackssinn, Tastsinn). Störungen der Wahrnehmung können quantitativ oder qualitativ sein.

Quantitative Wahrnehmungsstörungen

Ausfall oder veränderte Intensität von Sinneseindrücken

Bei den quantitativen Wahrnehmungsstörungen ist die Intensität oder die Menge der Sinneseindrücke verändert. Schäden an einem Sinnesorgan beeinträchtigen die Sinneswahrnehmung oder machen sie unmöglich (z.B. Blindheit bei geschädigtem Sehnerv). Vorübergehende Wahrnehmungsausfälle können auch durch psychische Faktoren verursacht werden, wobei das Sinnesorgan in diesem Fall intakt ist. Ebenso kann die Intensität der Sinneseindrücken durch psychische Krankheiten gesteigert oder vermindert sein (z.B. bei Rauschzuständen, Manien oder schweren Depressionen).

Qualitative Wahrnehmungsstörungen

Gestörte Sinneseindrücke:
- illusionäre Verkennung = Fehlwahrnehmung
- Halluzination = Trugwahrnehmung

Bei den qualitativen Wahrnehmungsstörungen können die Sinneseindrücke gestört sein durch Fehlwahrnehmung realer Dinge. Es können aber auch Trugwahrnehmungen auftreten, die irreal sind und keinerlei Bezug zur Wirklichkeit haben.

Illusionäre Verkennung

(lat. illusio = Verspottung, Täuschung) Die illusionäre Verkennung beruht auf einer Fehlwahrnehmung. Tatsächlich vorhandene Sinneseindrücke werden fehlerhaft wahrgenommen oder verkannt. So wird z.B. in der Dunkelheit ein Baumstumpf für einen Menschen gehalten.

Halluzination

❶ *(lat. hallucinatio = Verwirrung, Trugwahrnehmung)* Bei einer Halluzination nimmt der Patient Sinnesreize wahr, die in Wirklichkeit nicht existieren. Diese Trugwahrnehmungen sind für ihn real und er hat keinerlei Möglichkeiten, sie zu beeinflussen. Entsprechend mangelt es an Krankheitseinsicht.
Halluzinationen können bei verschiedenen Krankheiten auftreten (z.B. Schizophrenie, Delir, Drogenrausch, Demenz) und alle Sinnesgebiete betreffen:

Optische Halluzinationen Der Patient sieht Dinge, die nicht vorhanden sind (z.B. Menschen oder Tiere im Zimmer, Farben an der Wand).

Akustische Halluzinationen Der Erkrankte hört Geräusche oder Stimmen. Letztere kann er manchmal bestimmten Personen zuordnen. Die Stimmen können kommentieren, dialogisieren, schimpfen oder beleidigen. Auch imperative Stimmen treten in Erscheinung (Stimmen, die Befehle erteilen).

Olfaktorische Halluzinationen Der Patient nimmt nicht existente Gerüche wahr, die zumeist unangenehm für ihn sind (z.B. riecht er Fäkalien).

Gustatorische Halluzinationen Hierbei handelt es sich um Geschmackshalluzinationen. Der Erkrankte nimmt einen nicht existenten Geschmack wahr.

Taktile Halluzinationen Trugwahrnehmungen im Bereich des Tastsinnes und der Körperoberfläche, d.h. der Patient empfindet z.B. ein Ziehen oder einen Druck auf der Haut.

Leibhalluzinationen ❷ Der Kranke fühlt sich im oder am Körper durch äußere Einflüsse verändert. Er hat z.B. die Empfindung, seine inneren Organe würden durch elektrische oder magnetische Strahlen erhitzt.

Coenästhesien Leibgefühlsstörungen, die sehr mannigfaltig sein können (Steifigkeits- oder Taubheitsempfindungen, motorische Schwächeempfindungen, Schmerzempfindungen, Bewegungsempfindungen, Erlebnisse der Verkleinerung und Schrumpfung von Organen). Im Unterschied zu den Leibhalluzinationen empfindet der Kranke sie nicht als von außen gemacht.

Pseudohalluzination Der Patient hat zwar eine Halluzination, ist sich aber bewusst, dass sein Sinneseindruck nicht der Realität entspricht. Er empfindet die Halluzination als unecht.

? Übungsfragen

❶ Was sind Halluzinationen?

❷ Wie äußern sich Leibhalluzinationen?

2.7 Ich-Erleben

Erleben der eigenen Person als Einheit

Das Ich-Erleben wird definiert als die Fähigkeit eines Menschen, sich selber als Individuum wahrzunehmen und sich gegen andere Personen abzugrenzen.

Ich-Störungen

Unterscheidung verschiedener Ich-Störungen:
- Gedankenausbreitung
- Gedankenentzug
- Gedankeneingebung

Bei Ich-Störungen werden die eigenen seelischen Vorgänge und Gedanken als von außen gemacht, gesteuert und beeinflusst erlebt. Die Ich-Verbundenheit des eigenen Willens und der Denkvorgänge geht verloren. Diese Störungen treten bei Schizophrenie auf.

Gedankenausbreitung ❶ Der Kranke meint, dass er seine eigenen Gedanken auf andere Menschen übertragen und diese dadurch beeinflussen könnte. Nicht selten umschreibt er dies mit dem Begriff Telepathie.

Gedankenentzug Der Patient verspürt eine Leere im Kopf und glaubt, dass seine eigenen Gedanken von anderen Menschen entzogen, d.h. weggenommen worden seien.

Gedankeneingebung Der Kranke hat das Gefühl, fremde Gedanken im Kopf zu haben, die ihm von außen eingegeben wurden.

Entfremdungserlebnisse

❷ Bei Entfremdungserlebnissen empfindet der Patient sich oder seine Umwelt als unwirklich, fremd und fern, ohne dies jedoch als „von außen gemacht" zu erleben. Die Störungen können auftreten bei Schizophrenie, Depression, Neurosen, Drogenkonsum und Zuständen starker Ermüdung.

Depersonalisation Das eigene Fühlen, Streben und Wollen wird als verändert empfunden und auch die eigenen Bewegungen können als fremd erlebt werden.

Derealisation Wahrnehmungen werden als unwirklich empfunden und die Umwelt als fremd oder verändert erlebt.

? Übungsfragen

❶ Was versteht man unter Gedankenausbreitung?

❷ Was sind Entfremdungserlebnisse?

2.8 Aufmerksamkeit und Gedächtnis

Aufnehmen, Verstehen, Speichern und Erinnern neuer Eindrücke

Aufmerksamkeit, Konzentration, Auffassung und Gedächtnis sind eng miteinander verknüpft. Aufmerksamkeit bezeichnet die Fähigkeit, sich zu konzentrieren und neue (Sinnes-)Eindrücke aufzunehmen. Unter Auffassung wird das „Begreifen und Verstehen“ dieser Eindrücke verstanden. Hierzu müssen Erinnerungen einbezogen werden, die ein intaktes Gedächtnis voraussetzen. Intakte Gedächtnisfunktionen wiederum sind abhängig von einer ungestörten Merkfähigkeit.

Aufmerksamkeitsstörungen

Verursacht durch:
- Konzentrationsstörungen
- Auffassungsstörungen

Aufmerksamkeit wird definiert als Fähigkeit, sich zu konzentrieren, Eindrücke aufzunehmen und diese richtig zu verarbeiten. Beeinträchtigt wird die Aufmerksamkeit durch Störungen der Konzentration oder Auffassung.

Konzentrationsstörung Der Patient schweift gedanklich ab und kann sich nur vorübergehend mit einer Sache beschäftigen.

Auffassungsstörung Wahrgenommenes kann nicht richtig begriffen und mit Erinnerungen verknüpft werden. Die Auffassung kann fehlen, verlangsamt oder verfälscht sein.

Merkfähigkeits- und Gedächtnisstörungen

Einteilung der Gedächtnisfunktionen in:
- Merkfähigkeit
- Ultrakurzzeitgedächtnis
- Kurzzeitgedächtnis
- Langzeitgedächtnis

Gedächtnis wird definiert als Erinnerungsvermögen. Ein intaktes Gedächtnis macht es möglich, dass sich der Mensch an zurückliegende Ereignisse erinnern kann. Voraussetzung hierfür ist eine ungestörte Merkfähigkeit. Außerdem müssen die aufgenommenen Informationen verstanden und gespeichert werden können.

Merkfähigkeitsstörungen Der Patient ist nicht in der Lage, neue Eindrücke im Gedächtnis zu speichern.

Gedächtnisstörungen Das Gedächtnis wird zeitlich in drei Bereiche unterteilt, wobei die einzelnen Zeitspannen in der Literatur teilweise unterschiedlich definiert werden:
- Das Ultrakurzzeitgedächtnis umfasst das unmittelbare Behalten. Es ist gestört, wenn sich der Patient an Ereignisse, die Sekunden bis Minuten zurückliegen, nicht erinnern kann.
- Das Kurzzeitgedächtnis wird manchmal auch als Frischgedächtnis bezeichnet. Störungen liegen vor, wenn Dinge, die bis zu 30 Minuten zurückliegen, der Erinnerung nicht mehr zugänglich sind.
- Das Langzeitgedächtnis, auch Altgedächtnis genannt, ist gestört, wenn Ereignisse der zeitlich unbegrenzten Vergangenheit nicht erinnert werden können.

Die Gedächtnisfunktionen können mit verschiedenen Tests überprüft werden.

Erinnerungsstörungen

Erinnerungsstörungen:
- Amnesie
- Zeitgitterstörungen
- Konfabulationen

Neben den schon beschriebenen Gedächtnisstörungen gibt es Erinnerungsstörungen. Diese betreffen nicht die gesamte Gedächtnisfunktion, sondern beziehen sich auf einzelne Ereignisse oder Daten.

Amnesie (☞ Neurologie 2.5) ❶ Infolge einer Gehirnerschütterung, eines epileptischen Anfalls oder Rauschzustandes besteht eine zeitlich begrenzte Erinnerungslücke. Bei der retrograden Amnesie können die Ereignisse vor dem Geschehen nicht erinnert werden. Bei der anterograden Amnesie ist die Erinnerung für die erste Zeit nach dem Geschehen gestört.

Zeitgitterstörungen Der Patient kann lebensgeschichtliche Ereignisse nicht in den richtigen zeitlichen Zusammenhang stellen. Er erinnert sich nicht an konkrete Daten (z.B. Hochzeitstag), bringt Jahreszahlen durcheinander oder verwechselt sie.

Konfabulationen ❷ (*lat. confabulare: schwatzen, plaudern* = Ausfüllen von Gedächtnislücken) Der Patient erinnert sich nicht an bestimmte (lebensgeschichtliche) Dinge. Diese Gedächtnislücken füllt er im Gespräch mit spontanen Einfällen aus, die er selber für real hält. Kennt man seine Biografie nicht, klingen die Konfabulationen zunächst oft glaubwürdig und werden erst durch eine Fremdanamnese als solche identifiziert. Zusammen mit weiteren psychopathologischen Störungen treten Konfabulationen beim Korsakow-Syndrom auf (☞ 7.1.2).

? **Übungsfragen**

❶ Was versteht man unter Amnesie?

❷ Was sind Konfabulationen?

2.9 Intelligenz

Intelligenz ist die Summe verschiedener Fähigkeiten

Prinzipiell gibt es keine einheitliche Definition von Intelligenz. Sie setzt sich zusammen aus vielen verschiedenen Fähigkeiten und umfasst u.a. Denkvermögen, Erkenntnisfähigkeit, intellektuelle Fähigkeiten und Lernfähigkeit. Zahlenmäßig wird Intelligenz in IQ-Werten ausgedrückt, deren Messung mittels Intelligenztests erfolgt. Der durchschnittliche (»normale«) IQ liegt zwischen 80 und 100.

❶ Angeborene Intelligenzminderungen, die Oligophrenien (☞ 8), werden von erworbenen, den Demenzen (☞ 4.2.1) unterschieden. Letztere entstehen durch den krankheitsbedingten Verlust ehemals vorhandener intellektueller Fähigkeiten.

? **Übungsfrage**

❶ Worin unterscheiden sich Oligophrenien und Demenzen?

2.10 Antrieb und Psychomotorik

Der Antrieb umfasst Spontaneität, Initiative, Zielstrebigkeit, Aktivität und Anregbarkeit. Unter dem Begriff Psychomotorik werden die motorischen Funktionen zusammengefasst, die psychischen Einflüssen unterliegen. Hierzu zählen Bewegung, Mimik und Gestik.

Antriebsstörungen

Störungen des Antriebs:
- Antriebsminderung
- Antriebssteigerung

Jeder Mensch benötigt Antrieb, um sich versorgen und den täglichen Pflichten nachkommen zu können. Mangelt es ihm daran oder wird er übermäßig aktiv, liegen Störungen vor, die sich sehr negativ auf sein Leben auswirken können:

Antriebsminderung Sie tritt häufig im Rahmen von Depressionen auf. Der Patient verhält sich passiv, ist initiativlos und nicht spontan. Auch von außen lässt er sich kaum anregen. Oft kommt es in der Folge zu einer Vernachlässigung der eigenen Person, Familie und Arbeit.

Antriebssteigerung Die Patienten sind lebhaft bis unruhig. Sie reagieren spontan, ergreifen rasch die Initiative und lassen sich bereits durch Kleinigkeiten anregen. Häufig sind sie überaktiv und geraten dadurch in Konflikte.

Störungen der Psychomotorik

Psychomotorische Störungen:
- Hyperkinese
- Hypokinese, Akinese
- Stupor
- Katalepsie
- Kataplexie
- Tic
- Stereotypie
- Manierismus
- Raptus

Psychomotorische Störungen entstehen, wenn Bewegung, Mimik und Gestik durch starke psychische Einflüsse krankheitswertig verändert werden.

Hyperkinese *(gr. hyper = über, hinaus, gr. kinesis = Bewegung)* (☞ Neurologie 2.2.1) Hierbei handelt es sich um eine Bewegungsunruhe, die mit überschüssigen Bewegungen einhergeht.

Hypokinese, Akinese (☞ Neurologie 2.2.2) Bei der Hypokinese (= Bewegungsarmut) sind die Bewegungen herabgesetzt, z.B. schwingen die Arme beim Gehen nicht mit. Die Akinese bezeichnet die Bewegungslosigkeit.

Stupor ❶ *(lat. stupor = Erstarrung)* Beim Stupor handelt es sich um eine geistige und körperliche Erstarrung, die durch Angst, Schreck oder Trauer ausgelöst werden kann. Die Patienten reagieren nicht auf äußere Reize.

Katalepsie *(gr. katalepsis = Fassen)* Der Muskeltonus ist erhöht, der Patient ist starr und verkrampft. Verursacht wird dieser Zustand durch psychische Störungen (z.B. katatone Schizophrenie ☞ 5.1.1).

Kataplexie Hierbei handelt es sich um eine „Schrecklähmung". Plötzliche Affekte (z.B. Schreck, aber auch freudige Erregung) lassen den Muskeltonus einzelner Muskelgruppen oder der gesamten Körpermuskulatur schlagartig abfallen, so dass der Patient zusammensinken kann. In aller Regel dauert dieser Zustand weniger als eine Minute an.

Tic (☞ Neurologie 2.2.1) Gleichförmige, sich wiederholende Muskelzuckungen vor allem im Gesichtsbereich. Sie können bei neurologischen Krankheiten auftreten oder psychisch verursacht sein.

Stereotypie Ständige Wiederholung der gleichen Bewegung oder Geste.

Manierismus ❷ Sonderbares, verschrobenes Verhalten mit teilweise gekünstelten Bewegungen.

Raptus Plötzlich auftretender ungeordneter Bewegungssturm, der mit Aggression und Gewalttätigkeit einhergehen kann (Tobsucht).

? **Übungsfragen**

❶ Was ist ein Stupor?

❷ Was versteht man unter Manierismus?

2.11 Suizidalität

Liegen Selbstmordabsichten vor?

Jede psychiatrische Anamnese muss dazu Stellung beziehen, ob der Patient suizidal (= selbstmordgefährdet) ist. Dies ist von großer Bedeutung für die weitere Behandlung (z.B.: Muss der Patient zu seinem eigenen Schutz in einer geschlossenen psychiatrischen Krankenstation untergebracht werden?). Die Einschätzung der Suizidalität ist teilweise schwierig, da äußeres Verhalten und inneres Erleben des Patienten nicht unbedingt übereinstimmen. In aller Regel hilft es aber, wenn man direkt danach fragt. Meistens bekommt man eine ehrliche Antwort und nur selten verheimlichen Patienten ihre wahren Absichten.

Suizid ist eine relativ häufige Todesursache. Jährlich nehmen sich in Deutschland ca. 15 von 100.000 Menschen das Leben. Die Zahl der nicht erfolgreichen Suizidversuche wird mindestens 10-mal so hoch eingeschätzt. Ursachen sind akute psychische Krankheiten (häufig Depressionen, Schizophrenien), Einfluss von Alkohol und Drogen, Lebenskrisen oder unheilbare körperliche Krankheiten. Wenn ein Mensch Lebensunmut äußert oder gar von Selbstmord spricht, muss man dies sehr ernst nehmen. Es gibt zwar wenige Patienten, die in demonstrativer Absicht mit Suizid drohen und damit bestimmte Zwecke verfolgen (z.B. im Rahmen eines Partnerschaftskonfliktes). Die meisten Ankündigungen, vor allem wenn sie mit Depressionen, Ängsten, Schuldgefühlen und Klagen über Aussichtslosigkeit einhergehen, entsprechen aber den tatsächlichen Absichten der Betroffenen. Ein Suizid kann lange geplant sein (z.B. Bilanz bei andauernder Konfliktsituation: „Mein Leben ist verpfuscht, es gibt keine Lösung mehr“), der Entschluss kann aber auch ganz plötzlich innerhalb kürzester Zeit gefasst werden (wenn z.B. im

Rahmen einer Schizophrenie Befehlsstimmen dazu auffordern ☞ 2.6 akustische Halluzinationen).
Bei Suizid unterscheidet man „härtere“ und „weichere“ Methoden. Erstere umfassen u.a. Erhängen, Sturz in die Tiefe, Ertrinken und Benutzen von Feuerwaffen, letztere die Vergiftungen. Bei den Suizidversuchen überwiegen die weichen Methoden, einschließlich Pulsaderschnitt, bei den vollendeten Suiziden die härteren Methoden. Ältere Menschen sowie Patienten mit schweren Depressionen oder einer Schizophrenie greifen häufiger zu den härteren Methoden. Die meisten Suizidversuche werden in einem Alter bis zu 30 Jahren unternommen. Die Zahl der vollendeten Suizide steigt in der Altersgruppe über 60 Jahre. Das Verhältnis Suizid : Selbstmordversuch beträgt bei Männern 1:3 und bei Frauen 1:10. Nicht erkannte Suizide verbergen sich auch hinter Drogentoten und Unfallopfern im Straßenverkehr.

3 Therapie psychiatrischer Erkrankungen

3.1 Psychotherapie

Behandlung psychischer Störungen durch systematische Beeinflussung des Seelenlebens

Unter dem Begriff Psychotherapie werden verschiedene Behandlungsformen zusammengefasst, bei denen Leidenszustände, Lebensprobleme oder Verhaltensstörungen durch systematische Beeinflussung des Seelenlebens behandelt werden. In den letzten Jahren sind vielfältige Therapieformen entstanden, in der folgenden Übersicht sollen aber nur die wichtigsten vorgestellt werden.

3.1.1 Psychoanalyse

Krankheitsbearbeitung durch Bewusstmachen verdrängter Konflikte

(1) Grundlage dieser Therapieform ist die Theorie, dass bestimmte psychische Krankheiten Ausdruck von nicht gelösten Konflikten in der frühen Kindheit sind. Diese Konflikte wurden ins Unbewusste verdrängt. Die Psychoanalyse widmet sich den verdrängten Persönlichkeitsanteilen. Sie wurde von Sigmund Freud (1856–1939) entwickelt. Indikationen für eine Psychoanalyse sind Neurosen (☞ 6.2) und psychosomatische Erkrankungen (☞ 6.4).

Die klassische Psychoanalyse dauert mehrere Jahre mit wöchentlich 2–3 Sitzungen. Die psychoanalytische Kurztherapie hingegen umfasst nur ca. 50 Sitzungen und beschränkt sich auf die Bearbeitung einzelner Konflikte. Der Patient liegt auf einer Couch und berichtet frei über Einfälle, Träume usw. Der Therapeut verhält sich passiv, greift so wenig wie möglich in den Gedanken- und Redefluss ein und deutet, d.h. „analysiert" das Gesagte. Im Verlauf der Therapie treten beim Patienten durch eigene Reflexion und Deutung des Gesagten verdrängte Episoden und Konflikte aus seiner Lebensgeschichte wieder ins Bewusstsein zurück und können nun bearbeitet werden.

3.1.2 Gesprächspsychotherapie

Problemlösung und Verbesserung der Selbstakzeptanz durch den Dialog zwischen Therapeut und Patient

Bei der Gesprächspsychotherapie, auch **nicht-direktive** oder **klientenzentrierte Therapie** (nach Rogers) genannt, ist das charakteristische Merkmal der Arzt-Patient-Dialog. Der Therapeut wiederholt und verdeutlicht somit die Aussagen des Patienten, regt ihn an, seine Probleme in Worte zu fassen und lässt ihn emotionale Zuwendung und Wertschätzung spüren. Eine Gesprächspsychotherapie umfasst 4–20 Sitzungen. Indikationen sind Kriseninterventionen bei aktuellen Konflikten sowie Anpassungsschwierigkeiten.

3.1.3 Verhaltenstherapie

Erlernen neuer Verhaltensmuster

❷ Der Verhaltenstherapie liegt die Annahme zugrunde, dass bestimmte psychische Krankheiten das Ergebnis eines erlernten Fehlverhaltens sind. Im Rahmen der Verhaltenstherapie wird zunächst das „krankhafte" Verhalten analysiert und anschließend ein neues Verhaltensmuster eingeübt. Dafür werden unterschiedliche Techniken angewendet.

Beherrschung der Angst durch Konfrontation mit auslösendem Reiz

Systematische Desensibilisierung Diese Therapieform dient dem Abbau von Ängsten und Phobien. Der Patient lernt zunächst Entspannungstechniken. Anschließend wird er in zunehmendem Ausmaß mit dem Angst auslösenden Reiz konfrontiert (mittels Gedanken, Bildern, Erleben von realen Situationen). Mit Hilfe der Entspannungstechniken gelingt es dem Patienten am Ende, den Angst auslösenden Reiz zu beherrschen.
Beispiel: Ein Mensch mit Spinnenphobie wird zunächst aufgefordert, sich eine Spinne vorzustellen. Dann soll er die Abbildung einer Spinne betrachten und sich schließlich zunächst in Begleitung des Therapeuten einem lebenden Tier nähern.

Abbau von Unsicherheit und Angst

Selbstsicherheitstraining Angst resultiert oft aus mangelndem Selbstvertrauen und führt häufig zu Vermeidungsverhalten. Beim Selbstsicherheitstraining wird selbstbehauptendes Verhalten eingeübt, indem der Therapeut sichere Verhaltensweisen des Patienten z.B. durch Lob positiv verstärkt. Unsichere Verhaltensweisen hingegen werden als negativ dargestellt.

Lernen am Erfolg durch Belohnung und Bestrafung

Operantes Konditionieren Erwünschtes Verhalten wird belohnt, unerwünschtes Verhalten wird entweder nicht beachtet oder aber bestraft. Diese Methode wird z.B. in der Behandlung der Anorexia nervosa (☞ 6.4.3). angewandt.
Biofeedback ist eine Form des operanten Konditionierens. Dabei erlernt der Patient Selbstkontrolle über einige physiologische Aktivitäten wie z.B. Herzfrequenz. Auf diesem Weg lassen sich verschiedene psychosomatische Krankheiten behandeln.

3.1.4 Entspannungsverfahren

Diese Therapieformen arbeiten nicht aufdeckend, sie widmen sich nicht den zugrunde liegenden Krankheitsursachen. Vielmehr arbeiten sie symptomorientiert und erfordern dadurch einen geringeren zeitlichen Behandlungsaufwand. Oft handelt es sich um **suggestive** Verfahren *(lat. suggestio = Eingebung, Einflüsterung)*, d.h. der Patient wird vom Therapeut beeinflusst.

Veränderung der Bewusstseinslage

Hypnose *(gr. hypnos = Schlaf)* Durch Suggestion von außen ändert der Therapeut die Bewusstseinslage des Patienten in Richtung eines schlafähnlichen Zustandes. Hierdurch lassen sich einzelne Symptome wie z.B. einfache Schlafstörungen oder Somatisierungsstörungen (☞ 6.4.1) kurzzeitig positiv beeinflussen. Diese Methode wird aber sehr selten angewandt, da sie die eigentlichen Krankheitsursachen nicht beseitigt und eher Abhängigkeit sowie Passivität des Patienten verstärkt.

Entspannungstechniken

Körperorientierte Verfahren ❸ Patienten erlernen eine bestimmte Technik, um sich entspannen zu können. Zu den körperorientierten Verfahren gehören das Autogene Training und die Progressive Muskelentspannung nach Jakobsen. Diese Techniken sind beispielsweise indiziert bei Unruhe, Schlafstörungen und Schmerzen.

? **Übungsfragen**

❶ Was passiert bei der Psychoanalyse?
❷ Welche Arten der Verhaltenstherapie kennen Sie?
❸ Worauf beruht das Autogene Training?

3.2 Physiotherapie

Beeinflussung der Psyche über die Motorik

Körperliche Behinderungen oder Funktionseinschränkungen stehen bei psychisch kranken Menschen nur selten im Vordergrund der physiotherapeutischen Behandlung. Vielmehr zielt die Physiotherapie innerhalb der Psychiatrie darauf ab, das Bewegungsverhalten des Patienten und sein damit verbundenes Erleben zu beeinflussen. Hierbei werden die Wechselwirkungen zwischen Psyche und Motorik genutzt. Es wird versucht, psychomotorische Störungen wie z.B. Antriebsminderung zu mildern. Der Kranke wird durch Bewegungsübungen zur Selbstwahrnehmung angeregt. Eine Stärkung hin zu einer positiven körperlichen Befindlichkeit kann auch zur psychischen Stabilisierung beitragen.
Beispiel: Ein depressiver Patient fühlt sich geschwächt und kraftlos, er meidet körperliche Anstrengung und legt sich oft ins Bett. Im Krankheitsverlauf nimmt seine Antriebsminderung zu, das Gefühl der körperlichen Schwäche verstärkt sich und die Bewegungsaktivitäten werden folglich weiter reduziert. Schließlich setzt ein Muskelabbau ein und die Beweglichkeit lässt nun tatsächlich nach. Folge ist, dass sich der Kranke durch die Bewegungseinschränkung erst recht nutzlos und unfähig fühlt. Die depressive Symptomatik wird weiter verstärkt und es entsteht ein Teufelskreis. Im Rahmen einer physiotherapeutischen Behandlung wird der Patient langsam wieder „mobilisiert“ und sein Antrieb gefördert. Er verspürt „neue Kräfte“, die sich positiv auf seine Stimmung auswirken.
Die physiotherapeutische Behandlung findet zumeist in Gruppen statt, denn Gruppentherapie fördert die Kontaktfähigkeit und das Sozialverhalten. Die Behandlung soll insgesamt beitragen zur Förderung folgender Kompetenzen:

- Beziehung zum eigenen Körper
- Wahrnehmung der eigenen Persönlichkeit
- Beziehung zur Umwelt.

Wichtig ist, dass der Physiotherapeut über eine medikamentöse Behandlung mit Neuroleptika informiert ist (☞ 3.6.1). Nur so kann er unterscheiden, ob bestimmte motorische Störungen eine organische Ursache haben oder ob sie durch Medikamente hervorgerufen wurden (unerwünschte Nebenwirkungen). Auch sollte der Physiotherapeut in engem Kontakt zum behandelnden Arzt und Pflegepersonal stehen, um zu erfahren, ob während der Therapie psychische Besonderheiten des Patienten zu berücksichtigen sind (z.B. Ängste oder Stimmungsschwankungen).

3.3 Ergotherapie

Förderung alltagspraktischer Fähigkeiten und Stärkung der Leistungsfähigkeit

Ergotherapie *(gr. ergo = Tat, Arbeit)* hilft dem Patienten, die alltäglichen Fähigkeiten zu trainieren, die durch Krankheit beeinträchtigt wurden. Handwerkliche, kreativ-künstlerische oder hauswirtschaftliche Betätigungen stärken folgende Kompetenzen:

- Aufmerksamkeit, Konzentration, Ausdauer und Belastbarkeit
- Wahrnehmung und Gefühlsausdruck
- Selbständigkeit und Eigeninitiative.

3.4 Soziotherapie

Wiedereingliederung in die Gesellschaft

Ziel der Soziotherapie ist es, psychisch Kranke wieder in Gesellschaft und soziales Umfeld einzugliedern. Zunächst werden gemeinsam mit dem Patienten soziale Ursachen psychischer Krankheiten analysiert (z.B. Konflikte in der Familie), anschließend entwickeln Patient und Therapeut gemeinsam Änderungsstrategien und leiten Rehabilitationsmaßnahmen ein (☞ 3.8).

3.5 Pflege

Wichtige therapeutische Aufgaben des Pflegepersonals sind Überwachung, Anleitung und Hilfestellung. Die Krankenschwestern und -pfleger sehen den Patienten im Stationsalltag, unterstützen ihn wenn notwendig bei den Aktivitäten des täglichen Lebens und sind Ansprechpartner bei praktischen Schwierigkeiten. Relevante Veränderungen im Verhalten des Kranken nehmen sie oft als Erste wahr und teilen diese dem Arzt mit. Selbstverständlich sind sie auch für die Behandlungspflege zuständig (z.B. Medikamentengabe).

3.6 Medikamentöse Therapie

- Beeinflussung der Aktivität von Transmittern im ZNS
- Einteilung in verschiedene Gruppen

Viele psychische Störungen werden medikamentös behandelt. Die ersten **Psychopharmaka** wurden eher zufällig in den 40er-Jahren entdeckt, ihre tatsächliche Wirkungsweise jedoch erst viel später erforscht. Bekannt ist heute, dass Psychopharmaka die Wirkung von Transmittern (Dopamin, Serotonin, Noradrenalin) im ZNS verstärken oder abschwächen können. Dadurch werden bestimmte Krankheitssymptome (Denkstörungen, Halluzinationen usw.) beeinflusst.
Einige Medikamente verursachen unerwünschte Nebenwirkungen, die oft dazu führen, dass der Patient die Mittel unwillig einnimmt oder gar absetzt. Eine Aufklärung über Wirkungsweise, mögliche Nebenwirkungen, Auswirkungen auf die Krankheit bei Absetzen und evtl. Behandlungsalternativen ist deshalb notwendig. Da auch Nebenwirkungen auftreten können, welche die Motorik beeinflussen, sollte sich der Physiotherapeut genau über die Medikamente des Patienten informieren.
Psychopharmaka werden in verschiedene Medikamentengruppen eingeteilt.

3.6.1 Neuroleptika

Antipsychotische und teilweise sedierende Wirkung

Den Neuroleptika wird als Hauptwirkung die Blockade von Rezeptoren des Transmitters Dopamin zugeschrieben. Dopamin ist eine Vorstufe von Noradrenalin, einem wichtigen Transmitter des sympathischen Nervensystems.
Als einzige Medikamentengruppe haben sie eine **antipsychotische Wirkung**, d.h. sie beeinflussen Halluzinationen, inhaltliche und formale Denkstörungen, schizophrene Ich-Störungen und Residualzustände (☞ 2.6, ☞ 2.5 und 2.7). Außerdem wirken sie teilweise sedierend. Eingesetzt werden sie zur Behandlung von Schizophrenien, wahnhaften Störungen, Manien, deliranten Zuständen sowie Unruhe- und Erregungszuständen.
Neuroleptika können eine Vielzahl von Nebenwirkungen auslösen. Diese lassen sich aber in aller Regel durch Verringerung der Dosierung deutlich vermindern. Nach Absetzen des Medikamentes klingen sie mit Ausnahme der Spätdyskinesie (s.u.) vollständig ab.
Während der Behandlung mit Neuroleptika treten häufig vegetative Symptome in Erscheinung, z.B. Speichelfluss und Schwitzen, außerdem Kreislaufstörungen, Überempfindlichkeit der Haut gegen Sonnenstrahlen, depressive Verstimmungen, Erektionsstörungen, Dämpfung des sexuellen Verlangens, Menstruationsstörungen und Gewichtszunahme. Wichtig für den Physiotherapeuten sind die **extrapyramidal-motorischen Nebenwirkungen**, die ebenfalls häufig zu beobachten sind:

- Frühdyskinesien können schon nach einmaliger Medikamenteneinnahme auftreten. Hierbei handelt es sich um Muskelkrämpfe von Zunge, Schlund, Unterkiefer, Hals und Wirbelsäule. Sie werden mit Parkinson-Medikamenten behandelt.
- Spätdyskinesien treten bei 10–20 % der Patienten nach Monaten oder Jahren auf. Dabei kommt es zu unwillkürlichen, überschießenden Bewegungen, vorwiegend im Bereich der Zungen-, Mund- und

Gesichtsmuskulatur. Auch die Extremitäten und der Rumpf können betroffen sein. Spätdyskinesien sind in aller Regel irreversibel und einer Behandlung kaum zugänglich.

- Das durch Neuroleptika bedingte Parkinson-Syndrom (Neurologie ☞ 9.2) beginnt frühestens 1–2 Wochen nach Therapiebeginn. Die Symptome entsprechen denen des klassischen Parkinson-Syndroms (Neurologie ☞ 2.2.2).
- Akathisie *(gr. kathizein = sitzen, Sitzunruhe)* zeigt sich in einer subjektiv oft quälend empfundenen Unruhe, die verknüpft ist mit der Unmöglichkeit, längere Zeit sitzen zu bleiben.

3.6.2 Antidepressiva

Behandlung von Depressionen und anderen Erkrankungen

Antidepressiva wirken stimmungsaufhellend, außerdem je nach Mittel sedierend oder antriebssteigernd. Da die Stimmungsaufhellung erst nach 2–3 Wochen einsetzt, die Sedierung oder Antriebssteigerung aber sofort, ist bei Patienten mit Suizidabsichten Vorsicht geboten. Ein antriebssteigerndes Medikament könnte dazu führen, dass der Patient seine Selbstmordabsichten in die Tat umsetzt und wäre in diesem Fall zunächst kontraindiziert.

Depressionen und depressive Verstimmungen sind Hauptindikationen für Antidepressiva. Sie werden aber auch bei Schlafstörungen, Zwangserkrankungen, Phobien, Angststörungen, Panikstörungen, Essstörungen, Schmerzsyndromen und Entzugssyndromen verabreicht.

Nebenwirkungen wie Kreislaufregulationsstörungen, vegetative Störungen oder Gewichtszunahme treten häufig auf. Auch ein Delir (☞ 4.1.1) ist eine mögliche Nebenwirkung.

3.6.3 Medikamente zur Prophylaxe der Psychosen

Bei psychiatrischen Erkrankungen ist oft eine medikamentöse Prophylaxe erforderlich, um ein erneutes Auftreten der Erkrankung zu verhindern.

Lithium

Körpereigenes chemisches Element zur Phasenprophylaxe bei Depressionen und Manien

Lithiumsalze wirken vorbeugend gegen affektive Psychosen (☞ 5.2). Sie werden auch zur Behandlung von Manien eingesetzt, ihre Wirkung ist jedoch während akuter Krankheitsphasen eher gering. Der genaue Wirkmechanismus ist noch nicht bekannt. Die Wirkung setzt erst ein, wenn eine bestimmte Serumkonzentration im Blut erreicht wird. Diese muss regelmäßig mittels Blutuntersuchungen gemessen werden, da die therapeutische Breite des Medikamentes sehr gering ist, d.h. wirksame und toxische Konzentration liegen eng beieinander. Schon eine geringe Überdosierung kann starke Nebenwirkungen verursachen (z.B. Tremor, Ataxie, Erbrechen, Durchfall, Schläfrigkeit, Verlangsamung, verwaschene Sprache). Schwere Vergiftungen können zu Nierenversagen, epileptischen Krampfanfällen sowie Bewusstseinsstörungen bis hin zum Koma führen und verlaufen nicht selten tödlich.

Kontraindikationen für die Behandlung mit Lithium sind u.a. schwere Nierenfunktionsstörungen, Schilddrüsenerkrankungen und schwere

Herz- und Kreislaufkrankheiten. Auch sollten diejenigen Patienten nicht mit Lithium behandelt werden, bei denen eine zuverlässige Einnahme des Medikamentes zweifelhaft ist.

Carbamazepin

Carbamazepin wird zur Behandlung epileptischer Anfallsleiden und bei Schmerzerkrankungen eingesetzt. Das Medikament wirkt aber auch prophylaktisch bei affektiven Psychosen.

Depot-Neuroleptika

Sonderform der Neuroleptika

Hierbei handelt es sich um bestimmte Neuroleptika, die intramuskulär injiziert werden und eine Wirkdauer von 1–4 Wochen haben. Indikationen sind chronische Schizophrenien oder sonstige chronisch-wahnhafte Krankheiten.

3.6.4 Tranquilizer und Hypnotika

Gefahr der Abhängigkeit bei lang anhaltender Einnahme:
- Tranquilizer = Beruhigungsmittel
- Hypnotika = Schlafmittel

Tranquilizer *(engl. to tranquilize = beruhigen)* sind Medikamente, die angstlösend und beruhigend wirken. Schlafmittel werden als **Hypnotika** bezeichnet. Die wichtigsten Vertreter beider Arzneimittel gehören der Gruppe der Benzodiazepine an. Diese haben folgende Wirkungen: anxiolytisch (Angst lösend), sedierend (beruhigend), Schlaf fördernd, Muskel relaxierend, antiepileptisch. Als Nebenwirkungen können Müdigkeit, Konzentrationsschwäche, verminderte Leistungs- und Reaktionsfähigkeit, Koordinationsstörungen sowie Schwindel auftreten. Bei regelmäßiger, längerer Einnahmedauer besteht die Gefahr einer Suchtentwicklung (☞ 7.2).

3.7 Weitere Therapieformen

3.7.1 Elektrokrampftherapie

Erzeugung eines künstlichen epileptischen Krampfanfalls

Bei der Elektrokrampftherapie (EKT) wird durch elektrische Impulse künstlich ein epileptischer Krampfanfall erzeugt. Im Anschluss daran tritt häufig eine Besserung oder ein Abklingen der Krankheitssymptome ein. Die genauen Wirkmechanismen sind aber noch nicht bekannt.
Eine EKT wird in Deutschland sehr selten und nur in wenigen Kliniken durchgeführt. Die Indikationen beschränken sich auf schwerwiegende psychische Erkrankungen wie schwere Depressionen oder katatone Schizophrenien, wenn alle sonstigen Behandlungsversuche keine Besserung erbracht haben. Sie erfolgt unter Kurznarkose und Muskelrelaxation. Häufige Nebenwirkungen sind kurzzeitige Störungen von Gedächtnis und Merkfähigkeit.
Für eine EKT bedarf es einer schriftlichen Einverständniserklärung des Patienten oder seines gesetzlichen Betreuers (☞ 10).

3.7.2 Schlafentzug

Wirksamkeit bei endogenen Depressionen

Schlafentzug stellt bei endogenen Depressionen eine wirksame Therapiemaßnahme dar. Die Patienten dürfen in der Nacht und am darauf folgenden Tag nicht schlafen, müssen sich bis zum nächsten Abend durch Beschäftigung wach halten. Die Stimmungslage wird dadurch zumindest für kurze Zeit etwas gehoben. Eine Wiederholung in mehrtägigen Abständen ist möglich. Die Wirkungsweise ist noch nicht geklärt, man vermutet aber eine günstige Beeinflussung des chronobiologischen Rhythmus.

3.7.3 Lichttherapie

Stimmungsaufhellende Effekte

Der Patient setzt sich täglich ca. 1–2 Stunden einer speziellen Lichtquelle aus (Therapielampe mit 2500 Lux). Im Verlauf der Therapie sind oft stimmungsaufhellende Effekte zu beobachten. Der genaue Wirkmechanismus ist nicht bekannt. Indikationen sind endogene Depressionen.

3.8 Rehabilitation

Wiedereingliederungsmaßnahmen nach der Akutbehandlung:
- Wohnheim, Wohngruppe, Betreutes Wohnen
- Reha-Werkstatt, Berufsförderungswerke

Im Anschluss an die Akutbehandlung bedarf der Patient häufig einer Rehabilitation, da sich im Rahmen der Krankheit Defizite entwickelt haben (z.B. Antriebs- und Konzentrationsstörungen). Zur sozialen und beruflichen Wiedereingliederung stehen je nach Ausmaß der Defizite verschiedene Einrichtungen zur Verfügung: Wohnheime mit Vollversorgung, Wohngruppen mit Teilversorgung, ambulante Unterstützung in der eigenen Wohnung (Betreutes Wohnen), Arbeit in einer Reha-Werkstatt, Berufsausbildung in Berufsförderungswerken.

4 Organische Psychosen

Psychische Störungen mit organischer Ursache:
- körperliche Krankheiten
- Intoxikationen

Unter Psychosen versteht man ganz allgemein psychische Störungen, die Krankheitswert besitzen. Unterteilt werden sie in organische und endogene Psychosen (☞ 5).

Organische Psychosen beruhen auf vorübergehenden oder dauerhaften Schädigungen des ZNS, ausgelöst durch körperliche Erkrankungen oder toxische Einflüsse. Deshalb werden sie auch als hirnorganisches Psychosyndrom (HOPS) oder exogene Psychosen bezeichnet.

Mögliche Ursachen organischer Psychosen sind:
- entzündliche Prozesse (z.B. Meningitis, Enzephalitis, Multiple Sklerose, HIV-Enzephalopathie)
- Raumforderungen (z.B. Hirntumor, Metastasen)
- Traumata (z.B. Schädel-Hirn-Trauma)
- endokrinologische Erkrankungen (z.B. Hypothyreose, Hypoglykämie)
- vaskuläre Störungen (z.B. Durchblutungsstörungen, Schlaganfall)
- metabolische Störungen (z.B. bei Nieren- und Lebererkrankungen)
- genetische Defekte (z.B. Klinefelter-Syndrom, Down-Syndrom)
- degenerative Krankheiten (z.B. Parkinson-Krankheit, Alzheimer-Demenz)
- toxische Einflüsse (z.B. Drogen, Alkohol, Medikamente, Chemikalien).

Beginn und Verlauf:
- akut oder schleichend
- chronisch oder reversibel

Organische Psychosen treten relativ häufig auf und zwar je nach Häufigkeit der ursächlichen körperlichen Erkrankung. Potentiell kann jeder Mensch erkranken, er kann z.B. infolge hohen Fiebers halluzinieren. Die Krankheitssymptome können vielfältig sein und lassen nicht unbedingt auf die Art der organischen Schädigung schließen. Auch Beginn und Verlauf der Psychosen sind unterschiedlich. Je nach Krankheitsursache können sie schleichend oder akut auftreten, können reversibel (heilbar) sein oder chronisch werden.

4.1 Akute organische Psychosen

Plötzliches Auftreten, zumeist kurzer Verlauf:
- Delir
- Halluzinose
- Dämmerzustand
- Durchgangssyndrom

Akute organische Psychosen treten plötzlich auf und klingen unter adäquater Behandlung meist innerhalb weniger Tage ab. Nur selten kommt es zu einem chronischen Verlauf (☞ 4.2).

Leitsymptome der Erkrankungen sind Bewusstseins- und Orientierungsstörungen (☞ 2.1 und ☞ 2.2.). Zusätzlich können weitere vielfältige psychiatrische Symptome auftreten, die auch bei anderen psychischen Erkrankungen beobachtet werden:
- inhaltliche und formale Denkstörungen (☞ 2.5)

- Wahrnehmungsstörungen (☞ 2.6)
- Affektstörungen (☞ 2.4)
- Störungen der Aufmerksamkeit und Gedächtnisfunktionen (☞ 2.8)
- Antriebsstörungen (☞ 2.10).

Die **Diagnosestellung** beruht auf den klinischen Symptomen, der Anamnese und speziellen Untersuchungen (z.B. Blutuntersuchungen, Liquorpunktion, CCT).
Die **Therapie** richtet sich nach der zugrunde liegenden Erkrankung. Zusätzlich bedürfen die psychiatrischen Krankheitssymptome oftmals einer medikamentösen Behandlung mit Psychopharmaka (☞ 3.6).

4.1.1 Delir

Mögliche Ursachen:
- Entzug von Alkohol, Drogen oder Medikamenten
- Einwirkung von Medikamenten, Drogen oder anderen toxischen Substanzen
- schwerwiegende Krankheiten

❶ Ein Delir (*lat. delirare = verrückt sein*) wird hervorgerufen durch eine akute, zumeist vorübergehende Schädigung des Gehirns. Diese kann durch bestimmte Substanzen verursacht werden (z.B. Medikamente), sie kann aber auch bei schweren Krankheiten auftreten (z.B. Malaria, chronische Lebererkrankungen). Häufig handelt es sich um ein **Entzugsdelir**, das bei Suchtkranken wenige Tage nach Absetzen des entsprechenden Suchtstoffes beginnt. Ursache ist das plötzliche Fehlen der vorher missbräuchlich zugeführten Substanz. Alkoholabhängige sind von einem Entzugsdelir am häufigsten betroffen. Die Krankheitsdauer beträgt in der Regel 5–15 Tage. Eine stationäre Behandlung ist erforderlich, da das Delir lebensbedrohlich verlaufen kann.

Klinik

- Prodromi: Tachykardie, Unruhe, Schwitzen
- Vollbild: qualitative Bewusstseinsstörungen, optische Halluzinationen, Kreislaufinsuffizienz

Zunächst kündigt sich das Delir durch Vorboten (Prodromi) an. Solche **Prodromi** sind Unruhe, Schlafstörungen, Tachykardie, arterieller Hypertonus, Schwitzen und Tremor.
Im weiteren Verlauf entwickelt sich das **Vollbild** des Delirs, welches einhergeht mit:
- Bewusstseinsstörungen (☞ 2.1) und Desorientierung
- optischen Halluzinationen (zumeist wird Ungeziefer halluziniert, im Volksmund scherzhaft „Der sieht weiße Mäuse")
- Erregungszuständen
- Personen- und Situationsverkennungen
- Kreislaufinsuffizienz
- Elektrolytentgleisungen
- epileptischen Krampfanfällen.

Therapie

Stationäre Überwachung und medikamentöse Behandlung

Die Behandlung sollte möglichst schon mit Auftreten der Prodromi begonnen werden und muss in einer Klinik erfolgen. Im Vordergrund steht eine medikamentöse Therapie zur:
- Stabilisierung des Kreislaufs
- Normalisierung der Elektrolytentgleisungen
- Sedierung und Behandlung der Halluzinationen
- Prophylaxe epileptischer Krampfanfälle.

Des Weiteren ist eine ständige Überwachung erforderlich, um (lebens-) bedrohliche Veränderungen rechtzeitig erkennen zu können und nötigenfalls eine intensivmedizinische Behandlung einzuleiten.

4.1.2 Halluzinose

Leitsymptom sind Halluzinationen

Eine Halluzinose kann durch Substanzen wie Alkohol und Drogen verursacht werden. Im Vordergrund dieser Psychose stehen Halluzinationen, sonstige Bewusstseinsstörungen fehlen. Bei der **Alkoholhalluzinose** finden sich akustische Halluzinationen, unter Einwirkung von Drogen (z.B. LSD) treten hingegen optische Halluzinationen auf. Manchmal werden die Halluzinationen vom Patienten wahnhaft verarbeitet. Die Therapie erfolgt medikamentös.

4.1.3 Dämmerzustand

Qualitative Bewusstseinsstörung

Ein Dämmerzustand tritt z.B. nach epileptischen Krampfanfällen (Neurologie ☞ 4.5) und (Alkohol-)Intoxikationen auf. Leitsymptom ist die qualitative Bewusstseinsstörung (☞ 2.1), bei in Grenzen erhaltener Handlungsfähigkeit. Auf den ersten Blick kann der Patient relativ geordnet erscheinen, sein Denken ist aber eingeengt und seine Steuerungs- und Besinnungsfähigkeit vermindert. Für die Zeit des Dämmerzustandes, welcher plötzlich einsetzt und über Stunden bis Tage andauern kann, besteht Amnesie (Erinnerungsstörungen ☞ 2.8).

4.1.4 Durchgangssyndrome

Vorübergehende hirnorganische Schädigungen ohne quantitative Bewusstseinsstörung

❷ Durchgangssyndrome beruhen auf akuten hirnorganischen Schädigungen und treten z.B. nach Operationen oder in Folge von schweren körperlichen Krankheiten auf. Sie dauern mehrere Stunden bis Tage und klingen vollständig ab. Die Symptome können vielfältig sein, z.B. Halluzinationen, wahnhafte Verkennungen, affektive Verstimmungen, Desorientierung, Gedächtnisstörungen, Unruhe. Eine quantitative Bewusstseinsstörung (☞ 2.1) besteht hingegen nicht. Behandelt wird symptomorientiert mit Medikamenten.

? Übungsfragen

❶ Wodurch wird ein Delir ausgelöst?

❷ Was versteht man unter Durchgangssyndrom?

4.2 Chronische organische Psychosen

Verursacht durch irreversible Hirnschädigungen

Den chronischen organischen Psychosen liegt eine irreversible Schädigung der Hirnsubstanz zugrunde. Die Ursachen sind unterschiedlich, meist handelt es sich aber um degenerative Prozesse oder Auswirkungen schwerer Krankheiten (z.B. Schädel-Hirn-Trauma, Schlaganfall, Enzephalitis).

Symptome der chronischen organischen Psychosen:
- Veränderungen der Persönlichkeit
- Verhaltensstörungen
- Hirnleistungsminderung

Chronische organische Psychosen führen zu Veränderungen der Persönlichkeit (Wesensänderungen), Störungen des Verhaltens und Einbußen der Hirnleistungsfähigkeit. Häufige Symptome sind:
- verminderte Aufmerksamkeit und Konzentrationsschwäche
- Gedächtnisstörungen, Konfabulationen (☞ 2.8)
- verlangsamte Denkabläufe, Schwierigkeiten bei logischen und abstrakten Gedankengängen, Auffassungsschwierigkeiten
- Antriebsstörungen (☞ 2.10)
- Affektstörungen (z.B. Stimmungsschwankungen, Affektlabilität, Euphorie, Impulsivität, Aggressivität)
- verminderte Kontroll- und Steuerungsfähigkeit
- verminderte Urteils- und Kritikfähigkeit
- Verhaltensauffälligkeiten (z.B. verändertes Kontaktverhalten mit Distanzlosigkeit, Vernachlässigung sozialer Konventionen, auffälliges Ess- oder Sexualverhalten).
- Seltener können auch Halluzinationen oder ein Wahn auftreten.

Die **Diagnosestellung** erfolgt in aller Regel durch Bild gebende Verfahren (CCT, MRT). Hiermit lassen sich Schädigungen der Hirnsubstanz gut darstellen.
Die **Therapie** richtet sich zum einen nach der Krankheitsursache und ist zum anderen symptomorientiert (z.B. Psychopharmaka zur Behandlung einer Affektstörung). Eine Heilung ist nicht möglich.

4.2.1 Demenz

- fortschreitende Abnahme der Hirnleistungsfähigkeit
- Krankheitsbeginn zumeist im höheren Lebensalter

Die Demenz (*gr. dementia = Wahnsinn*) ist eine überwiegend im Alter auftretende Erkrankung, bei der es zu Beeinträchtigungen der intellektuellen und sozialen Fähigkeiten kommt. Die Persönlichkeit verändert sich, Verhaltens- und Affektstörungen sind zu beobachten, und die Kompetenzen im Alltag lassen nach. In fortgeschrittenen Krankheitsstadien kommen oftmals Beeinträchtigungen der körperlichen Funktionen hinzu (z.B. Inkontinenz). Nahezu jeder Kranke verliert seine Selbständigkeit und benötigt Hilfe und Unterstützung.
Das Krankheitsrisiko nimmt mit fortschreitendem Lebensalter stark zu. Bei den über 80-Jährigen sind zwischen 25 und 50% von einer dementiellen Erkrankung betroffen.

Ursachen

Häufigste Ursachen:
- degenerative Prozesse
- vaskuläre Schädigungen

❶ Die Demenz kann verschiedene Ursachen haben. Am häufigsten beruht sie aber auf degenerativen zerebralen Schädigungen. Diese können sowohl diffus als auch umschrieben sein, d.h. entweder ist das gesamte Gehirn betroffen oder es sind bestimmte Teile der Hirnmasse geschädigt. Darüber hinaus kann die Demenz auch Folge von Alkoholabhängigkeit, HIV-Erkrankung, schweren Stoffwechselerkrankungen oder sonstigen Hirnschädigungen sein.

Klinik

Der Beginn einer Demenz wird oftmals nicht erkannt, da die Symptome zunächst diskret sein können und vom Patienten überspielt werden. Anfangs bestehen meist Aufmerksamkeitsdefizite, eine leichte Vergesslich-

keit und zeitliche Orientierungsschwierigkeiten. Im weiteren Verlauf nehmen die Beeinträchtigungen zu und können schließlich nicht mehr verborgen werden. Bei schweren Demenzformen ist der Kranke nicht allein existenzfähig und bedarf einer umfassenden Pflege.
Die häufigsten Krankheitssymptome sind:

- Störungen der Merkfähigkeit und Gedächtnisfunktionen (☞ 2.8)
- Störungen der Aufmerksamkeit und Konzentration
- Auffassungsschwierigkeiten, Störungen des Denkvermögens (☞ 2.5)
- Störungen der Orientierungsfähigkeit (☞ 2.2).

Weitere mögliche Symptome sind:

- Affektlabilität, depressive Verstimmung, verminderte emotionale Kontrolle
- Angst und Unruhe
- Schlafstörungen
- Halluzinationen und Wahn
- Beeinträchtigungen der sprachlichen Ausdrucksfähigkeit
- Störungen im Sozialverhalten, Verlust sozialer Kompetenzen.

Diagnostik

Anamnese, Bild gebende Verfahren, Laboruntersuchungen, EEG, Untersuchung der Blutgefäße, psychologische Testverfahren

Häufig reichen Anamnese und vorherrschende Symptomatik aus, um die Verdachtsdiagnose einer Demenz zu stellen. Zur Sicherung derselben werden weitere Untersuchungen durchgeführt:

- Laboruntersuchungen bestätigen Infektionen, Stoffwechselstörungen usw.
- CCT und MRT zeigen diffuse Veränderungen der Gehirnsubstanz oder Defekte in bestimmten Hirnarealen.
- Die Doppler-Sonografie der Hirn versorgenden Arterien liefert Hinweise auf mögliche Ursachen von Durchblutungsstörungen.
- EEG-Untersuchungen zeigen zwar keine konkrete Krankheitsursache an, Veränderungen können aber die Diagnose untermauern.
- Testpsychologische Untersuchungen (☞ 1.2.2) geben Aufschluss über die Art und die Ausprägung der Defizite, sie werden außerdem zur Verlaufsbeobachtung herangezogen.

Therapie

medikamentös, sozio-, ergo- und physiotherapeutisch

❷ Da Demenzen irreparabel sind, ist eine kurative Behandlung der Grundkrankheit nicht möglich. Es kann aber versucht werden, die zugrunde liegende Erkrankung symptomatisch zu behandeln (z.B. Durchblutungsförderung/Sekundärprophylaxe bei vaskulärer Demenz ☞ 4.2.2). Auch die einzelnen Krankheitssymptome der Demenz lassen sich manchmal durch Behandlung bessern. Des Weiteren kann versucht werden, ein Fortschreiten der Erkrankung zu verlangsamen oder zu stoppen.

Medikamentöse Therapie

- Medikamente zur Behandlung der internistischen, neurologischen oder sonstigen Grunderkrankung
- Psychopharmaka zur Behandlung von Unruhe, Schlafstörungen, Halluzinationen (Bei dementen Patienten können Schlafmittel para-

dox wirken und Unruhe verursachen, hingegen kann Koffein durch ebenfalls paradoxe Wirkung den Schlaf fördern.)

- Einige neu entwickelte Medikamente verzögern das Fortschreiten der Alzheimer-Demenz. Sie können allerdings Nebenwirkungen verursachen, und der Patient muss sich deshalb regelmäßigen Kontrolluntersuchungen unterziehen.

Sozio- und Ergotherapie

Kompetenzerhalt und -förderung

Im Vordergrund der Therapie dementer Patienten stehen Ausbau oder zumindest Erhalt der vorhandenen Fähigkeiten. Hiermit sollte schon im Anfangsstadium der Krankheit begonnen werden. Im Rahmen der Sozio- und Ergotherapie werden alltagspraktische Verrichtungen trainiert, es erfolgen Übungen für das Denkvermögen, die Sprache und Konzentration sowie ein Orientierungs- und Gedächtnistraining. Der Tagesablauf wird strukturiert und eine regelmäßige Beschäftigung wird angestrebt.

Ambulante und stationäre Versorgungsmaßnahmen

Versorgungsmaßnahmen sind unumgänglich

Patienten, die an einer mittelschweren oder schweren Demenz leiden, sind nicht mehr in der Lage, sich vollkommen selbständig zu versorgen. Je nach Schwere der Erkrankung werden ambulante oder stationäre Maßnahmen erforderlich. Diese sind sehr vielfältig und müssen individuell eingesetzt werden. Sie reichen von „Essen auf Rädern" über Putz- und Einkaufshilfen, Unterstützung durch einen ambulanten Pflegedienst und Besuch einer geriatrischen Tagesstätte bis hin zu häuslicher Pflege rund um die Uhr. Die Aufnahme in ein Pflegeheim sollte in aller Regel erst erfolgen, wenn alle anderen Maßnahmen nicht mehr ausreichen. Umgebungswechsel und Verlust des vertrauten Umfeldes sind für den Kranken nämlich oft mit massiver Verunsicherung, Ängsten und Zunahme der Orientierungsstörungen verbunden.
Da dementielle Erkrankungen für die Angehörigen der Patienten mit großen Belastungen verbunden sind, ist Aufklärung und Schulung sehr wichtig. In jeder größeren Stadt wurden inzwischen Beratungsstellen eingerichtet, die entsprechende Arbeit leisten.

Juristische Situation

Notwendigkeit juristischer Maßnahmen

In fortgeschrittenen Stadien der Demenz sind die Patienten häufig nicht mehr in der Lage, notwendige Entscheidungen zu treffen (z.B. bezüglich der Gesundheitssorge) und ihre Angelegenheiten selbstständig zu regeln. Eine gesetzliche Betreuung wird erforderlich (☞ 10).

Physiotherapie

Körperliche Aktivierung und Erhaltung der Beweglichkeit

Da demente Patienten teilweise antriebsgemindert sind, ist eine aktivierende Therapie notwendig. Motorische Funktionen, die für die alltagspraktischen Verrichtungen erforderlich sind, sollten trainiert werden, denn nur so kann die Selbständigkeit eines Demenzkranken möglichst lange erhalten werden. Ein besonderes Augenmerk ist auf Feinmotorik und Bewegungskoordination zu richten. Diese können im Rahmen einer Demenz häufig beeinträchtigt sein.
Eine Überforderung des Patienten während der Therapie sollte man unbedingt vermeiden. Gegebenenfalls kann es passieren, dass er sich zurückzieht und „abschaltet". Allerdings ist auch eine Unterforderung ungünstig, da sie den Kompetenzverlust verstärkt.

4.2.2 Verschiedene Demenzformen

Alzheimer-Demenz

- häufigste Demenzerkrankung
- Typ 1 und Typ 2
- progredienter Verlauf

Die Alzheimer-Demenz ist die am häufigsten auftretende Demenzerkrankung. Man unterscheidet einen Typ 1 mit Beginn nach dem 65. Lebensjahr von einem Typ 2 mit Beginn vor dem 65. Lebensjahr. Während Typ 2 eher selten auftritt, steigt das Risiko einer Erkrankung an Demenz Typ 1 mit zunehmendem Alter (bei über 80-Jährigen sind 25–50 % betroffen).

Ursache

Verursacht wird die Krankheit durch degenerative zerebrale Veränderungen, die möglicherweise genetisch bedingt sind. Diese Veränderungen nehmen im Krankheitsverlauf zu und umfassen die Schädigung der Nervenzellen, die Ausbildung von so genannten Amyloid-Plaques (Eiweißkörper) sowie Neurofibrillen. Auch eine Verminderung von Neurotransmittern ist zu beobachten. Schließlich resultiert eine diffuse Atrophie des Gehirns.

Klinik

Die Alzheimer-Demenz beginnt zumeist mit Störungen der Merkfähigkeit und des Kurzzeitgedächtnisses (☞ 2.8). Zeitliche und situative Orientierungsfähigkeit lassen nach, Aufmerksamkeit und Konzentration sind vermindert, und es kommt häufig vor, dass der Patient Dinge verlegt oder verliert. Zunächst überspielt er seine Beeinträchtigungen, doch spätestens, wenn er z.B. vom Einkaufen nicht nach Hause zurückfindet, wird seine Umgebung auf die Krankheit aufmerksam.
❸ Charakteristisch im weiteren Verlauf ist eine stetige Zunahme und Ausweitung der geistigen Defizite. Orientierungsschwierigkeiten treten nun in allen Bereichen auf (☞ 2.2), das Langzeitgedächtnis nimmt ab, und es kommt zu Beeinträchtigungen der sprachlichen Ausdrucksfähigkeit. Letztere beschränken sich zunächst auf Wortfindungsstörungen, in fortgeschrittenen Krankheitsstadien ist jedoch manchmal ein völliger Verlust der Sprache zu verzeichnen. Das Denkvermögen nimmt drastisch ab, selbst einfachste Sachverhalte werden nicht verstanden und

eine sinnvolle Kommunikation ist schließlich nicht mehr möglich. Affektstörungen (☞ 2.4) treten in Erscheinung und viele Patienten reagieren auf den Verlust ihrer sozialen Kompetenzen – den sie in aller Regel zumindest anfänglich wahrnehmen – mit depressiven Verstimmungen. Es können aber auch leichte Reizbarkeit und Aggressivität resultieren, außerdem Angst und Unruhe, wenn der Kranke z.B. unter optischen Halluzinationen leidet. In der letzten Krankheitsphase ist der Patient nicht mehr in der Lage, die Verrichtungen des alltäglichen Lebens selbstständig durchzuführen und benötigt Hilfe bei der Körperpflege, dem Ankleiden und der Nahrungsaufnahme. Die Körperfunktionen werden nicht mehr beherrscht, eine Inkontinenz tritt auf und fortschreitende Störungen der Bewegungskoordination verursachen Immobilität. Zunehmende Schluckstörungen verursachen Abmagerung sowie Auszehrung und schließlich führt die progredient verlaufende Krankheit nach längstens 10 Jahren zum Tode.

Diagnose und Therapie

Die Diagnose lässt sich oft schon aufgrund der vorherrschenden Symptomatik stellen. Im CCT sind außerdem die für eine Alzheimer-Demenz typischen degenerativen Veränderungen des Gehirns erkennbar, nämlich Hirnatrophie mit erweiterten Liquorräumen. Zum Ausschluss anderer Ursachen können weitere Untersuchungen durchgeführt werden (☞ 4.2.1).

Die Therapie der Krankheit beschränkt sich auf symptomatische Maßnahmen (☞ 4.2.1).

Vaskuläre Demenz

Demenz infolge Gefäßerkrankung

Die vaskuläre *(lat. vas = Gefäß)* Demenz, auch Multiinfarktdemenz genannt (subkortikale arteriosklerotische Enzephalopathie, ☞ Neurologie 5.1.1), entsteht durch eine Sklerose der Blutgefäße, die das Gehirn versorgen. Betroffen sind vor allem Patienten mit Krankheiten, die Risikofaktoren für Gefäßerkrankungen darstellen (z.B. Bluthochdruck, Diabetes mellitus, Adipositas).

Klinik

Die Krankheit ist durch einen wechselhaften Verlauf gekennzeichnet. Sie kann akut auftreten (z.B. nach Schlaganfall), kann sich aber auch langsam entwickeln. Eine kurzzeitige Besserung der Krankheitszeichen ist möglich.

❹ Häufige Symptome sind akute Verwirrtheitszustände, die wieder abklingen, außerdem Orientierungsschwierigkeiten und Gedächtnisstörungen. Hinzu kommen in aller Regel körperliche Krankheitssymptome (z.B. Halbseitenlähmung nach Schlaganfall).

Diagnose und Therapie

Die Diagnose wird gestellt durch den Nachweis eines Hirninfarktes oder Multiinfarkt-Syndroms (= viele kleine Hirninfarkte) im CCT. Die Doppler-Sonographie gibt Aufschluss über mögliche Ursachen von Durchblutungsstörungen.

Therapeutisch wird versucht, durch Medikamente die Durchblutung des Gehirns zu fördern bzw. die Ausbildung von neuen Hirninfarkten zu verhindern. Daher müssen die Vorerkrankungen (Bluthochdruck usw.) bestmöglich behandelt werden.

Lewy-Körper-Demenz

Fluktuierende Verwirrtheit und optische Halluzinationen

Die Lewy-Körper-Demenz ist die zweithäufigste Demenzform. Dabei kommt es neben Veränderungen, die bei der Alzheimer-Demenz auftreten, auch zu einer Zunahme von intrazellulären Einschlusskörperchen (Lewy-Körper) in bestimmten Hirnarealen. Lewy-Körper finden sich vermehrt auch beim idiopathischen Parkinson-Syndrom.
Typische Symptome sind fluktuierende Verwirrtheit, optische Halluzinationen sowie extrapyramidal-motorische Bewegungsstörungen (Parkinson-Symptome und häufige Stürze). Der Krankheitsverlauf ist fluktuierend und häufig schneller progredient als bei der Alzheimer-Demenz. Cholinesterasehemmer können den Krankheitsverlauf bremsen. Die Halluzinationen sind mit Neuroleptika nur schwer zu beeinflussen, zudem reagieren Patienten sehr empfindlich mit extrapyramidal-motorischen Nebenwirkungen.

Demenzen infolge Systematrophien

Störung der Hirnfunktion in umschriebenen Gebieten

Demenzen treten infolge von Systematrophien auf. Hierbei handelt es sich um degenerative neurologische Krankheiten, die bestimmte Anteile des Gehirns betreffen (z.B. Frontal- oder Schläfenhirn, Stammganglien).

- Demenz bei Parkinson-Erkrankung (Neurologie ☞ 9.1)
- Demenz bei Chorea Huntington (Neurologie ☞ 9.4.1)
- Demenz bei Creutzfeldt-Jakob-Krankheit (Neurologie ☞ 6.7.1)
- Demenz bei Multipler Sklerose (Neurologie ☞ 7.1)
- Demenz bei Pick-Erkrankung (fronto-temporale Demenz mit Atrophien im Bereich der Stirn- und Schläfenlappen)

Die dementielle Symptomatik verläuft bei diesen Krankheiten zumeist progredient, und die Behandlung ist symptomorientiert (z.B. Psychopharmaka gegen Angst, Unruhe).

Sonstige Demenzen

Toxische und entzündliche Ursachen

Hirnschädigungen können entstehen durch die Einwirkung toxischer Stoffe oder durch Entzündungen. Relativ häufig treten auf:

- Alkohol-Demenz (Hirnschädigung infolge langjähriger Alkoholabhängigkeit (☞ 7.1.2)
- Demenz bei HIV-Erkrankung (Neurologie ☞ 6.5.4)
- Demenz bei Neurolues (Neurologie ☞ 6.6.2).

? Übungsfragen

1. Welche Ursachen einer Demenz kennen Sie?
2. Wie wird eine Demenz behandelt?
3. Wie ist der charakteristische Verlauf einer Alzheimer-Demenz?
4. Welche Symptome treten häufig bei einer vaskulären Demenz auf?

5 Endogene Psychosen

Unterteilung in:
- schizophrene Psychosen
- affektive Psychosen

Endogene Psychosen sind Erkrankungen, deren genaue Ursache bisher noch nicht vollständig geklärt werden konnte. Sicher ist, dass bei einem Teil der Patienten eine genetische Veranlagung besteht und Neurotransmitter-Störungen vorliegen. Auch psychische Faktoren wie Belastungssituationen scheinen einen Einfluss auf den Ausbruch der Krankheiten auszuüben. Man geht deshalb von einer „multifaktoriellen Genese" aus, d.h. an der Entstehung sind mehrere Faktoren beteiligt. Im Unterschied zu den organischen Psychosen und den erlebnisreaktiven psychischen Erkrankungen können den endogenen Psychosen (= von innen kommend) weder spezifische körperliche Krankheiten noch eine ausschließlich „psychogene" Ursache zugeordnet werden. Die weitere Ursachenforschung in diesem Bereich bleibt abzuwarten.
Endogene Psychosen werden unterteilt in schizophrene und affektive Psychosen.

5.1 Schizophrene Psychosen

Die Schizophrenie *(gr. schizo = ich spalte, phren = Geist)* ist eine Geisteskrankheit, die vielfältige Symptome und einen sehr unterschiedlichen Krankheitsverlauf aufweisen kann. Aus diesem Grund wurde sie in verschiedene Formen unterteilt, wobei sich die Unterteilung nach der Symptomatik richtet, die jeweils im Vordergrund steht. Die Erkrankung wurde erstmals 1896 beschrieben und damals wegen ihres zumeist chronischen Verlaufs als Dementia praecox (vorzeitige Demenz) bezeichnet. Dieser Begriff wird heute nicht mehr verwendet, da sich die Prognose aufgrund neuer Behandlungsmöglichkeiten deutlich verbessert hat. Auch Begriffe wie „Spaltungsirresein" oder „Jugendirrsinn" werden nicht mehr benutzt.
Schizophrenie ist eine Krankheit, die weltweit mit einer Häufigkeit von ca. 1% der Bevölkerung auftritt. Der Erkrankungsbeginn liegt in der Regel zwischen Pubertät und 30. Lebensjahr. Frauen erkranken etwas später als Männer, ansonsten konnten bisher keine signifikanten Krankheitsunterschiede zwischen den Geschlechtern festgestellt werden.

Ursachen

Multifaktorielle Genese

❶ Die Ursachenforschung der Schizophrenie ist noch nicht abgeschlossen, und ein einzelner Krankheitsgrund konnte bisher nicht sicher nachgewiesen werden. In früheren Jahren wurden verschiedene **psycho- und soziogenetische Theorien** entwickelt (z.B. gestörte Familiendynamik, ungünstige Lebensumstände, Traumata). Mittlerweile geht man aber davon aus, dass psychische und soziale Gegebenheiten nicht Ursache der Krankheit sind, sondern als Auslösefaktoren bei entsprechender Veranlagung wirken können. Familienuntersuchungen haben ergeben, dass die Schizophrenie unter nahen Verwandten gehäuft vorkommt. Von einer **erblichen Veranlagung** muss deshalb ausgegangen werden. Auch **biochemische Störungen** sind anzunehmen, da bei vielen Kranken eine Überaktivität des Neurotransmitters Dopamin besteht. Der aktuelle Forschungsstand legt eine **multifaktorielle Genese** nahe, d.h. die Schizophrenie entsteht vermutlich aus dem Zusammenspiel verschiedener Faktoren.

Klinik

meist schleichender Beginn, vielfältige Krankheitssymptome möglich:
- inhaltliche und formale Denkstörungen
- Ich-Störungen
- Wahrnehmungsstörungen
- Affektstörungen
- katatone Symptome
- Residualsymptomatik

❷ Die Krankheit beginnt oft schleichend über mehrere Monate mit unspezifischen Vorboten (Prodromi). Hierbei handelt es sich häufig um Schlafstörungen, nachlassende Konzentration, unklare körperliche Beschwerden sowie veränderte Stimmungslage. Im weiteren Verlauf können Verhaltensänderungen auftreten, und schließlich manifestieren sich die eigentlichen Krankheitssymptome:
- **formale Denkstörungen** mit Denkzerfahrenheit, Gedankenabreißen, gedanklicher Einengung usw. (☞ 2.5)
- **Affektstörungen** mit Gefühlsverarmung, Ambivalenz, Parathymie, Dysphorie usw. (☞ 2.4)
- **Ich-Störungen** mit Gedankenentzug, Gedankenausbreitung, Gedankeneingebung (☞ 2.7)
- **inhaltliche Denkstörungen** finden ihren Ausdruck in den verschiedenen Wahnformen (☞ 2.5)
- **Halluzinationen** meist in akustischer Form, aber auch jegliche andere Sinneswahrnehmung betreffend (☞ 2.6)
- **leibliche Beeinflussungserlebnisse** = Leibhalluzinationen (☞ 2.6), die im Unterschied zu den leiblichen Missempfindungen als von außen gemacht wahrgenommen werden
- **leibliche Missempfindungen** = Coenästhesien, Leibgefühlsstörungen (☞ 2.6)
- **katatone Symptome** *(gr. kata = herab, ton- = Spannung)* wie Stupor, Katalepsie (☞ 2.10), Mutismus (☞ 2.3)
- **Residualsymptomatik**, auch **Negativ-Symptomatik** oder **Residuum** genannt. Sie manifestiert sich in Antriebsminderung, Passivität, verminderter Aufmerksamkeit und Konzentration. Hinzu kommen Verlust an Eigeninitiative, geringe Belastbarkeit, Affektverflachung mit verminderter emotionaler Schwingungsfähigkeit, Kontaktstörungen sowie Verarmung der Ausdrucksfähigkeit (Sprache, Mimik, Gestik).

Diagnostik

- psychopathologische Symptome
- Ausschluss einer organischen Psychose oder reaktiven psychischen Erkrankung
- Krankheitsverlauf

❸ Die Diagnose einer Schizophrenie wird auf Grundlage der psychopathologischen Symptomatik, dem Ausschluss anderer psychischer Krankheiten (organische Psychosen, reaktive psychische Erkrankungen) sowie dem Krankheitsverlauf gestellt. Bei Ersterkrankungen wird in aller Regel zunächst eine Verdachtsdiagnose geäußert.
Zur Erleichterung der Diagnose einer Schizophrenie unterteilte der Psychiater *Kurt Schneider* die Krankheitssymptome in Symptome 1. und

2. Ranges (☞ Tab. 5.1). Symptome 1. Ranges treten bei der Mehrzahl der Patienten im Krankheitsverlauf auf und sprechen mit hoher Wahrscheinlichkeit für die Diagnose. Symptome 2. Ranges können nur unter Berücksichtigung des klinischen Gesamtbildes zur Diagnosestellung beitragen.

Tab. 5.1: Symptome einer Schizophrenie nach Kurt Schneider

Abnorme Erlebnisweisen	Symptome 1. Ranges	Symptome 2. Ranges
Akustische Halluzinationen	dialogisierende, kommentierende und imperative Stimmen, Gedankenlautwerden	sonstige akustische Halluzinationen
Leibhalluzinationen	leibliche Beeinflussungserlebnisse	Coenästhesien
Halluzinationen auf anderen Sinnesgebieten	keine	optische, olfaktorische und gustatorische Halluzinationen
Schizophrene Ich-Störungen	Gedankeneingebung, Gedankenentzug, Gedankenausbreitung, Willensbeeinflussung	keine
Wahn	Wahnwahrnehmung	einfache Eigenbeziehung (paranoide Reaktion, die aus einer krankhaften, zumeist ängstlich-misstrauischen Verstimmung resultiert), Wahneinfall

Verlauf und Prognose

- phasenhafter Verlauf mit Vollremission (= Ausheilung)
- schubförmiger Verlauf mit leichten Defiziten
- chronischer Verlauf mit Residualsymptomatik

④ Die Schizophrenie ist eine Krankheit, die häufig phasenhaft oder schubförmig auftritt. Nur bei ca. 10% der Patienten beschränkt sich die Krankheit auf eine einmalige Phase, die anderen Patienten erkranken häufiger (mit durchschnittlich 5 Phasen). Die Phasendauer ist variabel – einige Wochen bis mehrere Monate und abhängig von der Behandlung. Auch der Zeitraum zwischen den einzelnen Krankheitsphasen ist von unterschiedlicher Dauer (Monate bis Jahre).

Verlaufsergebnisse aus Langzeitstudien ergaben:

- In ca. 22% der Fälle heilt die Erkrankung nach einer oder mehreren Krankheitsphasen folgenlos aus. Der Patient kann sein bisheriges Leben unverändert fortsetzen.
- In ca. 43% der Fälle ist der Verlauf schubförmig. Es treten mehrere akute Krankheitsphasen auf, und diese führen zu leichten, aber dauerhaften Defiziten (z.B. verminderte Leistungsfähigkeit, Konzentrationsschwäche). Der Patient ist häufig nicht mehr voll arbeitsfähig oder kann sein früheres soziales Niveau nicht halten.
- In ca. 35% der Fälle kommt es zu einem chronischen Verlauf mit Residualsymptomatik. Die psychotischen Symptome (Wahn, Halluzinationen) können dabei dauerhaft bestehen bleiben, oder aber in den Hintergrund treten. Der Patient ist in aller Regel nicht mehr erwerbsfähig und bedarf der Unterstützung im Alltag.

Eine sichere **Prognose** bei Ersterkrankung ist nicht möglich, günstig verlaufen aber vor allem schizophrene Psychosen mit akutem Krankheitsbeginn und katatoner oder wahnhafter Symptomatik. Weniger günstig sind schleichende Verläufe, zunächst uncharakteristische Krankheitssymptome und eine hebephrene Symptomatik (☞ 5.1.1). Ein stabiles soziales Umfeld wirkt sich positiv auf die Prognose aus.

Therapie

Die Behandlung der Schizophrenie erfolgt in der Regel „mehrgleisig", d.h. es werden gleichzeitig verschiedene Therapiemaßnahmen angewendet. Diese können bei leichter Krankheitssymptomatik ambulant durchgeführt werden, bei einem schweren Krankheitsbild ist jedoch meist eine stationäre Behandlung erforderlich.
Jede Therapiemaßnahme setzt eine gewisse Behandlungseinsicht sowie einen Behandlungswillen voraus. Diese so genannte „Compliance" ist bei den einzelnen Patienten sehr unterschiedlich ausgeprägt. Der eine nimmt die krankheitsbedingten psychischen Veränderungen zu Beginn oder im Verlauf der Krankheitsphase als solche wahr und ist bestrebt, sich behandeln zu lassen. Der andere besitzt keinerlei Krankheitseinsicht und lehnt jegliche Behandlung ab. In einem solchen Fall muss geprüft werden, ob gesetzliche Grundlagen für Zwangsmaßnahmen vorliegen (☞ 10).

Medikamentöse Therapie

Wahn, Halluzinationen und Denkstörungen werden durch Neuroleptika (☞ 3.6.1) medikamentös beeinflusst. Bei starker Erregung, Angst und Unruhe werden Arzneimittel zur Sedierung verabreicht (☞ 3.6.4). Zur Prophylaxe stehen Depot-Neuroleptika (☞ 3.6.3) zur Verfügung.

Psychotherapie

Um die Krankheit mental verarbeiten zu können, bedarf der Patient einer Psychotherapie. Diese findet während der stationären oder ambulanten Behandlung in Form stützender Gespräche statt (☞ 3.1.2). Hierbei wird versucht, krankheitsfördernde äußere Faktoren (z.B. ungünstige Lebensumstände) zu identifizieren und Lösungsstrategien zur Veränderung dieser Faktoren zu entwickeln. Der Patient soll lernen, Frühsymptome einer beginnenden Krankheitsphase zu erkennen und sich rechtzeitig in psychiatrische Behandlung zu begeben. Mit Hilfe geeigneter Behandlungsmaßnahmen kann der vollständige Krankheitsausbruch häufig verhindert werden. Dies trägt zur Stärkung der Selbstsicherheit bei und gibt dem Patient das Gefühl, der Krankheit nicht völlig ausgeliefert zu sein.
Die Teilnahme an entsprechenden Selbsthilfegruppen kann ebenfalls zur Krankheitsbewältigung beitragen. Auch die Einbeziehung der Angehörigen in die Therapie ist ratsam.

Ergotherapie

Beschäftigung stärkt die Ausdauer und Konzentration. Sie trägt zur Übung alltagspraktischer Verrichtungen bei und hilft bei der Strukturierung des Tagesablaufes.

Elektrokrampftherapie

(☞ 3.7.1) Die EKT wird sehr selten und nur bei schweren (lebensbedrohlichen) Verläufen einer katatonen Schizophrenie durchgeführt.

Rehabilitationsmaßnahmen

Nach schweren Krankheitsphasen hat der Patient oft Defizite entwickelt (z.B. verminderte Konzentrations- und Leistungsfähigkeit). Je nach Umfang und Intensität dieser Beeinträchtigungen müssen geeignete Reha-Maßnahmen eingeleitet werden, z.B. der Besuch einer Tagesstätte oder berufliche Wiedereingliederung (☞ 3.8).

Physiotherapie

Während akuter Krankheitsphasen mit Eigen- oder Fremdgefährdung ist eine Physiotherapie nicht möglich. Erst wenn wieder eine gewisse Zugänglichkeit vorhanden ist, kann mit der Therapie begonnen werden. Bewegungsübungen können helfen, innere Anspannung und Unruhe abzubauen, Aufmerksamkeit und Reaktionsfähigkeit lassen sich verbessern und eine gestörte Körperwahrnehmung kann korrigiert werden.
Der Physiotherapeut sollte ebenso wie alle anderen Therapeuten nicht versuchen, dem Patienten Wahninhalte oder Wahrnehmungsstörungen auszureden. Dies würde dazu führen, dass der Kranke Mißtrauen entwickelt und sich distanziert verhält. Vielmehr muss dem Patienten vermittelt werden, dass man seine Krankheitssymptome ernst nimmt und nicht anzweifelt. Gleichzeitig sollte ihm aber auch die Realität nahe gebracht werden, indem man ihm z.B. versichert, dass die Stimmen, die er hört, für andere nicht existent sind und keinen Schaden anrichten können.

Unterformen der Schizophrenie
- paranoid-halluzinatorisch
- kataton
- hebephren
- coenästhetisch
- residual

5.1.1 Unterformen der Schizophrenie

(5) Die Symptomatik der Schizophrenie kann sehr unterschiedlich und wechselhaft sein. Wenn bestimmte Symptome gemeinsam auftreten, spricht man von Symptomverbänden oder Syndromen. Diese wiederum bilden die Grundlage für die Unterformen der Schizophrenie.

Paranoid-halluzinatorische Schizophrenie

Wahn und Halluzinationen

Die Erkrankung beginnt oft spät, um das 35. Lebensjahr herum. Im Vordergrund stehen Wahn und Halluzinationen, wobei jede Form von Wahn sowie jegliche Halluzinationen auftreten können. Während akuter Krankheitsphasen ist der Patient häufig sehr ängstlich und unruhig. Nicht selten besteht Eigen- oder Fremdgefährdung. Durch Medikamente lassen sich die Krankheitssymptome in aller Regel gut behandeln. Die Prognose ist im Allgemeinen gut.

Fallbeispiel

Ein 35-jähriger Mann wurde mit einem Rettungswagen zur Akutaufnahme in eine psychiatrische Klinik gebracht. Vorausgegangen war, dass er am Arbeitsplatz unvermittelt und ohne ersichtlichen Grund mit Gegenständen um sich geworfen hatte. Auf die Frage eines Kollegen, was denn los sei, fing er an, unflätig zu schimpfen und drohte, er werde

alle umbringen. Erst einer älteren Kollegin gelang es, ihn ein wenig zu beruhigen. Als man ihn nach Hause fahren wollte, begann er, laut zu schreien und im Zimmer umher zu laufen. Daraufhin wurde von den Arbeitskollegen der Rettungsdienst alarmiert.
In der Aufnahmesituation war der Patient psychomotorisch unruhig, wirkte angespannt und reagierte leicht reizbar. Ein geordnetes Gespräch mit ihm war nicht möglich, er redete verworren und ging nicht auf Fragen ein. Nach Medikamentengabe war er am nächsten Tag deutlich ruhiger und berichtete folgendes: Schon seit einiger Zeit habe er bemerkt, dass die Kollegen hinter seinem Rücken über ihn geredet hätten. Man habe Unwahrheiten verbreitet, habe gesagt, er sei homosexuell und müsse deshalb eine „Lektion" erteilt bekommen. Sein Telefon sei abgehört worden, man habe ihn „ausspioniert" und heimlich beobachtet. Am gestrigen Tag habe er schließlich eine fremde Stimme gehört, die angekündigt habe, er sei „nun dran", er werde „zur Strafe am Unterleib verstümmelt". Daraufhin habe er geschrien und sich zur Wehr gesetzt.

Katatone Schizophrenie

Störungen der Psychomotorik

(gr. kata = herab, tonus = Spannung)
Die Krankheit tritt meist akut auf. Im Vordergrund stehen psychomotorische Störungen wie Stupor und Katalepsie, aber auch Hyperkinesen mit plötzlichen Erregungszuständen (☞ 2.10). Mutismus ist ebenfalls häufig zu beobachten (☞ 2.3). In den meisten Fällen ist der Patient vollkommen bewegungsstarr und nicht kontaktfähig, steht unter dem Einfluss von Halluzinationen, Wahn und massiven Ängsten. Durch Medikamente können die Symptome in aller Regel schnell zum Abklingen gebracht werden. Die Prognose ist gut, chronische Krankheitsverläufe oder die Ausbildung einer Residualsymptomatik sind nur selten zu beobachten.
Eine Ausnahme bildet die seltene perniziöse Katatonie (*lat. pernicies: = Verderben, Untergang*). Hierbei treten neben Stupor auch Fieber, Kreislaufstörungen und quantitative Bewusstseinsstörungen (☞ 2.1) auf. Der Patient nimmt weder Nahrung noch Flüssigkeit zu sich, und Stoffwechselentgleisungen sind die Folge. Medikamente sprechen oft nicht an, und die Krankheit kann lebensbedrohlich werden. In diesem Fall besteht eine Indikation zur Elektrokrampfbehandlung (☞ 3.7.1).

Hebephrene Schizophrenie

Beginn im Jugendalter

❻ *(gr. hebe = Jugend, phren = Geist, Verstand)* Die Erkrankung beginnt meist zwischen dem 15. und 25. Lebensjahr. Zunächst sind die Symptome uncharakteristisch – Leistungsminderung, Konzentrationsstörungen, sozialer Rückzug, Isolierung, Interessenverlust, persönliche Vernachlässigung, inadäquater Affekt – und lassen die Umwelt oft an eine verspätete Pubertätskrise denken. Die Stimmungslage ist flach und unpassend, der Jugendliche reagiert läppisch, sein Verhalten erscheint ziellos. Im weiteren Verlauf kommen sprunghaftes Denken, manchmal auch Denkzerfahrenheit hinzu. Wahnvorstellungen und Halluzinationen können ebenfalls auftreten, sind aber oft nur flüchtig und bruchstückhaft. Die Prognose ist eher schlecht und sehr häufig entwickelt sich eine Residualsymptomatik.

Coenästhetische Schizophrenie

Leibgefühlsstörungen

Im Vordergrund der Krankheit stehen Leibgefühlsstörungen. Der Patient klagt über uncharakteristische Beschwerden, beschreibt z.B. „merkwürdige Taubheitsgefühle" der Kopfhaut, ein „komisches Ziehen" in der Schulter oder „eigenartige Wärmegefühle" im Bereich des Magens. Er fühlt sich „geschwächt" und in seiner Beweglichkeit eingeschränkt, empfindet Schmerzen oder meint, die Eingeweide würden schrumpfen. Das Beschwerdebild bei der coenästhetischen Schizophrenie kann sehr mannigfaltig sein, wechselt oft und äußert sich mit mehr oder weniger starker affektiver Beteiligung. Die Schilderungen der Beschwerden klingen meistens diffus und unpräzise, werden nicht selten mit Erklärungen und Deutungen vorgetragen (z.B. „Die Hitze im Magen wird durch den Blutandrang nach dem Essen verursacht. Am besten ist es, wenn ich mich nach der Mahlzeit flach hinlege, dann kann das Blut besser abfließen"). Viele Patienten suchen zunächst Internisten oder andere Fachärzte auf und kommen erst nach jahrelangem Krankheitsverlauf in psychiatrische Behandlung. Die Ursache für die verspätete Überweisung zum Psychiater ist vor allem darin zu sehen, dass die typischen schizophrenen Symptome 1. Ranges (nach Kurt Schneider, ☞ Tab. 5.1) nur selten in Erscheinung treten und deshalb die Krankheit nicht auf den ersten Blick erkannt wird. Die Prognose ist nicht zuletzt abhängig vom Zeitraum, der zwischen Krankheitsbeginn und Diagnosestellung liegt. Je länger die Erkrankung besteht, umso ungünstiger ist die Prognose.

Residual-Schizophrenie

Chronisches Krankheitsbild

❼ Etwa 35% der schizophrenen Psychosen zeigen einen chronischen Verlauf, der zur Ausbildung einer Residualsymptomatik (☞ 5.1) führt. Das Residuum steht nun im Mittelpunkt des Krankheitsbildes und lässt die früheren (z.B. paranoid-halluzinatorischen) Krankheitssymptome in den Hintergrund treten.

Fallbeispiel

Ein 33-jähriger Patient erkrankte erstmals vor 8 Jahren an einer paranoid-halluzinatorischen Schizophrenie. In den ersten 5 Jahren nach Krankheitsbeginn traten insgesamt 3 akute Krankheitsphasen auf, die jeweils nach wenigen Monaten vollständig abklangen. In den nächsten Jahren kam es zu 2 weiteren akuten Krankheitsphasen, in deren Folge sich zunehmende Defizite entwickelten. Nach der 6. Krankheitsphase zeigte sich schließlich eine ausgeprägte Residualsymptomatik. Der Patient war in starkem Maße leistungsgemindert und nicht mehr arbeitsfähig. Psychomotorische Verlangsamung, Antriebsminderung, Passivität und Interesselosigkeit hatten sich ausgebildet, er vernachlässigte sich und neigte zur Verwahrlosung. Er unterhielt kaum noch soziale Kontakte, verließ seine Wohnung nur, um sich Zigaretten oder Lebensmittel zu besorgen und lag meist tatenlos auf dem Sofa. Schließlich schalteten die beunruhigten Angehörigen den sozialpsychiatrischen Dienst des Gesundheitsamtes ein. Entsprechende individuelle Reha-Maßnahmen wurden daraufhin eingeleitet (Besuch einer Tagesstätte für psychisch Kranke, betreutes häusliches Wohnen).

? Übungsfragen

1. Welche Ursachen liegen der Schizophrenie zugrunde?
2. Welche Krankheitssymptome können bei der Schizophrenie auftreten?
3. Wie wird eine Schizophrenie diagnostiziert?
4. Welche Verlaufsformen gibt es bei der Schizophrenie?
5. Welche Unterformen der Schizophrenie sind Ihnen bekannt?
6. Welche Symptome treten bei einer hebephrenen Schizophrenie auf?
7. Welche Symptome treten bei einer Residual-Schizophrenie auf?

5.2 Affektive Psychosen

Störungen der Stimmung und Affektivität;
Unterteilung in:
- Manie
- Depression
- manisch-depressive Krankheit
- schizoaffektive Psychose

Verlaufsformen:
- monopolar
- bipolar
- monophasisch
- polyphasisch

❶ Affektive Psychosen sind phasenhaft verlaufende Erkrankungen, bei denen Störungen der Stimmungslage und Affektivität im Vordergrund stehen. In der Vergangenheit wurden diese Krankheiten häufig auch als Zyklothymien *(gr. zyclo = Kreis, Ring, Zeit, thymos = Gemüt)* bezeichnet. Sie werden unterteilt in Manie, Depression, manisch-depressive Krankheit (MDK) und schizoaffektive Psychose. Etwa 0,8% der deutschen Bevölkerung sind von affektiven Psychosen betroffen. Das Alter zum Zeitpunkt der Ersterkrankung liegt meistens zwischen dem 30. und 40. Lebensjahr. Frauen erkranken doppelt so häufig wie Männer.

❷ Der Verlauf affektiver Psychosen ist unterschiedlich. Bei **monopolaren** Verläufen erkrankt der Patient entweder an Depressionen oder an Manien, bei **bipolaren** Verläufen kommt es zu einem Wechsel von depressiven und manischen Phasen. Beschränkt sich die Krankheit auf eine einzige Phase, spricht man von einem **monophasischen** Verlauf. Tritt mehr als eine Krankheitsphase auf, wird der Verlauf als **polyphasisch** bezeichnet.

Langzeitstudien kommen zu folgenden Ergebnissen:
- ca. 66% der Krankheitsfälle verlaufen monopolar mit ausschließlich depressiven Phasen
- bei ca. 28% der Krankheitsfälle kommt es zu bipolaren Verläufen mit depressiven und manischen Phasen
- ca. 3–6% der Krankheitsfälle verlaufen monopolar mit ausschließlich manischen Phasen
- ca. 10–15% der Erkrankungen sind monophasisch mit einer einzigen Krankheitsphase
- ca. 85–90% der Krankheitsverläufe sind polyphasisch, d.h. es treten mehrere Krankheitsphasen auf (bei den monopolar depressiven Verläufen durchschnittlich 4 Phasen, bei den bipolaren Verläufen ca. 9 Phasen)
- die einzelne Phasendauer beträgt bei den monopolaren Erkrankungen im Durchschnitt ca. 6 Monate und bei den bipolaren 4,5 Monate
- die Intervalle zwischen den einzelnen Krankheitsphasen sind individuell sehr verschieden und liegen zwischen Monaten und Jahrzehnten.

Multifaktorielle Entstehung

Ursachen

Ebenso wie bei den schizophrenen Psychosen konnte bei den affektiven Psychosen eine einzelne Krankheitsursache bisher nicht sicher nachgewiesen werden. Die Forschungsergebnisse lassen auch hier auf eine multifaktorielle Genese schließen:

- Für eine **erbliche Veranlagung** spricht die Tatsache, dass affektive Psychosen in den Familien der Patienten gehäuft vorkommen.
- **Biochemische Ursachen** in Form von Transmitterstörungen sind sehr wahrscheinlich, da bei vielen depressiven Patienten ein Mangel der Botenstoffe Serotonin und Noradrenalin festgestellt werden konnte.
- **Chronobiologische Ursachen** werden in Erwägung gezogen, da tages- und jahreszeitliche Auffälligkeiten in Erscheinung treten (Störungen des inneren zeitlichen Rhythmus in Form frühmorgendlichen Erwachens, gehäuft Krankheitsbeginn im Frühling und Herbst).
- Wenn eine entsprechende Veranlagung für eine affektive Psychose vorliegt, können äußere Faktoren Auslöser für eine Krankheitsphase sein (Schwangerschaft, Geburt, Klimakterium, schwere psychische Belastungen).

5.2.1 Endogene Depression

Die monopolar verlaufende endogene Depression ist die am häufigsten auftretende affektive Psychose. Der Beginn der einzelnen Krankheitsphasen liegt bevorzugt im Frühling und Herbst.

Verschiedene Symptome:
- depressive Verstimmung
- Antriebsstörung
- Vitalstörungen
- Denkhemmung
- Wahn
- Suizidalität

Klinik

❸ Leitsymptom der endogenen Depression ist die oft schwere depressive Verstimmung, die ohne erkennbare äußere Ursache auftritt. Die weiteren Krankheitszeichen sind vielfältig und können im Krankheitsverlauf wechseln:

- Störungen der Affektivität mit innerer Leere, Gefühl der Gefühllosigkeit, Verzweiflung, Traurigkeit, Schuldgefühlen und Selbstentwertung – diese unterliegen oftmals Tagesschwankungen (Morgentief, leichte Stimmungsaufhellung im Tagesverlauf)
- Antriebstörungen meist in Form einer schweren Antriebsminderung, selten mit einer Antriebssteigerung
- Vitalstörungen in Form von Schlafstörungen (typisch ist frühmorgendliches Erwachen), Appetitverlust, Gewichtsverlust, Obstipation, verstärkte Schmerzempfindungen, Coenästhesien, Libidoverlust
- Denkhemmung mit Verlangsamung der Denkabläufe, Einsilbigkeit und Grübelzwang
- Wahn, der sich in das depressive Krankheitsbild einfügt (Krankheits- und Kleinheitswahn, Verarmungswahn ☞ 2.5)
- Suizidalität (☞ 2.11), d.h. Patienten mit endogener Depression sind in erheblichem Maße suizidgefährdet. Sie sind verzweifelt, sehen keinen Ausweg und möchten am liebsten sterben. Die Suizidhäufigkeit ist hoch und liegt zwischen 7 und 10%.

Unter Einfluss der Depression können sich viele Kranke nicht konzentrieren, erscheinen vergesslich und sind nicht leistungsfähig. Vor allem bei älteren Patienten kann dadurch der Eindruck entstehen, es liege eine dementielle Symptomatik vor. In einem solchen Fall spricht man von **Pseudodemenz.**

In seltenen Fällen tritt eine **agitierte Depression** („Jammerdepression") auf. Bei dieser Krankheitsform wirkt der Patient unruhig und getrieben, zeigt einen hektischen Bewegungsdrang und lamentiert in aufdringlich-stereotyper Form.

Fallbeispiel

Eine 37-jährige Hausfrau wurde von ihrem Ehemann zur stationären Aufnahme in eine psychiatrische Klinik gebracht. Sie war stark antriebsgemindert, wirkte traurig und verzweifelt. Mehrfach brach sie in Tränen aus und konnte nicht getröstet werden. Aus eigener Initiative redete sie nicht, antwortete nur zögernd und einsilbig auf Fragen. Ihr Mann berichtete, dass sie erstmals vor ca. 8 Wochen ohne ersichtlichen Grund bedrückt und niedergeschlagen erschienen sei. Im weiteren Verlauf habe sie sich immer stärker zurückgezogen, habe tagsüber oft stundenlang im Bett gelegen und sei trotzdem dauernd müde gewesen. Sie habe die Kinder und den Haushalt vernachlässigt und weder gutes Zureden noch „Druck" hätten an ihrem Zustand etwas geändert. Seit 10 Tagen esse sie kaum noch etwas, verlasse das Bett nur, um zur Toilette zu gehen und weine oft. Ein vernünftiges Gespräch mit ihr sei nicht mehr möglich, und sie wiederhole immer den gleichen Satz: „Ich bin doch nur noch eine Belastung für euch." Nachdem sie in Andeutungen davon gesprochen habe, nicht mehr leben zu wollen, sei der Ehemann zum Hausarzt gegangen und habe ihm die Situation geschildert. Dieser habe eine sofortige psychiatrische Krankenhausbehandlung empfohlen. Die Patientin selber schilderte auf Nachfrage, dass sie innerlich „leer" sei und „nichts mehr fühle". Sie sei „eine schlechte Mutter", falle ihrer Familie zur Last, und es sei deshalb besser, wenn sie „für immer verschwinde". Einen äußeren Anlass für ihr Befinden gebe es nicht, „das Problem bin ich".

Diagnostik

Die Diagnose der endogenen Depression beruht auf ihrem Auftreten ohne erkennbaren Grund, dem Gesamtbild der Krankheitssymptome und dem Ausschluss einer organischen Psychose. Hinweise sind außerdem die typischen Schlafstörungen und Tagesschwankungen. Frühere depressive Phasen sichern die Diagnosestellung.

Differentialdiagnosen:
- Neurose
- depressive Reaktion
- organische Psychose
- Medikamentennebenwirkung

Da depressive Symptome recht häufig vorkommen, ist es wichtig, mögliche Differentialdiagnosen in Betracht zu ziehen:
- depressive Neurose (☞ 6.2.2)
- depressive Reaktion z.B. bei Konfliktsituationen (☞ 6.1)
- organische Psychosen (☞ 4.1 und ☞ 4.2)
- Nebenwirkung von Arzneimitteln wie Neuroleptika (☞ 3.6.1).

Therapie

❹ Wegen der Schwere der Krankheit ist in vielen Fällen eine stationäre Behandlung erforderlich. Ergeben sich Hinweise auf Selbstmordgefährdung, muss die Aufnahme in einer psychiatrischen Klinik mitunter auch gegen den Willen des Patienten erfolgen (☞ 10).

Medikamentöse Therapie

- Akuttherapie mit Antidepressiva
- Prophylaxe

Zur Akutbehandlung einer endogenen Depression werden Antidepressiva (☞ 3.6.2) eingesetzt. Sollte ein Wahn vorliegen, kommen auch Neuroleptika (☞ 3.6.1) zum Einsatz. Sind bereits zwei Krankheitsphasen aufgetreten, wird dem Patienten eine medikamentöse Prophylaxe z.B. mit Lithium oder Carbamazepin (☞ 3.6.3) empfohlen.

Psychotherapie

Im Rahmen der psychotherapeutischen Behandlung wird dem Patienten erklärt, dass es sich um eine Krankheit handelt, die nicht auf eigener Schuld oder Versagen beruht. Man vermittelt ihm Verständnis und Akzeptanz, lässt ihn Zuwendung spüren. Auch muss ihm immer wieder versichert werden, dass die depressive Phase abklingen wird. Zeichen der Besserung (z.B. erste eigene Aktivitäten) werden ihm bewusst gemacht, und auf diese Weise wird seine Hoffnung aktiviert.

Schlafentzug

(☞ 3.7.2) Dieser wird ergänzend zu den Medikamenten und der Psychotherapie eingesetzt.

Elektrokrampftherapie

(☞ 3.7.1) Sie kommt bei schweren Depressionen zum Einsatz, wenn die anderen Therapien keine Besserung erzielen.

Physiotherapie

Zu Beginn der Therapie steht die Zuwendung im Vordergrund. Sie gibt dem Patienten das Gefühl, verstanden zu werden und hilft ihm, sein vermindertes Selbstwertgefühl zu stärken. Im weiteren Verlauf wird langsam mit Aktivierung begonnen. Eine Überforderung muss dabei unter allen Umständen vermieden werden, da sonst Versagensängste entstehen können.

5.2.2 Manie

Klinik

Leitsymptome:
- gehobene Stimmung
- Antriebssteigerung
- sprunghaftes Denken

❺ Leitsymptome der Manie sind gehobene Stimmungslage, Antriebssteigerung sowie sprunghaftes Denken. Darüber hinaus kann eine Vielzahl weiterer Krankheitssymptome auftreten, die im Verlauf wechseln oder eine veränderte Intensität zeigen:

- Affektstörungen wie Euphorie, grundlose Heiterkeit, Übermut, Selbstüberschätzung, Reizbarkeit
- Kontakt- und Kommunikationsstörungen wie Distanzlosigkeit, Rücksichtslosigkeit, Logorrhoe (☞ 2.3)
- Antriebssteigerung wie Tatendrang, Erregung, Enthemmung, Rede- und Bewegungsdrang
- formale Denkstörungen wie Ideenflucht, Denkzerfahrenheit
- inhaltliche Denkstörungen wie Größenwahn

- vegetative Störungen wie stark reduziertes Schlafbedürfnis, fehlende Ermüdung, Gewichtsabnahme trotz guten Appetits, gesteigerte Libido.

Patienten mit einer Manie fühlen sich leistungsfähig und gesund. Krankheitseinsicht ist nicht vorhanden, und sie sehen deshalb keinen Grund, sich in ärztliche Behandlung zu begeben. Vielmehr wollen sie ihren Tatendrang ausleben, stürzen sich in Aktivitäten und tätigen Käufe. Oft geben sie dabei hohe Geldbeträge aus, verschulden sich und leben weit über ihre Verhältnisse. Sie sind massiv urteilsgemindert, reagieren auf Kritik mit Unverständnis und Reizbarkeit. Während manischer Krankheitsphasen kommt es nicht selten zu Alkohol- und Drogenmissbrauch. Auch strafbare Handlungen werden begangen (Straßenverkehrsdelikte, Körperverletzung, Betrug).

Fallbeispiel

Ein 38-jähriger Mann wurde von der Polizei in eine psychiatrische Klinik eingewiesen. Vorausgegangen war, dass er seine Ehefrau während einer Auseinandersetzung tätlich angegriffen hatte. Vom Patienten selbst waren zum Aufnahmezeitpunkt keine verwertbaren Angaben erhältlich. Er war psychomotorisch sehr unruhig und antriebsgesteigert, reagierte leicht reizbar und beschimpfte Ärzte und Pflegepersonal. Sein Denken war sprunghaft, er redete ohne Unterlass und verlangte seine sofortige Entlassung. Er habe Geschäfte zu erledigen und werde die Klinik wegen finanzieller Schädigung verklagen. Seine Ehefrau teilte später mit, dass er bereits vor ca. 3 Jahren wegen einer Manie erfolgreich in psychiatrischer Behandlung gewesen sei. Seit ca. 5 Wochen sei er plötzlich wieder vollkommen verändert, habe nachts kaum noch geschlafen und sich tagsüber in sinnlose Aktivitäten gestürzt. Er sei nicht mehr in der Lage gewesen, seiner Arbeit als Geschäftsführer einer Firma nachzugehen, habe „Chaos" veranstaltet und seine Mitarbeiter beleidigt. Er habe sich einen neuen Wagen gekauft, sei ohne Rücksprache für 3 Tage mit einem First-class-Ticket nach New York geflogen und habe dort für 12.000,– US-Dollar Kleidung eingekauft. Nach seiner Rückkehr sei er völlig euphorisch gewesen und habe angekündigt, er werde jetzt mit Aktien spekulieren, da er in New York einen todsicheren Tipp erhalten habe. Als ihn die Ehefrau daran hindern wollte, ein gemeinsames Sparkonto aufzulösen, sei es zum Streit gekommen, und er habe sie tätlich angegriffen.

Diagnostik

Die Diagnose Manie wird aufgrund der typischen Symptomatik gestellt. Eine organische Psychose muss vorher ausgeschlossen werden.

Therapie

Häufig ist wegen Eigen- oder Fremdgefährdung eine gerichtlich verfügte Unterbringung in einer geschlossenen psychiatrischen Klinik nötig (☞ 10). Freiwillig begibt sich der Patient meist nicht in Behandlung, da jede Krankheitseinsicht fehlt. Auch Maßnahmen nach dem Betreuungsgesetz zum Schutz vor finanziellen Schäden sind oft erforderlich (☞ 10). In der akuten Phase werden Beruhigungsmittel und Neuroleptika zur

Dämpfung der Erregung sowie zur Behandlung der inhaltlichen und formalen Denkstörungen verabreicht. Eine medikamentöse Prophylaxe wird spätestens nach der zweiten Krankheitsphase empfohlen.

Physiotherapie

Bei der Behandlung manischer Patienten sollte der Therapeut nach folgenden Richtlinien verfahren:

- ruhiges Auftreten, dem Patienten klare Anweisungen erteilen, damit er Struktur erfährt
- den Aktivitätsüberschuss des Patienten in klar definierte Übungsaufgaben umlenken
- sich von Redseligkeit und Witzeleien nicht mitreißen lassen, Provokationen ignorieren
- bei Reizbarkeit und latenter Aggressivität die Behandlung abbrechen
- in der Therapie keine starken Außenreize wie laute Musik verwenden.

? Übungsfragen

1. Wodurch sind affektive Psychosen gekennzeichnet?
2. Wie können affektive Psychosen verlaufen?
3. Welche Symptome kennzeichnen die endogene Depression?
4. Was muss bei der Behandlung der Depression beachtet werden?
5. Welches sind die Leitsymptome der Manie?

5.2.3 Bipolare affektive Störung

Auftreten von manischen und depressiven Krankheitsphasen

❶ Die bipolare affektive Störung tritt mit einer Häufigkeit von ca. 28% aller affektiven Psychosen auf. Sie wird auch manisch-depressive Krankheit (MDK) genannt, weil im Krankheitsverlauf sowohl manische als auch depressive Phasen vorkommen. Nach statistischem Durchschnitt sind 9 Krankheitsphasen die Regel, eine einheitliche Verlaufsform gibt es aber nicht. Der eine Patient erkrankt häufiger an depressiven Phasen, bei dem anderen liegen öfters manische Phasen vor. Auch die krankheitsfreien Intervalle sind unterschiedlich.
Klinik, Diagnose und Therapie entsprechen jeweils denen der endogenen Depression und Manie.

5.2.4 Schizoaffektive Psychosen

Mischpsychosen mit Symptomen einer Schizophrenie und affektiven Psychose

❷ In dieser Krankheitsgruppe werden „Mischpsychosen" zusammengefasst, bei denen gleichzeitig Symptome der Schizophrenie und Manie oder Depression auftreten. Schizoaffektive Psychosen verlaufen ähnlich wie die affektiven Psychosen. Es kommt zu einzelnen Krankheitsphasen, die je nach im Vordergrund stehender Symptomatik als „schizomanische" oder „schizodepressive" Phasen bezeichnet werden. Die Dauer der Phasen kann sehr unterschiedlich sein, in aller Regel halten die schizodepressiven Phasen aber vergleichsweise länger an. Auch die krankheitsfreien Intervalle zwischen den einzelnen Phasen weisen erhebliche Zeitunterschiede auf. Die Prognose ist deutlich besser als bei der Schizophrenie. Nur in seltenen Fällen ist ein chronischer Krankheitsverlauf mit Ausbildung einer Residualsymptomatik zu beobachten.

Fallbeispiel

Eine 28-jährige Frau kam auf eigenen Wunsch zur Aufnahme in eine psychiatrische Klinik. Sie berichtete über zunehmende Traurigkeit, Antriebsminderung, Hoffnungslosigkeit und Interessenverlust. Sie habe keinen Appetit mehr, fühle sich schuldig und höre Stimmen, die ihr sagen würden, dass sie schlecht sei und sich umbringen solle. Sie fühle sich beobachtet und überwacht, könne nicht mehr schlafen und habe schon mit dem Gedanken gespielt, sich aus dem Fenster zu stürzen.

Therapie

Sie richtet sich nach der Symptomatik und entspricht den Behandlungsmaßnahmen von Schizophrenie, Depression oder Manie.

? Übungsfragen

1. Wie unterscheidet sich die manisch-depressive Krankheit von der Manie?
2. Was sind Mischpsychosen?

6 Erlebnisreaktive psychische Erkrankungen

Psychische Störungen aufgrund von Belastungssituationen

Erlebnisreaktive Erkrankungen werden verursacht durch Belastungssituationen. Hierbei kann es sich um aktuelle Ereignisse handeln (z.B. Tod eines Angehörigen), sie können aber auch schon lange zurückliegen (Trauma in der Kindheit). Ferner können die Ereignisse vorübergehend sein oder eine kontinuierliche Belastung darstellen. Gemeinsam ist den erlebnisreaktiven Krankheiten, dass der Patient das Erlebnis nicht richtig verarbeiten kann und in der Folge Krankheitssymptome entwickelt. Fast jeder 4. Mensch leidet im Verlauf seines Lebens an einer solchen Störung. Die Prognose ist im Allgemeinen gut, hängt aber von verschiedenen Faktoren ab, z.B. Persönlichkeitsstruktur, Schwere des Traumas, soziale Umstände, Beginn der Behandlung.

6.1 Reaktionen auf schwere Belastungen

- akute Belastungsreaktion
- posttraumatische Belastungsstörung
- Anpassungsstörung

❶ Reaktionen auf schwere Belastungen werden unterteilt in akute Belastungsreaktionen, posttraumatische Belastungsstörungen sowie Anpassungsstörungen. Diese unterscheiden sich in der Symptomatik, im Verlauf und durch die ursächlichen Faktoren.

6.1.1 Akute Belastungsreaktion

Vorübergehende Störung von erheblichem Schweregrad

Es handelt sich um eine Störung, die von beträchtlichem Schweregrad sein kann. Sie tritt häufig nach einem traumatischen Erlebnis auf, das für den Betroffenen eine Bedrohung darstellt (Unfall, Naturkatastrophe, Verbrechen). Auslöser können aber auch plötzliche und bedrohliche Lebensveränderungen sein (z.B. Tod eines Angehörigen, Verlust des Arbeitsplatzes). Das Risiko, diese Störung zu entwickeln, hängt von vielen Faktoren ab, z.B. vom Alter, dem körperlichen Befinden und der Unterstützung der Außenwelt. Die Symptome treten meist direkt nach dem Ereignis auf, können einen unterschiedlichen Schweregrad haben und klingen in aller Regel nach einigen Tagen ab.

Klinik

Häufig leiden die Patienten unter Ängsten, Panik und Depressionen, sind verzweifelt und ziehen sich von der Umwelt zurück. Auch scheinbare Desorientierung, Unruhe, Fluchtreaktionen und Affektstarre sind zu beobachten. Daneben kommen körperliche Symptome wie Herzrasen, Schwitzen,

Schlaflosigkeit und Diarrhö vor. Je nachdem, welche Symptomatik im Vordergrund steht, bezeichnet man die Störung auch als:

- akute Angst- oder Panikreaktion
- akute Trauerreaktion
- akute depressive Reaktion.

Diagnose

Entscheidend für die Diagnose ist der zeitliche Zusammenhang der Symptome zu dem auslösenden Ereignis. Beides wird über die Anamnese ermittelt.

Therapie

Die Therapie richtet sich nach den Symptomen:

- akute Krisenintervention mit stützender Gesprächspsychotherapie
- vorübergehende medikamentöse Therapie mit Beruhigungsmitteln
- konfliktzentrierte Gesprächstherapie.

6.1.2 Posttraumatische Belastungsstörung

Verzögerte Reaktion auf ein belastendes Ereignis

Die Ursachen dieser Störung sind ebenfalls außergewöhnliche Belastungen und Bedrohungen (Unfall, Naturkatastrophe, Verbrechen, Folter, Krieg). Im Gegensatz zur akuten Belastungsreaktion treten die Symptome jedoch oft erst Wochen oder Monate nach dem Ereignis auf. Der Verlauf ist wechselhaft und bei der Mehrzahl der Patienten klingt die Symptomatik unter adäquater Behandlung nach einiger Zeit ab. Ein geringer Teil zeigt einen chronischen Krankheitsverlauf über viele Jahre.

Klinik

❷ Die Patienten leiden häufig unter Alpträumen. Quälende Erinnerungen an das Ereignis drängen sich ihnen immer wieder auf (flash backs) und sie vermeiden schließlich Situationen und Aktivitäten, die solche Erinnerungen wachrufen könnten. Gegenüber ihrer Umgebung entwickeln sie Gleichgültigkeit, Teilnahmslosigkeit und emotionale Abgestumpftheit. Hin und wieder kommt es zu plötzlichen Ausbrüchen von Angst, Panik oder Aggressionen. Schlaflosigkeit und körperliche Befindlichkeitsstörungen treten in Erscheinung, Suizidgedanken sind nicht selten und ein Drogen- und Alkoholmissbrauch kann sich entwickeln.

Diagnose

Die psychopathologischen Symptome und die Anamnese tragen zur Sicherung der Diagnose bei.

Therapie

In aller Regel ist eine konfliktzentrierte Gesprächstherapie erforderlich. Auch eine medikamentöse Behandlung der Schlafstörungen, Ängste und Panikreaktionen kann notwendig werden. Darüber hinaus müssen bei Arbeitsunfähigkeit oder sonstigen sozialen Einschränkungen rechtzeitig Rehabilitationsmaßnahmen eingeleitet werden.

6.1.3 Anpassungsstörung

Einschränkung der Leistungsfähigkeit nach emotionaler Belastungssituation

Eine Anpassungsstörung tritt auf, wenn sich ein Mensch nicht auf eine veränderte Lebenssituation oder belastende Lebensumstände einstellen kann. Hierbei kann es sich um eine Trennung vom Partner handeln, um den Verlust des Arbeitsplatzes, um eine chronische körperliche Krankheit oder sonstige Ereignisse. Die Störung beginnt meist wenige Wochen nach dem Ereignis oder den Veränderungen und dauert oft Monate an. In einigen Fällen kommt es zu einem chronischen Krankheitsverlauf.

Klinik

Vordergründig kommt es zu Beeinträchtigungen der Leistungsfähigkeit sowie der sozialen Kompetenzen. Durch den Zustand subjektiven Leidens mit depressiver Verstimmung, Ängsten und Besorgnis ist der Patient nur noch eingeschränkt in der Lage, seine alltägliche Routine zu bewältigen.

Diagnose und Therapie

Die Diagnose erfolgt aufgrund der vorherrschenden Symptomatik sowie der Anamnese. Psychotherapeutische Maßnahmen zur Konfliktbewältigung stehen im Vordergrund (Gesprächstherapie). Außerdem können Rehabilitationsmaßnahmen erforderlich werden.

? Übungsfragen

1. In welche Krankheitsbilder werden Reaktionen auf schwere Belastungen unterteilt?
2. Welche Krankheitssymptome finden sich bei der posttraumatischen Belastungsstörung?

6.2 Neurosen

Gestörte Konfliktverarbeitung

(1) Neurosen sind reaktive psychische Erkrankungen, die auf Störungen der Konfliktverarbeitung mit Verdrängung des konfliktbehafteten Ereignisses beruhen. Die Konflikte liegen oftmals bereits in der Kindheit, werden nicht verarbeitet und führen in späteren Lebensphasen zu Leidenszuständen mit körperlichen oder seelischen Krankheitssymptomen.

6.2.1 Allgemeine Neurosenlehre

Entstehungstheorien

Die Neurosenlehre beschäftigt sich mit den Entstehungsbedingungen einer Neurose. Es gibt verschiedene Theorien, die sich an den unterschiedlichen Modellen vom Aufbau der Persönlichkeit orientieren. Nachfolgend wird das bekannteste Modell vorgestellt, die psychoanalytische Theorie nach Sigmund Freud.

Psychoanalytische Theorie

Neurose als Ausdruck eines verdrängten Konfliktes

Konflikte, die ein Mensch in der Kindheit oder zu einem späteren Zeitpunkt erlebt hat und nicht lösen konnte, werden verdrängt oder in sonstiger Form abgewehrt. Durch diese Abwehr verwandeln sich die bewussten Konflikte in unbewusste Konflikte. Bestimmte Ereignisse im Verlauf des Lebens können dazu führen, dass die unbewussten Konflikte wieder aktiviert werden. Folge kann die Ausbildung einer Neurose sein.

Kindliche Entwicklungsphasen

Konflikt in einer bestimmten Entwicklungsphase

Sigmund Freud hat die Krankheitsentstehung aus psychoanalytischer Sicht dargestellt. Danach durchläuft jedes Kind in seiner psychischen Entwicklung mehrere Phasen. Während jeder dieser Phasen kann es zu Störungen kommen, die im späteren Leben typische neurotische Krankheitssymptome verursachen können.

Orale Phase (1. Lebensjahr)

Lustgewinn über den Mund

Das Erleben eines Säuglings konzentriert sich auf den Mund (Saugen, Nahrungsaufnahme). Über ihn nimmt er seine Umwelt wahr, erfährt er Befriedigung seiner elementaren Bedürfnisse. Bezugspersonen vermitteln ihm in dieser ersten Lebensphase Geborgenheit, Sicherheit und Urvertrauen. Von ihnen ist der Säugling vollkommen abhängig. Treten Störungen und Konflikte in der oralen Phase auf, können in späteren Jahren Identitätsstörungen, psychosomatische Störungen und depressive Neurosen resultieren.

Anale Phase (2.–4. Lebensjahr)

Lustgewinn über die Ausscheidungsorgane

Der Lustgewinn ist nun auf die Ausscheidungsorgane und die Ausscheidungsprodukte gerichtet. Das Kleinkind lernt die Beherrschung der Körperfunktionen, begreift Verbote und entwickelt zunehmend Eigensinn. Störungen in dieser Phase (z.B. durch übertriebene Sauberkeitserziehung) können sich im späteren Leben in einem zwanghafter Charakter mit Pedanterie, Geiz und Machtstreben manifestieren. Die Zwangsneurose hat hier ihren Ursprung.

Genitale (ödipale) Phase (5.–6. Lebensjahr)

Geschlechtsunterschiede werden wahrgenommen

In dieser Phase entdeckt das Kind die eigenen Geschlechtsmerkmale und lernt, zwischen männlich und weiblich zu unterscheiden. Vorübergehend empfindet es den gleichgeschlechtlichen Elternteil als Rivalen in der Liebe zu Vater/Mutter (*Ödipus-Konflikt*: Ödipus, eine Gestalt aus der griechischen Sage, tötete seinen Vater und heiratete seine Mutter; der Sohn konkurriert also mit dem Vater um die Liebe der Mutter). Außerdem beginnt in diesem Alter die Gewissensbildung. Störungen in der genitalen Phase können z.B. hysterische Neurosen zur Folge haben.

Konfliktbewältigung

Bestandteile der Persönlichkeit:
- Ich
- Es
- Über-Ich

Nach der psychoanalytischen Persönlichkeitstheorie ist die Persönlichkeit in 3 Instanzen unterteilt:

- Ich = Vermittler zwischen Gesellschaftsnormen und eigenen Trieben, Sitz der Abwehrmechanismen
- Es = triebhafte Instanz, Streben nach Befriedigung, Unterbewusstsein

- Über-Ich = Moral-Instanz, Sitz der verinnerlichten Gesellschaftsnormen.

Konflikte entstehen, wenn innerhalb einer Person verschiedene Bedürfnisse miteinander konkurrieren.
Ein Beispiel: Ein Kind weiß, dass es nach dem abendlichen Zähneputzen keine Süßigkeiten mehr essen soll (Über-Ich). Es hat aber Lust auf Schokolade und möchte einen Riegel naschen (Es). Der resultierende Konflikt bedarf einer Lösung (Ich). Wie diese aussieht, hängt von den äußeren Gegebenheiten sowie den erlernten Problemlösungsstrategien ab.
Manchmal kann ein Konflikt nicht (befriedigend) gelöst werden und es kommt zu einer fehlerhaften Verarbeitung. Dies kann wiederum in späteren Jahren zu neurotischen Symptomen führen. Bei der Konfliktverarbeitung spielen Abwehrmechanismen eine Rolle.

Abwehrmechanismen

Abwehrmechanismen als Versuch der Konfliktlösung:
- Verdrängung
- Reaktionsbildung
- Regression
- Rationalisierung
- Sublimierung
- Projektion

❷ Abwehrmechanismen sind intrapsychische Vorgänge, die meist unbewusst ablaufen. Sie kommen zum Einsatz, wenn ein Konflikt nicht direkt gelöst werden kann. Jeder Mensch verfügt über eine gewisse Anzahl dieser Mechanismen. Sie helfen ihm, wenn eine sofortige Problemlösung nicht möglich ist. Kann der Konflikt zu einem späteren Zeitpunkt bearbeitet werden, richten die Abwehrmechanismen keinen Schaden an. Kommt es allerdings nicht zur Konfliktverarbeitung, sondern zur dauerhaften Abwehr, wird die Entstehung späterer Neurosen gefördert. Einige Abwehrmechanismen tragen hierzu verstärkt bei.

Verdrängung Ein Konflikt (z.B. resultierend aus triebhaften Impulsen und entgegenstehenden Gewissensbissen) wird ins Unbewusste verdrängt.

Reaktionsbildung Nicht akzeptable eigene Gefühle werden ins Gegenteil verkehrt (z.B. überfürsorgliche Pflege eines ungeliebten Kindes).

Regression Zurückgehen auf kindliche Verhaltensweisen und Wiederaufnahme bereits überwundener psychischer Entwicklungsstadien (z.B. Daumenlutschen oder Bettnässen).

Rationalisierung Es wird versucht, eigenes Verhalten, das aus unbewussten oder nicht akzeptablen Motiven resultiert, logisch und plausibel zu erklären (z.B. rechtfertigt der Sohn seine seltenen Besuche bei den ungeliebten Eltern mit Zeitmangel oder anderweitigen Verpflichtungen).

Sublimierung Ein Konflikt wird auf ein höheres Ziel verschoben. Frustration wird beispielsweise in künstlerische oder kreative Aktivitäten umgesetzt (z.B. die in ihrem Beruf unzufriedene Buchhalterin beschäftigt sich mit Musik oder beginnt zu zeichnen).

Projektion Eigene Wünsche, Regungen und Impulse, die nicht umsetzbar oder akzeptabel sind, werden auf einen anderen Menschen verlagert und an diesem kritisiert (z.B. schimpft ein sexuell unbefriedigter

Mann über den Kollegen, der sich angeblich in Nachtclubs amüsiert und seine Ehefrau betrügt).

6.2.2 Einzelne Neuroseformen

- Neurosen mit vorwiegend psychischer Symptomatik
- Neurosen mit vorwiegend körperlichen Beschwerdebildern

3 Die einzelnen Neurosen weisen unterschiedliche Symptome auf. Unterteilt werden sie in Neurosen mit überwiegend psychischer Symptomatik und Neurosen mit vorherrschend körperlichen Beschwerden (bei letzteren liegt jedoch keine Organschädigung vor).

Neurosen mit vorwiegend psychischer Symptomatik:

- Neurotische Depression
- Angstneurose
- Phobie
- Zwangsneurose.

Neurosen mit vorwiegend körperlichen Beschwerdebildern:

- Hysterische Neurose
- Hypochondrische Neurose

Diagnostik und Therapie

Die Diagnosestellung einer Neurose basiert auf den Krankheitssymptomen, der Anamnese und dem Ausschluss hirnorganischer oder endogener Psychosen.

Psychoanalyse und Verhaltenstherapie

Die Psychoanalyse (☞ 3.1.1) ist das klassische Behandlungsverfahren bei Neurosen. Ziel dieser Therapie ist das Bewusstmachen von verdrängten Konflikten und deren anschließende Bearbeitung. Da die Psychoanalyse aber sehr kosten- und zeitintensiv ist, wird stattdessen häufiger eine Verhaltenstherapie (☞ 3.1.3) durchgeführt. Bei der Verhaltenstherapie steht eine Entlastung des Patienten durch Verhaltensänderung im Vordergrund. Ergänzend zu den psychotherapeutischen Maßnahmen ist gelegentlich eine medikamentöse Therapie mit Antidepressiva notwendig. Bei schweren Neurosen kann eine stationäre Behandlung erforderlich werden. Wird keine Therapie durchgeführt, zeigen Neurosen einen chronischen Verlauf.

Neurotische Depression

Die neurotische Depression ist die am häufigsten auftretende Neurose und wird auch als dysthyme Störung bezeichnet (*lat. dysthymia = krankhafte Gemütsveränderung*). Ursachen sind Konflikte, die bis in die früheste Kindheit zurückreichen und noch anhalten, die verdrängt und unbewusst gemacht wurden (z.B. gestörtes Urvertrauen durch abweisendes Verhalten der frühen Bezugspersonen). Im Vordergrund stehen psychische Krankheitssymptome.

Klinik

- Selbstvorwürfe
- unbewusstes Ärgergefühl

4 Neben der anhaltenden depressiven Verstimmung, die in unterschiedlicher Intensität auftreten kann, äußert der Patient häufig Selbstvorwürfe und Minderwertigkeitsgefühle. Im Gegensatz zur endogenen Depression verschlechtert sich seine Stimmung im Laufe des Tages und erreicht zumeist abends ihren Tiefpunkt. Nicht selten treten Suizidgedanken auf. Die Umwelt nimmt außerdem Ärger, Unzufriedenheit oder

Ablehnung im Verhalten des Kranken wahr, was ihm selbst allerdings nicht immer bewusst ist.

Angstneurose

Unterteilung in:
- generalisierte Angststörung
- Panikstörung

Auch bei der Angstneurose dominieren die psychischen Krankheitssymptome. Sie manifestiert sich entweder als generalisierte Angststörung oder als Panikstörung.

Klinik

Symptome der **generalisierten Angststörung**:
- anhaltende Angst, die sich nicht auf bestimmte Situationen oder Objekte bezieht
- Anspannung, Nervosität
- Befürchtungen, Sorgen, Vorahnungen
- vegetative Beschwerden (Herzklopfen, Schwindel usw.).

Symptome der **Panikstörung**:
- plötzlich einsetzende Panikattacken, die sich nicht auf bestimmte Umstände oder Situationen zurückführen lassen
- massive körperliche Beschweren (Erstickungsgefühl, Brustschmerz, Schwitzen, Schwindel, Zittern usw.)
- Fluchtreaktionen (z.B. schnelles Verlassen des Ortes, an dem die Attacke aufgetreten ist)
- Abklingen der Panikattacke nach kurzer Zeit (meist wenige Minuten)
- ständige Angst vor einer erneuten Attacke.

Phobien

Klinik

situations- oder objektbezogene Angst

Leitsymptom der Phobie ist eine Angst, die auf spezifische Situationen oder bestimmte Objekte begrenzt ist. Der Kranke ist sehr bemüht, die Angst auslösenden Faktoren zu meiden. Kommt er trotzdem in eine bestimmte Situation oder mit dem entsprechenden Objekt in Kontakt, können Panikattacken auftreten. Häufige Phobien sind:
- Agoraphobie (Platzangst)
- Klaustrophobie (Angst vor geschlossenen Räumen)
- Tierphobien (z.B. Angst vor Spinnen)
- Akrophobie (Höhenangst).

Zwangsneurose

Klinik

Nicht unterdrückbare Gedanken oder Handlungen

Kennzeichen dieser Neurose sind wiederkehrende Zwangsgedanken oder Zwangshandlungen. Der Patient ist gedanklich stereotyp mit bestimmten Ideen, Vorstellungen und Impulsen beschäftigt oder wiederholt in stereotyper Form bestimmte Handlungen:
- Waschzwang, Putzzwang, Kontrollzwang usw.
- in Gedanken ständiges Abzählen bestimmter Zahlenreihen, Schrittfolgen usw., dauerndes Aufdrängen von Gedanken und Impulsen, etwas Bestimmtes tun zu müssen, ohne dies in die Tat umzusetzen (z.B. sich oder andere zu verletzen).

Der Kranke empfindet diese Zwänge als quälend, sinnlos und störend, kann aber kaum Widerstand leisten. Sobald er versucht, dagegen anzugehen, wird er von Ängsten und Befürchtungen gepeinigt (es könnte z.B. ein Unglück heraufbeschworen werden). Oft leidet er im Gefolge der Zwangsneurose an einer depressiven Verstimmung und ist in seiner sozialen Leistungsfähigkeit erheblich eingeschränkt.
Die Ursache der Erkrankung liegt zum Teil bei abgewehrten, unbearbeiteten Konflikten in der frühen Kindheit (anale Phase ☞ 6.2.1). Oft ist ein chronischer Verlauf zu beobachten. Zur Unterdrückung der Zwangssymptome werden Antidepressiva eingesetzt.

Hysterische Neurose

Umwandlung eines seelischen Konfliktes in körperliche Symptome

Diese Störung wird auch als dissoziative Störung (*lat. dissoziare = vereinzeln, trennen*) oder als Konversionsneurose bezeichnet (*lat. convertere = umkehren, umwenden*). Kennzeichnend ist, dass verdrängte psychische Konflikte aus der Vergangenheit in körperliche Beschwerden „umgewandelt“ werden. Die Symptome sind oft symbolhaft und haben appellativen Charakter. Der Patient präsentiert sie nicht selten sehr dramatisch und demonstrativ, zeigt hysterische (überspannte) Verhaltensmuster und möchte Aufmerksamkeit erregen.

Klinik

Die psychogenen Körperstörungen können sehr vielfältig sein. Gemeinsam ist ihnen allen, dass keine organische Schädigung vorliegt.

- Extremitätenlähmungen, Erbrechen, Schmerzen, Missempfindungen, psychogene Blindheit oder Taubheit, Starrezustände, Stimmlähmung, psychogene Krampfanfälle usw.
- Amnesien, Ohnmachtsanfälle
- psychogene Störungen der Sexualfunktionen (Frigidität, Impotenz usw. ☞ 6.4.4)
- Depersonalisation (☞ 2.7).

Physiotherapie

5 Bei psychogenen Lähmungen sind muskuläre Atrophien selten. In schweren Fällen kann es jedoch zu Inaktivitätsatrophien der Muskulatur sowie zu Kontrakturen der Gelenke kommen. In der Physiotherapie sollte die Aufmerksamkeit des Patienten auf die gesunden, nicht betroffenen Extremitäten gelenkt werden, und die „Lähmungen“ sollten nicht im Mittelpunkt des Interesses stehen.

Hypochondrische Neurose

Krankheitsbefürchtungen

Der Kranke unterzieht sich ängstlicher Selbstbeobachtung und ist beharrlich damit beschäftigt, körperliche Erscheinungen als Ausdruck schwerer Erkrankungen in Betracht zu ziehen. Tritt z.B. eine vorübergehende Verstopfung auf, interpretiert er diese als Symptom einer Darmkrebserkrankung.

Klinik

Der Patient äußert ständig Krankheitsbefürchtungen, die gleichzeitig oder nacheinander auf verschiedene Organe bezogen sein können. Sein

Körper und die vermeintlichen Störungen stehen im Mittelpunkt seines Denkens. Auch nach einer ärztlichen Untersuchung, die keinen pathologischen Befund erbracht hat, hält er an seinen Befürchtungen fest. Oft entwickelt sich im Krankheitsverlauf eine depressive Symptomatik.

? Übungsfragen

1. Wie werden Neurosen definiert?
2. Was versteht man unter Abwehrmechanismen? Welche sind Ihnen bekannt?
3. Wie werden Neurosen unterteilt?
4. Nennen Sie die Symptome einer neurotischen Depression!
5. Was sollte der Physiotherapeut bei einer hysterischen Neurose beachten?

6.3 Persönlichkeitsstörungen

Extremausprägung eines Charakterzuges

❶ Persönlichkeitsstörungen sind Erkrankungen, bei denen eine Extremausprägung von bestimmten Persönlichkeitszügen vorliegt. Krankhaft ist also das Dominieren und die gesteigerte Intensität eines oder mehrerer Persönlichkeitsmerkmale, die an sich normal und allgemeinmenschlich sind. Erst durch ihre starke Dominanz kommt es zu einer krankhaften Wesensart, unter der die Betroffenen und manchmal ihre Umgebung leiden können. Persönlichkeitsstörungen werden auch als Psychopathien oder abnorme Persönlichkeiten bezeichnet. Ihre Entwicklung wird durch kulturelle und regionale Unterschiede beeinflusst, so dass in einzelnen Ländern teilweise unterschiedliche Störungen vorkommen. Häufig zeigen die abnormen Persönlichkeitsmerkmale über lange Zeit eine Konstanz, sind aber durch äußere Einflüsse auch Schwankungen und Wandlungen unterworfen. Nicht selten schwächen sie sich im Laufe des Lebens ab. Zur psychiatrischen Behandlung führen zumeist seelische Beeinträchtigungen als Folge der Persönlichkeitsstörung (z.B. depressive Verstimmung, Suizidgedanken, Selbstschädigungen, zwischenmenschliche Konflikte).

Ursachen

Multifaktorielle Entstehung:
- soziale Faktoren
- genetische Faktoren
- Hirnschädigung

Verschiedene Faktoren tragen zur Entstehung von Persönlichkeitsstörungen bei:

- soziale Faktoren (Schwierige soziale Bedingungen in der Kindheit können die Entwicklung von Persönlichkeitsstörungen fördern, z.B. sexueller Missbrauch oder Gewalt in der Familie.)
- genetische Faktoren (gehäuftes Auftreten in bestimmten Familien)
- Hirnschädigung (frühkindliche Hirnschädigungen, die die „normale“ Persönlichkeitsentwicklung beeinträchtigen können).

Diagnostik

Ausschluss anderer psychiatrischer Krankheiten

Die Symptome einer Persönlichkeitsstörung können Ähnlichkeiten aufweisen mit Neurosen, endogenen und organischen Psychosen. Nur durch genaue Anamnese, körperliche Untersuchung und Verlaufsbeobachtung ist eine Diagnosestellung möglich. Erste Krankheitssymptome können zwar schon im Kindes- und Jugendalter auftreten, da aber erst nach der Adoleszenz eine gewisse Persönlichkeitsreife vorliegt, sollte die Diagnose nicht vor dem 18. Lebensjahr gestellt werden.

Therapie und Prognose

Psychotherapie und medikamentöse Behandlung

Im Vordergrund steht die Gesprächspsychotherapie (☞ 3.1.2). Auch Verhaltenstherapie (☞ 3.1.3) und Entspannungsverfahren (☞ 3.1.4) können zum Einsatz gelangen. Eine medikamentöse Therapie kann ebenfalls erforderlich werden (z.B. bei schwerer depressiver Verstimmung und Selbstschädigung).

Unterteilung nach vorherrschenden Krankheitssymptomen:
- asthenische Persönlichkeitsstörung
- ängstliche Persönlichkeitsstörung
- anankastische Persönlichkeitsstörung
- histrionische Persönlichkeitsstörung
- dissoziale Persönlichkeitsstörung
- Borderline-Persönlichkeitsstörung
- paranoide Persönlichkeitsstörung
- schizoide Persönlichkeitsstörung

Die Prognose ist je nach Störung und Intensität unterschiedlich. Ein Teil der Betroffenen ist in der Lage, das eigene Leben gut zu bewältigen. Ein anderer Teil leidet mehr oder weniger dauerhaft unter den Krankheitssymptomen, kann sich aber einigermaßen in die Gesellschaft integrieren. Eine Minderheit weist immer wieder akute, behandlungsbedürftige Krisen auf und ist in der Lebensführung stark eingeschränkt (z.B. Borderline-Persönlichkeitsstörung).

6.3.1 Einzelne Persönlichkeitsstörungen

Die Unterteilung der Persönlichkeitsstörungen erfolgt nach den Krankheitssymptomen, die im Vordergrund stehen. Nicht selten kommt es vor, dass gleichzeitig verschiedene Symptome vorliegen, die zu mehreren Störungen passen würden. In diesem Fall entscheidet die Dominanz der einzelnen Symptome über die Zuordnung.

Asthenische (abhängige) Persönlichkeitsstörung

Schwäche und emotionale Abhängigkeit

Bei der asthenischen *(gr. asthenia = Schwäche)* Persönlichkeitsstörung nimmt sich der Patient als hilflos, schwach und inkompetent wahr. Er überlässt die Verantwortung für wichtige Bereiche seines Lebens anderen Personen, ordnet sich unter und ist nachgiebig. Er stellt die eigenen Ansprüche zurück, fühlt sich abhängig und hat große Angst, verlassen zu werden. Endet eine enge Beziehung, kommt es nicht selten zu akuten Krisen mit Verzweiflung und dem Gefühl innerer Zerstörung.

Ängstliche (vermeidende) Persönlichkeitsstörung

Überbetonung potentieller Gefahren

Der Patient ist dauernd angespannt und besorgt. Er neigt dazu, potentielle Gefahren im Alltag überzubewerten und meidet deshalb bestimmte Aktivitäten. Er fühlt sich unsicher und minderwertig, sehnt sich ständig nach Zuneigung und reagiert überempfindlich auf Kritik. Sein Lebensstil ist durch das übermäßige Bedürfnis nach Gewissheit und Sicherheit oft sehr eingeschränkt.

Anankastische (zwanghafte) Persönlichkeitsstörung

Bedürfnis nach ständiger Kontrolle

Im Vordergrund steht das Bedürfnis nach ständiger Kontrolle, Perfektionismus und übermäßiger Gewissenhaftigkeit. Der Betroffene ist zumeist sehr leistungsbezogen, rigide und eigensinnig, vernachlässigt Vergnügen und zwischenmenschliche Beziehungen. Ihm fehlt Spontaneität, er plant alles genau voraus und ist darauf bedacht, dass sich andere seinen Gewohnheiten unterordnen. Emotionale Wärme kann er nur sehr begrenzt zum Ausdruck bringen.

Histrionische Persönlichkeitsstörung

Theatralisches Verhalten

Die histrionische Persönlichkeitsstörung *(lat. histrione = Schauspieler)* ist gekennzeichnet durch theatralisches Verhalten, Dramatisierung der eigenen Person und das Bedürfnis, im Mittelpunkt zu stehen. Die Betroffenen sind egozentrisch und selbstbezogen, haben ein fortdauerndes Verlangen nach Anerkennung und versuchen, andere zu manipulieren. Sie zeigen eine oberflächliche und labile Affektivität, übertreiben den Ausdruck von Gefühlen und sind leicht kränkbar.

Dissoziale Persönlichkeitsstörung

Missachtung sozialer Normen

Die Betroffenen sind verantwortungslos und missachten soziale Normen, Regeln oder Verpflichtungen. Gefühle anderer Menschen sind ihnen gleichgültig. Sie haben oft eine sehr geringe Frustrationstoleranz und neigen zu aggressivem, gewalttätigem Verhalten. Ein Schuldbewusstsein fehlt ihnen, und sie zeigen sich unfähig, aus Erfahrungen zu lernen.

Borderline-Persönlichkeitsstörung

Emotionale Instabilität
Störung des eigenen Selbstbildes

❷ *(engl. borderline = Grenze, Grenzfall)* Diese Störung ist oft sehr schwerwiegend und macht stationäre psychiatrische Behandlungen erforderlich. Die Patienten sind emotional instabil und neigen zu schweren depressiven Verstimmungen bis hin zur Suizidalität. Sie verspüren häufig einen sehr starken inneren Druck, aber auch Leere und Gleichgültigkeit. Das eigene Selbstbild ist gestört, d.h. sie empfinden sich selbst als fremd und haben große Schwierigkeiten, persönliche Neigungen zu erkennen und zu akzeptieren. Selbstunsicherheit, Selbstzweifel und Hassgefühle gegen die eigene Person treten auf. Immer wieder kommt es zum Verlust der Impulskontrolle, und selbstschädigende Handlungen sind die Folge (Zufügen von Verletzungen mit Zigaretten, Messer usw.). Nicht selten betreiben die Patienten einen (vorübergehenden) Drogen-, Alkohol- oder Medikamentenmissbrauch und leiden unter starken vegetativen Beschwerden (z.B. Schlafstörungen). Sie haben Schwierigkeiten in zwischenmenschlichen Beziehungen, können unterschiedliche Gefühle, z.B. einerseits den Wunsch nach Nähe und andererseits die Angst vor Autonomieverlust, nicht in Einklang bringen und ziehen sich rasch zurück. Depersonalisations- und Derealisationsgefühle treten in Erscheinung, vereinzelt werden auch wahnhaft anmutende Gedanken geäußert, so dass der Eindruck einer endogenen Psychose entstehen kann. Der Begriff Borderline-Störung (auch Borderline-

Syndrom) entstand zu einem Zeitpunkt, als man die bestehenden Krankheitssymptome nicht eindeutig zuordnen konnte. Er sollte zum Ausdruck bringen, dass es sich diagnostisch um einen „Grenzfall" handelte: Einerseits „sehr krank" für eine Persönlichkeitsstörung, andererseits nicht die „voll ausgeprägte" Symptomatik einer endogenen Psychose. Mittlerweile wird die Erkrankung zu den Persönlichkeitsstörungen gezählt und auch als „emotional instabile Persönlichkeitsstörung vom Borderline Typus" bezeichnet.

Paranoide Persönlichkeitsstörung

Übertriebenes Misstrauen und Empfindlichkeit

Die Patienten sind übertrieben misstrauisch und empfindlich, reagieren nachtragend und streitsüchtig. Sie neigen dazu, Erlebtes zu verdrehen, fühlen sich von anderen angefeindet und zeigen einen ständigen Groll. Oft verhalten sie sich nicht der Situation angemessen und beharren auf vermeintlichen Rechten. Hin und wieder kommt es vor, dass sie Ereignisse der näheren Umgebung oder auch das Weltgeschehen mit Verschwörungstheorien in Verbindung bringen. Ein Wahn liegt aber nicht vor.

Schizoide Persönlichkeitsstörung

Kontakt- und Affektstörungen

Im Unterschied zur Schizophrenie treten keine Halluzinationen, kein Wahn und keine Ich-Störungen auf. Der Patient zeigt aber eine übermäßige Vorliebe für Phantasien, ist oft Einzelgänger und wirkt in sich gekehrt. Er ist kaum in der Lage, Freude zu empfinden, wirkt affektiv abgeflacht und kann anderen gegenüber weder zärtliche Gefühle noch Ärger zeigen. Das Interesse an Sexualität ist meist gering und es besteht ein Mangel an zwischenmenschlichen Beziehungen.

? Übungsfragen

1. Was sind Persönlichkeitsstörungen?
2. Welche Symptome treten bei der Borderline-Persönlichkeitsstörung auf?

6.4 Psychische Erkrankungen mit körperlichen Symptomen

Unterteilung in:
- Somatisierungsstörungen
- psychosomatische Erkrankungen
- Essstörungen
- sexuelle Funktionsstörungen

Die psychischen Erkrankungen mit körperlichen Symptomen zeichnen sich dadurch aus, dass im Vordergrund des Beschwerdebildes eine körperliche Krankheitssymptomatik steht. Tatsächliche organische Schädigungen sind aber nur bei einzelnen Krankheitsbildern nachweisbar. Bei der Entstehung dieser Erkrankungen wird eine multifaktorielle Genese vermutet (genetische Veranlagung, psychische Konflikte, neurotische Fehlentwicklungen, äußere Faktoren). Sie lassen sich unterteilen in:

- Somatisierungsstörungen
- psychosomatische Erkrankungen
- Essstörungen
- sexuelle Funktionsstörungen.

6.4.1 Somatisierungsstörungen

Vielfältige körperliche Beschwerden ohne Nachweis einer organischen Ursache

Patienten mit Somatisierungsstörungen klagen über wechselnde körperliche Krankheitssymptome, die sich auf jedes Körperteil beziehen können. Die Beschwerden halten oft viele Jahre an und die Störung verläuft zumeist chronisch. Sie beginnt nicht selten im frühen Erwachsenenalter und verstärkt sich, wenn äußere Konflikte auftreten. Frauen sind in der Regel häufiger betroffen als Männer.

Klinik

❶ Am häufigsten werden gastrointestinale Beschwerden beklagt (Bauchschmerzen, Blähungen, Übelkeit, Erbrechen). Auch abnorme Hautempfindungen wie Juckreiz, Brennen, Ausschlag oder Wundsein treten auf. Im Gefolge der körperlichen Symptome entwickeln sich oft depressive Verstimmungen und Ängste.

Therapie

Es sollte möglichst frühzeitig eine Psychotherapie begonnen werden (☞ 3.1). Gesprächstherapie und Entspannungsverfahren sind dabei am zweckmäßigsten.

6.4.2 Psychosomatische Erkrankungen

Ausgelöst durch vegetative Funktionsstörungen als Folge eines psychischen Dauerkonfliktes

❷ Psychosomatische Erkrankungen entstehen dadurch, dass ein chronischer psychischer Konflikt zunächst das vegetative Nervensystem beeinflusst. Es resultieren vegetative Funktionsstörungen, die schließlich zu Organschädigungen führen. So bewirkt z.B. Aufregung eine gesteigerte Aktivität des vegetativen Nervensystems mit erhöhter Säureproduktion des Magens. Diese wiederum begünstigt die Entstehung eines Magengeschwürs.
Allerdings ist davon auszugehen, dass weitere Faktoren an der Entstehung psychosomatischer Erkrankungen beteiligt sind (z.B. genetische Disposition, immunologische Prozesse, Einflüsse der Ernährung, Infektionen).

Therapie

Nur selten kommen die Patienten in psychiatrische Behandlung. Da es sich vor allem um internistische und dermatologische Krankheitsbilder mit nachweisbaren körperlichen Schädigungen handelt, erfolgt die Behandlung in der Inneren Medizin, Dermatologie oder speziellen psychosomatischen Kliniken. In letzteren werden neben der organmedizinischen Behandlung psychotherapeutische Maßnahmen eingesetzt.
Folgende Erkrankungen sind häufig psychosomatisch bedingt:

- essentielle Hypertonie (Bluthochdruck ohne erkennbare körperliche Ursache)
- Morbus Crohn (chronische entzündliche Erkrankung des Dünndarms)
- Colitis ulcerosa (chronische entzündliche Erkrankung des Dickdarms)
- Ulcus ventriculi und duodeni (Magen- und Zwölffingerdarm-Geschwür)

- Asthma bronchiale
- rheumatoide Arthritis (entzündliche Gelenkerkrankung)
- atopische Neurodermitis (chronische Hautkrankheit mit Juckreiz und Ekzem).

6.4.3 Essstörungen

Unterteilung in:
- Anorexia nervosa
- Bulimie

Bei den Essstörungen stehen Schwierigkeiten im Zusammenhang mit der Nahrungsaufnahme im Vordergrund. Diese beruhen nicht auf einer Organschädigung, sondern sind psychisch bedingt. Als weitere ursächliche Faktoren werden soziokulturelle Gegebenheiten (z.B. gesellschaftliches Schlankheitsideal), Persönlichkeitsmerkmale und biologische Faktoren diskutiert. Gemeinsam ist den Essstörungen, dass sie nach einiger Zeit zu mehr oder weniger schwerwiegenden körperlichen und psychischen Schäden führen.

Anorexia nervosa

Absichtlich herbeigeführter, gefährlicher Gewichtsverlust

Bei der Anorexia nervosa *(gr. anorektein = ohne Appetit sein)*, auch **Magersucht** genannt, kommt es zu einem absichtlich herbeigeführten, gefährlichen Gewichtsverlust. Es erkranken vor allem heranwachsende Mädchen und junge Frauen, die sehr ehrgeizig sind, ein starkes Kontrollbedürfnis haben und bei denen eine (unbewusste) Abwehr gegen die Übernahme der weiblichen Geschlechtsrolle besteht.

Klinik

Die Krankheit ist durch folgende Symptome gekennzeichnet:
- teilweise extremer Gewichtsverlust durch selbst herbeigeführtes Erbrechen, Abführen, Nahrungsreduktion und übertriebene sportliche Aktivitäten
- Störung des Körperschemas (Die Patienten fühlen sich zu dick, obwohl sie untergewichtig sind. Ihre Selbstwahrnehmung ist gestört, und sie entwickeln eine tiefe, stark überzogene Angst vor dem Dickwerden.)
- Entwicklung endokriner Störungen (z.B. ausbleibende Regelblutung, gestörte Entwicklung der sekundären Geschlechtsmerkmale, Wachstumsverzögerungen, Libido- und Potenzverlust)
- fehlende Krankheitseinsicht
- körperliche Krankheitssymptome wie Vitaminmangel, Elektrolytentgleisungen, Herzrhythmusstörungen, Exsikkose (= Austrocknung).

Therapie und Prognose

Im Vordergrund stehen psychotherapeutische Behandlungsmaßnahmen einschließlich Familientherapie. Da aber zumeist keine Krankheitseinsicht vorliegt, ist es schwierig, die Patienten von der Behandlungsnotwendigkeit zu überzeugen. Bei extremem Gewichtsverlust und daraus resultierenden schwer wiegenden körperlichen Krankheitssymptomen ist eine stationäre medizinische Behandlung erforderlich, mitunter auch gegen den Willen der Kranken (☞ 10). Nicht selten muss diese wegen lebensbedrohlicher Zustände zunächst auf einer internistischen Intensivstation durchgeführt werden. Wenn sich der körperliche Zustand stabilisiert hat, kann die stationäre Weiterbehandlung in einer psychosomatischen oder psychotherapeutischen Fachklinik erfolgen.

3 Die Prognose ist eher ungünstig. Bei je ca. 30% der Patienten tritt eine Heilung ein, ist eine Besserung zu verzeichnen oder resultiert ein chronischer Verlauf. Ungefähr 10% der Fälle enden tödlich.

Bulimie

„Fressanfälle" und selbstinduziertes Erbrechen

Bulimie *(gr. = Heißhunger)* ist gekennzeichnet durch wiederholte Anfälle von unwiderstehlichem Heißhunger. Während der folgenden „Fressanfälle" kommt es zur Aufnahme oft großer Mengen Nahrungsmittel und anschließend zu selbst ausgelöstem Erbrechen. Die Patienten beschäftigen sich in übertriebenem Maße mit der Kontrolle ihres Körpergewichtes und versuchen, die bereits aufgenommenen Kalorien mit allen Mitteln wieder zu verringern. Hierzu gehört neben dem Erbrechen ein Missbrauch von Abführmitteln, Appetitzüglern und entwässernden Medikamenten. Im Verlauf kann die Krankheit zu Elektrolytstörungen, Entzündungen der Speiseröhre, Muskelschwäche und Gewichtsverlust führen. Letzterer ist aber nur selten so stark ausgeprägt wie bei der Anorexie. Häufiger besteht Normalgewicht.

Ursachen

Die gestiegene Krankheitshäufigkeit innerhalb der letzten 20 Jahre lässt vermuten, dass viele Patienten dem gesellschaftlichen Schlankheitsideal nacheifern.

Therapie

Eine Gesprächspsychotherapie ist angezeigt. Außerdem können verhaltenstherapeutische Maßnahmen zur Selbstkontrolle beim Essen beitragen.

6.4.4 Sexuelle Funktionsstörungen

Zusammenwirken psychischer und somatischer Faktoren

Sexuelles Verlangen und Befriedigung sind abhängig von psychischen und somatischen Faktoren. Bei der Entstehung sexueller Funktionsstörungen sind zumeist beide Faktoren beteiligt. Häufig ist es aber schwierig, ihre jeweilige Bedeutung genau abzuschätzen. Psychisch stehen oftmals Versagensängste, Stress und Erwartungshaltung im Vordergrund. Diese wiederum führen zu Störungen der physiologischen (somatischen) Reaktionen. Differentialdiagnostisch werden die sexuellen Funktionsstörungen von Krankheiten mit eindeutiger organischer Ursache (z.B. Impotenz bei Querschnittslähmung) abgegrenzt.

Klinik

Die Krankheitssymptome sind unterschiedlich und lassen sich unterteilen in:

- Mangel oder Verlust an sexuellem Verlangen (z.B. Frigidität)
- psychogene Impotenz
- Erektionsstörungen
- Orgasmusstörungen

- Ejaculatio praecox (vorzeitiger Samenerguss)
- Dyspareunie (bei Frauen treten Schmerzen während des Sexualverkehrs auf)
- Vaginismus (unwillkürlicher Krampf der Vaginalmuskulatur)
- gesteigertes sexuelles Verlangen (Nymphomanie).

Therapie

Sexualberatung und Sexualtherapien stehen zur Verfügung. Darüber hinaus können Entspannungsverfahren (☞ 3.1.4) zur Anwendung kommen.

Sexuelle Perversionen

Abweichende Sexualpraktiken

Die sexuellen Perversionen werden definiert als von der Norm abweichende Sexualpraktiken, die für den Betroffenen notwendig sind, um zu sexueller Befriedigung zu gelangen. Im Unterschied zu den sexuellen Funktionsstörungen spielen somatische Faktoren keine Rolle. Ursachen der Störung sind oft neurotische Fehlentwicklungen oder hirnorganische Schädigungen (Oligophrenie ☞ 8). Unterteilt werden die Perversionen in:

- Pädophilie (sexuelle Vorliebe für Kinder)
- Sodomie (Präferenz für sexuelle Handlungen an Tieren)
- Nekrophilie (Präferenz für sexuelle Handlungen an Verstorbenen)
- Exhibitionismus (Neigung, die eigenen Genitalien vor Fremden in der Öffentlichkeit zu entblößen)
- Fetischismus (Gebrauch bestimmter Gegenstände, z.B. Schuhe, um zu sexueller Erregung zu gelangen)
- Sadismus (es werden sexuelle Aktivitäten bevorzugt, die dem Partner Schmerzen zufügen)
- Masochismus (die Person benötigt zur sexuellen Befriedigung das Gefühl von Schmerzen und Erniedrigung).

? Übungsfragen

1. Welche Krankheitssymptome finden sich bei den Somatisierungsstörungen?
2. Wie entstehen psychosomatische Erkrankungen?
3. Wie ist die Prognose für Patienten mit Anorexia nervosa?

7 Suchtkrankheiten

Merkmale der Sucht:
- körperliche und/oder psychische Abhängigkeit
- körperliche, psychische und soziale Schäden
- unbezwingbares Verlangen
- stoffgebundene und nicht stoffgebundene Süchte

Suchtkrankheiten sind Abhängigkeitserkrankungen. Die Begriffe Sucht und Abhängigkeit sind gleichbedeutend, beide werden in der Psychiatrie benutzt.

❶ Sucht wird definiert als eine körperliche und/oder psychische Abhängigkeit, die den betroffenen Menschen schädigt. Der Schaden kann dabei körperlich, psychisch sowie auch sozial sein. Der Suchtkranke ist nicht in der Lage, sein Verlangen zu unterdrücken und gibt diesem immer wieder nach. Unterschieden werden stoffgebundene Süchte (Abhängigkeit von einer Droge) und nicht stoffgebundene Suchtleiden (z.B. Spielsucht). Nicht stoffgebundene Süchte haben keine körperliche Abhängigkeit zur Folge, beruhen aber auf einer psychischen Abhängigkeit. Einige Drogen rufen ebenfalls keine körperliche, sondern ausschließlich eine psychische Abhängigkeit hervor.

Ursachen

ursächliche Faktoren:
- Persönlichkeitsstruktur
- genetische Veranlagung
- kulturelle Gegebenheiten
- psychische Krankheiten

❷ Eine Abhängigkeit entsteht auf der Grundlage verschiedener Faktoren. Bei der Krankheitsentwicklung spielt vor allem die Persönlichkeit des Betroffenen eine große Rolle. Suchtkranke sind in vielen Fällen labile, selbstunsichere Persönlichkeiten, die Schwierigkeiten haben, mit Konflikten umzugehen. In der Vorgeschichte des Betroffenen finden sich nicht selten berufliche und soziale Konfliktsituationen, Überforderung und körperliche Erschöpfungszustände. Des Weiteren gibt es Hinweise auf eine genetische Veranlagung. Auch kulturelle Gegebenheiten sind bei der Entwicklung einer Sucht von Bedeutung. Wenn z.B. ein bestimmter Suchtstoff in einer Gesellschaft abgelehnt wird (Alkohol in islamischen Ländern), hält sich dessen Missbrauch meist in Grenzen. Ist ein Stoff aber „gesellschaftsfähig" (z.B. Alkohol in West- und Osteuropa), kommt es öfters zu einer Suchtproblematik. Darüber hinaus begünstigen einige psychische Krankheiten die Suchtentwicklung. In diesem Fall spricht man von „symptomatischer" oder „sekundärer" Abhängigkeit. Gemeint ist damit, dass der Patient erst in Folge seiner psychischen Krankheit süchtig wird (z.B. Tablettenabhängigkeit beim depressiv Kranken durch ständigen Gebrauch von Schlaf- und Beruhigungsmitteln oder Alkoholabhängigkeit bei einer Schizophrenie, weil der Patient durch missbräuchlichen Konsum von Spirituosen versucht, die akustischen Halluzinationen oder den Wahn zu unterdrücken).

- körperliche Abhängigkeit
- psychische Abhängigkeit
- körperliche, psychische und soziale Schäden

Klinik

Symptome einer Sucht sind die körperliche und/oder psychische Abhängigkeit sowie die daraus resultierenden Schäden.

Körperliche Abhängigkeit

Die Entwicklung einer körperlichen Abhängigkeit beginnt damit, dass der Betroffene zunächst regelmäßig eine „psychoaktive", das ZNS beeinflussende Substanz konsumiert. Der Körper gewöhnt sich an die Droge und schließlich muss deren Dosis erhöht werden, um die gleiche Wirkung wie zu Beginn des Konsums hervorzurufen (= Toleranzerhöhung). Genügte z.B. anfangs ein Glas Wein am Abend, um sich nach einem anstrengenden Arbeitstag entspannen zu können, werden nach einigen Monaten zwei oder mehrere Gläser zur Entspannung benötigt. Ein erhöhter Konsum führt zum Missbrauch und mündet letztendlich in einer körperlichen Abhängigkeit. Wird die Einnahme nun plötzlich unterbrochen, treten körperliche Entzugssymptome in Form von Tachykardie (Herzrasen), Tremor (Zittern) und Hyperhidrosis (Schwitzen) auf. Auch Unruhe, Übelkeit, Erbrechen, Durchfälle, Gliederschmerzen usw. können hinzukommen. Das Auftreten einer Entzugssymptomatik ist Beweis für eine körperliche Abhängigkeit.
Wie lange es dauert, bis sich eine körperliche Abhängigkeit entwickelt, hängt von der Art der Droge, der Häufigkeit des Konsums und der Dosierung ab. Regelmäßige Einnahme von Morphin kann z.B. innerhalb weniger Tage oder Wochen eine Abhängigkeit verursachen. Alkoholabhängigkeit hingegen entwickelt sich meist im Verlauf einiger Jahre.

Psychische Abhängigkeit

3 Charakteristisch ist das starke, übermächtige Verlangen nach der Substanz oder bei nicht stoffgebundenen Süchten der abhängig machenden Handlung. Der Patient ist nicht mehr in der Lage, sein Verhalten verstandesmäßig zu steuern, die Kontrollfähigkeit ist verloren gegangen, und sein Denken ist auf die Befriedigung der Sucht ausgerichtet. Sogar das Wissen, sich selber zu schädigen, kann das Verlangen nicht beeinflussen. Andere Dinge im Leben werden nebensächlich und schließlich steht die Beschäftigung mit der Sucht absolut im Vordergrund.
Psychische Abhängigkeit kann sich teilweise sehr schnell entwickeln (bei der Droge „Crack" wurde sie bereits nach ein- bis zweimaligem Missbrauch beobachtet). Auch hier spielt die Art des Stoffes und die Häufigkeit des Konsums eine Rolle. Hinzu kommen psychische Faktoren wie Willensstärke oder Beeinflussbarkeit.

Körperliche, psychische und soziale Schäden

Der Missbrauch einer Droge führt in aller Regel zu körperlichen Schäden. Welches Organ betroffen ist, hängt von der jeweiligen Substanz ab. Alkohol z.B. schädigt Nervensystem, Leber und Bauchspeicheldrüse, einige Schmerzmittel verursachen hingegen Nierenschädigungen. Anfänglich können die Organschäden reversibel sein, bei fortgesetztem Missbrauch treten aber oft chronische Schädigungen auf.
Psychische Schäden sind bei fast allen Suchtkranken zu beobachten. Diese können vielfältig sein und umfassen z.B. depressive Verstimmun-

gen, Angstzustände, Suizidalität, akute Psychosen mit Wahn und Halluzinationen oder Veränderungen der Persönlichkeit.
Des Weiteren führt Abhängigkeit zu sozialen Schäden. Der Arbeitsplatz geht verloren, Freunde und Angehörige distanzieren sich und es kommt schließlich zum sozialen Abstieg. Um ihre Sucht finanzieren zu können, verschulden sich einige Patienten oder geraten mit dem Gesetz in Konflikt (z.B. Beschaffungskriminalität, Straßenverkehrsdelikte).

Therapie

Zu Beginn wird bei den stoffgebundenen Suchtleiden eine „Entgiftung" durchgeführt. Hierbei handelt es sich um eine körperliche Entzugsbehandlung, die in aller Regel in einem Krankenhaus stattfindet. Anschließend besteht die Möglichkeit, sich einer stationären psychotherapeutischen Langzeittherapie in speziellen Suchtkliniken zu unterziehen. Rückfälle beruhen zumeist auf der psychischen Abhängigkeit, so dass deren Behandlung äußerst wichtig ist. Die Langzeittherapie, die mehrere Monate dauert, soll dem Kranken helfen, die Ursachen für seine Sucht zu erkennen, sein Verhalten zu ändern und die psychische Abhängigkeit zu überwinden. Verschiedene ambulante Therapiemöglichkeiten (z.B. Besuch einer Selbsthilfegruppe, regelmäßige Suchtberatung, Gesprächspsychotherapie) gehen den stationären meistens voraus. Eine körperliche Entzugsbehandlung ist dabei in aller Regel nicht Vorbedingung. Vielmehr dienen einige der ambulanten Maßnahmen dazu, erst einmal die Krankheitseinsicht und Behandlungsmotivation zu stärken.
Bei den nicht stoffgebundenen Suchterkrankungen entfällt die „Entgiftung", ansonsten bestehen keine Unterschiede in der Therapie.

? Übungsfragen

1. Wie wird Sucht definiert?
2. Wodurch wird eine Sucht verursacht?
3. Wie äußert sich eine psychische Abhängigkeit?

7.1 Alkoholabhängigkeit

Die häufigste Suchterkrankung in Deutschland ist der Alkoholismus (Alkoholabhängigkeit). Betroffen hiervon sind ca. 2,5 Millionen Menschen. Weitere 3–5 Millionen konsumieren Alkohol in einem gesundheitsschädigenden Ausmaß, und ungefähr 30 000 bis 40 000 Menschen sterben jährlich an den Folgen. Der weitaus größte Teil der Alkoholabhängigen sind Männer. In den letzten Jahren zeigte sich aber eine deutliche Zunahme der Betroffenen beim weiblichen Geschlecht. Auch eine überproportionale Zunahme des Missbrauchs bei jungen Menschen ist zu beobachten. Nach Statistiken konsumiert ca. ein Viertel der 15-Jährigen mindestens einmal in der Woche Alkohol.
Alkohol verursacht sowohl eine körperliche als auch psychische Abhängigkeit.

7.1.1 Einteilung und Behandlung

Stadien

Stadien der Suchtentwicklung:
- präalkoholische Phase
- Prodromalphase
- kritische Phase
- chronische Phase

❶ Die Entwicklung einer Alkoholabhängigkeit verläuft zumeist in vier Phasen und erstreckt sich durchschnittlich über eine Zeitspanne von 6–12 Jahren. Bei Beginn des Missbrauchs im Jugendalter kann sich die Spanne auf 2–3 Jahre verkürzen.

1. Präalkoholische Phase: Alkohol wird zunächst in mäßigen Mengen konsumiert, um Konflikte und Spannungen zu beseitigen. Nach einiger Zeit setzt ein regelmäßiger, teilweise verstärkter Konsum ein.

2. Prodromalphase: Es kommt zu einer Toleranzsteigerung, und die Trinkmenge erhöht sich. Der Betroffene beginnt, heimlich zu trinken, denkt oft an Alkohol und hat Gedächtnislücken nach einem Rausch. Erste Schuldgefühle treten auf, und er vermeidet es, über Alkohol zu sprechen.

3. Kritische Phase: Es kommt zum Kontrollverlust und der Betroffene kann die Trinkmenge nicht mehr steuern. Das Trinken beginnt schon am Morgen. Leistungsfähigkeit und Interessen nehmen ab, und eine Stimmungslabilität mit Selbstmitleid tritt auf. Kurze Phasen der Abstinenz sind noch möglich.

4. Chronische Phase: Nun besteht eine manifeste Abhängigkeit mit der Unfähigkeit zur Abstinenz. Es kommt zu tagelangen Räuschen, die Alkoholtoleranz sinkt und psychische, organische sowie soziale Schädigungen treten auf. Meist entwickelt sich erst in dieser Phase eine Krankheitseinsicht.

Tab. 7.1: Einteilung der Alkoholabhängigkeit nach Jellinek

Typ	Charakteristikum	Symptome
Alpha-Typ	Konflikt- und Erleichterungstrinker	zeitweise psychische Abhängigkeit ohne Kontrollverlust; keine Zunahme der Trinkmenge; Abstinenz möglich
Beta-Typ	Wochenend- und Gelegenheitstrinker	nicht regelmäßiger, aber übermäßiger Alkoholkonsum mit Kontrollverlust und Rauschzuständen; körperliche Schäden können auftreten; Abstinenz möglich
Gamma-Typ	Süchtiger Trinker	Toleranzsteigerung, Kontrollverlust, körperliche Entzugssymptome; Abstinenz nicht möglich; körperliche, psychische und soziale Schäden
Delta-Typ	Gewohnheitstrinker, Spiegeltrinker	regelmäßiger Alkoholkonsum ohne Kontrollverlust; selten Rauschzustände; konstanter Blutalkoholspiegel muss aufrechterhalten werden, beim Unterschreiten treten Entzugssymptome auf; Unfähigkeit zur Abstinenz
Epsilon-Typ	Quartalsäufer	phasenweise exzessiver Alkoholkonsum mit Kontrollverlust; anschließend völlige Abstinenz möglich

Neben diesen Phasen der Suchtentwicklung gibt es eine international gebräuchliche Einteilung der Alkoholabhängigkeit in verschiedene Typen und Stadien (☞ Tab. 7.1), die von dem Nervenarzt Jellinek entwickelt wurde. Eine echte Abhängigkeit liegt erst beim Gamma- und Delta-Typ vor. Die anderen Typen werden als Vorstufen angesehen.

Klinik

- psychische Schäden
- körperliche Schäden
- soziale Schäden

Die Alkoholabhängigkeit hat körperliche, psychische und soziale Schäden zur Folge.

Körperliche Schäden

❷ Alkohol ist organtoxisch und kann ab einer gewissen Menge viele körperliche Schäden verursachen. Bei Männern gelten 60 g reiner Alkohol täglich als kritische Grenze, bei Frauen 20 g. Häufige Erkrankungen, die durch Alkoholmissbrauch hervorgerufen werden, sind:

- Fettleber, Leberzirrhose
- Ösophagusvarizen und -blutung (akute, lebensgefährliche Blutung aus rupturierten „Krampfadern" der Speiseröhre)
- chronische Pankreatitis (Bauchspeicheldrüsenentzündung)
- Gastritis, Magengeschwür
- Polyneuropathie (Neurologie ☞ 14.2)
- Hirnblutungen (Neurologie ☞ 5.2)
- Kleinhirnschädigung (Neurologie ☞ 11.2)
- Großhirnschädigung (☞ 7.1.2)
- Myopathie (Neurologie ☞ 15.4)
- Impotenz

Psychische Schäden

- akute organische Psychosen (☞ 4.1)
- chronische organische Psychosen (☞ 4.2)
- Affektlabilität, Gereiztheit, Aggressivität
- Depressionen
- Persönlichkeitsveränderungen

Soziale Schäden

- Partnerkonflikte, Scheidung
- Verlust des Arbeitsplatzes
- sozialer Abstieg

Therapie

- Selbsthilfegruppen
- Suchtberatung
- Entzugsbehandlung
- Langzeittherapie

Voraussetzung für therapeutische Maßnahmen sind Krankheitseinsicht und Behandlungswille des Patienten. Fehlen diese, ist ein Misserfolg vorprogrammiert. Am Anfang der Therapiemaßnahmen steht meist der Besuch einer Selbsthilfegruppe (z.B. Anonyme Alkoholiker, Blaues Kreuz). Anschließend wird eine Suchtberatung aufgesucht, es werden die verschiedenen Behandlungsmöglichkeiten aufgezeigt. Der körperliche Entzug sollte wegen der Gefahr von Komplikationen in einer Klinik durchgeführt werden. Der Alkohol wird sofort abgesetzt, es werden Medikamente verabreicht, um epileptischen Krampfanfällen oder einem Entzugsdelir (☞ 4.1.1) vorzubeugen. Nach 1–2 Wochen ist der körperliche Entzug beendet und nun kann eine Langzeittherapie zur Behandlung der psychischen Abhängigkeit beginnen (stationär in speziellen Suchtkliniken oder ambulant im Rahmen einer Gesprächspsychotherapie).

Physiotherapie

Im Umgang mit den oft labilen, kritikschwachen Alkoholkranken sind klare Regeln und Anweisungen erforderlich. Verständnis sollte ihnen entgegengebracht werden, auf Selbstmitleid oder Ausflüchte darf man aber nicht eingehen. Der Patient ist unmissverständlich auf seine Eigenverantwortung hinzuweisen.
Physiotherapeutisch behandlungsbedürftig sind Störungen der Bewegungskoordination infolge einer Kleinhirnschädigung sowie Gehbehinderung bei alkoholtoxischer Polyneuropathie.

7.1.2 Akute und chronische Alkohol-Folgekrankheiten

Alkoholmissbrauch kann akute und chronische Folgekrankheiten verursachen.

Akute Alkoholintoxikation

„Alkoholvergiftung"

3 Eine akute Intoxikation liegt vor, wenn nach Alkoholkonsum Veränderungen des psychischen Verhaltens oder Störungen der körperlichen Reaktionen auftreten: Die Einnahme geringer Mengen führt bei vielen Menschen zur Minderung der Hemmschwelle, Fröhlichkeit und Ausgelassenheit. Größere Mengen Alkohol hingegen können eine Affektlabilität mit Selbstmitleid, Weinerlichkeit oder auch Gereiztheit hervorrufen. Kontroll- und Steuerungsfähigkeit lassen stark nach, und es kann zu plötzlichen Handlungen im Affekt kommen (Eigen- oder Fremdgefährdung). Außerdem treten Störungen der Bewegungskoordination (z.B. Gangataxie) und Sprechschwierigkeiten (Dysarthrie) auf (☞ Neurologie 11.2). Massiver Alkoholkonsum verursacht quantitative Bewusstseinsstörungen bis hin zum lebensbedrohlichen Koma (☞ 2.1). In einem solchen Fall ist eine stationäre intensivmedizinische Behandlung erforderlich.

Pathologischer Rausch

Oft führen schon geringe Alkoholmengen zu Desorientierung, Personen- und Situationsverkennung, Halluzinationen, schweren Unruhezuständen und Amnesie. Verursacht wird dieser Zustand durch Alkoholintoleranz aufgrund von Hirnschäden oder chronischem Alkoholismus mit Leberschädigung.

Halluzinose

Eine Halluzinose (☞ 4.1.2) kann unter regelmäßigem Alkoholkonsum auftreten. Im Vordergrund stehen akustische Halluzinationen, die Ängste hervorrufen und manchmal wahnhaft verarbeitet werden. Therapeutisch wird ein Entzug durchgeführt und es werden antipsychotische Medikamente verabreicht (Neuroleptika ☞ 3.6.1).

(Alkohol-)Delir

Potentiell lebensbedrohliche, akute organische Psychose, die zumeist nach dem Absetzen von Alkohol auftritt und unter allen Umständen in einer Klinik behandelt werden muss (☞ 4.1.1).

Wernicke-Enzephalopathie

Dieser Erkrankung liegt ein Vitamin B_1-Mangel zugrunde (bei Alkoholkranken oft durch mangelhafte Ernährung und Resorptionsstörungen hervorgerufen). Es kommt zu zytotoxischen Veränderungen des Gehirns und in der Folge zu neurologischen und psychiatrischen Krankheitssymptomen (Augenmuskelparesen, Pupillenstörungen, Ataxie, Desorientierung, Halluzinationen, Bewusstseinstörungen). Die Krankheit kann lebensbedrohlich verlaufen und muss intensivmedizinisch behandelt werden.

Korsakow-Syndrom (amnestisches Syndrom)

❹ Das Korsakow-Syndrom ist eine zumeist chronisch verlaufende organische Psychose, die ebenfalls durch einen Vitamin B_1-Mangel verursacht wird. Sie tritt bei langjähriger Alkoholabhängigkeit, im Anschluss an ein Delir oder als Folge einer Wernicke-Enzephalopathie auf.

Klinik und Therapie

Das Korsakow-Syndrom zeigt eine **Symptomtrias:**
- Merkfähigkeitsstörungen, Störungen des Kurzzeitgedächtnisses
- (zeitliche) Desorientierung
- Konfabulationen (☞ 2.8)

Zusätzlich sind oft Persönlichkeitsveränderungen mit Apathie, Initiativeverlust und Selbstvernachlässigung zu beobachten.
Die Behandlung basiert auf dem körperlichen Entzug und einer Therapie mit Thiamin (Vitamin B_1).

Alkohol-Demenz

Alkohol wirkt toxisch auf das Gehirn. Bei langjährigem Missbrauch treten irreversible Hirnschädigungen auf und in der Folge kommt es zu einer Alkohol-Demenz (☞ 4.2.2).

Alkohol-Embryopathie

❺ Die Alkohol-Embryopathie stellt in Deutschland mittlerweile die häufigste Ursache für eine geistige Behinderung dar (☞ 8). Alkohol wirkt stark toxisch und schädigt die Entwicklung des Embryos. Die Neugeborenen sind meist untergewichtig, zeigen ein verzögertes Wachstum und weisen verschiedene Fehlbildungen auf (z.B. der Nieren, Genitalien, Augen, Extremitäten). Nicht selten bestehen Herzfehler und Auffälligkeiten im Schädel- und Gesichtsbereich. Im weiteren Verlauf finden sich Verhaltensauffälligkeiten und eine Intelligenzminderung.

? Übungsfragen

1. Wie entwickelt sich eine Alkoholabhängigkeit?
2. Welche körperlichen Schäden treten häufig infolge einer Alkoholabhängigkeit auf?
3. Welche Symptome zeigen sich im Rahmen einer akuten Alkoholintoxikation?
4. Was ist ein Korsakow-Syndrom?
5. Welche Schädigungen können bei einer Alkohol-Embryopathie bestehen?

7.2 Medikamentenabhängigkeit

Abhängigkeit von Schlaf-, Beruhigungs- oder Schmerzmitteln

1 Einige Medikamente, die „psychoaktiv" (d.h. auf das ZNS) wirken, können bei regelmäßiger Einnahme sowohl eine körperliche als auch eine psychische Abhängigkeit hervorrufen und in der Folge zu körperlichen, psychischen und sozialen Schäden führen. Zu diesen Medikamenten zählen ein großer Teil der Schlaf-, Beruhigungs- und Schmerzmittel. Die Abhängigkeit entwickelt sich bei regelmäßiger Einnahme im Verlauf von wenigen Wochen bis Monaten. Wie auch beim Alkohol tritt eine Toleranzsteigerung auf. Das bedeutet, die Dosis muss nach und nach erhöht werden, um die gleiche Wirkung wie zu Beginn des Konsums zu erzielen. Da es sich meist um ärztlich verordnete Medikamente handelt, die ursprünglich aufgrund einer bestimmten Indikation verschrieben wurden (z.B. Schlafstörungen), wird die Abhängigkeit oft über einen langen Zeitraum verdrängt. Sie wird den Patienten meistens erst bewusst, wenn körperliche Entzugssymptome auftreten. Weigert sich der Arzt, ein Rezept auszustellen, werden ständig neue Ärzte konsultiert oder das Medikament wird auf illegale Weise besorgt.
Die Zahl der medikamentenabhängigen Patienten beträgt in Deutschland ca. 1,2 Millionen.

Schlaf- und Beruhigungsmittel

Hierbei handelt es sich meist um Medikamente aus der Gruppe der Benzodiazepine (☞ 3.6.4). Diese wirken Angst lösend, beruhigend, Schlaf fördernd und Muskel relaxierend. Besonders in Stress- und Belastungssituationen wird ihre Wirkung vom Patienten als sehr positiv empfunden. Dies verleitet den Betroffenen dazu, immer wieder auf sie zurückzugreifen. Aus der regelmäßigen Einnahme wird ein Missbrauch, es kommt zur Toleranzsteigerung mit Dosiserhöhung, und schließlich entwickelt sich eine körperliche und psychische Abhängigkeit. Da die Medikamente teilweise eine sehr lange Halbwertzeit haben (= Zeitraum, bis die Hälfte der Dosis abgebaut ist), treten körperliche Entzugssymptome oft erst 1–2 Wochen nach dem Absetzen auf. Bei den Entzugssymptomen handelt es sich neben Zittern, Schwitzen und Herzrasen häufig um Schlaflosigkeit, Angst und Unruhe.

Klinik und Therapie

2 Auch Schlaf- und Beruhigungsmittel führen zu körperlichen und psychischen Schädigungen, die allerdings oft erst nach langjähriger Abhängigkeit in Erscheinung treten:

- Leberschäden
- psychomotorische Verlangsamung
- Koordinationsstörungen infolge Kleinhirnschädigung
- Persönlichkeitsveränderung mit Interessenverlust
- Apathie und Abstumpfung
- Konzentrationsschwäche und Gedächtnisstörungen
- akute und chronische exogene Psychosen.

Soziale Schäden treten eher selten auf, da es den Patienten oft über viele Jahre gelingt, ihre Abhängigkeit zu verbergen.
Zeigt der Patient Krankheitseinsicht und ist behandlungswillig, wird häufig eine ambulante Therapie durchgeführt. Wegen der erhöhten Gefahr des Auftretens zerebraler Krampfanfälle erfolgt ein **fraktionierter** körperlicher **Entzug**. Hierbei wird die Dosis des Medikamentes schrittweise reduziert, so dass die Entzugsbehandlung je nach Höhe der Ausgangsdosis manchmal Monate dauern kann. Begleitend wird zumeist eine Gesprächspsychotherapie durchgeführt.

Schmerzmittel

Auch Schmerzmittel können bei regelmäßiger Einnahme eine körperliche und psychische Abhängigkeit hervorrufen. Vor allem Kombinationspräparate mit Codein oder Koffein werden aufgrund ihrer euphorisierenden und aufhellenden Wirkung missbräuchlich eingenommen. Je nach Medikamentengruppe können Leber- oder Nierenschäden, Veränderungen des Blutbildes, Magenschleimhautentzündungen oder -geschwüre sowie akute und chronische exogene Psychosen auftreten.

Opiate

Abhängigkeit schon nach kurzer Einnahmedauer

Opiate werden aus Opium, dem getrockneten Saft des Schlafmohns, oder auch chemisch hergestellt. In der Medizin werden sie vor allem als hochwirksame Schmerzmittel bei Krebserkrankungen eingesetzt (Morphin). Schon nach kurzer Einnahmedauer (meist wenige Wochen) tritt eine körperliche und psychische Abhängigkeit auf. Die Substanz unterliegt dem Betäubungsmittelgesetz, und jede einzelne ärztliche Verordnung wird genauestens kontrolliert.

Klinik

- schnelle Toleranzentwicklung mit der Notwendigkeit einer Dosissteigerung
- Müdigkeit, Verlangsamung, Schläfrigkeit
- beruhigende, Angst lösende Wirkung
- Parasympathikusstimulation mit Blutdruckabfall, Bradykardie, Müdigkeit und Obstipation; typisch außerdem stecknadelkopfkleine Pupillen
- Persönlichkeitsveränderungen mit Gleichgültigkeit und Interessenverlust

- bei hoher Dosierung Bewusstseinsminderung bis hin zum Koma; Gefahr der zentralen Atemdepression

❸ Entzugssymptome sind neben Tremor, Tachykardie und Schwitzen:
- Sympathikuswirkung mit Bluthochdruck, Durchfall, Unruhe und erweiterten Pupillen
- verstärktes Schmerzempfinden
- Muskelkrämpfe und Schlafstörungen.

Der körperliche Entzug dauert meist 5–10 Tage. Häufig wird zur Milderung der Entzugssymptome eine medikamentöse Therapie durchgeführt (z.B. Blutdruckmittel, Antidepressiva ☞ 3.6.2).

? Übungsfragen

❶ Welche Medikamente können eine Abhängigkeit verursachen?

❷ Welche körperlichen und psychischen Schäden können durch den Missbrauch von Schlaf- und Beruhigungsmitteln auftreten?

❸ Welche klinischen Symptome treten bei einem Entzug von Opiaten auf?

7.3 Drogenabhängigkeit

Abhängigkeit von illegalen Substanzen

Der Begriff Drogen wird in Deutschland häufig für solche Substanzen verwendet, deren Besitz illegal ist. Verkauf und Konsum sind verboten und werden strafrechtlich verfolgt. Einige Drogen machen sowohl körperlich als auch psychisch abhängig, andere verursachen ausschließlich eine psychische Abhängigkeit.

Heroin

Heroin ist eine illegal hergestellte Substanz aus der Gruppe der Opiate (☞ 7.2). Sie wird meistens intravenös injiziert, kann aber auch geschnupft oder inhaliert werden. Die körperliche und psychische Abhängigkeit ist stark und tritt bereits nach kurzer Zeit ein. Die Zahl der Heroinabhängigen in Deutschland wird auf ca. 100 000 geschätzt.

Komplikationen

- Infektionen mit Hepatitis B und C sowie HIV durch gemeinschaftliches Benutzen einer Nadel
- schwerwiegende Erkrankungen durch nicht sterile Injektion der Droge (Abszess, Phlegmone, Blutvergiftung)
- Vergiftungen durch Streckung der Droge mit unsauberen Substanzen (z.B. Kalk oder Backpulver)
- ungewollte Überdosierung mit Bewusstlosigkeit und Atemdepression bei stark konzentriertem Heroin
- körperlicher Verfall durch schlechte Ernährung und mangelnde Hygiene
- sozialer Abstieg, Prostitution und Beschaffungskriminalität

Therapie

- Antidot bei akuter Vergiftung
- körperlicher Entzug und Langzeittherapie
- Methadon-Substitution

Eine akute Heroinvergiftung, die mit Bewusstlosigkeit einher geht und wegen Gefahr der Atemdepression potentiell lebensbedrohlich verlaufen kann, muss unverzüglich behandelt werden. Hierzu steht ein **Antidot** (= Gegenmittel) zur Verfügung. Es handelt sich um das Medikament Naloxon, das die Wirkung von Opiaten innerhalb weniger Minuten aufhebt.

Der körperliche Entzug wird stationär durchgeführt. Entweder werden nach Absetzen des Heroins bei Bedarf verschiedene Medikamente zur Abmilderung der Entzugssymptome gegeben, oder es erfolgt ein „ausschleichender" Entzug mit **Methadon**. Hierbei handelt es sich um eine Substanz aus der Gruppe der Opiate, die als Ersatz verabreicht und langsam reduziert wird. Methadon verhindert das Auftreten einer körperlichen Entzugssymptomatik, hat aber keine beruhigende Wirkung und kann meist erst nach mehreren Wochen völlig abgesetzt werden. Anschließend ist in der Regel eine stationäre Langzeittherapie in speziellen Suchteinrichtungen erforderlich. Die Rückfallquote ist hoch und liegt zwischen 60 und 95%.

❶ Aufgrund der hohen Rückfallquoten, dem schlechten gesundheitlichen Zustand vieler Heroinabhängiger sowie dem Problem der Beschaffungskriminalität und Prostitution wurde in den 90er-Jahren in Deutschland mit der **Methadon-Substitution** begonnen. Hierbei erhält der Suchtkranke auf unbegrenzte Zeit einmal täglich Methadon als Heroinersatz. Ziel ist es, seinen Gesundheitszustand zu stabilisieren und ihm den Wiedereinstieg in ein geregeltes Leben zu ermöglichen. Ursprünglich wurde die Substitution nur bei schwerkranken oder schwangeren Abhängigen durchgeführt. Eine Ausweitung des Personenkreises hat inzwischen dazu geführt, dass Methadon einem Großteil der Heroinabhängigen zugänglich ist und illegal in der „Szene" gehandelt wird. Beikonsum (Einnahme zusätzlicher Drogen, z.B. Kokain) ist weit verbreitet und gibt immer wieder Anlass zu der Frage, ob im Einzelfall eine Fortführung der Methadon-Substitution sinnvoll ist.

Cannabis und Marihuana

- Ruhe und Wohlbefinden
- Persönlichkeitsveränderungen
- keine körperliche Abhängigkeit

Cannabis und Marihuana werden aus der Hanfpflanze gewonnen (Harz, getrocknete Blätter). Der Wirkstoff ist Tetrahydrocannabinol. Die Aufnahme erfolgt über das Rauchen, aber auch oral über die Verarbeitung in Tee und Lebensmitteln. Die Substanz verursacht eine gehobene Stimmung mit Wohlbefinden und innerer Ruhe. Der regelmäßige Konsument wird oft passiv und antriebslos, zeigt einen Interessenverlust und eine veränderte Realitätswahrnehmung. Eine körperliche Abhängigkeit entwickelt sich nicht, allerdings kann es nach Absetzen der Substanz zu einer vorübergehenden Ruhelosigkeit kommen. Langjähriger, hoch dosierter Konsum verursacht manchmal Persönlichkeitsveränderungen mit Apathie, Gleichgültigkeit und Konzentrationsstörungen. Bei Patienten, die an einer schizophrenen Psychose leiden, kann es durch Cannabis und Marihuana zur Auslösung akuter Krankheitsphasen kommen. In einigen Ländern (z.B. Holland) wird Haschisch zur Behandlung verschiedener Krankheitssymptome eingesetzt (z.B. chronische Schmerzen, Appetitlosigkeit, Übelkeit). Auch in Deutschland gibt es Überlegungen für einen therapeutischen Einsatz.

Halluzinogene

- Substanzen: LSD, Mescalin, Psilocybin
- Wirkung: Halluzinationen, „flash-back" Psychosen, Persönlichkeitsveränderung

Zur Gruppe der Halluzinogene zählen neben dem synthetisch hergestellten LSD (Lysergsäurediäthylamid) auch die pflanzlichen Wirkstoffe Mescalin (gewonnen aus einer bestimmten Kakteenart), Psilocybin und andere mehr. Der Wirkstoff wird in Flüssigkeit aufgelöst, auf Trägersubstanzen (z.B. Zucker) getropft und oral aufgenommen. Halluzinogene verursachen keine körperliche, aber eine psychische Abhängigkeit. Sie führen zu Veränderungen der Wahrnehmung und des Erlebens, zu (meist optischen) Halluzinationen, Coenästhesien, Selbstüberschätzung, veränderter Stimmungslage (Ängste, Depressionen, Euphorie) und Einengung des Bewusstseins. Auch „flash-back" Psychosen treten gehäuft auf. Hierbei handelt es sich um akute Psychosen mit Halluzinationen, wahnhaften Ideen und Ängsten, die oft erst Tage oder Wochen nach dem letzten Drogenkonsum in Erscheinung treten und über einen längeren Zeitraum andauern können. Bei regelmäßigem Konsum der Droge sind Persönlichkeitsveränderungen zu beobachten.

Kokain

- hohes psychisches Abhängigkeitspotential
- Wirkung: Reizunempfindlichkeit, vermindertes Hungergefühl und Schlafbedürfnis, Euphorie
- Gefahren: Abmagerung, Organschäden, Psychosen, Persönlichkeitsveränderungen

Kokain wird aus der in Südamerika wachsenden Koka-Pflanze gewonnen. Es ist als Pulver erhältlich und wird geschnupft, gespritzt oder geraucht. Eine körperliche Abhängigkeit entsteht nicht, die Droge besitzt aber ein sehr hohes psychisches Abhängigkeitspotential. Sie wirkt auf das ZNS, betäubt die Nervenzellen und macht reizunempfindlich. Das Hungergefühl wird unterdrückt, Müdigkeit sowie Schlafbedürfnis nehmen ab. Unmittelbar nach der Einnahme kommt es häufig zu Euphorie mit Selbstüberschätzung, Rededrang und sprunghaftem Denken. Diese Wirkung klingt aber zumeist rasch wieder ab, und es folgt ein „Tief" mit ängstlicher Getriebenheit, Fahrigkeit, Depersonalisationserlebnissen und illusionären Verkennungen. Nicht selten treten unter dem Einfluss der Droge akute Psychosen mit Halluzinationen und Verfolgungswahn auf. Viele Süchtige nehmen gleichzeitig Heroin oder ein Beruhigungsmittel ein, um das „Tief" abzumildern.

❷ Wird Kokain regelmäßig und über einen längeren Zeitraum eingenommen, magern die Suchtkranken häufig stark ab. Erschöpfungszustände und chronische Schlafstörungen treten auf. Es kommt zu Kreislaufstörungen und Organschädigungen (Leber, Gehirn), außerdem zu Persönlichkeitsveränderungen.

Die Droge Crack ist eine Mischung aus Kokain und anderen Substanzen. Sie wird als „Stein" geraucht und hat schon nach sehr kurzer Zeit eine ausgeprägte psychische Abhängigkeit zur Folge.

Synthetische Drogen

Designerdroge Ecstasy:

- synthetische Herstellung auf Amphetamin-Basis
- stimulierende Wirkung
- körperliche und psychische Schädigungen
- psychische Abhängigkeit

❸ Synthetische Drogen sind auch unter der Bezeichnung Designer- oder Partydrogen bekannt. Ausgangsstoff ist das Psychostimulans Amphetamin, das eine aktivierende Wirkung hat. Unterschieden werden **MDMA** (3,4-Methylen-dioxymethamphetamin) und **MDE** (3,4-Methylen-dioxyethamphetamin). MDMA wird am häufigsten unter dem Namen **Ecstasy** konsumiert, es sind aber viele Phantasienamen im Umlauf (z.B. Speed, Adam, Eve). Nicht selten werden zusätzliche Stoffe beigemengt (z.B. LSD), so dass der Konsument nicht sicher sein kann, was er einnimmt. Verkauf und Konsum synthetischer Drogen sind zwar illegal und werden strafrechtlich verfolgt, sie sind aber in den letzten Jahren stark in Mode gekommen, und der Missbrauch hat sich enorm gesteigert. Ein Unrechtsbewusstsein ist kaum vorhanden und die Einnahme wird bagatellisiert. Schätzungen zufolge hatten bereits 30–35% aller Jugendlichen in Deutschland schon einmal Kontakt mit Partydrogen, die in Tablettenform hergestellt werden.

Klinik

Designerdrogen wirken stimulierend, aktivierend und teilweise euphorisierend. Immer wieder treten aber auch potentiell lebensbedrohliche Nebenwirkungen auf:

- Überhitzung und Exsikkose (= Austrocknung), die durch exzessives Tanzen noch verstärkt werden
- akute Leberschädigungen
- Herz-Kreislaufversagen
- Schockzustände
- epileptische Krampfanfälle.

Zudem leiden die Konsumenten oftmals unter Schlafstörungen und innerer Unruhe. Auch Angstzustände können auftreten und vereinzelt werden Psychosen ausgelöst. Neuen Untersuchungen zufolge besteht bei regelmäßigem Konsum die Gefahr einer Hirnschädigung mit Störungen der Konzentration, der Gedächtnisfunktionen und der intellektuellen Leistungsfähigkeit. Außerdem entwickelt sich eine psychische Abhängigkeit.

Polytoxikomanie

Missbrauch und Abhängigkeit von mehreren Substanzen

Die meisten der ca. 150 000 Drogenabhängigen in Deutschland konsumieren nicht nur eine Droge, sondern nehmen verschiedene Stoffe ein (z.B. Heroin, Kokain, Medikamente, Alkohol). Diese Art des Drogenmissbrauchs wird als Polytoxikomanie bezeichnet. Sie ist sehr gefährlich, da sich die einzelnen Substanzen in ihrer Wirkung potenzieren können. Todesfälle in Folge akuter Vergiftungen sind keine Seltenheit.

? Übungsfragen

1. Was versteht man unter Methadon-Substitution?
2. Welche Schäden können in Folge eines regelmäßigen Kokainmissbrauchs auftreten?
3. Was versteht man unter synthetischen Drogen? Welche Wirkungen rufen sie hervor?

8 Oligophrenien

Geistige Behinderungen in Folge vorgeburtlicher oder frühkindlicher Hirnschädigung

Geistige Behinderungen, die auch als Oligophrenien bezeichnet werden, beruhen auf einer Hirnschädigung, die vor, während oder kurz nach der Geburt entstanden ist. In der Folge tritt eine Intelligenzminderung auf, die verschiedene Schweregrade erreichen kann. Im Gegensatz zu den Demenzen (☞ 4.2.1), bei denen vorhandene intellektuelle Fähigkeiten durch hirnorganische Erkrankungen beeinträchtigt werden, sind bei den Oligophrenien die intellektuellen Fähigkeiten von Geburt an eingeschränkt.
Intelligenz wird quantitativ in IQ-Werten ausgedrückt. Diese wiederum werden mit Hilfe verschiedener Intelligenz-Tests ermittelt (☞ 1.2.2) und dienen als diagnostische Richtlinie bei der Einteilung der geistigen Behinderungen in verschiedene Schweregrade. Als Normbereich einer durchschnittlichen Intelligenz gelten im Allgemeinen IQ-Werte zwischen 80 und 100. Einen IQ-Wert zwischen 70 und 80 stuft man aber noch nicht als geistige Behinderung ein, sondern spricht in diesem Fall von grenzwertiger intellektueller Minderbegabung.
Insgesamt sollte stets bedacht werden, dass Intelligenz kein einheitliches, ausschließlich quantitativ messbares Phänomen ist, sondern sich aus einer großen Anzahl verschiedener Fertigkeiten zusammensetzt (z.B. Denk- und Erkenntnisfähigkeit, Abstraktionsvermögen, Lernfähigkeit, Einsicht- und Urteilsfähigkeit, allgemeines Wissen).

Ursachen

- Chromosomendefekte
- genetische Faktoren
- exogene Schädigungen vor, während und nach der Geburt

❶ Die Ursachen der Oligophrenien sind sehr unterschiedlich und lassen sich manchmal nicht mit absoluter Sicherheit feststellen. Diagnostiziert werden können:

- Chromosomendefekte (z.B. Trisomie 21 = Down-Syndrom, Klinefelter-Syndrom, Ulrich-Turner-Syndrom)
- genetische Schäden (vererbliche Stoffwechselerkrankungen wie Phenylketonurie = Defekt im Aminosäure-Stoffwechsel, ☞ Neurologie 16.5.1)
- exogene Schädigungen vor, während oder kurz nach der Geburt durch:
  - Alkohol- und Drogenmissbrauch während der Schwangerschaft (z.B. Alkoholembryopathie ☞ 7.1.2 als mittlerweile häufigste Ursache einer geistigen Behinderung)
  - Medikamente und (Röntgen-)Strahlen während der Schwangerschaft
  - Infektionskrankheiten der Schwangeren (z.B. Röteln, Toxoplasmose)
  - Traumata und Sauerstoffmangel während der Geburt (z.B. Asphyxie, ☞ Neurologie 16.5.8)
  - Infektionen und schwere Krankheiten kurz nach der Geburt (z.B. Masern, Kernikterus = schwere Neugeborenen-Gelbsucht)

Entwicklungsverzögerungen und Intelligenzminderung

Klinik

❷ Oftmals fällt eine Oligophrenie erst durch die verzögerte Entwicklung des Säuglings auf (z.B. Störungen der Bewegungskoordination mit verspätetem Sitzen, Krabbeln und Laufen lernen, verzögerte Sprachentwicklung). Weitere Krankheitssymptome sind:

- Beeinträchtigung der Intelligenz, verminderte Lernfähigkeit, eingeschränktes Denkvermögen
- Störungen der Aufmerksamkeit, Konzentration und Gedächtnisfunktionen
- verminderte Belastbarkeit und eingeschränkte Leistungsfähigkeit
- verminderte Fähigkeit zum Vorausplanen
- gehäuftes Auftreten von Persönlichkeitsstörungen (☞ 6.3) und Reaktionen auf schwere Belastungen (☞ 6.1)
- Unruhezustände, Affektstörungen
- neurologische Störungen, körperliche Behinderungen.

Die Oligophrenien werden in vier Schweregrade unterteilt.

Unterteilung in:
- leichte Intelligenzminderung (Debilität)
- mittelgradige Intelligenzminderung (Imbezillität)
- schwere Intelligenzminderung
- schwerste Intelligenzminderung (Idiotie)

Leichte Intelligenzminderung Die leichte Intelligenzminderung wird auch als **Debilität** bezeichnet *(lat. debilitas = Schwäche)* und umfasst einen IQ-Bereich von 50 bis 69. Die Behinderten sind in aller Regel in der Lage, Grundkenntnisse im Lesen, Schreiben und Rechnen zu erwerben. Sie können die alltagspraktischen Verrichtungen selbständig durchführen und ein relativ eigenständiges Leben führen. Sie können Tätigkeiten auf einfachem Niveau verrichten (z.B. Hilfsarbeiter), sind aber meistens nicht in der Lage, einen Beruf zu erlernen. Lernbehinderung, verminderte Leistungsfähigkeit, erhebliche Schwierigkeiten beim logischen und abstrakten Denken, emotionale und soziale Unreife sowie erschwertes Vorausplanen beeinträchtigen die Selbständigkeit.

Mittelgradige Intelligenzminderung Diese wird auch **Imbezillität** genannt *(lat. imbecillus = schwach)* und bewegt sich in einem IQ-Bereich von 35 bis 49. Die Behinderten zeigen Einschränkungen des Sprachverständnisses sowie des Sprachgebrauchs und drücken sich oft sehr einfach aus. Ihre Lernfähigkeit ist begrenzt, schulische Fähigkeiten können kaum erworben werden. In aller Regel ist keine Vorstellung vom Wert des Geldes vorhanden und auch ein abstrakter Zeitbegriff fehlt. Außerhalb der gewohnten Umgebung können sie sich nicht orientieren, und ihr Gedächtnis weist häufig deutliche Beeinträchtigungen auf. Sie können ihren Tagesablauf nicht selbst strukturieren, können nicht planen und sind bei den alltäglichen praktischen Verrichtungen auf Hilfe und Unterstützung angewiesen. Eine eigenständige Lebensführung ist ihnen nicht möglich. Sie arbeiten meist in Werkstätten für Behinderte und leben in Behinderteneinrichtungen.

Schwere Intelligenzminderung Die Symptomatik ähnelt der mittelgradigen Intelligenzminderung. Hinzu kommen neurologische Ausfälle und eine ausgeprägte motorische Schwäche, die auf signifikante Schädigungen des ZNS hinweisen. Der IQ liegt zwischen 20 und 34.

Schwerste Intelligenzminderung Glücklicherweise ist der früher häufig benutzte Begriff **Idiotie** *(gr. idiotes = niedriger Mann, Laie)* heute kaum noch gebräuchlich. Der IQ der Behinderten liegt unter 20. Sie sind kaum lernfähig und können in aller Regel nicht sprechen. Auch das Sprachverständnis ist sehr eingeschränkt und eine sinnvolle Verständigung mit ihnen ist nur sehr begrenzt möglich. Sie können ihre Grundbedürfnisse oft nur mittels Gestik und Mimik mitteilen, benötigen Hilfe und Unterstützung bei fast sämtlichen Verrichtungen des täglichen Lebens. Neben der Intelligenzminderung liegen zusätzlich oft schwere körperliche Behinderungen und neurologische Störungen vor (z.B. spastische Paresen, Störungen der Bewegungskoordination, Seh- und Hörbehinderung, Epilepsie). Es besteht eine lebenslange Pflegebedürftigkeit.

Therapie

Schulische und heilpädagogische Maßnahmen, Physiotherapie, Medikamente

Da geistige Behinderungen irreparabel sind, ist die Therapie auf eine bestmögliche Förderung der Betroffenen ausgerichtet. Sie sollte schon im Säuglingsalter mit gezielter Krankengymnastik beginnen, um Defizite auszugleichen und die motorische Entwicklung zu unterstützen. Auch heilpädagogische Maßnahmen müssen früh einsetzen, um die vorhandenen Fähigkeiten zu fördern und die soziale Integration zu erleichtern. Integrative Kindergärten, Schulen für Behinderte sowie Behindertenwerkstätten sorgen für Ausbildung und Beschäftigung. Außerdem stehen betreute Wohngruppen und Behindertenheime zur Verfügung. Einige Fördervereine (z.B. der Verein Lebenshilfe) organisieren Freizeiten und Urlaubsreisen für Behinderte, bieten Einzel- und Gruppenbetreuung an.
Eine symptomatische medikamentöse Behandlung wird erforderlich, wenn behandlungsbedürftige neurologische Störungen bestehen (z.B. Epilepsie) oder wenn schwerwiegende psychopathologische Störungen auftreten (z.B. Unruhezustände).

Physiotherapie

- Förderung der motorischen Entwicklung
- Behandlung von Bewegungsstörungen
- Bewegungstherapie

Ziel der Physiotherapie beim behinderten Säugling und Kleinkind ist die Förderung der motorischen Entwicklung sowie die Behandlung von Bewegungsstörungen. Beim behinderten Erwachsenen wird symptomatisch behandelt (z.B. bei bestehender Spastik). Außerdem kann durch Bewegungstherapie versucht werden, motorische Unruhe in zielgerichtete Aktivitäten umzuleiten. Dabei ist es wichtig, die eingeschränkten geistigen Fähigkeiten zu beachten, um eine Überforderung zu vermeiden.

? Übungsfragen

1. Wodurch können Oligophrenien verursacht werden?
2. Welche Krankheitssymptome können bei einer geistigen Behinderung auftreten?

9 Krisenintervention

- akute Behandlungsbedürftigkeit
- Eigen- oder Fremdgefährdung

In der Psychiatrie spricht man von einer Krise, wenn die Krankheitssymptome des Patienten so schwer sind, dass eine sofortige Behandlung notwendig ist. Würde die Behandlung unterbleiben, könnte eine akute Eigen- oder Fremdgefährdung auftreten.

Ursachen

- akute Belastungssituationen
- endogene und exogene Psychosen
- Intoxikationen

❶ Die Ursachen einer Krise können vielfältig sein. Häufige Auslöser sind:

- akute Belastungssituationen wie Tod eines nahen Angehörigen, Verlust des Arbeitsplatzes, Traumata durch Verbrechen, Unfälle oder Naturkatastrophen
- endogene und exogene Psychosen wie akute Schizophrenie, schwere endogene Depression, Manie, Delir, Durchgangssyndrome
- Intoxikationen durch Einfluss von Alkohol und Drogen.

Klinik

- Verzweiflung, Ängste, Depressionen, Suizidalität
- Halluzinationen, Wahn, Verwirrtheit, Unruhe, Aggressivität
- Verlust der Steuerungs- und Kontrollfähigkeit
- Eigengefährdung
- Fremdgefährdung

❷ Im Rahmen einer Krise treten je nach zugrunde liegender Ursache verschiedene psychopathologische Störungen auf.

- Bei einer akuten Belastungssituation finden sich oft Verzweiflung, Ängste, Depressionen und Selbstmordgedanken.
- Bei einer akuten Schizophrenie können akustische Halluzinationen in Form imperativer Stimmen auftreten, die dem Patienten Befehle erteilen (z.B. sich selber zu töten). Unter Einfluss eines Wahns kann es zur Realitätsverkennung, Ängsten und Aggressivität kommen.
- Exogene Psychosen gehen oft mit Unruhe und Verwirrtheit einher.
- Unter Einwirkung von Alkohol und Drogen können sich Depressionen, Verzweiflung, Unruhe, Selbstmordgedanken oder Aggressivität entwickeln.
- Ein Verlust der Steuerungs- und Kontrollfähigkeit ist in jeder Krisensituation möglich. Der Patient ist dann nicht mehr in der Lage, sein Verhalten zu steuern und zu kontrollieren, wird unberechenbar und handelt aus plötzlichen Impulsen heraus. Dabei besteht die große Gefahr, dass er sich oder anderen Schaden zufügt.
- Darüber hinaus kann in jeder Krisensituation eine **Eigen- und Fremdgefährdung** auftreten. Eigengefährdung kann zu gesundheitlichen Schäden bis hin zum Tode führen und sich wie folgt äußern:
  - unzureichende Nahrungs- und Flüssigkeitsaufnahme bei wahnhaften Vergiftungsideen
  - Selbstverstümmelungen unter dem Einfluss imperativer Stimmen
  - Verelendung bei schweren Depressionen in Folge völliger Antriebslosigkeit
  - Suizidalität (☞ 2.11).

Fremdgefährdung tritt vor allem unter Alkohol- und Drogeneinfluss, im Rahmen einer Manie oder bei akuten endogenen und exogenen Psychosen auf. Der Patient reagiert aggressiv, verkennt die Situation und wird gewalttätig.

Therapie

Sofortige psychiatrische Behandlung und Überwachung

❸ In einer akuten Krisensituation ist aufgrund der potentiellen Eigen- oder Fremdgefährdung eine sofortige psychiatrische Behandlung notwendig. Diese muss zumeist stationär in einer Klinik durchgeführt werden, da eine ausreichende Überwachung des Patienten ambulant oft nicht gewährleistet werden kann. Liegt mit Sicherheit eine Eigen- oder Fremdgefährdung vor, muss die Behandlung innerhalb einer geschlossenen psychiatrischen Station erfolgen (☞ 10). Zunächst ist in aller Regel eine medikamentöse Therapie erforderlich, um Ängste, Unruhe, Depressionen, Wahn, Halluzinationen oder Aggressivität zu bekämpfen (z.B. Neuroleptika, Beruhigungsmittel, Antidepressiva). Danach werden je nach Ursache der Krankheit weitere Behandlungsmaßnahmen eingeleitet. Eine Überwachung des Patienten muss sichergestellt werden, so lange Eigen- oder Fremdgefährdung besteht.

? Übungsfragen

❶ Welche Ursachen können einer psychiatrischen Krise zugrunde liegen?

❷ Welche Krankheitssymptome können im Rahmen einer psychiatrischen Krise auftreten?

❸ Welche Behandlungsmaßnahmen sind während einer akuten Krisensituation erforderlich?

10 Gesetzliche Grundlagen

Oftmals sind psychisch Kranke aufgrund ihrer Erkrankung nicht mehr in der Lage, eigenverantwortlich Entscheidungen zu treffen. Ihre Urteils- und Kritikfähigkeit kann krankheitsbedingt aufgehoben sein. Sie sind dadurch außer Stande, vernünftig abzuwägen und erkennen die Konsequenzen ihres Handelns nicht. Wenn z.B. Eigen- oder Fremdgefährdung vorliegt, Krankheitseinsicht aber fehlt, sieht der Patient die Notwendigkeit einer psychiatrischen Behandlung manchmal nicht ein. In einem solchen Fall muss er zwangsweise in eine geschlossene psychiatrische Klinik eingewiesen werden.

Einrichtung einer gesetzlichen Betreuung

Betreuungsgesetz (BtG)

❶ Das Betreuungsgesetz (BtG) ist ein Bundesgesetz, das seit 1992 in Kraft ist und die früheren Vormundschafts- und Pflegschaftsgesetze abgelöst hat. Es kommt zum Einsatz, wenn ein Mensch aufgrund einer psychischen Krankheit, körperlichen, geistigen oder seelischen Behinderung nicht in der Lage ist, bestimmte Angelegenheiten selber zu regeln, z.B. finanzielle oder schriftliche Belange. Auf Antrag des Betroffenen, aber auch jeder anderen Person (z.B. Angehörige, Nachbarn, Sozialarbeiter) prüft das zuständige Amtsgericht, ob eine Betreuung erforderlich ist. Dazu wird ein ärztliches Gutachten in Auftrag gegeben, es wird ein Sozialbericht erstellt und der Amtsrichter hört den Betroffenen an. Hält der Richter eine Betreuung für notwendig, wird ein Betreuer nur für die Aufgabenkreise bestellt, die der Betroffene nicht selber regeln kann. Hierbei handelt es sich oftmals um die Bereiche Gesundheitssorge, Vermögenssorge, Wohnungsangelegenheiten, Vertretung gegenüber Behörden oder Aufenthaltsbestimmung. Gleichzeitig wird die Dauer dieser Maßnahme festgelegt (maximal 5 Jahre, danach ist eine Verlängerung möglich). Eine Betreuung kann z.B. für Patienten mit Demenzerkrankungen, Psychosen und Suchtkrankheiten erforderlich sein, da diese oftmals nicht in der Lage sind, ihre Belange selber zu regeln.

Unterbringung und Behandlung in einem psychiatrischen Krankenhaus

Rechtsgrundlagen einer Unterbringung:
- PsychKG
- Betreuungsgesetz

Die Aufnahme eines Patienten in eine psychiatrische Klinik gegen seinen Willen bedarf einer rechtlichen Grundlage. Ein Arzt ist nicht berechtigt, den Kranken ohne dessen Einverständnis stationär aufzunehmen und zu behandeln – auch nicht bei offensichtlicher Behandlungsnotwendigkeit. Verschiedene Gesetze regeln die Unterbringung und Behandlung eines Patienten.

❷ **Unterbringungsgesetze** (Gesetz über Hilfen und Schutzmaßnahmen bei psychischen Krankheiten = PsychKG) werden von den einzelnen Bundesländern erlassen. In Hessen handelt es sich z.B. um das HFEG (Hessisches Freiheitsentziehungsgesetz). Voraussetzung für die Anwendung dieser Ländergesetze ist, dass der Patient sich oder andere akut gefährdet. Außerdem muss der begründete Verdacht bestehen, dass der Eigen- oder Fremdgefährdung eine psychische Krankheit, Suchtkrankheit, eine geistige oder seelische Behinderung zugrunde liegt. Eine einstweilige Anordnung zur Unterbringung in einer geschlossenen psychiatrischen Klinik erfolgt zunächst durch die Polizei- und Ordnungsbehörde. Die Dauer dieser Unterbringung ist von Bundesland zu Bundesland verschieden, beträgt aber in aller Regel höchstens 48 Stunden. Besteht auch dann noch Eigen- oder Fremdgefährdung, entscheidet das zuständige Amtsgericht über die weitere Unterbringung und deren Zeitspanne. Vor seiner Entscheidung hört der Amtsrichter den Patienten in der Klinik an.

Im **Betreuungsgesetz** (BtG) wird ebenfalls die Unterbringung und Behandlung von Kranken geregelt. Besteht z.B. die Gefahr, dass sich der Betreute aufgrund einer psychischen Krankheit oder geistigen Behinderung erheblichen gesundheitlichen Schaden zufügt, kann der Betreuer zunächst einmal von sich aus die Einweisung in eine geschlossene psychiatrische Klinik veranlassen. Allerdings muss er unverzüglich die Genehmigung des Amtsgerichtes nachholen.

Schuld- und Geschäftsfähigkeit

- Strafgesetzbuch (StGB)
- Bürgerliches Gesetzbuch (BGB)

Psychiatrische Erkrankungen gehen nicht selten mit Verminderung der Schuldfähigkeit oder Geschäftsfähigkeit einher:

- **Schuldunfähigkeit** wird im Strafgesetzbuch (StGB) definiert. Danach ist ein Mensch schuldunfähig, der eine Straftat begangen hat, aber aufgrund einer schweren seelischen Störung nicht in der Lage war, das Unrecht dieser Tat einzusehen und nach dieser Einsicht zu handeln. In einem solchen Fall kann er wegen dieser Straftat nicht nach dem StGB verurteilt werden. Allerdings wird der Richter in aller Regel die Unterbringung des Täters auf unbestimmte Zeit in einer Forensischen Klinik (= Psychiatrische Klinik für Straftäter mit besonderen, gefängnisähnlichen Sicherheitsvorkehrungen) anordnen.
- **Geschäftsunfähigkeit** wird im Bürgerlichen Gesetzbuch (BGB) definiert. Danach ist ein Mensch krankheitsbedingt nicht in der Lage, seinen Willen frei zu bestimmen. In der Folge ist er außer Stande, Verträge abzuschließen oder sonstige Rechtsgeschäfte zu tätigen. Geschäftsunfähigkeit kann auftreten bei Patienten mit Demenz, akuten Schizophrenien oder Manie.

? Übungsfragen

1. Was wissen Sie über das BtG?
2. Wann werden Unterbringungsgesetze angewendet?

Index

A

Abduzensparese 195
Abhängigkeit
- Alkohol 285
- symptomatische/sekundäre 283
Absence 93, 98
Abszess 129
- Kleinhirn 172
Acetylcholin 158
Aciclovir 131
Addison-Syndrom 89, 216
ADEM 150
Affekt 224
Affenhand 168
Agnosie 61
AIDS 91, 136
Akathisie 241
Akinese, s.a. Hypokinese 233
Akromegalie 89
Aktionspotential 5
Akustikusneurinom 87
Alkohol
- -abusus 212
- Embryopathie 289
- Enzephalopathie 215
- intrazerebrale Blutung 119
- Kleinhirnschädigung 173
- Myopathie 207
- Polyneuropathie 198
Alkoholismus 285
- Syndrome 288
- Typeneinteilung 286
Amaurosis fugax 108
Ambivalenz 225
Amnesie 59, 232
amyotrophe Lateralsklerose 168
Anale Phase 270
Anamnese 69
Aneurysma 122
Anfall
- Adversiv- 100
- epileptisch 92
- fokal 92, 99
- generalisiert 92, 98
- klonisch 93
- komplex fokal 100
- psychogen 95
- psychomotorisch 100
- tonisch 93
Angiom 124
Angst
- generalisierte 273
- -neurose 273
Anorexia nervosa 280
Antidepressiva 241
Antidot 293
Antiepileptika 99
Antrieb(sstörungen) 233
Anulus fibrosus 189
Apallisches Syndrom 68
Aphasie 60
Apraxie 61
Arachnoidea 43
ARAS 33
Arnold-Chiari-Malformation 171
Arteria spinalis anterior 49
Arteria spinalis anterior Syndrom 187
Arteriitis temporalis 157
Arteriosklerose 109
Astrozytom 85
Ataxie 57
- spinozerebelläre 172
Atemzentrum 33
Athetose 166
Atrophie 52
Attacke
- Migräne 153
- Schwindel 103
- transitorisch ischämische 108
Auffassungsstörung 231
Aufmerksamkeit(sstörungen) 231
Aura
- bei Epilepsie 93
- bei Migräne 153
Autoimmunerkrankungen 145
Automatismus 24
Axon 5

B

Babinski-Reflex 52, 73
Bahnen
- extrapyramidale 25
- pyramidal 25
Bandscheibenvorfall 189
Basalganglien 34
Befund
- psychopathologischer 222
Behcet-Krankheit 151
Benzodiazepine 242, 290
Beruhigungsmittel s.a. Tranquilizer 290
Betreuung 301
Beuge-Streck-Synergismen 66
Bewegungsstörungen 53
- hyperkinetische 53
- hypokinetische 56
Bewusstseinsstörung
- qualitative 223
- quantitative 62, 223
Bildgebung 77
Biofeedback 237
Biopsie 82
Blasenzentrum
- pontines 33
- sakrales 25
Blepharospasmus 166
Blitz-Nick-Salaam-Anfälle 97
Blut 82
Blut-Hirn-Schranke 83, 126
Blutung
- epidural 180
- intrazerebral 119
- Kleinhirn 172
- subdural 180
- subarachnoidal 43, 122, 182
Borreliose 138
Brillenhämatom 177
Brown-Séquard-Syndrom 29, 186
Brudzinskizeichen 70
BSE 142
Bulbärparalyse 169
Bulimie 283

C

Cannabis 293
Capsula interna 35
Carbamazepin 242
Cerebellum 33
Chemotherapie 84
Chorea 34, 54, 164, 165
Circulus arteriosus wilisii 49
Cluster-Kopfschmerz 155
Coenästhesien 229
Commotio cerebri 178
Commotio spinalis 188
Computertomographie 78, 221

Contusio cerebri 178
Contusio spinalis 188
Conus/Cauda-Syndrom 186
Creatinkinase 95
Creutzfeldt-Jakob-Erkrankung 142
Cushing-Syndrom 89, 216

D

Dämmerzustand 102, 246
Debilität 297
Delir 245
– Delirium tremens 289
Demenz 232, 247
– epileptische 103
– vaskuläre 111, 251
Demyelinisierung 146
Dendrit 5
Denkstörung
– formal 225
– inhaltlich 226
Depersonalisation 230
Depression
– endogene 261
Depressivität 225
Derealisation 230
Dermatom 10
Dermatomyositis 207
Desorientiertheit 223, 224
Diencephalon 34
Diurese 65
Dopamin 158
Doppler-Sonographie 80
Drogen 294
Druckerhöhung
– intrakranielle 64
Dura mater 43
Durchgangssyndrom 246
Dysarthrie 60
Dysdiadochokinese 58
Dysphonie 166
Dysphorie 225
Dystonie 54, 166

E

EEG 76, 221
Eigengefährdung 299
Einklemmungssyndrom 66
Elektrokrampftherapie 242
Elektromyographie 77
Elektroneurographie 77
Elektrophysiologie 76
Embolie 110
Enophthalmus 114, 155
Entfremdungserlebnisse 230
Entzug
– fraktionierter 291
Enzephalitis 130
– Bickerstaff 150
Enzephalomyelitis 139
– disseminata 146
– parainfektiös 150
Enzephalopathie 211
– endokrine 216
– hepatische 215
– spongiforme 142
– subkortikale arteriosklerotische 111, 162
– urämische 215
Epiduralblutung 43
Epikritik 27
Epilepsie 92, 102
Ergotherapie 239
Erythema chronicum migrans 138
Euphorie 225
Evozierte Potentiale 77
Exhibitionismus 282
Exophthalmus 206
Exterozeption 26
Extrapyramidales System 158

F

Faserqualitäten 9
Faszikulation 71, 167, 169
Fazialisparese 195
Fetischismus 282
Fibrillation 169
Fieber
– rheumatisches 165
Fieberkrampf 97
Floppy infant 168, 209
Forensische Klinik 302
Formatio reticularis 33
Fremdgefährdung 300
Friedreich-Ataxie 171
Frontallappen 37
Frühdyskinesie 240
Frühsommer-Meningo-Enzephalitis 133
Funikuläre Spinalerkrankung 214

G

Gedächtnis 231
Gedanken 226, 230
Gefäßmissbildungen 124
Gehirn
– Blutung 179
– Erschütterung 177
– Prellung 177
– Trauma 176
Geschäftsfähigkeit 302
Gesprächspsychotherapie 236
Gilles de la Tourette-Syndrom 56
Glia 7
Glioblastom 86
Globus pallidus 34
Grand-mal-Anfälle 98
Grenzstrang 41
Grundlagen
– Anatomie 3
– Physiologie 3
Guillain-Barré-Syndrom 200
Gyrus
– postcentralis 38
– praecentralis 37

H

Halbwertzeit 290
Halluzination 229
Halluzinogene 294
Halluzinose 246, 288
Hämatom
– epidurales 180
– intrazerebrales 182
– subdurales 180
Hemianopsie 112, 114
– bitemporale 89
Hemiballismus 54
Hemiplegie 51
Hemisphärensyndrom 113
Hemmung 225
Herpes-simplex-Enzephalitis 134
Herpes-simplex-Virus 130, 134
Herpes zoster 135
Hexenschuss 191
Hinterstrang 27
Hippocampus 39
Hirnabszess 129
Hirnblutung
– traumatisch 179
Hirndruck 64

Hirnhäute 43
Hirninfarkt 108, 110
- hinterer Kreislauf 113
- Kleinhirn 172
- vorderer Kreislauf 112
Hirnnerven 30
Hirnödem 65, 83, 101
Hirnschaden
- hypoxischer 216
Hirnschädigung
- frühkindliche 209
Hirnstamm 30
Hirnstammenzephalitis 130, 150
Hirnstammreflex 66
Hirntod 67
HIV
- Enzephalopathie 136
HI-Virus 136
Homunculus 37
Hormone 89
Horner-Syndrom 113, 155
Hörrinde 38
Huntington-Krankheit 164
Hydrocephalus 46
Hyperkinese 164, 233
Hyperthyreose 206, 216
Hyperventilation 106
Hypnose 237
Hypnotika 242
Hypokinese 56, 159, 233
Hypophyse 89
Hypophysenadenom 89
Hypothalamus 34
Hypothyreose 89, 206, 216
Hypoxie 216

I

Ich-Störungen 230
Ideenflucht 226
Idiotie 298
Illusion 228
Imbezibilität 297
inkohärentes Denken 226
Intelligenz 232
Intentionstremor 54
Ischämie
- zerebrale 107

J

Jackson-Anfall 100
Juvenile Myoklonus-Epilepsie 98

K

Karpaltunnel-Syndrom 13
Katalepsie 233
Kataplexie 233
Kernigzeichen 70
Kernspintomographie 78
Kinderlähmung 132
Kleinhirn 33
- Schädigung 57, 171
Kleinhirndegeneration
- paraneoplastisch 174
Kokain 119, 294
Koma 63, 223
- hyperglykämisches 216
- hypoglykämisches 216
Konflikt
- -abwehr 271
- -bewältigung 270
Kontraktur 52
Konzentrationsstörung 231
Koordination 73
Kopfschmerz 152
Korsakow-Syndrom 289
Kortex 21, 36
Krallenhand 168
Krampfschwelle 93
Krankheitsbeginn 220
Krankheitsverlauf 220
Krise 299
Krokodilstränen 197
Kryptokokken-Meningitis 137

L

Lagerungsschwindel
- benigner paroxysmaler 104
Lähmung 50
- myogene 204
- periphere 20, 52
- zentrale 51
Lasègue-Zeichen 70, 191
Lateropulsion 159
Leukoencephalopathie
- progressive multifokale 137
Lewy-Körper-Demenz 254
Limbisches System 39
Liquor 43, 45, 80
Listerien-Enzephalitis 130
Lithium 241
- therapeutische Breite 241
Little-Krankheit 209
Locked-in-Syndrom 68
Lues 139
- cerebrospinalis 140
Lumbalpunktion 80
Lumboischialgie 191
Lupus erythematodes
- systemischer 151
Lymphom 91

M

Manie 263
Manierismus 234
manisch-depressive Krankheit 265
Marihuana 293
Maskengesicht 159
Masochismus 282
Massenverschiebung 66
Mediasyndrom 112
Medulloblastom 85
Menière-Erkrankung 104
Meningen 43
Meningeom 87
Meningismus 70, 127
Meningitis
- eitrige 127
- luische 139
- lymphozytäre 127
Meningoenzephalitis 127
Merkfähigkeit(sstörungen) 231
Metastasen, Gehirn 90
Methadon 293
Migräne 153
Mikrographie 159
Miosis 114, 155
Modulationsfähigkeit
- fehlende 224
Mononeuritis multiplex 198
Morphium 291
Motoneuron
- alpha 23
Motoneuronerkrankung 167
MRT 78
Multiple Sklerose 146
Multisystematrophie 163
Muskelatrophie
- spinale 167
Muskeldystrophie 203
- Duchenne-Typ 204
- Fazio-skapulo-humerale 205
Myasthenia gravis 202
Mydriasis 194
Myelin 7

Myelitis 132
Myoklonien 53
Myoklonisch-astatische Anfälle 97
Myopathie 206
Myotonie 206

N

Narkolepsie 103
Neglect 62
Nekrophilie 284
Neoplasma 83
Nervensystem
– Bauelemente 4
– Blutversorgung 48
– Einteilung 3
– peripheres 4, 9, 194
– somatisches 4
– vegetatives 4, 39
– zentrales 4, 21
Nervenzelle 4
Nervus
– abducens 30, 194, 195
– accessorius 31
– axillaris 13
– cutaneus antebrachii medialis 13
– cutaneus brachii medialis 13
– cutaneus femoris lateralis 16
– cutaneus femoris posterior 17
– dorsalis scapulae 12
– facialis 30, 87, 112, 195, 196, 197
– femoralis 16, 18, 20
– genitofemoralis 16
– glossopharyngeus 31
– gluteus inferior 17
– gluteus superior 17
– hypoglossus 31
– iliohypogastricus 16
– ilioinguinalis 16
– ischiadicus 17, 20
– medianus 13, 14, 20
– musculocutaneus 13
– obturatorius 16
– oculomotorius 30, 66, 194
– olfactorius 30
– opticus 30, 34, 147
– pectorales 12
– peroneus 18, 20
– peroneus communis 17
– peroneus superficialis 17, 19
– peroneus profundus 17, 19
– phrenicus 11
– pudendus 17
– radialis 13, 15, 16, 20
– saphenus, 16
– subscapularis 12
– suprascapularis 12
– suralis 17
– thoracicus longus 12
– thoracodorsalis 12
– tibialis 17, 19, 20
– trigeminus 30, 88, 156
– trochlearis 30, 194, 195
– ulnaris 13, 14, 20
– vagus 31, 41
– vestibulocochlearis 30, 87
Neurinom 87
Neurodegeneration 158
Neurofibrillen 250
Neurofibromatose von Recklinghausen 87, 212
Neuroleptika 240
Neurolues 139
Neuron 4
– erstes motorisches 25, 50, 51, 167
– zweites motorisches 25, 50, 52, 167
Neurose
– Allgemeine Neurosenlehre 269
– Angst- 273
– depressive 272
– hypochondrische 274
– hysterische 274
– Konversions- 274
– Symptom- 272
– Zwangs- 273
Normaldruck-Hydrocephalus 46, 162
Nucleus 21
– caudatus 34, 35, 158
– pulposus 189, 192
– ruber 25, 158
– subthalamicus 34, 35, 54, 158, 161
Nuklearmedizin 79
Nymphomanie 284
Nystagmus 57

O

Ödipale Phase 270
Okulomotoriusparese 122, 194
Okzipitallappen 38
Oligophrenie 232, 296
Operantes Konditionieren 237
Opiate 291
Opisthotonus 141
Orale Phase 270
Osmotherapie 65

P

Pädophilie 282
Palliativtherapie 84
Panarteriitis nodosa 151
Panik 273
Paranoide Persönlichkeit 278
Paraplegie 50, 185
Parasympathikus 39
Parathymie 225
Parese 50
– Todd 94
Parietallappen 38
Parkinson-Syndrom 56
– atypisches 163
– idiopathisches 34, 158
– symptomatisches 162, 241
– Tremor 54
Perseveration 226
Persönlichkeit
– paranoide 278
Persönlichkeitsstörungen
– anankastische 277
– asthenische 276
– Borderline 277
– dissoziale 277
– histrionische 277
Petit-mal-Anfälle 96
Pflege 239
Phenylketonurie 213
Phobie 273
Plaque 109
Plegie 50
Plexus brachialis 12
Plexus cervicalis 11
Plexus lumbosacralis 16
Plexuslähmung 12, 18
Poliomyelitis 132
Polio-Virus 132
Polymyositis 207
Polyneuritis 200
Polyneuropathie 198
Polyradikulitis 200
Polyradikuloneuritis 138
Polytoxikomanie 295

Prion 143
Prodromalerscheinungen 220
Progressive Paralyse 140
Progressive supranukleäre Paralyse 163
Projektion 271
Prolaktin 95
Prolaktinom 89
Prolaps 190
Propriozeption 26
Propulsion 159
Protopathik 27
Protrusion 190
Pseudobulbärparalyse 114
Pseudodemenz 262
Pseudohalluzination 229
Psychoanalyse 236, 270
Psychomotorik
- Störungen 233
Psychopathie 275
Psychopharmaka
- Nebenwirkungen 240
Psychosen
- affektive 260
- endogene 244
- exogene 244
- flash-back 294
- organische 244
- schizoaffektive 265
- schizophrene 253
Psychosomatische Erkrankungen 279
Psychotherapie 236
Ptose 114, 155, 194
Putamen 34
Pyramidenbahn 25

Q

Querschnittssyndrom 184

R

Raptus 234
Rationalisieren 271
Reaktion 267
Reaktionsbildung 271
Reflex 23, 72
- primitiver 52
Reflexblase 185
Remission 220
Residual-Schizophrenie 259
Retrobulbärneuritis 147
Retropulsion 159
Rezeptoren 6
Riesenzellarteriitis 151
Rigor 71, 159
Rindenfeld 36
Rinderwahnsinn 142
Risus sardonicus 141
Röntgen 77
Rückenmark 21, 184
- Bahnsysteme 25
- Blutversorgung 187
- Erschütterung 188
- Prellung 188
Ruhemembranpotential 5

S

Sadismus 282
Scapula alata 205
Schädelfraktur 176, 177
Schädel-Hirn-Trauma 176
Schizophrenie 253
- hebephrene 258
- katatone 258
- paranoid-halluzinatorische 257
Schlafentzug 243
Schlaganfall 107
Schleudertrauma 188
Schmerz 27
Schmerzmittel 291
Schneider, Kurt 254
Schock
- spinaler 185
Schulteramyotrophie
- neuralgische 12
Schwankschwindel
- phobischer 105
Schwindel 58, 103
Scrapie 142
Segmente 9
Sehrinde 38
Selbstsicherheitstraining 237
Sensibilität 26, 75
Sensibilitätsstörung
- dissoziiert 210
Sequester 190
Sexualstörungen
- Perversionen 282
Shunt 47
Shy-Drager-Syndrom 163
Sigmund Freud 236
Sinusvenenthrombose 121
Sodomie 282
Somatisierungsstörungen 279
Somatotopik 25
Somnolenz 62, 223
Sopor 62, 223
Soziotherapie 239
Spannungskopfschmerz 154
Spastik 52
Spina bifida 212
Spinalganglion 10
Spinalnerv 10
Spinalparalyse
- spastische 167
Sprachzentrum 38, 60
Status epilepticus 101
Stauungspapille 64
Steele-Richardson-Olszewski-Syndrom 163
Steppergang 19
Stereotypie 234
Strahlentherapie 84
Streckkrämpfe 66
Striatum 34
Stroke Unit 117
Stufenbettlagerung 192
Stupor 233
Subarachnoidalblutung 43, 122
Subarachnoidalraum 43
Subduralblutung 43
Sublimierung 271
Substantia nigra 34
Substanz
- graue 21
- weiße 21
Suchtleiden 283
Sympathikus 39
Synapse 6
Syndrom 50
- lakunär 36, 111
- neuropsychologisch 59, 112
- paraneoplastisch 174, 198, 207
- territorial 112
- zentromedullär 186, 210
Synkope 95
Syphilis 139
Syringomyelie 210
Systematische Desensibilisierung 237

T

Tabes dorsalis 141
Tarsaltunnel-Syndrom 19

Telencephalon 36
Temporallappen 38
Testverfahren 221
Tetanie 106
Tetanus 141
Tetraparese 185
Tetraplegie 50
Thalamus 34
TIA 108
Tic 56, 236
Toleranzerhöhung 284, 286
Tonus 52
Torsionsdystonie 166
Torticollis spasmodicus 166
Toxoplasmose 137
Tractus 21
– corticonuclearis 30
– corticospinalis 25
– spinocerebellaris 27
– spinothalamicus 27
Tranquilizer 242
Transmitter 6
Tremor 54, 57, 159
Trendelenburg-Zeichen 17
Trigeminusneuralgie 156
Trisomie 21 296
Trochlearisparese 195
Tumor 83

U

Überlaufblase 185
Unterbringung 301
– Unterbringungsgesetz 301
Untersuchung 69
– neurologische 221

V

Vaskulitis 150, 157
Veitstanz 164
Ventrikel 44
Verdrängung 271
Verhaltenstherapie 237
Verlangsamung 225
Vigilanz 222
Vitamin B_1 215, 289
Vitamin B_{12} 214

W

Wahn 226, 261
– Dermatozoen- 227
Wahrnehmungsstörungen
– quantitativ 228
Watschelgang 205
Wernicke-Enzephalopathie 215, 289
Wilson-Krankheit 214

Z

Zahnradphänomen 159
Zeitgitterstörungen 232
Zosterneuralgie 136
Zusatzdiagnostik 76
Zyklothymie 260
Zytomegalievirus 137

Printed by Printforce, the Netherlands